U0367376

　　本书系 2019 年度国家社会科学基金后期资助一般项目"中国参与海上丝路沿线国家港口建设的理论与实践"(19FGJB017)的研究成果。

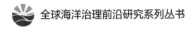

全球海洋治理前沿研究系列丛书

中国参与
海上丝路沿线国家
港口建设研究

China's Participation in Port Construction
along the 21st Century Maritime Silk Road

邹志强 等◎著

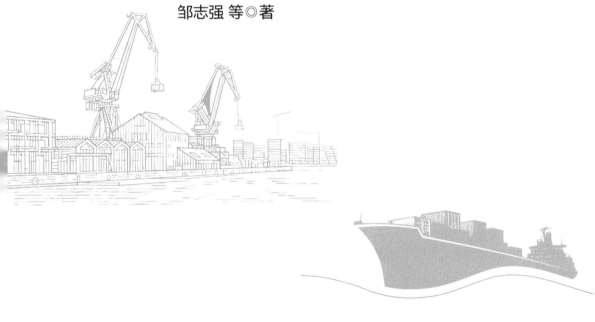

上海交通大学出版社
SHANGHAI JIAO TONG UNIVERSITY PRESS

内容提要

港口建设是"21世纪海上丝绸之路"建设的重要支撑和关键载体,被赋予了日益重要的角色。新时期,中国不断加大对海上丝路沿线国家的港口投资,并呈现全面铺开、重点突破的特征与格局。中国参与海上丝路沿线港口建设的实践丰富了中国特色国际港口合作理论,产生多元化的积极效应与深远影响,但也面临较高的经济、法律、政治和安全风险。

本书主要从国际港口合作视角出发,考察中国参与海上丝路沿线地区港口建设的若干理论和现实问题,重点分析了中国参与海上丝路沿线国家港口建设的主体、模式、风险、影响、成效及前景,并结合东南亚、南亚、海湾、东非、地中海地区 10 个国家的港口建设案例研究,总结了新时期中国参与海上丝路沿线国家港口建设的理论和实践;以地缘政治与地缘经济二分法对比中国与欧美大国的不同实践,分析港口建设中非经济风险的成因与应对策略,推进中国特色的国际港口合作,并据此提出了应对建议。

图书在版编目(CIP)数据

中国参与海上丝路沿线国家港口建设研究 / 邹志强等著. —上海:上海交通大学出版社,2022.12
(全球海洋治理前沿研究系列丛书)
ISBN 978 - 7 - 313 - 27037 - 5

Ⅰ. ①中… Ⅱ. ①邹… Ⅲ. ①港口建设-国际合作-研究-中国 Ⅳ. ①F552.4

中国版本图书馆 CIP 数据核字(2022)第 110802 号

中国参与海上丝路沿线国家港口建设研究

ZHONGGUO CANYU HAISHANG SILU YANXIAN GUOJIA GANGKOU JIANSHE YANJIU

著　　者:邹志强　等

出版发行:上海交通大学出版社　　　　　地　　址:上海市番禺路 951 号
邮政编码:200030　　　　　　　　　　　电　　话:021 - 64071208
印　　制:上海景条印刷有限公司　　　　经　　销:全国新华书店
开　　本:710 mm×1000 mm　1/16　　印　　张:26
字　　数:419 千字
版　　次:2022 年 12 月第 1 版　　　　　印　　次:2022 年 12 月第 1 次印刷
书　　号:ISBN 978 - 7 - 313 - 27037 - 5
定　　价:128.00 元

丛 书 编 委 会

主 任

胡志勇（上海社会科学院研究员）

委 员

胡德坤（武汉大学教授）

傅梦孜（中国现代国际问题研究院副院长、研究员）

陈利君（云南省社会科学院副院长、研究员）

林建华（辽宁师范大学教授）

孙　冰（大连海事大学教授）

总　序

　　全球海洋治理的目标是建成"人与海洋和谐共生"的海洋可持续发展新格局。但是,由于世界各国的经济状况和政治体制的异同,海洋能力和水平也有很大的差异,海洋生态环境不断恶化,海洋污染屡禁不止。当前全球海洋治理仍然存在较大缺失,全球海洋治理的体系也尚不完善等等。如何不断完善全球海洋治理机制、推动世界各国海洋治理的和谐发展成为新的课题。

　　深入研究和具体分析全球海洋治理的价值、模式、运行方式以及其与全球治理其他领域的相互关系等重要内容,不断拓展全球海洋治理的外延,使全球海洋治理研究更丰富、更深入。

　　全球海洋治理研究不仅要发展和丰富全球海洋治理理论,还要重点研究全球海洋治理重点领域的发展变化。从全球海洋治理客体角度出发,实时持续追踪全球海洋治理的实践态势演变,研究和分析全球海洋治理主要领域的最新变化,包括治理体系的变迁、国际制度的演进、国际海洋法治的建设、重大全球海洋问题的治理效果等,特别是要重点关注极地、深海、海洋环境、海洋安全、海洋经济等重要领域的治理情况,研判全球海洋治理可能的发展趋势。

　　同时,我们也要有重点地研判世界主要海洋强国的治理动向。从海洋治理主体的角度出发,深入研究世界主要海洋强国或地区组织参与全球海洋治理的最新政策纲领与实践行动及参与特征,从而为中国深度参与全球海洋治理提供可资借鉴的有益经验。

　　研究和分析全球海洋治理在现实中面临的困境与挑战,如全球海洋公共产品的供给不足、治理体系的不完善、大国主义与强权政治依旧存在、发展中国家的发言权与民主性缺失等,深入分析和探讨其成因,从而提出有效的应对路径,推动全球海洋治理的不断完善与良性发展。

积极构建中国特色的全球海洋治理观,积极参与全球海洋治理,为全球海洋治理的发展不断贡献中国智慧与力量,从而有效提升中国在全球海洋治理中的影响力与话语权。

为此,我们组织相关专家聚焦海洋治理中的问题和难点展开研究,陆续推出"全球海洋治理前沿研究系列丛书",以飨读者。

我们希望这套系列丛书在海洋治理研究方面能起到一个积极的推动作用,也希望国内海洋问题专家和我们一起共同投入到海洋治理研究中,客观评估中国海洋安全与海洋治理成就,正确认识一个时期内世界主要国家海洋治理和海洋政策走向及对中国的影响,为国家决策及时提供相关依据。

本丛书是国家社科重大招标项目"国家海洋治理体系构建研究"的阶段性成果之一。

胡志勇

2022 年 2 月 22 日于上海

序

  港口是连接陆地与海洋的综合交通运输枢纽,是国家经济社会发展的战略资源和重要支撑,也是国际海上运输线的关键节点所在。"一带一路"倡议提出以来,港口项目成为"21世纪海上丝绸之路"(以下简称"海上丝路")建设的重要内容,是建设海洋强国、维护和拓展海外利益的重要抓手。2017年6月发布的《"一带一路"建设海上合作设想》提出要重点建设三条"蓝色经济通道",港口建设是打造"蓝色经济通道"的重要支撑。党的十九大作出建设交通强国的重大决策部署,2019年中共中央、国务院发布《交通强国建设纲要》,交通运输部等九部门联合发布《关于建设世界一流港口的指导意见》。2013年以来,习近平总书记多次就港口发展和建设海洋强国、航运强国作出重要指示和部署。2021年3月,国家"十四五"规划纲要和2035年远景目标提出要以"六廊六路多国多港"为基本框架,推进基础设施互联互通和"一带一路"高质量发展。

  当前,中国在推进"一带一路"高质量发展和构建"双循环"新发展格局过程中,逐步从海洋大国崛起为海洋强国,从港口大国迈向港口强国。中国拥有强大的港口开发能力,同时投资海外港口的意愿日益强烈,有力地推动了"21世纪海上丝绸之路"的建设。从实践来看,中国逐步加大了对海外港口的投资和建设参与力度,特别是在海上丝路沿线国家和地区的港口投资项目不断涌现的背景下。从东南亚到南亚、西亚再到地中海地区,从缅甸皎漂港、斯里兰卡的汉班托塔港到巴基斯坦的瓜达尔港、希腊的比雷埃夫斯港,中国的海外港口投资与开发项目屡屡吸引了世界的目光。

  在此背景下,海外港口建设逐步成为学术研究的重要课题,港口也与高铁一样成为中国外交研究的前沿议题。但相对于中国港航企业"走出去"的步伐与行动,对中国参与海上丝路沿线港口建设的学术研究明显落后于中国海外港口建设的实践进程。在新时期的国际港口合作中,政府各部门、政府与企业、中央与地方、中国与对象国、国内治理与全球治理之间如何进行统筹协调?如何防范海上丝路沿线港口建设中的各类风险?这都是迫切需要深入研究和探索的学术议题与现实课题。

带着上述问题与认识,本书以"一带一路"背景下中国参与海上丝路沿线国家港口建设为研究对象,在中国改革开放和港口发展的历史经验基础上,从中国特色国际港口合作的视角出发考察中国参与海上丝路沿线地区港口建设的若干重大理论和现实问题。本书以海上丝路西线为主要考察对象,结合位于东南亚、南亚、海湾、东非、地中海地区的10个国家的港口建设案例研究,重点探讨中国参与海上丝路沿线港口建设的主体、模式、风险、影响、成效及前景,分析港口建设面临的主要风险、重点选择和努力方向,特别是非经济等风险的主要成因与应对策略等。这构成了本书的基本轮廓和主要内容。

总体上来看,中国积极参与海上丝路沿线港口建设和探索国际港口合作是经济转型发展和扩大对外开放、建设海洋强国、维护战略安全的必然要求,也是新时期中国快速发展、探索国内国际相互促进的双循环发展路径的必然结果。中国参与海上丝路沿线港口建设的实践推动了国际港口合作的兴起,也丰富了新时期中国特色大国外交的理念。航港企业是中国海外港口建设和港口合作的开拓者与实施者,特别是大型中央管理企业(以下简称"央企")成为主力军。当前,中国在海上丝路沿线的港口建设和港口合作实践已经取得了重大进展,并正在产生多元化的积极效应与深远影响。中国企业参与海上丝路沿线港口建设是基于国际市场竞争原则的商业行为,而不是拓展中国海权和地缘政治利益的军事战略行为;中国参与海上丝路沿线地区港口建设和积极推进国际港口合作,其目的是追求具有包容性的地缘经济利益,而非排他性的地缘政治利益。中国在寻找商业化发展机会和拓展发展空间的同时,扩大对外开放和深度参与全球化进程,维护自身日益扩大的海外利益;带动沿线地区国家共同发展,提供更多国际公共产品,推动更为普惠、公平和扁平化的"再全球化"和全球治理进程;促进对象国沿海和陆地、地区与全球经济基础设施的互联互通,体现了民生治理、发展优先和以发展促和平等理念。

然而,中国在海上丝路沿线地区的港口建设始终面临较为复杂的经济、法律、政治、安全与舆论环境挑战。对于中国参与海上丝路沿线港口建设,国外既有称赞的声音,也有批评、猜疑和炒作的杂音。中国的商业化港口建设一直受到西方大国和部分沿线国家的猜疑甚至阻挠,也面临部分国家国内政治变动和地区地缘政治博弈的冲击。在相似的地缘政治考量之下,美日印等国通过炒作"中国军事基地论""中国债务陷阱论"等多种方式对中国在海上丝路沿线国家的港口建设项目进行对冲和阻挠。未来,中国参与海上丝路沿线港口建设形成的商业存在与西方大国的军事存在势必将产生更加紧密而复杂的互动关系,中国的国际港口合作仍面临着"成长中的烦恼"。

本书内容涉及多学科、多领域,包括历史学、民族学、社会学、人类学、经济学等诸多学科,尤其是在港口工程技术、经济与法律、现代公司治理等领域具有很强的专业性和高度的复杂性。本书在理论运用、风险分析、案例选择等方面通过联合攻关,对海外港口建设的重大理论与现实问题进行了深入挖掘、大胆探索,直面中国参与海外港口建设中遇到的风险与挑战;致力于深化对港口建设的类型学分析,助力形成中国特色区域与国别研究以及海洋研究的知识体系与学科体系;加强战略研究,从全球与中国视角提升对不同地区的陆海整体研究,提升学理性和系统分析,希望为学界加强对海上丝路沿线港口建设的相关研究打下基础。

目　录

导　言

中国广袤的国土有着绵延的海岸线,兼具海上与陆上对外交往的双重优势。古代中国海上丝绸之路曾经联通南海、印度洋直达西亚、非洲沿岸的广大地区,福建泉州等港口曾为沟通东西方交通和海上贸易的桥梁与纽带。改革开放以来,中国又一次向海而兴,经过几十年的快速发展,已成为世界第二大经济体和世界贸易大国,逐步从净资本输入国变成净资本输出国,优势产能不断增加,中国投资和产能"走出去"的步伐不断加快,致力于构建国内国际相互促进的双循环新发展格局。港口、公路、桥梁、高铁、核电站、北斗卫星等成为中国海外经济利益拓展的重要载体,也是中国大外交的重要组成部分,丰富了新时期中国特色大国外交的内容。① "一带一路"倡议提出以来,港口、公路、高铁等基础设施的海外合作成为重要载体。

第一节　研 究 问 题

"一带一路"倡议提出以来,中国推出建设海洋强国、航运强国的发展愿景,

---

① 参见潘玥:《中国海外高铁"政治化"问题研究:以印尼雅万高铁为例》,《当代亚太》2017 年第 5 期;胡键:《天缘政治与北斗外交》,《社会科学》2015 年第 7 期。

打造国内大港、强港和参与海外港口建设是其中的关键内容。港口建设对于建设海洋强国、航运强国和"一带一路"的重要作用受到党和国家领导人的高度重视。2013年7月,中国共产党中央委员会政治局(以下简称"中共中央政治局")就建设海洋强国进行第八次集体学习,习近平总书记强调,建设海洋强国是中国特色社会主义事业的重要组成部分。同年9月,中国正式提出"一带一路"倡议,"21世纪海上丝绸之路"成为中国进一步扩大对外开放、建设海洋强国的有力抓手。从2013年至2020年,习近平总书记曾先后考察武汉新港阳逻港区、重庆果园港、北海铁山港、上海洋山港、宁波—舟山港,以及斯里兰卡科伦坡港、希腊比雷埃夫斯港等,多次就港口发展和建设海洋强国、航运强国等作出重要指示和部署,提出港口要做好"四个一流",为"一带一路"建设服务好。2018年11月,习近平总书记考察上海洋山港时指出,经济强国必定是海洋强国、航运强国,要有勇创世界一流的志气和勇气,努力创造更多世界第一。2019年1月,习近平总书记考察天津港码头时提出,要建设世界一流的智慧港口和绿色港口。2019年11月,习近平访问希腊期间考察中国远洋海运集团有限公司(以下简称"中远海运集团")比雷埃夫斯港项目,提出集团把比雷埃夫斯港建设好就是共建"一带一路"的重要参与者和贡献者。2020年3月,他在浙江宁波—舟山港考察时强调,要坚持一流标准,把港口建设好、管理好,努力打造世界一流强港,为国家发展作出更大贡献。①

近年来,中国从海洋大国崛起为海洋强国,从港口大国迈向港口强国,有力地推动了"21世纪海上丝绸之路"建设。习近平主席在"一带一路"国际合作高峰论坛开幕式上的演讲中提到:"设施联通是合作发展的基础。我们要着力推动陆上、海上、天上、网上四位一体的联通,聚焦关键通道、关键城市、关键项目,联结陆上公路、铁路道路网络和海上港口网络。"②海上运输是海上丝路最为重要的环节,随着"一带一路"建设向落地生根、精耕细作、持久发展的阶段迈进,港口合作正在成为我国与港口所在国家交往的一种重要方式。③ 2019年9月,中共

---

① 《航海日,看总书记如何把脉"航运强国"》,新华网,2020年7月11日,http://www.xinhuanet.com/2020-07/11/c_1126225930.htm。

② 《携手推进"一带一路"建设:习近平在"一带一路"国际合作高峰论坛开幕式上的演讲》,中华人民共和国外交部,2017年5月14日,http://www.fmprc.gov.cn/web/zyxw/t1461394.shtml。

③ 郑秉文、李文、刘铭赜:《"一带一路"建设中的港口与港口城市》,中国社会科学出版社,2016,第10页。

中央、国务院发布的《交通强国建设纲要》提出,到 2035 年基本建成交通强国,构建互联互通、面向全球的交通网络,建设世界一流的国际航运中心,推进"21 世纪海上丝绸之路"建设。①

　　海外港口建设是近年来的热门和敏感课题,也从侧面反映出中国的现实利益需求与"借船出海"的短板所在。从实践来看,中国逐步加大了对海外港口的投资和建设参与力度,特别是在海上丝路沿线国家和地区的港口投资项目不断涌现,从东南亚到南亚、西亚,再到地中海地区,从马来西亚的皇京港、斯里兰卡的汉班托塔港到巴基斯坦的瓜达尔港、希腊的比雷埃夫斯港,中国的大手笔港口投资和合作项目屡屡吸引了世界的目光。截至 2016 年底,在全球前 50 的集装箱港口中,中国投资了其中的约 2/3。② 中国企业参与经营的港口项目遍及马来西亚、新加坡、文莱、澳大利亚、缅甸、斯里兰卡、巴基斯坦、阿联酋、肯尼亚、吉布提、埃及、以色列、土耳其、希腊、摩洛哥、阿尔及利亚、尼日利亚、多哥、安哥拉、西班牙、意大利、荷兰、比利时等 30 多个国家。例如,作为中国港口企业的先驱,招商局港口控股有限公司(原招商局国际有限公司,以下简称"招商局港口")的海外总投资超过 20 亿美元,其投资的 49 个港口分布在 19 个国家和地区;中远海运港口有限公司(原中远太平洋有限公司,以下简称"中远海运港口")在全球投资近 30 个港口,其中"一带一路"沿线码头共 11 个。③

　　当前,中国拥有强大的港口开发能力,同时投资海外港口的意愿也日益强烈。中国由海运大国正逐渐向强国迈进,依托码头、航运和船级社等海运服务企业,形成全球网络化经营,全面参与国际竞争是非常典型的发展方式。④ 中国参与海上丝路沿线港口建设是"一带一路"建设的重要任务,也是中国参与地区治理和扩大中国在海外经济存在的重要平台。⑤ "21 世纪海上丝绸之路"就是以沿线地区重点港口为节点,共同建设通畅、安全、高效的运输大通道,打通连接东南亚、南亚、中东、非洲和欧洲等沿线地区的市场空间。海外港口正在成为中国推进海上丝路建设、维护和拓展海外利益的战略支点与重要抓手,沿线国家港口投

---

①《中共中央　国务院印发〈交通强国建设纲要〉》,中华人民共和国中央人民政府,2019 年 9 月 19 日,http://www.gov.cn/zhengce/2019-09/19/content_5431432.htm。

②《布局海外港口,中国在下一盘大棋》,《南风窗》2017 年第 10 期。

③ 李曦子:《海外港口背后的中国资本》,《国际金融报》2017 年 10 月 2 日,第 16 版。

④ 王莹:《着眼全球经济回升　中国海运潜行破局》,《中国企业报》2013 年 9 月 3 日,第 17 版。

⑤ 孙德刚:《中国港口外交的理论与实践》,《世界经济与政治》2018 年第 5 期。

资与建设、相关配套服务及设施建设以及对这一议题的研究需求正日益迫切。此外,海外港口投资开发涉及国际贸易、企业发展战略、工程技术、国家外交政策、国家间关系等多个层面的问题,而且大型港口往往兼具经济与战略属性,所蕴含的机遇与风险也超出了单纯的技术和经济范畴。目前,对中国参与海上丝路沿线港口建设的理论与案例研究仍十分不足,而实践却已经走在了前面。

中国参与海上丝路沿线国家的港口建设对于中国和沿线国家来说均具有重要意义。这体现出中国正在通过港口这一特殊载体扩大开放步伐,不断走向世界,使中国成为现代化的建设者、工业化的推动者和区域一体化的参与者。作为中国海上丝路的桥头堡,港口是"一带一路"背景下推动区域经济一体化的重要引擎。[1] 此外,港口对于国际能源运输线、工业贸易品运输线和海上战略通道安全具有十分重要的意义。[2] "一带一路"倡议实际上是欧、亚、非国家之间的互联互通,它是以发展中国家为主体的"再全球化",港口则是欧、亚、非国家交通基础设施相互联通的关键点。中国通过海上丝路沿线国家港口建设形成的商业存在,体现出中国"发展导向型国家"的战略定位,与西方大国的军事基地、军事联盟和军事设施形成的三位一体的"安全导向型国家"的战略定位形成鲜明对比。

然而,中国在海外的港口建设与合作项目却常常被西方妖魔化为所谓谋求地缘政治利益的"珍珠链"(string of pearls)[3]或海外军事基地。美国国防部甚至列出了所谓"珍珠链"中的五颗"珍珠":巴基斯坦的瓜达尔港、孟加拉国的吉大港、斯里兰卡的汉班托塔港、缅甸的秘密海军基地、泰国克拉地峡运河等,这些大多与海上丝路沿线中国参与的港口建设息息相关。[4] 与此同时,西方媒体和

---

① 管清友等:《一带一路港口:中国经济的"海上马车夫"》,《中国水运报》2015 年 5 月 11 日,第 6 版。

② "China Builds Up Strategic Sea Lanes," *Washington Times*, January 17, 2005.

③ "珍珠链"最早由美国国防部的一份内部报告提出。该报告执笔者博兹·艾伦·汉密尔顿(Booz Allen Hamilton)认为,中国通过在柬埔寨、缅甸、斯里兰卡、孟加拉国、马尔代夫、塞舌尔、巴基斯坦和苏丹等国建立的一系列军事设施,形成从中国南海到印度洋的地缘政治影响力。参见 Zahid Ali Khan, "China's Gwadar and India's Chahbahar: An Analysis of Sino-India Geo-Strategic and Economic Competition," *Strategic Studies*, Vol. 32/33 (2012): 79 - 101; Virginia Marantidou, "Revisiting China's 'String of Pearls' Strategy: Places 'with Chinese Characteristics' and their Security Implications," *Issues & Insights*, Vol. 14, No. 7 (2014): 1 - 39. 另有解释称,中国的"珍珠链"是范围从中国大陆海岸到中国最南端岛屿的军事设施,延伸穿过南中国海到马六甲海峡,到达印度洋、阿拉伯海和海湾沿岸。Vivian Yang, "Is China's String of Pearls Real?" *Foreign Policy In Focus*, July 18, 2011, http://fpif.org/is_chinas_string_of_pearls_real/.

④ 曹文振、毕龙翔:《中国海洋强国战略视域下的印度洋海上通道安全》,《南亚研究季刊》2016 年第 2 期。

智库不断炒作中国海上丝路沿线港口建设背后的安全目的和战略意图,认为港口将演变为中国的海外军事基地,或者指责中国的港口投资缺乏透明度,通过大规模投资制造"债务陷阱"(debt trap)以控制沿线小国等,甚至将部分中国参与建设的港口称为"殖民地",认为中国推行所谓"债务陷阱"和"债务帝国主义"(creditor imperialism)[1],严重恶化了中国在海上丝路沿线参与港口建设的舆论环境。在希腊、缅甸、斯里兰卡、澳大利亚、以色列等国,中国参与的港口项目均遇到了类似的问题。

中国在海上丝路沿线的港口建设实践将给国内和国际带来怎样的积极效应? 在参与海外港口建设的过程中,中国政府各部门、政府与企业、中央与地方、中国与对象国、国内治理与全球治理之间如何进行统筹与协调? 为什么中国参与海外港口建设与运营时常会出现政治化,甚至与对象国国内政治和大国国际政治博弈交织在一起? 中国在参与海上丝路沿线港口建设时又该如何规避所面临的经济风险、法律风险、政治风险和安全风险? 如何打消西方和国际社会对中国参与海上丝路沿线港口建设的忧虑? 中国如何既坚持传统的防御性外交原则,又能积极保护海外利益,通过海上丝路建设促进互利发展? 对这些问题加强探讨无疑具有重要的学术价值和现实意义。

第二节　文　献　综　述

国内外学界对于中国参与海上丝路沿线港口建设的研究成果不多,尚处于探索和起步阶段。目前研究成果以交通运输工程学为主,逐步向多个研究领域辐射,如国际政治学、应用经济学、地理信息学、战略学等。[2] 围绕中国参与海上丝路沿线港口建设的动因与目标,国内外学者的研究成果大致可分为外交、全球治理、军事安全、城市经济和产能转移等类别。

---

[1]　Brahma Chellaney, "China's Creditor Imperialism," *Japan Times*, December 20, 2017.

[2]　参见甄峰等:《非洲港口经济与城市发展》,南京大学出版社,2014;Anne Wiese and Alain Thierstein, "European Port Cities: Embodiments of Interaction-Knowledge and Freight Flow as Catalysts of Spatial Development," in Sven Conventz et al., eds., *Hub Cities in the Knowledge Economy: Seaports, Airports, Brainports* (London: Routledge, 2014).

一、港口建设与中国外交类型说

中国外交研究学者注意到中国基础设施建设"走出去"的步伐,故而将港口建设也作为新时期中国基建外交的形式之一。近年来,随着中国高铁、港口、核电站、北斗相关企业"走出去",中国领导人对外出访的重要任务之一是"推销"本国的基础设施商品与服务,丰富了中国经济外交的类型,学界和媒体界频繁使用"高铁外交""港口外交""北斗外交"与"核电外交"等概念,这些本质上均属于中国基建外交的有机组成部分。美国普林斯顿大学杨思雨(Yang Siyu)于2015年在赫芬顿邮报发表的文章中首次使用"港口外交"来描述中国参与巴基斯坦、斯里兰卡、吉布提和缅甸等国的港口建设现象,但未能进行深入的概念解读;[1]沈旭晖、邝健铭在《中国与东南亚的港口外交》一文中探讨了中国参与东南亚的港口建设现状,但也未能对"港口外交"的内涵作学理阐释。[2] 美国中东研究所约翰·卡拉布雷泽(John Calabrese)在《中国在后霸权时代中东的角色》一文中指出,中国参与中东国家的基础设施建设受到了对象国的欢迎,使中国在与美国的竞争中处于优势地位。[3] 胡永举、邱欣等在《非洲交通基础设施建设及中国参与策略》一书中专门阐述非洲港口与航海运输的现状、监管架构、港口基础设施的发展以及港口未来发展策略等,探讨了21世纪中国在非洲开展"港口外交"的现状与前景。[4] 中国社会科学院亚太与全球战略研究院张洁认为,中国应以海洋强国战略和"21世纪海上丝绸之路"倡议为依托,借鉴古代历史经验,结合互联互通、基础设施投资、港口建设的布局,分类型、按步骤地将重点港口打造为本国的战略支点。[5]

---

[1] Yang Siyu, "The Pearl Harbors: China's Port Diplomacy," *Huffington Post*, June 23, 2015.

[2] 沈旭晖、邝健铭:《中国与东南亚的港口外交》,《联合早报》,2016年8月9日,https://www.zaobao.com/forum/views/opinion/story20160809-651964。另可参见李崇蓉:《"一带一路"背景下北部湾港集装箱运输发展策略》,《广西民族大学学报(哲学社会科学版)》2015年第6期。

[3] John Calabrese, "China's Role in Post-Hegemonic Middle East," Middle East-Asia Project (MAP) — American University/Middle East Institute (May 2017);另可参见 Jin Liangxiang, "China's Role in the Middle East: Current Debates and Future Trends," *China Quarterly of International Strategic Studies*, Vol. 3, No. 1 (2017): 39 - 55。

[4] 胡永举、邱欣等:《非洲交通基础设施建设及中国参与策略》,浙江人民出版社,2014,第140 - 182页。

[5] 张洁:《海上通道安全与中国战略支点的构建:兼谈21世纪海上丝绸之路建设的安全考量》,《国际安全研究》2015年第2期。

二、港口建设与中国参与全球治理说

区域国别研究学者大多从国际政治经济学的角度研究中国参与海上丝路沿线港口建设的外交设计,认为港口建设是中国参与全球治理、地区治理的重要手段,包括中国参与印度洋沿岸、地中海沿岸国家的港口建设。[①] 意大利学者李安风(Andrea Ghiselli)认为,中国投资港口码头的数量有了显著增长。其中,吉布提已成为中国在非洲、红海和中东地区新的贸易、金融和军事枢纽。[②] 武汉理工大学管理学院万军杰认为,中国企业参与海外港口建设具有同国内截然不同的政治、经济、法律和文化风险,投资大、建设周期长、当地工程资源匮乏、施工环境恶劣、东道国国内政治波动等因素,使中国参与海外港口建设面临巨大风险。其文章提出,中国应在决策阶段、合同签订阶段、准备阶段、实施阶段和竣工验收阶段,建立可操作的预警监测指标,构建海外港口建设项目管理的风险预警体系和应急预案体系。[③] 印度国家海事基金会的 N. 马诺哈兰(N. Manoharan)博士认为,中国提出的海上丝路是对陆上丝路的补充。"21 世纪海上丝绸之路"倡议旨在通过港口建设,将亚、非、欧沿线国家串联起来,连接南海、马六甲海峡、印度洋、海湾、非洲之角、红海和地中海,最后与陆上丝绸之路汇合。[④] 大连海事大学曾庆成编著的《21 世纪海上丝绸之路港口发展报告》从中国参与全球治理的大背景出发,对海上丝路沿线港口进行了专题研究,包括丝路沿线地区的港口发展环境、港口基础设施、港口投资建设与运营、港口管理与融资、港口发

---

① 参见本书作者和课题组成员发表的前期研究成果,如 Sun Degang and Zoubir Yahia, "Development First: China's Investment in Seaport Constructions and Operations along the Maritime Silk Road," *Asian Journal of Middle Eastern and Islamic Studies*, Vol. 11, No. 3 (2017): 35 - 47;孙德刚:《中国参与海上丝绸之路沿线港口建设的思考》,载郭业洲主编:《"一带一路"跨境通道建设研究报告: 2016》,社会科学文献出版社,2016,第 301 - 302 页;文少彪:《新时期中国参与斯里兰卡港口建设探析》,《当代世界》2018 年第 5 期;张玉友:《中国参与摩洛哥港口建设的前景与风险》,《当代世界》2017 年第 6 期;孙德刚、白鑫沂:《中国参与吉布提港口建设的现状与前景》,《当代世界》2018 年第 4 期;胡欣:《"一带一路"倡议与肯尼亚港口建设的对接》,《当代世界》2018 年第 4 期;赵军:《中国参与埃及港口建设: 机遇、风险及政策建议》,《当代世界》2018 年第 7 期;邹志强:《中国参与土耳其港口开发的机遇和风险》,《当代世界》2018 年第 5 期;邹志强、孙德刚:《港口政治化: 中国参与"21 世纪海上丝绸之路"沿线港口建设的政治风险探析》,《太平洋学报》2020 年第 10 期。

② Andrea Ghiselli, "China's Mediterranean Interests and Challenges," *The Diplomat*, May 1, 2017, http://thediplomat.com/2017/05/chinas-mediterranean-interests-and-challenges/.

③ 万军杰:《海外港口建设项目风险预警管理系统研究》,博士学位论文,武汉理工大学,2008。

④ 林民旺:《印度对"一带一路"的认知及中国的政策选择》,《世界经济与政治》2015 年第 5 期。

展趋势等。① 汪伟民等也认为,参与海外港口建设是中国推动新型全球治理的重要方式。② 陈瑞德(Gerald Chan)在新著中提出"地缘发展主义"概念来解读海上丝路和沿线港口建设,认为"地缘发展主义"正在与西方新自由主义争夺发展中国家的政治经济影响力和机会。③

三、港口建设与中国海权说

军事、安全与战略研究学者从地缘政治与海权拓展的角度审视中国参与海外港口建设,探讨中国企业参与海外商业港口建设对中国海权拓展的潜在影响。阿尔弗雷德·马汉早就指出:"濒临海洋的国家迫切需要占领如直布罗陀、马耳他、路易斯堡(位于圣劳伦斯湾入口处)那样的港口,这些港口的作用可能不尽相同,但同样具备战略性质。这些港口有的是商业性的,有的是战略性的,有的则是两种功能并存。"④海权论高度重视沿海地区港口在国家安全和海洋战略中的关键作用。

国际上一些海权研究领域的学者常使用"珍珠链"来描述中国在海上丝路沿线港口建设的背后动机。据统计,2005—2012 年,《印度国防评论》(*Indian Defense Review*)关于中国的"珍珠链"战略就发表了 19 篇文章;2007—2013 年,印度国防分析研究所(IDSA)的《战略分析》杂志在刊登的文章中有 100 余篇使用了"珍珠链"一词。⑤ 阿米特·库马尔(Amit Kumar)等印度学者从港口建设的地缘政治影响出发,指责中国在印度洋上的"岛链战略"正蚕食印度在该地区的势力范围。他建议印度海军租用孟加拉湾沿岸的缅甸实兑港和土瓦港,与印度远东海军舰队驻地安达曼—尼科巴群岛连成一线加以反制。⑥ 美国、日本、澳

① 参见曾庆成:《21 世纪海上丝绸之路港口发展报告》,大连海事大学出版社,2015;Sun Degang and Zoubir Yahia H, "China's Economic Diplomacy towards the Arab Countries: Challenges ahead?" *Journal of Contemporary China*, Vol. 24, No. 95 (2015): 903 – 921。

② 汪伟民等:《"一带一路"沿线海外港口建设调研报告》,上海社会科学院出版社,2019,第 4 页。

③ Gerald Chan, *China's Maritime Silk Road: Advancing Global Development*? (Cheltenham: Edward Elgar Publishing, 2020), p. 27.

④ 阿尔弗雷德·马汉:《海军论》,一兵译,同心出版社,2012,第 11 页。

⑤ Virginia Marantidou, "Revisiting China's 'String of Pearls' Strategy: Places 'with Chinese Characteristics' and their Security Implications," *Issues & Insights*, Vol. 14, No. 7 (2014): 1 – 39.

⑥ Amit Kumar, "China's Island Strategy in the Indian Ocean: Breaching India's Sphere of Influence," ORF, June 8, 2010, http://www.observerindia.com;刘思伟、杨文武:《印度洋议题的安全化与中印两国的参与》,《南亚研究》2015 年第 3 期。

大利亚和印度等国的智库报告多认定中国海外港口建设具有军事和战略目的，总是习惯性地将两者联系起来加以分析，从而衍生出"中国军事基地论""中国债务陷阱论""中国新殖民主义论"等负面评价，严重恶化了中国海外港口建设的国际环境。

张文木等中国海权问题专家认为，中国是陆海兼备型国家，中国海权是一种隶属于中国主权的海洋权利而非海洋权力，更非海上霸权；中国的海外战略支点将以经济发展作为主要任务，同时兼具和平时期为护航舰队提供补给、医疗等服务的功能。[①] 但如今中国的国际话语权仍然比较有限，海外港口建设明显受到西方负面舆论的干扰和冲击，并在多国港口项目中演变为现实政治风险。

四、港口建设与城市经济发展说

港口与城市发展之间关系密切，港口对城市经济发展具有整合效应，城市经济发展对港口具有支撑效应。[②] 交通运输工程研究领域的学者倾向于从国际航运与城市发展的角度研究港口建设，部分区域经济学的学者也探讨了港口与城市及区域发展的密切联系。上海海事大学研究团队从港口城市参与海上丝路沿线港口建设出发，探讨了中国海外港口投资政策；[③]甄峰等编著的《非洲港口经济与城市发展》一书是对非洲港口和港口城市展开深入专题研究的重要著作，其考察了非洲港口发展概况、效率，港口城市的发展与演变、港口城市类型和发展趋势等。[④] 德国学者安妮·维泽（Anne Wiese）和阿兰·瑟斯坦（Alain Thierstein）以欧洲港口城市为例，探讨了港口与城市之间的联系，认为几个世纪以来，港口的发展与欧洲城市的兴起密切相关；港口的开发拓展了城市的边界，通过联系海上与陆上贸易网络，提高了城市管理的效率和现代化水平。[⑤] 通过港口开发形

---

① 张文木：《论中国海权》，海洋出版社，2010，第 235 页；谢博、岳蓉：《地缘政治视角下的 21 世纪海上丝绸之路通道安全》，《东南亚纵横》2015 年第 5 期。

② 王小军等：《21 世纪海上丝绸之路港口需求与开发模式创新研究》，大连海事大学出版社，2019，第 5 页。

③ Chen Jihong et al., "Overseas Port Investment Policy for China's Central and Local Governments in the Belt and Road Initiative," *Journal of Contemporary China*, Vol. 28, No. 116 (2018): 196 – 215.

④ 参见甄峰等：《非洲港口经济与城市发展》，南京大学出版社，2014。

⑤ Anne Wiese and Alain Thierstein, "European Port Cities: Embodiments of Interaction-Knowledge and Freight Flow as Catalysts of Spatial Development," in Sven Conventz et al., eds., *Hub Cities in the Knowledge Economy: Seaports, Airports, Brainports* (London: Routledge, 2014), p. 103.

成良好的港城互动、港城融合关系,可以带动港口腹地区域经济的发展,例如伦敦港与伦敦城的关系就是典型的案例。[①] 港口发展与城市经济增长存在双向促进作用,是协调发展或互为因果的关系,特别是港口发展对城市经济的促进作用明显。[②] 中国招商局集团有限公司(以下简称"招商局集团")在深圳形成的"前港—中区—后城"(port-park-city,PPC)模式也得到了学界的研究认可和实践推广。上海区域经济与国际航运中心的互动发展表明,区域经济发展与港口的发展具有很强的关联度,国际航运中心的相关产业可以有效促进区域经济发展。[③] 有学者利用遥感数据及集装箱吞吐量数据,评估了海上丝路沿线港口与港口城市之间的关系状况。[④] 很多学者分析了海上丝路沿线港口格局的空间布局演化及其带来的启示。[⑤]

五、港口建设与中国产能转移说

经济和产业发展领域的学者从国内产业升级和结构转型的角度,认为中国推出"一带一路"倡议和开展大规模海外基础设施建设是出于国内产业转移和去产能的需要,而港口也是其中的重要组成部分。近年来,国内在钢铁、水泥、石化、玻璃、船舶、电解铝等多个产业领域出现明显的产能过剩现象,而产业结构升级和绿色低碳发展更加大了去产能的压力。国家多次提出要促进我国重大装备和优势产能"走出去",实现互利共赢发展。虽然对外直接投资不一定对中国产业升级有重大意义,但中国的产业结构调整仍然增加了企业的"走出去"意向,促进了对海上丝路沿线国家的直接投资。[⑥] 加强海外港口布局有利于国内产业的

① Peter Hall et al. (eds.), *Integrating Seaports and Trade Corridors* (Aldershot: Ashgate Publishing Ltd., 2011), p. 82.

② Cong Long-ze et al., "The Role of Ports in the Economic Development of Port Cities: Panel Evidence from China," *Transport Policy*, Vol. 90 (2020): 13－21;叶善椿、欧卫新、肖斌:《港口发展与城市经济关系研究:基于元分析视角》,《广州航海学院学报》2021年第3期。

③ 蒋春艳、管红波:《上海国际航运中心与区域经济互动发展研究》,《上海管理科学》2020年第4期。

④ 毕森等:《21世纪海上丝绸之路沿线港口及港城关系变化分析》,《中国科学院大学学报》2020年第1期。

⑤ 赵旭等:《海上丝绸之路沿线港口体系的空间布局演化》,《上海海事大学学报》2017年第4期;陈沛然、王成金、刘卫东:《中国海外港口投资格局的空间演化及其机理》,《地理科学进展》2019年第7期。

⑥ Tian Jiajun, Liu Youjin and Yin Zhida, "Relationship between Foreign Direct Investment and China's Industrial Upgrading in the Background of the Belt and Road Initiative: An Empirical Study of the Marine Silk Route Enterprises," *Journal of Coastal Research*, Vol. 104, No. S1 (2020): 695－699.

结构优化发展,不仅可以推动沿线国家的经济发展和基础设施建设,也解决了国内产能过剩的隐忧,从而实现共赢。① 区域港口协作是减少港口过度竞争、重复建设和产能过剩的重要手段。② 有学者从产业转移与港口容量角度出发分析了海上丝路沿线港口集群系统的优化路径。③

以上五派学说主要从中国外交类型说、中国参与全球治理说、中国海权说、城市经济发展说和产能转移说多个角度,探讨了中国参与海外港口建设的动机与影响,成为进一步开展相关研究的重要基础。国外学者对"一带一路"和海上港口建设的关注不断上升,从经济和技术角度的专业分析也日益增多,如格里菲斯从多区域角度审视"一带一路"沿线的航运和港口建设,结合国际组织和学界研究深入探讨了海运贸易的变化趋势。④ 国内学界日益关注中国参与海外港口建设中面临的风险与挑战,并结合斯里兰卡、希腊的港口热点案例分析了其中蕴含的非经济风险。⑤ 但是,目前有关中国参与海上丝路沿线港口建设的大部分成果是通过中外媒体报道进行展示,其中主观臆断多,深入的学理研究少;宏大叙事多,细致分析少,海外港口建设的理论内涵、建设模式、风险类型和外交联系等诸多重大理论与现实问题尚未得到解决。本书以中国特色国际港口合作为分析框架,考察中国参与海上丝路沿线港口建设的内涵、范式、实践、影响与挑战,为新时期中国企业投资海上丝路沿线港口建设和中国总体外交提出政策建议。

---

① 汪伟民等:《"一带一路"沿线海外港口建设调研报告》,上海社会科学院出版社,2019,第 157 页。

② 司增绰:《港口基础设施与港口城市经济互动发展》,《管理评论》2015 年第 11 期。

③ Chen Dongxu and Yang Zhongzhen, "Systematic Optimization of Port Clusters along the Maritime Silk Road in the Context of Industry Transfer and Production Capacity Constraints," *Transportation Research Part E: Logistics and Transportation Review*, Vol. 109 (2018): 174–189.

④ Richard T. Griffiths, *The Maritime Silk Road: China's Belt and Road at Sea* (Leiden: International Institute for Asian Studies, 2020); Hikaru Okamoto, "Chinese Maritime Power in the 21st Century: Strategic Planning, Policy and Predictions," *Comparative Strategy*, Vol. 39, No. 6 (2020): 592–595.

⑤ 刘大海等:《"21 世纪海上丝绸之路"海上战略支点港的主要建设模式及其政策风险》,《改革与战略》2017 年第 3 期;黄庆波、林晗龙、刘思琦:《21 世纪海上丝绸之路港口建设投资风险研究》,《大连海事大学学报(社会科学版)》2017 年第 6 期;桑小川:《中国对欧港口投资的缺失与风险:以比雷埃夫斯港为例》,《国际论坛》2019 年第 3 期;卢光盛、马天放:《"一带一路"建设中的"99 年租期"风险:由来、影响及应对》,《亚太经济》2020 年第 1 期;孙家庆:《21 世纪海上丝绸之路沿线国家港口投资风险评价》,《大连海事大学学报》2021 年第 2 期。

第三节 学 术 价 值

自近代西方殖民大国崛起以来，全球形成了劳尔·普雷维什（Raul Prebisch）和伊曼纽尔·M. 沃勒斯坦（Immanuel M. Wallerstein）所称的"中心—外围""西方—非西方"二元权力结构：资金、技术从处于中心地位的西方国家流到处于边缘地位的非西方国家；人才和原材料则从非西方国家流到西方国家。"一带一路"倡议的提出，实际上是发展中国家之间的互联互通，它是以发展中国家为主体的"再全球化"，正在颠覆传统的"中心—外围"式理论框架与关系结构。而港口建设成为中国与其他发展中国家互联互通的重要载体和纽带。

从根本上来说，参与海外港口建设是综合实力上升到一个新阶段的必然产物，是资本寻找市场、国内优势产能"走出去"和发展中经济体"再全球化"的结果。20 世纪 80—90 年代，随着日本和韩国经济的腾飞与资金的日益充足，两国大规模投资了海外港口项目，包括在美国的港口建设与运营。21 世纪初以来，随着中国国内港口发展不断升级和港口企业实力的不断增长，中国逐步从资本和技术输入转向输出，也走上了开拓海外港口市场的道路。

当前，海上丝路沿线的港口城市发展和航运中心建设迎来了新的战略机遇期，为中国港口企业走向全球带来了重要机会。从东亚到东南亚，从印度洋到中东，从地中海到大西洋，一大批新兴港口基础设施建设项目开始启动，成为海上丝路发展的重要节点。中国参与海外港口建设是"一带一路"倡议中"道路联通"的重要内容，海上丝路正在成为连接国际航运中心和港口群的重要纽带。以中国交通建设股份有限公司（以下简称"中国交建"）为例，为响应中国政府提出的"道路联通"的号召，截至 2017 年，该公司已在海上丝路沿线国家修建了 95 个深水码头、10 个机场、152 座桥梁和 2 080 千米长的铁路，与中远海运港口、招商局港口等一道，成为拓展海外港口业务的"排头兵"。① 仅其下属的中国港湾工程

---

① "China's Expanding Investment in Global Ports，" The Economist Intelligence Unit，October 11，2017，http://country. eiu. com/article. aspx? articleid = 1005980484&Country = Lithuania&topic = Economy&subtopic=Regional＋developments&subsubtopic=Investment；《五个知识点助你了解"一带一路"》，《参考消息》2017 年 6 月 14 日，第 14 版。

有限责任公司(以下简称"中国港湾")2012 年就获得了 120 亿美元的海外港口建设订单。①

对比来看,欧美大国致力于在海外主要港口建立军事基地,追求地缘政治利益和推行"民主治理",造成了地区形势的紧张和动荡。如美国在迪戈加西亚岛、吉布提、阿曼、阿联酋、卡塔尔、巴林和科威特的军事基地;法国在吉布提和阿联酋阿布扎比的军事基地;英国在塞浦路斯、迪戈加西亚岛和巴林的军事基地;俄罗斯在叙利亚塔尔图斯港的军事基地等。中国在海外没有军事基地,但在印度洋至地中海沿线却有重要的商业和外交利益区,这些利益区以印度洋—海湾—红海—地中海沿线关键港口为基点,成为中国重要的海外利益集聚区。中国在建设海上丝路过程中应以参与沿线港口建设为支点,推动中国港口企业和产能"走出去",稳步推进"一带一路"建设和沿线地区治理。如何从学理层面对此进行深入分析,讲好中国参与海上丝路沿线港口建设的故事,对于新时期中国外交创新、中国参与全球治理和建设人类命运共同体无疑具有重要的学术价值。

海外港口建设具有拓展海外经济利益、维护海上通道安全、保护海外侨民、参与地区治理与扩大海外柔性军事存在等多重功能,但学界对港口建设的学理探讨尚不深入,地缘政治理论、海权理论、外交战略理论、权力转移理论、全球治理理论、政治经济学理论等虽涉及港口建设的某些方面,但仍缺乏专门研究大国参与海外港口建设的理论著作。本书考察了中国参与海上丝路沿线国家港口建设的必要性、可行性、主体、模式、风险与重点,从地缘经济与地缘政治二分法角度,提出海外港口建设对一国经济利益、政治影响力和军事存在的影响,并以新时期中国参与印度洋到地中海地区,即海上丝路西向通道沿线国家的港口建设为案例,比较分析其面临的主要风险、重点选择、战略目标和努力方向。

中国特色的国际港口合作实践丰富了已有的外交理论、海权理论与全球治理理论。与西方大国在海上丝路沿线国家推行"民主治理"不同,中国在沿线地区推行"民生治理",即通过参与当地重大基础设施建设和民生设施的改善,缓解

---

① "The New Masters and Commanders: China's Growing Empire of Ports Abroad Is Mainly about Trade, Not Aggression," *The Economist*, June 8, 2013, http://www.economist.com/news/international/21579039-chinas-growing-empire-ports-abroad-mainly-about-trade-not-aggression-new-masters.

社会矛盾,维护社会稳定,推动发展转型,以商业化方式维护地缘经济利益。很多学者在分析中都综合采用了地缘经济和地缘政治的分析视角。[①] 不同于地缘政治视角,地缘经济视角更为强调港口建设的商业属性和全球发展意义,以及中国在沿线各地区经济影响力的上升。中国的国际港口合作打破了西方陆权与海权二分法,主张陆海联动;打破了经济与安全的对立,主张经济与安全的联动;突破了盟友与敌人的对立,主张包容互鉴,推动更为普惠均衡的全球化;也突破了西方的军事化、地缘政治和"民主治理"话语,中国倡导的"民生治理观"与西方的"民主治理观"形成了鲜明对比,中国的"商业港口网"与西方的"军事基地网"形成了鲜明对比。这无疑体现出自身的独特性,成为中国特色大国外交的重要体现之一。

第四节 现 实 意 义

18 世纪末,经过工业革命的英国工业产出能力迅猛扩大,急需向海外市场营销产品,输出所谓产能过剩问题;同时,英国工业生产需要获得世界各地更稳定的原料供应,因此需要向海外拓展。在此背景下,为保护海外市场与供应链,很多英国公司都修建了海外港口,甚至拥有军队,而英国政府亦在贸易航道沿岸建立海军基地与殖民地,英帝国随之形成。[②] 与当年的英国相似,当前中国从大国向强国迈进。但与英国当年主要依靠坚船利炮进行殖民掠夺不同的是,中国主要依靠市场、法律及外交手段维护和拓展自己的海外利益,倡导互利共赢与共商共建共享的理念,推动各国共同发展。

改革开放以来,中国从传统的"内向型经济形态"向"依赖海洋通道的外向型经济形态"演变,[③]这具有史无前例的重大意义。中国对外贸易和能源资源进口都高度依赖海上运输,海上港口和航道安全事关中国的重大现实利益。海外港

---

① Gerald Chan, *China's Maritime Silk Road: Advancing Global Development?* (Cheltenham: Edward Elgar Publishing, 2020); Richard T. Griffiths, *The Maritime Silk Road: China's Belt and Road at Sea* (Leiden: International Institute for Asian Studies, 2020).

② 沈旭晖、邝健铭:《中国与东南亚的港口外交》,《联合早报》,2016 年 8 月 9 日,https://www.zaobao.com/forum/views/opinion/story20160809-651964。

③ 王历荣:《印度洋与中国海上通道安全战略》,《南亚研究》2009 年第 3 期。

口建设不仅是中国加大对外开放、走向世界、深化国际合作的重要渠道,更是维护日益扩大的海外利益、拓展国家安全和提升国际影响力的重要载体。南海—印度洋—红海—地中海沿线对我国具有重要的战略利益,我国进口的 80% 的石油、50% 的天然气和 42.6% 的进出口商品都要经过这条航线,应成为当前"一带一路"建设的重点方向。[①] 中国参与海上丝路沿线港口建设对于维护霍尔木兹海峡、马六甲海峡、土耳其海峡、苏伊士运河、曼德海峡的石油和贸易通道安全具有十分重要的意义。从印度洋到非洲,海上丝路沿线布满了众多港口,但是除迪拜港外,大多数均属于中小港口,与东亚、东南亚、美洲和欧洲的大港相比,规模有限,吞吐量不大。

伴随着成为全球经济和贸易大国以及港口建设的飞速发展,近年来中国成为全球航运中心和枢纽港最多的国家之一。在 1.8 万多千米的漫长大陆海岸线上,中国从南到北密布着 1 800 多个万吨级以上的船只泊位。在全球 30 个航运中心中,中国占了 9 席,[②]在世界十大港口建设和运营公司中,中资企业占了总运营额的 39%。[③] 例如,2018 年上海港货物吞吐量达 5.61 亿吨,集装箱吞吐量达 4 201 万标准箱(TEU,20 英尺长标准集装箱,1 英尺＝0.304 8 米),是世界上最大的集装箱码头,[④]上海港洋山港区平均每天处理约 4.5 万个集装箱,迎送超过 12 艘远洋货轮。由新华社中国经济信息社、中国金融信息中心联合波罗的海交易所推出的《新华·波罗的海国际航运中心发展指数报告》显示,新加坡、香港、伦敦、上海、迪拜、鹿特丹、汉堡、纽约、东京、釜山入选 2018 年全球综合实力居前十位的国际航运中心城市,其中亚洲 6 个、欧洲 3 个、美洲 1 个。[⑤] 2020 年上海港的国际航运中心地位进一步提升至全球第三位。这表明全球航运中心开始从西方转向东方,从大西洋转向太平洋和印度洋,从发达经济体转向新兴经济体,中国无疑是新兴经济体中港口事业发展最快的国家。

① 刘宗义:《21 世纪海上丝绸之路建设与我国沿海城市和港口的发展》,《城市观察》2014 年第 6 期。

② 《2017 年十大国际航运中心揭晓:亚太区城市表现抢眼,上海排名第五》,《新华每日电讯》2017 年 7 月 21 日,第 7 版。

③ James Kynge et al., "Beijing's Global Power Play: How China Rules the Waves," Financial Times, January 12, 2017, https://ig.ft.com/sites/china-ports/.

④ 参见上海国际港务(集团)股份有限公司网站,https://www.portshanghai.com.cn/。

⑤ 《新华·波罗的海国际航运中心发展指数报告(2018)》,中国金融信息网,2018 年 7 月 12 日,http://index.xinhua08.com/a/20180712/1728561.shtml。

据统计,在海上丝路沿线的 123 个港口中,位于南亚地区的港口有 6 个,中东地区 32 个,地中海沿线 7 个,欧洲 2 个,位于中国和东南亚的港口最多,各有 38 个。[①] 海上丝路沿线港口网络布局的区域化特征近年来日益突出,海上丝路建设带动区域内海运量大幅增加,区域性枢纽港的数量也明显增加;区域性枢纽港中转业务的大幅增加,对港口的集疏运体系提出了更高要求,需要港口加快自身集疏运体系建设,为区域内支线港的快速发展提供机遇,沿线支线港数量将会增加;枢纽港纷纷探索创新港口间的合作模式,加强相邻港口之间、枢纽港和支线港之间以及境内港和境外港之间的互联互通。[②] 港口建设与升级为港口企业国际化提供了新动力,也为政府与港口企业之间加强互动提供了重要平台。参与海上丝路沿线港口建设,不仅可以转移国内基础设施建设的优势产能,而且可以通过参与海外港口建设推动国际港口和航运合作,倒逼国内港口建设和港口技术的升级换代,建设若干个世界级国际大港。中国港口企业正深入拓展与海上丝路沿线国家的互利合作,为全面推进"一带一路"建设和全球航运业变革创新作出中国的贡献。随着中国经济"走出去"的步伐加快,参与海外港口建设也成为中国参与全球经济治理和推进海上丝路建设的重要内容。港口是海上丝路建设的关键合作支点,是实现海洋强国、航运强国的重要支撑,对实现"十四五"规划与 2035 年远景目标、构建国内国际双循环的新发展格局具有重要意义。

中国参与海外港口建设是新时代中国扩大对外开放的重要标志,在顶层设计不断完善,各部委相互协调能力不断增强的背景下,政府与企业、中央与地方、商务与外交之间的关系不断理顺,中国与对象国之间的互利合作日益加强,国内与国际治理规则逐步融会贯通,展现出新时期国际港口合作的基本轮廓。这在 2015 年 3 月国家发展和改革委员会(以下简称"国家发展改革委")、外交部、商务部联合发布的《推动共建丝绸之路经济带和 21 世纪海上丝绸之路的愿景与行动》和 2017 年 6 月国家发展改革委、国家海洋局联合发布的《"一带一路"建设海上合作设想》中有具体阐述和鲜明体现。参与海上丝路沿线国家战略港口建设不仅具有重要的经济机遇,而且对帮助这些国家增强国家治理、维护中国海上战

---

① 杨翠香、宗康、胡志华:《中国与海上丝绸之路的连通性分析》,《上海大学学报(自然科学版)》2018 年第 3 期。

② 孙伟、谢文卿:《"21 世纪海上丝绸之路"与港口发展系列之二:沿线港口发展举措分析》,《中国远洋航务》2015 年第 10 期。

略通道安全、推动海上丝路建设和提供全球公共产品等均具有重要意义。本书将有助于中国在海外港口建设和运营过程中认清优势与风险，做到趋利避害，探索具有中国特色的国际港口合作模式，为"21世纪海上丝绸之路"建设提供助力，传播"民生治理"和"以发展促和平"等理念，为促进沿线地区和平与发展作出中国的更大贡献。

第五节　研　究　内　容

根据2017年6月国家发展改革委、国家海洋局联合发布的《"一带一路"建设海上合作设想》，未来中国将重点建设三条"蓝色经济通道"：一是以中国沿海经济带为支撑，连接中国—中南半岛经济走廊，经南海向西进入印度洋，衔接中巴、孟中印缅经济走廊，共建中国—印度洋—非洲—地中海蓝色经济通道；二是经南海向南进入太平洋，共建中国—大洋洲—南太平洋蓝色经济通道；三是积极推动共建经北冰洋连接欧洲的蓝色经济通道。[①] 在上述三大"蓝色经济通道"中，港口无疑都发挥着至关重要的节点作用。

其中，经北冰洋连接欧洲的"北向"通道已经发展为冰上丝绸之路，拥有航程短、成本低等独特优势，中国在沿线地区已经或计划参与俄罗斯扎鲁比诺港项目、阿尔汉格尔斯克深水港口改造项目等，未来通道地位与作用将持续提升。但受到自然环境、港口条件、船舶性能等诸多因素的制约，目前冰上丝绸之路尚无法取代传统的国际海上主航线，沿线港口开发难度也较大。同样，受到地理区位、双边贸易规模、地区国家影响力等因素的影响，中国—大洋洲—南太平洋这一"南向"通道也难以成为海上丝绸之路建设的重点。"一带一路"倡议主要聚焦于提升欧亚大陆国家间的互联互通，将位于欧亚大陆东西两端的中国与欧盟这两大世界经济体更为便捷地联系起来，而沟通两者以及沿线广大地区的海上主航道位于南海—印度洋—红海—地中海—大西洋一线，因此第一条"西向"通道在海上丝绸之路建设中的地位显得尤为重要，占据"主通道"的地位，其也正是本

---

① 《国家发展改革委、国家海洋局联合发布"一带一路"建设海上合作设想》，《新华每日电讯》2017年6月21日，第2版。

书的主要研究对象。

本书以 21 世纪以来中国参与海上丝路沿线港口建设的理论与案例研究为主题,从新时期国际港口合作出发,考察中国参与海上丝路沿线地区港口建设的理论和现实问题,并结合"西向"通道沿线东南亚、南亚、海湾、东非、地中海地区 10 个国家的港口建设的案例进行研究,分析中国参与海上丝路沿线国际港口合作的主体、模式、风险、影响、成效及前景。为研究需要,本书在理论层面主要使用"国际港口合作"概念构建理论研究框架,而在实践和案例分析层面,主要使用"参与港口建设"一词(其内涵有所差异,外延基本相同),共同来分析新时期海上丝路沿线港口建设的理论与实践问题。

在中国港口企业"走出去"参与海外港口建设的过程中,外交部与其他部委、政府和企业、中央与地方、中国与对象国之间相互配合,积极促进国内外港口建设与互联互通,推动沿线地区沿海与陆地、地方与全球市场的联通,以及国内治理与全球治理的融合,形成了新时期中国特色的国际港口合作格局。中国的国际港口合作至少包括两层含义:一是港口企业在"走出去"过程中配合中国总体外交,维护中国国家整体利益,企业参与海上丝路沿线港口建设丰富了新时期中国外交的"工具箱";二是政府在国际合作过程中积极营造良好的政治和外交环境,为中国港口企业走出国门、参与海外港口建设、输出资本和转移优势产能提供政策和外交保障。因此,国际港口合作既是手段,又是目的,是国家发展改革委、外交部、商务部和交通运输部等政府部门与港口企业良性互动的体现,也受到中国与对象国、中国与世界之间互动关系的影响。

中国参与海上丝路沿线的港口建设与运营,根据"西向"主通道沿线地理区位可以划分为以下若干次区域:一是东南亚地区的港口建设,以中国参与马来西亚皇京港、缅甸皎漂港为代表;二是南亚地区的港口建设,以中国参与斯里兰卡汉班托塔港和科伦坡港、巴基斯坦瓜达尔港为代表;三是海湾—东非地区的港口建设,在海湾地区以中国参与阿联酋哈利法港、沙特阿拉伯吉达伊斯兰港为代表,在东非地区以中国参与吉布提多哈雷港、肯尼亚蒙巴萨港为代表;四是东地中海地区的港口建设,以中国参与埃及塞得港和达米埃塔港、以色列阿什杜德港与海法港、土耳其伊斯坦布尔昆波特码头和希腊比雷埃夫斯港建设与运营为代表;五是西地中海地区的港口建设,以中国参与意大利瓦多港、西班牙诺阿图姆集团下属港口、摩洛哥丹吉尔地中海港和阿尔及利亚中心港建设与运营为代表;六是西欧地区的港口建设,以中国参与比利时安特卫普港和泽布吕赫港、间接参与法国部分港口运营为代表。本书将重点考察中国在前五个次区域的港口建设实践,并根据个人研究基础,主要以海上丝路沿线发展中国家作为案例研究的主要对象,选择了三大区域和 10 个国家开展专题研究与案例研究(见图 0-1)。

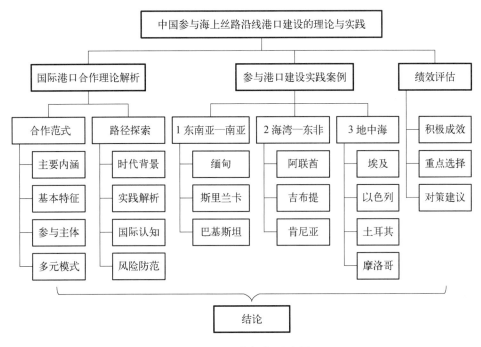

图 0-1　研究框架示意图

第六节　章节安排

本书从中国特色国际港口合作的内涵出发,在总结 21 世纪以来中国参与海上丝路沿线港口建设实践路径的基础上,分析中国参与海上丝路沿线地区港口建设的内涵、特征、主体、模式、风险等重大理论问题,并结合位于海上丝路沿线的东南亚—南亚、海湾—东非、地中海三大区域的 10 个国家的港口建设案例研究,研究中国参与沿线港口建设的积极成效和影响因素,对中国特色国际港口合作的理论进行验证与分析,对中国参与海上丝路沿线港口建设的实践进行总结和升华,并据此提出了应对建议。

除导言部分之外,本书研究的主体部分包括以下三大部分和六个章节。

第一章和第二章是理论分析与总论部分,从学理角度论述中国国际港口合作的内涵、特征、主体、模式和风险,阐述中国参与海外港口建设的优势与动力,总结梳理中国参与海上丝路沿线地区港口建设的实践进程,分析外部对中国参与海上丝路沿线港口建设的认知与反应、面临的主要风险等。

第三章至第五章为专题研究与案例研究部分,选取海上丝路沿线的东南亚—南亚地区、海湾—东非地区、地中海地区作为专题研究对象,以三大区域的10 个代表性国家和相关港口为案例,分别考察中国参与海上丝路沿线不同区域和国别的港口建设实践,以及所具有的优势、对象国的需求、战略机遇及其面临的挑战和风险。

第六章和结论部分对新时期中国特色国际港口合作取得的成效与影响、重点选择及其面临的风险进行总结和评估,在以"民生治理"为核心特征的积极成效基础上,对未来中国参与海上丝路沿线港口建设的优化组合、提质增效进行多角度分析和前景展望,并就未来如何深入参与海外港口建设项目、推进"一带一路"互联互通、规避建设风险提出对策建议。

第一章
中国国际港口合作的范式研究

  21 世纪以来,随着以发展中大国为代表的新兴国家群体的持续崛起,新兴和发展中国家在全球经济体系中的分量显著上升,相互联动效应日益显著,在全球治理体系中的系统重要性更加突出,而其中最具结构性影响力的就是中国的崛起。在此背景下,发达国家在全球经济格局中的地位相应下降,传统的"中心—外围""西方—非西方"结构逐步被打破,世界经济结构逐步向多中心化的分布式结构转变。这一结构性变迁对"中心—外围""西方—非西方"传统二元权力结构产生了深远影响。"一带一路"倡议展现了中国不同于西方的地缘政治想象,突破原有的强调国际关系等级制、区分中心与边缘、陆权与海权的地缘政治理念,构建一种平等、包容、多元、陆海相连的新世界图景。①

  随着中国崛起为全球经济大国、贸易大国和投资大国,海外投资规模日益增大,其中,港口建设与投资规模也持续上升。海外港口建设和国际港口合作不断深化,已成为海上丝路建设的重要载体与支撑,也逐步成为中国外交实践与研究中的重要议题。在此背景下,中国特色的国际港口合作范式日益清晰。有效厘清中国参与海外港口建设的主体、模式以及政企关系、央地关系、中外关系等关键问题,对于准确把握新时期中国国际港口合作背后的商业化动机与诉求、有效应对港口建设的风险与挑战具有基础性意义。

---

① 曾向红:《"一带一路"的地缘政治想象与地区合作》,《世界经济与政治》2016 年第 1 期。

第一节　中国国际港口合作的
主要内涵

　　港口是各国经济社会发展中的基础性、枢纽性设施，是国家和全球市场供应链、产业链上的重要环节，对于世界各国和全球经济运行发挥着重要的连接与润滑作用。加快建设世界一流港口和"走出去"开展国际港口合作，是新时期建设海洋强国、航运强国和推进"一带一路"建设的重要命题。从现实来看，港口与国际航线事关中国对外贸易和对外经济关系全局。21 世纪初以来，美国 95％的国际贸易、25％的国内贸易依靠海运；[①]中国 70％～90％的对外贸易依靠海上运输，中国由陆权强国向海权强国转型，从引进外资型到对外投资型发展模式转型。从改革开放以来的对外经贸实践来看，中国主要拓展了四大国际贸易航线：一是向东到日本、韩国、美国、加拿大和拉美地区；二是向南到东南亚、澳大利亚、新西兰和南太平洋国家；三是向北到朝鲜和俄罗斯，经北冰洋航线可直达欧洲（近年来已升级为冰上丝绸之路）；四是向西到印度洋、红海、地中海和欧洲。在上述四条航线中，西部航线地位特殊，既事关中国能源进口的命脉，又是海外贸易的主要航线，沿途可达南亚、西亚、非洲、欧洲国家或地区港口。[②] 当前，我国已经成为世界上具有影响力的海洋与航运大国，正在稳步迈向海洋强国、航运强国。2020 年，中国港口货物吞吐量完成 145.5 亿吨，港口集装箱吞吐量完成 2.6 亿标准箱，港口货物吞吐量和集装箱吞吐量均居世界第一位。同时，我国海运船队运力规模达 3.1 亿载重吨，居世界第二位。[③]

　　集聚了众多资源要素的港口一般都是重要的战略性基础设施，是国家对外开放和相互之间经济往来的门户或窗口；海上丝路就是一条由港口节点互联互

---

　　① Hyuk Soo Cho, Jung Sun Lee and Hee Cheol Moon, "Maritime Risk in Seaport Operation: A Cross-Country Empirical Analysis with Theoretical Foundations," *Asian Journal of Shipping and Logistics*, Vol. 34, No. 3 (2018): 240 - 248.

　　② 刘庆：《"珍珠链战略"之说辨析》，《现代国际关系》2010 年第 3 期。

　　③《建设海洋强国，共创航运新未来》，中国新闻网，2021 年 7 月 11 日，https://www.chinanews.com.cn/gn/2021/07-11/9517336.shtml。

通构成的、辐射港口城市及其腹地范围的金融贸易带和经济带。[①] 通过海上互联互通、港口城市合作机制以及海洋经济合作等方式,海上丝路将中国、东南亚、南亚、海湾等沿线国家联系起来,并进一步辐射到其他地区。[②] 2017 年 6 月,国家发展改革委、国家海洋局联合发布《"一带一路"建设海上合作设想》,提出中国将重点建设三条"蓝色经济通道",这也与上述主要贸易航线基本对应,成为中国建设"21 世纪海上丝绸之路"的重点地区。

从历史与现实来考察,海上丝路西向航线所经过的地区是中国参与海外港口建设的重点,也是《"一带一路"建设海上合作设想》所提出的"西向"通道。这条海上丝路主通道的沿线地区,包括东亚和欧洲两大世界经济重心,串联起数量庞大的亚非发展国家,沟通太平洋、印度洋和大西洋以及沿线众多的海上通道,可划分为东亚、东南亚、南亚、海湾、东非、地中海和西欧等地区及次地区。这条海上丝路沿线地区海岸线曲折漫长,优良港口众多,包括多个世界级大港和枢纽港,也拥有众多的世界级资源输出港以及其他地方性和区域性港口。据英国劳氏公司 2019 年发布的全球前 100 集装箱港口数据,有 76 个港口位于从东亚经印度洋、地中海至西欧的海上丝路国际主航线沿线,即占总数的 76%。其中,东亚地区 33 个,东南亚地区 9 个,南亚地区 5 个,海湾地区 7 个,地中海地区 11 个,西欧地区 11 个(见表 1-1)。

表 1-1　全球前 100 集装箱港口地区分布(2019 年)

地　区	港口数量/个	港口名称(排名)
东亚	33(其中国 25)	上海港(1)、宁波—舟山港(3)、深圳港(4)、广州港(5)、釜山港(6)、香港港(7)、青岛港(8)、天津港(9)、厦门港(14)、高雄港(15)、大连港(16)、营口港(26)、太仓港(31)连云港港(34)、东京港(35)、日照港(41)、东莞港(46)、福州港(49)、南京港(53)、仁川港(55)、横滨港(58)、烟台港(60)、唐山港(61)、神户港(63)、名古屋港(66)、大阪港(75)、丽水—光阳港(76)、泉州港(77)、珠海港(81)、海口港(90)、台中港(94)、嘉兴港(96)、台北港(100)

[①] 刘宗义:《21 世纪海上丝绸之路建设与我国沿海城市和港口的发展》,《城市观察》2014 年第 6 期。

[②] 刘赐贵:《发展海洋合作伙伴关系　推进 21 世纪海上丝绸之路建设的若干思考》,《国际问题研究》2014 年第 4 期。

续　表

地　区	港口数量/个	港口名称(排名)
东南亚	9	新加坡港(2)、巴生港(12)、丹戎帕拉帕斯港(18)、林查班港(21)、丹戎不碌港(22)、胡志明港(25)、马尼拉港(30)、丹戎佩拉港(43)、盖梅港(45)
南亚	5	科伦坡港(24)、尼赫鲁港(28)、蒙德拉港(36)、吉大港(64)、卡拉奇港(83)
海湾	7	迪拜港(10)、吉达伊斯兰港(40)、塞拉莱港(51)、阿卜杜拉国王港(82)、阿巴斯港(86)、豪尔费坎港(87)、阿布扎比港(95)
地中海	11(其中东地中海4、西地中海7)	瓦伦西亚港(29)、阿尔赫西拉斯港(33)、比雷埃夫斯港(32)、丹吉尔地中海港(47)、巴塞罗那港(48)、马尔萨什洛克港(52)、阿姆巴利港(54)、塞得港(57)、热那亚港(71)、焦亚陶罗港(79)、梅尔辛港(97)
西欧	11	鹿特丹港(11)、安特卫普港(13)、汉堡港(19)、不来梅港(25)、费利克斯托港(42)、勒阿弗尔港(67)、伦敦港(70)、圣彼得堡港(84)、南安普敦港(88)、格但斯克港(89)、锡尼什港(93)
美洲	21(其中北美11,拉美10)	洛杉矶港(17)、长滩港(20)、纽约/新泽西港(23)、萨凡纳港(37)、科隆港(38)、桑托斯港(39)、海港联盟(44)、温哥华港(50)、曼萨尼略港(56)、卡塔赫纳港(65)、弗吉尼亚港(68)、休斯敦港(69)、奥克兰港(73)、巴尔博亚港(74)、卡亚俄港(78)、查尔斯顿港(80)、瓜亚基尔港(85)、金斯敦港(91)、布宜诺斯艾利斯港(92)、蒙特利尔港(98)、圣安东尼奥港(99)
大洋洲	2	墨尔本港(59)、悉尼港(72)
非洲（除地中海国家之外）	1	德班港(62)

资料来源："One Hundred Ports 2019," Lloyd's List, July 29, 2019, https://lloydslist.maritimeintelligence.informa.com/one-hundred-container-ports-2019。

　　近年来中国对海上丝路沿线地区港口建设的参与力度不断加大,从东南亚到南亚,从海湾到地中海,中国企业的一系列港口建设投资项目吸引了世界的目光。以中远海运港口、招商局港口为代表的中国企业开始更为清晰地布局海外港口建设,在海上丝路沿线地区参与了数十个国家的港口建设与运营,成为新时期中国建设"蓝色海洋经济带"和海上丝路的先锋力量与重要支撑。国内港口企业"走出去",丰富了中国建设海洋强国和大国外交的内涵,中国特色的国际港口合作或"港口外交"①应运而生。中国特色的国际港口合作根植于中国企业参与海外港口建设的丰富实践,与中国外交决策体制、中国国有港口企业占主体地位、中国优势产能进入对外转移阶段存在重要关联。随着中国企业参与海上丝路沿线港口建设不断走向深入,中国特色国际港口合作的轮廓也日益清晰。通过铁路、公路、桥梁和港口等基础设施网状化发展,中国与海上丝路沿线国家正形成陆海联动、发达经济体与发展中经济体相互联通、安全议题与发展议题彼此交错的国际港口合作新格局。

中国特色的国际港口合作是指中国与对象国着眼于发展战略对接,在港口建设开发中充分发挥各自优势,遵循市场化、商业化原则与规则,通过政府各部委之间、政府与企业之间、中央与地方之间的相互配合,使中国企业在参与海外港口建设过程中服务于国家对外交往与外交政策目标,政府也为企业参与海外港口建设提供政策保障,从而满足中国外交、企业利益、对象国发展和全球治理需要的理念、机制、政策与实践的总和。中国特色国际港口合作包含五重基本内涵:一是政府与企业的关系,二是政府各部委之间的关系,三是中央与地方的关系,四是中国与投资对象国的关系,五是国内治理与全球治理的关系(见图1-1)。

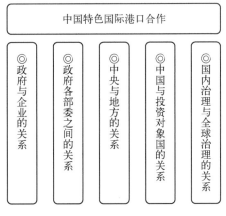

图1-1　中国特色国际港口合作的基本内涵

在实践中,中国特色国际港口合作涉及企业、政府(中央各部委、地方政府)、对象国多方行为体,努力实现政府与企业良性互动、政府各部委之间统筹协调、

① 关于"港口外交"的概念与内涵参见孙德刚:《中国港口外交的理论与实践》,《世界经济与政治》2018年第5期,第4-32页。

中央与地方之间相互支撑、中国与对象国互利共赢、国内治理与全球治理融会贯通,服务于企业发展和国家需求,带动国内发展与全球发展。从根本上来说,港航企业为推进国际化发展和全球商业布局,遵循商业化原则开展海外港口投资开发,重视港口项目建设的经济性与可持续性,追求商业利益是基本原则和主要动力。企业与企业、政府与企业、政府各部委、中央与地方之间加强合作协调,有利于优势互补和保证企业海外港口建设经济效益,注重防范各类风险与挑战,提升港口建设项目的可持续性。

1. 政府与企业的关系

中国参与海外港口建设的企业大多属于大型国有企业,与政府的对外战略目标具有高度一致性。一方面,港口企业在"走出去"过程中配合中国的总体外交规划,成为落实中国与海上丝路沿线国家港口合作的重要主体,丰富了新时期中国外交的"工具箱"。另一方面,中国外交部等各部委在政府间合作过程中积极营造良好的政治和外交环境,成为中国港口企业拓展海外利益、参与海外港口建设的"代言人",为中国港口企业走出国门、寻找商机和转移优势产能提供政策、融资和外交保障。在政府与企业的良性互动模式下,这既是政府与企业互动的目的,也是双方互动的手段。2015 年 11 月,李克强总理访问马来西亚,与纳吉布总理共同见证了中马两国港口联盟合作备忘录的签订,这就是政企互动的重要表现。[①] 类似的还有中国与斯里兰卡、巴基斯坦、坦桑尼亚、希腊等国领导人对于港口建设项目的亲自推动与见证。

在国际港口合作实践过程中,政府与企业互动日益频繁,中国港口管理体制也发生了变化。1949 年后约半个世纪的时间里,中国港口由国务院交通主管部门统一管理,其弊端是港口缺乏活力,尤其是地方政府和企业的积极性未能充分调动起来。21 世纪初,这种高度集中的港口管理模式开始发生转变,中国政府将港口管理权下放给所在城市,形成"政府引导、地方主导、企业参与"的三重管理体制。这种新型管理模式对推动港口与产业的良性互动起了积极作用。[②]

---

① 《中马签署港口联盟合作文件,打造海上丝路互联互通网络,李克强总理、纳吉布总理见证》,中华人民共和国交通运输部国际合作司,2015 年 11 月 25 日,http://zizhan.mot.gov.cn/sj/guojihzs/shuangbianyqyhz_gjs/201511/t20151125_1938413.html。

② 赵楠、真虹、谢文卿:《关于我国港口群资源整合中实现科学整合、防止经营垄断的建议》,载《创新中的中国:战略、制度、文化(中国大学智库论坛 2016 年年会咨询报告集)》,中国大学智库论坛,2016,第287 页。

2004 年 1 月,《中华人民共和国港口法》(以下简称"《港口法》")付诸实施,2018 年根据新的实际情况进行了修订,为政府和企业共同参与港口建设,为港口企业"走出去"和中国开展国际港口合作提供了法律保障。

2. 政府各部委之间的关系

21 世纪初以来,中国国际港口合作的顶层设计不断成熟。在"一带一路"总体框架下,中国政府各部委如发展改革委、外交部、商务部、交通运输部等围绕中国企业参与海外港口建设紧密合作,既有分工,又相互协调与统筹。2011 年国务院审议通过的"十二五"规划纲要,对港口尤其是国内港口发展进行了总体规划,提出要"提升沿海港口群的现代化水平","深化港口岸线资源整合和优化港口布局"。① 2012 年 11 月,时任国家主席胡锦涛指出:"要提高维护海洋安全的战略能力,捍卫国家领海主权和海洋权益,保护国家日益发展的海洋产业、海上运输和能源资源战略通道安全。"②2013 年 7 月,习近平主席指出:"中国既是陆地大国,也是海洋大国,拥有广泛的海洋战略利益,……坚持陆海统筹,坚持走依海富国、以海强国、人海和谐、合作共赢的发展道路,通过和平、发展、合作、共赢方式,扎实推进海洋强国建设。"③2016 年 3 月的"十三五"规划纲要虽未专门论述中国参与海外港口建设,但提出要推进"一带一路"建设,……推进基础设施互联互通和国际大通道建设,共同建设国际经济合作走廊。积极推进"21 世纪海上丝绸之路"战略支点建设,参与沿线重要港口建设与经营,推动共建临港产业集聚区,畅通海上贸易通道。④

中国出台的一系列文件成为各部委开展国际港口合作的指导性文件。国家发展改革委国际合作司⑤、外交部各地区司(包括海上丝路沿线的亚洲司、西亚北非司、非洲司、欧洲司等)、商务部各地区司(如亚洲司、西亚非洲司、欧洲司)、

① 《国民经济和社会发展第十二个五年规划纲要(全文)》,中华人民共和国中央人民政府网,2011 年 3 月 16 日,http://www.gov.cn/2011lh/content_1825838.htm。

② 梁芳:《海上战略通道论》,时事出版社,2011,第 2 页。

③ 《习近平在中共中央政治局集体学习时强调:依海富国 以海强国》,《人民日报海外版》2013 年 8 月 1 日,第 1 版。

④ 《中华人民共和国国民经济和社会发展第十三个五年规划纲要》,新华网,2016 年 3 月 17 日,http://news.xinhuanet.com/politics/2016lh/2016-03/17/c_1118366322.htm。

⑤ 国家发展改革委国际合作司参与重大经济外交活动和推进"一带一路"国际合作、成果落实相关工作,协助推进重大涉外项目。推进"一带一路"建设工作领导小组办公室设在国家发展改革委,在各部委间发挥统筹和协调作用。

交通运输部国际合作司成为落实党中央战略部署的主要机构。外交部、交通运输部、商务部等部委在"一带一路"倡议下相互配合,共同推进国际港口合作。2014年10月,交通运输部国际合作司副司长任为民在深圳举办的"21世纪海上丝绸之路"国际合作论坛及第四届深圳国际港口链战略论坛上表示,沿线国家和地区间港口投资建设运营合作,是未来建设"21世纪海上丝绸之路"的重要方向。国家级港口合作除了向巴基斯坦、斯里兰卡等国家提供援助建设港口码头外,还包括承建海外港口项目、获取港口经营权、建设港口等参与方式。① 国家发展改革委、外交部、商务部等部委也积极协调与统筹,共同推动国际港口合作。2015年3月,三部委联合发布《推动共建丝绸之路经济带和21世纪海上丝绸之路的愿景与行动》,强调港口在海上丝路建设中的重要地位,提出:"陆上依托国际大通道,以沿线中心城市为支撑,……海上以重点港口为节点,共同建设通畅安全高效的运输大通道,……推动口岸基础设施建设,畅通陆水联运通道,推进港口合作建设,增加海上航线和班次,加强海上物流信息化合作。"②

3. 中央与地方的关系

中国东部沿海地区与西北内陆省份发展不平衡。为促进西北、东北、西南省份对外开放,中国政府在对外交往中为上述内陆省份积极创造条件。参与海外港口建设不仅有利于对象国发展,而且通过互联互通可促进中国内陆省份的陆海联动发展,使海外港口建设成为跨国界、跨地区合作的典范。内陆省份通过与沿海地区或跨境沿海地区建立互联互通的经济一体化,响应国家发展战略,落实国家的顶层设计蓝图和规划。沿海地区的地方政府开始尝试新的增长模式,并更加重视海洋,将海事视为其发展的新轴心,积极参与实施海上丝路倡议。③

在参与海上丝路沿线港口建设、拉动内陆地区经济发展问题上,中央和地方的利益是一致的。首先,在内陆地区,港口成为对外开放的新通道。中国参与瓜达尔港建设,通过"中巴经济走廊"将西亚、南亚等地区的海上诸国与中国(如新

---

① 《中企多种形式参与海外港口经营,布局"一带一路"落脚点》,《长江日报》2016年1月14日,第12版。

② 《推动共建丝绸之路经济带和21世纪海上丝绸之路的愿景与行动》,中华人民共和国商务部,2015年3月30日,http://www.mofcom.gov.cn/article/i/jyjl/l/201504/20150400933572.shtml。

③ Sumie Yoshikawa, "China's Maritime Silk Road Initiative and Local Government," *Journal of Contemporary East Asia Studies*, Vol. 5, No. 2 (2016): 79 - 89.

疆）、阿富汗、中亚等的内陆地区连为一体；中国建设缅甸皎漂港，将中国云南内陆、缅甸内陆地区与印度洋海上运输线连为一体，缩短海上航程，促进互联互通；中国租用朝鲜罗津港，旨在实现东北企业"借港出海"，为东三省、内蒙古乃至蒙古国等内陆地区与海洋经济相联系提供了通道。其次，在沿海地区，港口成为新时期中国外交的重要载体，建立"友好港"是中国港口城市参与海上丝路建设的重要方式。2015 年，中国政府公布了新时期中国重点建设的 15 个港口，由北向南分别是大连、天津、烟台、青岛、上海、宁波—舟山、福州、泉州、厦门、汕头、广州、深圳、湛江、海口和三亚。[①] 上海港、青岛港、深圳港、连云港等多个港口公司开始通过"友好港口"、合作运营等形式积极在海上丝路沿线地区进行相关合作，召开港口论坛，建立港口合作联盟，成为中国地方参与海外港口建设与运营、配合中央开展国际港口合作的重要依靠力量。例如，青岛与海外 16 家港口建立"友好港"，成为国际港口合作的地方支撑力量。最后，上海国际港务（集团）股份有限公司（以下简称"上港集团"）、山东港口青岛港集团有限公司（以下简称"青岛港集团"）等地方港口企业逐步成为参与海外港口建设和国际港口合作的重要辅助力量，而地方政府也在对外交往中积极支持本地港口企业或总部在本地的国企港口企业的海外发展。

4. 中国与投资对象国的关系

中国与海上丝路沿线国家在政治制度、意识形态、文化传统、经济模式和中长期发展战略等领域差异甚大，但是加强港口等重大基础设施建设、拉动就业、促进沿海与内陆地区联动发展、改善民生是中国和投资对象国的共同诉求。中国开展国际港口合作、中国企业参与海上丝路沿线港口建设，在某种程度上是复制中国沿海地区发展的成功经验，特别是在推广 20 世纪 80 年代中国改革开放的"蛇口模式"，试图在参与海上丝路沿线港口的建设过程中加以推广，即形成"前港—中区—后城"相互配合，向纵深发展；在硬环境建设方面，建设一流的港口设施，打通港口与腹地之间的集疏运通道，开发产业园区、物流园区、自由贸易区等，建设产业发展所需的商业配套设施和生活配套设施；在软环境建设方面，提供通关、结算、支付、物流、培训等服务。[②] 作为"一带一路"倡议的重要载体，

---

① 此外，香港港、高雄港等也是中国重要港口。

② 张艳玲、蒋家乐：《招商局：瞄准港口建设"穴位"推广"蛇口模式 4.0"》，中国网，2017 年 6 月 18 日，http://news.china.com.cn/txt/2017-06/18/content_41049102.htm。

基础设施项目的成功落实将强化中国作为"负责任的利益攸关方"的角色,并在促进地区经济发展与区域合作、维护沿线地区和平与稳定方面赋予中国更重要的影响力。中国参与建设的希腊比雷埃夫斯港、肯尼亚蒙巴萨港、斯里兰卡汉班托塔港、巴基斯坦瓜达尔港和孟加拉国吉大港、澳大利亚达尔文港、巴哈马北阿巴科岛新建港等均位于国际航运中转站,有助于投资对象国的基础设施建设与民生改善,实现了互利共赢、共同发展的目标和愿景。

5. 国内治理与全球治理的关系

港口是联通国内与国际的特殊纽带,既带动着国内发展,也影响着各国关系与全球合作格局,国际港口合作也联通了国内治理与全球治理。随着中国的持续崛起,有意愿也有能力在全球治理中承担更重要的角色,世界各国对中国发挥全球治理作用的期待也日益上升。近年来中国积极参与并引领全球治理体系的改革和建设,以落实"一带一路"倡议为路径,以完善多边贸易体制为突破,以构建"人类命运共同体"为目标,不断提升有效参与全球经济治理的能力和水平。①2017 年 10 月,习近平总书记在党的十九大开幕式上讲话指出,中国将"坚持和平发展道路,推动构建人类命运共同体",而"一带一路"倡议正是这一目标的重要体现与实现路径。"一带一路"倡议具有丰富的全球治理内涵,有助于为沿线地区治理提供新的国际公共产品。中国是海上丝路沿线国家的建设者,中国建设的商业港口网络具有国际公共产品的性质,可以有效融合国内与国际规则、国内与全球治理,并彰显"民生治理"的全球治理观。港口等基础设施建设能够带动当地就业和促进经济社会发展,有助于缓和社会矛盾,化解海上丝路沿线国家爆发大规模社会动荡乃至发生政权更迭的风险,促进地区和平与稳定,体现"以发展促和平"的理念,这也是中国对全球治理的重要贡献。

中国参与海上丝路沿线港口建设的实践丰富了中国特色的国际港口合作理论,使政府与企业、外交部与其他部委、中央与地方、中国与海上丝路沿线国家形成了重要"共生关系",在推动国内治理与参与全球治理之间找到了结合点。它有别于"有你无我、有我无你"的对抗式、零和性冷战思维,也不同于"赢者通吃、互害"的实践模式。②新时期中国特色的国际港口合作属于经济外交的范畴,在

---

① 赵龙跃:《统筹国际国内规则:中国参与全球经济治理 70 年》,《太平洋学报》2019 年第 10 期。
② 苏长和:《从关系到共生:中国大国外交理论的文化和制度阐释》,《世界经济与政治》2016 年第 1 期。

目标上选择经济和外交的双重融合模式,即外交工作服务于国际经济合作,利用国际经济合作来实现外交目标;在路径上促进国际和国内议程的相互协调与统筹;在实践中推动市场与国家的协力共进。[①]

在"一带一路"倡议背景下,中国的海外港口建设获得了更大的发展机遇与空间,中国特色的国际港口合作遵循"一带一路"倡议的互联互通精神和"共商、共建、共享"原则,努力将相关内涵和原则纳入其中。一方面,港口建设本身就是"设施联通"的重要内容,也与"政策沟通""民心相通"密切相关,并要求中国与对象国的发展战略相对接,海外港口建设服务于国家"一带一路"的推进。另一方面,港口建设是海上丝路建设的重要支撑和关键载体,"海上丝绸之路"就是以沿线地区重点港口为节点,实现海上互联互通,建立起连通沿线各个地区和各大经济板块的高效畅通的交通与市场链条。因此,中国特色的国际港口合作与"一带一路"倡议的实践存在密切的互动关系,与新时期中国的外交战略实践相契合。

近年来,"海上丝绸之路"倡议及其实践已经对沿线地区产生了重要的地缘经济影响,也极大地拓宽了中国外交的视野,在此基础上,中国特色的国际港口合作已经启程。一方面,中国特色的国际港口合作打破了以往将"海上丝绸之路"沿线地区人为划分为东南亚、南亚、西亚、东非、北非等地区,分别由相关部委的亚洲司、亚非司、非洲司和欧洲司管理的条块分割状态。未来,中国将从系统性和全局性的角度审视"海上丝绸之路"建设,统筹推进海上丝路沿线地区港口建设。另一方面,从长远来看,"海上丝绸之路"的建设为实现中国扩大向西开放,即加强与东南亚、南亚、中东国家的产能合作与发展战略对接,将发挥更大积极作用。从拓展中国与沿线国家的海上贸易、确保海上运输航线安全、扩大在沿线的经济存在与国际影响力来看,印度洋—红海—地中海—大西洋是中国未来综合国力提升的新的增长点。因此,在这一线上的南亚、海湾、东非、红海和地中海地区应是中国参与海外港口建设的重点区域。当前,中国参与海上丝路沿线地区的港口建设已经取得了显著成效,但也遭遇了多种风险与挑战,中国特色的国际港口合作依然面临诸多严峻挑战。

① 复旦国务智库编:《经世之道:探索中国大国特色经济外交》,载于《国务智库战略报告》第6辑,2016,第1-2页。

第二节　中国国际港口合作的
基本特征

国际港口合作既涉及企业层面的经济技术问题，又涉及国家层面的政治外交问题；既涉及国内政治问题，又涉及国际政治问题；既涉及国家治理议题，又涉及全球治理议题。[①] 当前，中国参与海上丝路沿线港口建设的实践快速发展，中国特色的国际港口合作涉及企业、政府部门、地方政府以及对象国之间的合作与互动，蕴含中国特色大国外交和全球治理的理念，表现出自身的鲜明特征。

一、政府与企业良性互动

从中国港口企业的海外投资建设实践可以看出，中远海运集团、招商局港口、中国港湾、中国路桥工程有限责任公司（中国交通建设股份有限公司的全资子公司，以下简称"中国路桥"）等中国企业积极参与海外港口建设项目，追求商业利益，政府为企业保驾护航；政府追求外交利益，加强顶层设计，企业是重要践行者。近年来中国领导人访问海上丝路沿线国家（包括国家主席、总理、全国人民代表大会常务委员会委员长、副总理、国务委员和部长等），与海外港口项目签订和落实的时间节点高度一致；中国领导人将签订港口开发协议作为重要访问成果，体现出国际港口合作中的政企关系。同时，在海外港口项目招标和实施的重要时间点，中国政府还常常邀请对象国总统、总理、部长访华，出席多边会议等，为中资港口企业拓展海外业务搭建平台，积极为国际港口合作营造有利条件。在这一点上，中国的国际港口合作实践与海外高铁合作具有高度的相似性。

除领导人互访外，中国政府还通过出台优惠政策、提供融资等方式，积极鼓励国内港口企业在海外拓展业务。2017 年 1 月，国家开发银行向中远海运集团提供了 1 800 亿元人民币的信贷，用于拓展国际航运业务。2010 年以来，中远海运集团、招商局港口、中国海外港口控股有限公司对外投资已超过 40 亿美元，收购了世界 50 个最大集装箱港口中的 21 个港口的股份，并向国内港口注资 400

---

① 孙德刚：《中国港口外交的理论与实践》，《世界经济与政治》2018 年第 5 期。

亿美元。正如西方一家港口公司的高管所言："中国人可以进行更远期的规划，也可以与亚非某些敏感国家签署协议；而外国私营管理公司做投资计划时最多考虑今后 12 个月，尤其是受制于股东的意见和公众舆论，西方企业不可能去某些高风险国家投资。"①

前述分析表明，中国大型国有港口企业参与海外港口建设与中国对外开放的目标一致。新时期中国参与海上丝路建设，既可以做到以商业港口建设为依托，扩大经济存在，又可以为新时期中国提升大国地位、增强全球治理能力和构建人类命运共同体服务，使中国作为世界大国能够在东南亚—南太平洋—印度洋—红海—地中海—大西洋地区发挥独特的影响力。中国在吉布提获得后勤保障基地，与招商局港口参与吉布提港口建设为此"打前站"存在重要关系。中国建设瓜达尔港和"中巴经济走廊"，为阿富汗和中亚国家油气与商品出口提供出海口，把瓜达尔港打造成中国、阿富汗、巴基斯坦乃至中亚互联、互通、互用的"共享港口"，密切了中国与阿富汗及中亚国家的政治关系。2015 年，中国港湾建设圣多美和普林西比的圣多美深水港，为 2016 年两国恢复外交关系奠定了一定的基础。

二、中央各部委统筹协调

国家发展改革委、外交部、商务部、交通运输部等部委经常调研中国企业在海外开展港口投资建设的情况，为政府规划和协调国际合作提供决策依据，也为领导人出访相关国家提供前期准备和决策咨询。从海外港口建设的实践可以看出，中国国家主席、总理、全国人民代表大会常务委员会委员长、全国政协主席、中央政治局委员等率团访问海上丝路沿线国家，签订港口合作协议，往往都会率领上述有关部委的负责人一同前往，共同参与研讨和规划海上丝路沿线国家港口建设的重点项目，包括马来西亚、文莱、希腊、斯里兰卡、缅甸、埃及、比利时等。此外，外交部和其他相关部委也经常会协调安排国家领导人访问中国企业在对象国投资的有关港口，或邀请对象国领导人访华时到访中国港口或港口企业，以增进相互了解，推动港口建设合作顺利开展。如 2016 年希腊总理齐普拉斯曾受邀访问中远海运集团总部；2019 年习近平主席访问希腊时专门到访中远海运集

---

① 《中企发力"海上丝路"港口投资》，《参考消息》2017 年 4 月 10 日，第 5 版。

团比雷埃夫斯港项目,并指出比雷埃夫斯港项目是"一带一路"的重要成果,是中希双方优势互补、强强联合、互利共赢的成功范例,有力地推动了中国与希腊的港口合作。[①]

与此同时,国家发展改革委、外交部、商务部等各部委下属相关司局机构之间保持政策协调与合作,特别是提出"一带一路"倡议以来,对此方面的要求更高,更为紧迫,并成立了"一带一路"建设工作领导小组办公室对各部委相关机构进行协调,力争形成统筹配合局面。当然,上述判断主要基于国内外媒体的公开报道,国家各部委及其下属机构内部如何进行统筹和协调,"一带一路"建设工作领导小组办公室如何进行领导、统筹和协调,有待进一步深入研究。

三、中央与地方相互支撑

中国参与海上丝路沿线港口建设的实践,体现出中央和地方之间的密切合作关系,这从地方港口企业积极拓展海外业务、港口城市对外交流、港口建设联通内陆开放等方面有鲜明体现。首先,山东、广西、河北、浙江和上海等沿海地区以山东岚桥集团、青岛港集团、广西北部湾国际港务集团有限公司(以下简称"北部湾港集团")、河北港口集团有限公司(以下简称"河北港口集团")、宁波舟山港集团有限公司(以下简称"宁波舟山港集团")和上港集团等地方港口企业为依托,在中央"一带一路"的总体布局下积极参与海外港口业务,促进了海上丝路基础设施建设项目的落地生根。国内港口也积极与国外港口建立友好关系,例如,截至2016年青岛港已经与16家海外港口建立了友好港口关系。其次,地方政府特别是沿海港口城市主动地通过建立友好城市、出访交流、商业洽谈会等途径推动海外港口合作。如上海市与希腊比雷埃夫斯市互为友好城市关系,2017年时任上海市委书记韩正曾率团访问中远海运集团比雷埃夫斯港项目;上海市与土耳其伊斯坦布尔市也是友好城市关系,2018年时任上海市市长应勇曾率团访问位于土耳其伊斯坦布尔市、由中远海运集团牵头运营的昆波特码头,而中远海运集团的总部就位于上海。江苏省牵头重点参与位于阿联酋哈利法港的中阿产能合作园区也与此类似。最后,中国参与海上丝路沿线港口建设,也着眼于内陆

---

① 《希腊总理齐普拉斯到访中国远洋海运集团》,人民网,2016年7月6日,http://ccnews.people. com.cn/n1/2016/0706/c141677-28530735.html;《习近平和希腊总理共同参观中远海运比雷埃夫斯港项目》,新华网,2019年11月13日,http://www.xinhuanet.com//mrdx/2019-11/13/c_138550694.htm。

地区的开发和开放。通过海外港口开发,内陆地区可参与中央规划的区域经济一体化之中,配合国家总体外交,尤其是西南、华南、西北地区成了中国参与海上丝路沿线港口建设的重要受益者。

长期以来,国际关系学界存在陆权优先与海权优先的争论,陆权与海权呈现二元对立关系。中国参与海上丝路沿线港口建设旨在促进经贸陆权与海权的融合,是在互利共赢的基础上,促进中国与欧、亚、非陆海国家之间的贸易畅通、相互依存与陆海联动。港口是连接沿海与陆地、国内经济与国际经济、促进区域经济协调发展的重要平台。扩大港口腹地范围,是港口争取区域性枢纽港地位的重要举措。港口航运业的发展带动了港口城市的兴起,成为区域经济发展的龙头。[①] 近年来,东盟国家以港口建设为平台促进"陆上东盟"与"海上东盟"之间的互联互通;[②]中国提出的"中国—中南半岛经济走廊""孟中印缅经济走廊"旨在通过港口网、铁路网和公路网建设,把中国、东盟和南亚经济体连为一体,实现东南亚和南亚区域经济发展的一体化。中国建设缅甸皎漂港和"中缅经济走廊",带动了中国西南省份的对外开放。中、缅、韩、印投资的缅甸西南海域的天然气管线首站——皎漂分输站,经过 793 千米的管道输往云南省,也是企业利益与政府利益相得益彰的重要体现;[③]中国建设瓜达尔港落实了"中巴经济走廊"宏伟蓝图,既可以带动新疆的经济发展,又增强了中国西北省份与巴基斯坦、阿富汗和其他中亚国家的互联互通。

四、中国与对象国互利合作

中国和海上丝路沿线国家围绕港口建设的合作坚持"共商、共建、共享"的理念,实现中国与对象国的互利共赢、共同发展,彰显了正确的义利观。一方面,中国注重彼此战略对接,特别是中国的"一带一路"倡议与对象国的发展战略相对接,对于港口所在国的经济社会发展往往大有裨益、相得益彰。如斯里兰卡建设印度洋航运中心的发展目标、阿联酋的"2030 愿景"、沙特阿拉伯的"2030 愿景"、

---

① Peter Hall,Wouter Jacobs and Hans Koster,"Port,Corridor,Gateway and Chain:Exporting the Geography of Advanced Martime Producer Services," in Peter Hall et al.,eds.,*Integrating Seaports and Trade Corridors* (Aldershot:Ashgate Publishing Ltd.,2011),p. 82.

② 汪海:《从北部湾到中南半岛和印度洋:构建中国联系东盟和避开"马六甲困局"的战略通道》,《世界经济与政治》2007 年第 9 期。

③ 王德华:《新丝路、新梦想与能源大通道研究》,上海交通大学出版社,2015,第 236 页。

肯尼亚的东非经济走廊计划("北部经济走廊"和"拉姆走廊")、埃及塞西政府的"经济振兴计划"与"苏伊士运河走廊计划"、土耳其的"2023 愿景"与"中间走廊计划"等,彰显了中国和对象国在经济民生治理领域的互利合作,配合港口所在国实现经济发展、就业增长和提升国际竞争力等多重目标。在海上丝路沿线地区港口建设中,中国与沿线国家积极开展海运政策协调和贸易政策协调,召开海上丝路港口国际合作论坛、博览会等,建立双边、区域和跨区域港口合作机制、港口合作联盟等,[①]推动更多港口加入全球港口互联互通网络,带动各国共同发展。中国与东盟建设的港口合作联盟是典型代表。

另一方面,中国和海上丝路沿线国家的港口开发合作注重为所在国提供系统化、综合型的开发方案和能力支持,从港口到临港产业园、港口城市发展,从建设技术到设备、资金与市场,中国往往能够提供全面系统的支持,为港口所在地和所在国的发展与崛起提供助力。2016 年 5 月,外交部部长王毅在多哈出席中阿合作论坛第七届部长级会议开幕式的讲话中指出,要让铁路和港口成为中阿交往的标志。中方支持中国有关省区与阿拉伯重要港口城市共建友港;愿与阿拉伯国家共同推动产港融合,按照"港口＋工业园区"模式,把地区条件优良的港口建成集经济开发、贸易合作、工业生产等一体的综合基地。[②] 如吉布提人口仅 90 余万,但失业率高达 48%,其 42% 的人口生活在贫困线以下。中国近年来对吉布提港口和机场等领域的投资达到了 120 亿美元,不仅改善了该国民生,而且带动了就业和经济增长,缓解了社会矛盾,为非洲中小国家的发展树立了榜样,有望将该国的港口建成"东非的新加坡"。[③]

五、国内治理与全球治理融会贯通

2015 年发布的《推动共建丝绸之路经济带和 21 世纪海上丝绸之路的愿景与行动》提出,通过构建互联互通伙伴关系,实现沿线各国多元、自主、平衡、可持

---

① 例如,2013 年中国与东盟建立港口城市合作网络;2015 年中国与马来西亚签署《建立港口联盟关系的谅解备忘录》;2019 年中国与新加坡、荷兰、意大利等国的港口企业及管理机构共同成立"海上丝绸之路"港口合作机制。

② 王毅:《让铁路和港口成为中阿交往的标志》,新华网,2016 年 5 月 13 日,http://news.xinhuanet.com/world/2016-05/13/c_128979169.htm.

③ James Jeffrey, "China Is Building Its First Overseas Military Base in Djibouti — Right Next to a Key US One," *Global Post*, May 3, 2016.

续的发展。国际港口合作蕴含着全球治理内涵,以港口这一枢纽联通了国内发展与全球治理,融合了国内发展经验与全球治理的理念。不同国家的参与方式表现出不同的全球治理观,中国积极参与海上丝路沿线港口建设体现了中国特色的全球治理观。在"一带一路"沿线的欧亚大陆和非洲发展中国家,经济发展和社会进步是"民生治理"的内核;"民生治理"是中国特色全球治理的关键,与西方倡导的"民主治理"形成了鲜明对比。随着中国港口企业"走出去",民生优先、发展优先的中国治理理念已被越来越多的国家所认可。

从现实来看,在南海—印度洋—红海—地中海—大西洋这一海上丝路沿线,存在两条港口链:一是美国部署的军事基地链,以安全利益为诉求,寻求排他性势力范围;二是中国参与建设和运营的商业港口链,以经济利益为诉求,寻求包容性发展。与西方通过控制军事基地追求"地缘政治利益"和排他性势力范围不同,中国参与海上丝路沿线港口建设是以企业为主体的商业行为,在海上丝路沿线形成了"商业港口网",其追求的目标是包容性的互利共赢,其目的是促进对象国的"工业化"和"再全球化",并服务于中国的国家发展战略,以市场化、商业化方式拓展和维护投资、贸易、能源和侨民等现实利益。

经过多年的探索和实践,中国国际港口合作中的"民生治理""发展优先""互联互通"等理念已在海上丝路沿线国家得到越来越多的响应和支持。中远海运集团建设和管理希腊比雷埃夫斯港,与横跨匈牙利、塞尔维亚、马其顿和希腊的"中欧陆海快线"连为一体,促进了巴尔干与中东欧陆海联动发展;中国建设的肯尼亚蒙巴萨港为东非第一大港,其不仅通过铁路与内罗毕相连,带动肯尼亚内陆地区的发展,而且服务于乌干达、卢旺达、布隆迪、南苏丹、刚果(金),成为东非及其他非洲内陆地区经济发展的重要窗口;[1]中国建设的吉布提港与亚的斯亚贝巴—吉布提铁路线连为一体,为东非内陆国埃塞俄比亚提供了出海口;中国在坦桑尼亚和尼日利亚的港口建设也均与东道国的铁路线相连,实现陆海联动与区域经济一体化。[2] 招商局港口投资 120 亿美元开发吉布提港,斥资 100 亿美元承建坦桑尼亚巴加莫约港项目,投资约 10 亿美元建设俄罗斯扎鲁比诺港,购买达飞海运集团全资子公司 Terminal Link 公司 49% 的股权,也均与对象国港口基础

---

① 甄峰等:《非洲港口经济与城市发展》,南京大学出版社,2014,第 9 页。
② 王德华:《新丝路、新梦想与能源大通道研究》,上海交通大学出版社,2015,第 83、94 页。

设施建设的中长期发展战略和规划相契合。① 由于契合对象国的发展需求，中国国际港口合作的民生优先理念比美国基地外交的民主优先理念日益更具吸引力。表1-2所示为中国商业港口体系与美国基地体系对比分析。

表1-2　中国商业港口体系与美国基地体系对比分析

指标	中国商业港口体系	美国军事基地体系
依靠手段	参与商业港口建设	部署海外军事基地[1]
追求目标	陆海联动	海上霸权
政企关系	政企互动	军工复合体
治理理念	发展是硬道理	安全是首要任务
优先方向	民生优先	民主优先
治理风格	中医式治理	西医式治理
权力结构	包容性互联互通	排他性军事对抗

注：如美国在菲律宾的柔性军事存在，在新加坡、迪戈加西亚岛、阿联酋、卡塔尔、巴林、科威特、吉布提、以色列、土耳其、意大利、希腊等国家和地区的军事基地，这些海外军事基地构成了美国海上霸权的基础。1992年，美国第七舰队后勤供应司令部迁至樟宜海军基地。

　　21世纪初的中国与18世纪末19世纪初的英国在经济发展转型的阶段上较为相近。当年率先完成工业革命的英国既需要更广阔的海外销售市场，也需要更稳定的原料供应地。为保护海外市场与供应链，很多英国公司参与修建海外港口，而英国政府亦在贸易航道沿岸建立海军基地。② 与当年的英国类似，当今美国也主要在全球各地港口建立军事基地，以军事基地体系追求地缘政治利益和海上霸权。与英美不同的是，当前中国的国际港口合作依靠市场、法律和外交手段维护和拓展海外利益，而不是依靠军事力量建立战略据点；中国的国际港口合作倡导互利共赢与机遇共享，遵循商业规则，而不是坚船利炮与殖民掠夺。

　　当前中美对导致发展中国家动荡冲突的根源理解不同。美国认为地区冲突的

---

　　①《30万公里梦想与道路——"一带一路"背景下中国海外建港热度增加》，《中国企业报》2016年2月2日，第13版。

　　② 沈旭晖、邝健铭：《中国与东南亚的港口外交》，《联合早报》，2016年8月9日，https://www.zaobao.com/forum/views/opinion/story20160809-651964。

根源是缺乏民主，即所谓"民主赤字"，①因而解决地区冲突的"本"是塑造民主、法治政体，改善冲突地区的人权，并以军事力量为后盾强制推行"民主改造"；中国则认为地区冲突的根源是经济和社会矛盾，因而解决地区冲突的"本"是促进经济和社会发展，进行"民生治理"。中国政府认为，美方解决地区冲突的治理理念出自西医式的"治标"，头痛医头、脚痛医脚，中国的地区冲突治理理念体现中医式的"治本"，以经济和社会发展促安全，体现"以发展促和平"的理念。② 中国参与海上丝路沿线港口建设属于经济和投资范畴，中国的国际港口合作属于经济外交范畴，不仅有利于维护中国日益扩大的海外利益，也有助于当地国家的政治稳定与安全治理。

第三节　中国国际港口合作的参与主体

政府部门与港航企业之间的积极良性互动是中国特色国际港口合作的重要内容。企业是中国"走出去"和"一带一路"建设的主力军，中国商务部多次表示，"一带一路"项目坚持企业为主，市场化运作，政府为企业营造良好的营商环境。③ 同样，企业也是中国参与海外港口建设的先锋和主体。随着中国成为全球第一货物贸易大国和基建大国，以央企为代表的中国港口与航运企业（以下简称"港航企业"）成为中国参与海外港口建设和开展国际港口合作的主力军，已经逐步走向了全球市场，积累了较为丰富的开发经验与开发能力。在"21世纪海上丝绸之路"建设的背景下，虽然中国政府更为积极主动和有规划地投资沿线国家的港口开发，但中国企业作为主体遵循商业化原则开展具体的海外港口投资开发，重视港口项目建设的经济性与可持续性，突出经济效益，在这一点上政府不能也无法越俎代庖。中国政府鼓励港航企业积极参与海外港口建设开发，积极协调中国的国际港口合作建设。同时，港航市场在国际层面的竞争更为激烈，

---

① Ibrahim Elbadawi and Samir Makdisi (eds.), *Democracy in the Arab World: Explaining the Deficit* (London: Routledge, 2010).

② 参见孙德刚：《中国参与中东地区冲突治理的理论与实践》，《西亚非洲》2015年第4期；孙德刚、张丹丹：《以发展促和平：中国参与中东安全事务的理念创新与路径选择》，《国际展望》2019年第6期。

③《商务部："一带一路"项目坚持企业为主市场运作》，中华人民共和国商务部，2018年6月11日，http://www.mofcom.gov.cn/article/i/jyjl/e/201806/20180602754233.shtml。

中国港航企业从自身利益和国际化发展需求出发,为争取更多的海外港口投资项目,也希望中国政府能够提供更多的政策和金融支持。因此,港航企业也会尽力争取中国领导人访问其投资建设的目标国家和港口,以便能够获得更大的政策和外交支撑,并从国内金融机构获得更多的信贷支持。

2001 年,中国远洋运输集团公司旗下的中美洲公司开始尝试码头业务,拉开了中国企业参与海外港口投资、建设、运营的序幕。[①] 随着中国对外贸易的迅猛发展,中国企业参与海外港口建设的步伐不断加快,中国海运企业全球布局路线图已然初步形成。2016 年合并之前的中远海运集团旗下的中远太平洋有限公司的投资已经遍布海外各地,而以集装箱海运量计算,招商局港口是中国最大的港口运营商。[②] 中国参与的海外港口建设项目也呈现出逐渐多元化的分布态势,中国企业在欧洲、非洲、亚洲、美洲等地均有港口业务,同时海上丝路沿线的亚洲和非洲显然已成为中国参与海外港口建设的重点区域。截至 2018 年,中远海运集团、中国港湾、招商局港口、中国海外港口投资有限公司(中国建筑集团有限公司子公司,简称"中国海外港口")、中国路桥、上港集团、山东岚桥集团等数十家中国企业在海外至少参与了 30 多个国家的 40 余个港口的投资、建设或运营,成为中国建设蓝色海洋经济带、促进海上丝路沿线国家基础设施互联互通的重要支撑。[③] 近年来,中国港口企业的海外港口业务迎来快速增长。有研究显示,仅 2014—2018 年的 5 年中,中国企业参与海外港口建设项目就有 32 项。[④]

一、大型央企是主力

从实践来看,国有企业特别是大型央企是中国参与海外港口投资建设的主力。海外港口投资开发涉及国际贸易、企业发展战略、工程技术、国家外交政策、国家间关系等多个层面的问题,而且大型港口往往兼具经济与战略属性,所蕴含的机遇与风险也超出了技术和经济范畴。港口建设都是大型的基础设施建设项目,要求参与企业拥有强大的融资、技术、人才和风险承受能力,也需要长期积累的技术基础

---

① 《30 万公里梦想与道路——"一带一路"背景下中国海外建港热度增加》,《中国企业报》2016 年2 月 2 日,第 13 版。

② 王莹:《着眼全球经济回升 中国海运潜行破局》,《中国企业报》2013 年 9 月 3 日,第 17 版。

③ 孙德刚:《中国港口外交的理论与实践》,《世界经济与政治》2018 年第 5 期。

④ 《"一带一路"中国海外港口项目战略分析报告》,国观智库政策研究中心,2019 年 4 月,http://www.grandviewcn.com/Uploads/file/20200304/1583310568527774.pdf。

和建设经验支撑。特别是海外港口等基础设施项目更是需要大量的资金投入，面临的各种风险和挑战也更多。央企在融资和借贷方面具有信用优势，风险承受能力更强，并能够更为方便地得到政府部门的支持，这也是其扩大海外投资的重要因素。因此，央企在海外港口投资中拥有天然优势，而大部分民企难以具备上述条件。故而，在中国参与海外港口投资建设的企业中，明显以中央企业为主，地方国企为辅，民营企业则占比最少。据统计，82%的海外港口投资建设项目由中央企业建设开发，10%的项目由地方国企参与建设，由民营企业参与建设的仅占8%。[①]

在参与海外港口投资建设项目的中国企业中，招商局港口、中远海运集团和中国港湾是参与项目最多、影响力最大的三家中央企业，其中招商局港口和中远海运集团是最大的两家港口投资和码头运营商。随着参与海外港口投资建设规模的不断扩大，中国大型港航企业已在全球市场上获得了日益增长的影响力。英国劳氏公司近年发布的基于码头运营商权益的全球吞吐量排行榜中，中远海运集团和招商局港口一直名列其中，其他很多关于集装箱海运公司的各类排名中，中远海运集团也名列前茅；近年来劳氏公司发布的年度"全球港口十大人物"中，中远海运集团和招商局港口等企业领导人也一直榜上有名。[②] 表 1-3 所示为 2019/2020 年全球前 10 集装箱港口运营商/海运公司。

表 1-3　2019/2020 年全球前 10 集装箱港口运营商/海运公司

排名	2019 年 Lloyd's List 排名	2019 年 Mover Focus 排名	2019 年 UNCTAD 排名	2020 年 Statista 排名
1	新加坡国际港务集团（PSA）	马士基集团（APM-Maersk）	中远海运集团	马士基集团
2	和记港口（Hutchison）	地中海航运（MSC）	和记港口	地中海航运

[①] 《"一带一路"中国海外港口项目战略分析报告》，国观智库政策研究中心，2019 年 4 月，http://www.grandviewcn.com/Uploads/file/20200304/1583310568527774.pdf.

[②] "Top 10 Box Port Operators 2017," Lloyd's List, December 6, 2017, https://lloydslist.maritimeintelligence.informa.com/LL1120215/Top-10-box-port-operators-2017; "Top 10 Box Port Operators 2018," Lloyd's List, December 12, 2018, https://lloydslist.maritimeintelligence.informa.com/LL1125032/Top-10-box-port-operators-2018; "Top 10 Box Port Operators 2019," Lloyd's List, December 1, 2019, https://lloydslist.maritimeintelligence.informa.com/LL1130163/Top-10-box-port-operators-2019.

续　表

排名	2019 年 Lloyd's List 排名	2019 年 Mover Focus 排名	2019 年 UNCTAD 排名	2020 年 Statista 排名
3	中远海运集团（COSCO）	中远海运集团	新加坡国际港务集团	达飞海运集团
4	迪拜环球港务集团（DP World）	达飞海运集团（CMA CGM）	马士基集团	中远海运集团
5	马士基集装箱码头（APM Terminals）	赫伯罗特（Hapag-Lloyd）	迪拜环球港务集团	赫伯罗特
6	招商局港口（CMPort）	海洋网联（ONE）	码头投资有限公司	海洋网联
7	码头投资有限公司（TIL）	长荣海运	招商局港口	长荣海运
8	菲律宾国际集装箱码头服务公司（ICTSI）	阳明海运（YML）	达飞海运集团	中谷物流（Zhonggu Logistics）
9	长荣海运（Evergreen）	太平船务（PIL）	欧门集团（Eurogate）	安通控股（QASC）
10	美国海运装卸公司（SSA Marine）	现代商船（HMM）	美国海运装卸公司	太平船务

资料来源："Top 10 Box Port Operators 2019," Lloyd's List, December 1, 2019, https://lloydslist. maritimeintelligence. informa. com/LL1130163/Top-10-box-port-operators-2019；"Top 30 International Shipping Companies," MoverFocus, September 27, 2019, https://moverfocus. com/shipping-companies/；"The World's Leading Container Ship Operators Based on Number of Owned and Chartered Ships," Statista, May 4, 2020, https://www.statista.com/statistics/197643/total-number-of-ships-of-worldwide-leading-container-ship-operators-in-2011/；"Review of Maritime Transport 2019," UNCTAD, Ocotober 30, 2019, https://unctad.org/en/PublicationsLibrary/rmt2019_en.pdf。

　　招商局港口是中国民族工业的先驱招商局集团的重要子公司,现为世界领先的港口开发、投资和运营商。1997 年,招商局海虹集团有限公司收购中国国际海运集装箱(集团)股份有限公司 23.73％的股权,开始向港口投资领域拓展,并将公司名称变更为招商局国际有限公司。1998 年招商局国际通过收购成为现代货箱码头有限公司的第二大股东。1999 年公司收购蛇口集装箱码头有限公司 32.5％的股权,成为其最大股东。2001 年公司定位于以港口业务为核心的交通基建业务;并收购中国光大亚太有限公司 23.9％的股权,从而间接控制妈湾港海星码头 33％的股权。随后公司加快整合招商局系统内的港口码头和航运业务,除了在深圳和南方的港口、航运投资之外,还投资了上港集团、青岛港集团等,2003 年成为以港口及港口相关业务为核心的投资管理型公司。2005 年,招商局国际基本完成构建中国集装箱枢纽港网络的战略布局。2008 年,招商局国际一家全资附属公司成立合营公司——头顿国际集装箱港口有限公司,开展建设和运营位于越南的槟庭星梅深水港,持有合营公司 49％的权益,此举标志招商局国际在海外的首个港口投资项目正式启动。2013 年 6 月,招商局国际完成向法国达飞海运集团收购在全球四大洲、8 个国家经营、开发及投资由 15 个集装箱和散杂货码头组成的港口网络的 Terminal Link 公司 49％的股权。[1] 2015 年 2月,招商局国际与大连港集团有限公司签订战略合作框架协议。2016 年 8 月,招商局国际正式更名为招商局港口控股有限公司。招商局港口在中国沿海主要枢纽港建立了较为完善的港口网络群,控股或参股的码头遍及北至大连、南到湛江的集装箱枢纽港网,并成功布局南亚、非洲、欧洲及南美等地区。"一带一路"倡议提出后,招商局港口开始逐步加大国际化步伐,以"一带一路"沿线港口为主要投资目标,先后投资了十余个国家的港口和码头。[2] 截至 2018 年 6 月,招商局港口共投资 18 个国家或地区的 36 个港口,实现了全球五大洲的业务全覆盖。[3]

招商局港口是投资海外港口的主力企业之一,该公司重点关注发展中国家和地区,特别是非洲、南亚及南美洲等地区。作为中资企业投资非洲港口的排头兵,招商局港口取得了不少成绩。例如,2010 年联合收购西非廷廷坎岛集装箱码头公司 47.5％的股份,2011 年和 2012 年招商局港口收购斯里兰卡科伦坡港集装箱码头 85％的股份,2012 年收购多哥洛美港集装箱码头 50％的股份(2014 年减持 20％),2013 年投资 100 亿美元揽下坦桑尼亚巴加莫约经济特区的港口工程项目,同年收购吉布提港多功能码头 23.5％的股份,2015 年联合收购土耳其

---

① Terminal Link 公司旗下码头主要位于法国敦刻尔克港、勒阿佛尔港、南特港和马赛一福斯港,比利时安特卫普港,摩洛哥丹吉尔和卡萨布兰卡港,马耳他马尔萨什洛克港,科特迪瓦阿比让港,韩国釜山港,美国休斯敦和迈阿密港等。

② 林佳铭、章强:《招商局港口"前港—中区—后城"模式的海外拓展之旅》,《中国港口》2019 年第 3 期。

③ 参见招商局港口控股有限公司网站,http://www.cmport.com.hk/about/Profile.aspx?from=2。

伊斯坦布尔昆波特码头 65％的股份，2017 年收购斯里兰卡汉班托塔港 85％的股份，2017 年收购巴西第二大集装箱码头巴拉那瓜港 90％的股份，2018 年收购澳大利亚纽卡斯尔港干散货码头 50％的股份等。① 2019 年 12 月，招商局港口与达飞海运集团再次签署协议，由其合资公司 Terminal Link 公司收购达飞海运集团旗下 10 个位于亚洲、欧洲、中东及加勒比等地区的码头股权②，总价为 9.55 亿美元。收购完成后，Terminal Link 公司将在亚洲、欧洲、中东及加勒比等各地区的 23 个码头组合拥有不同比例的股权；同时，招商局港口的全球布局也将由原来的 18 个国家和地区扩大至 26 个。③

根据招商局港口公布的有关数据，2018 年和 2019 年招商局港口实现集装箱吞吐量分别为 10 906 万标准箱和 11 172 万标准箱，散杂货吞吐量分别为 5.02 亿吨和 4.49 亿吨，港口业务收入分别为 101.6 亿港元和 88.98 亿港元。其中，海外集装箱吞吐量分别为 2 066 万标准箱和 2 084 万标准箱，均占集装箱吞吐量的 19％。④

中国远洋运输（集团）总公司（以下简称"中远集团"）成立于 1961 年，是中华人民共和国第一家国际海运企业。20 世纪 80 年代，中远集团在海外数十个国家和地区派驻了航运代表，在境外创建合营公司，通过收购设立海外独资公司，开始了跨国经营的新历程。20 世纪 90 年代，经过快速扩张的中远集团初步形成了以航运为主业，业务范围涉及远洋运输、船舶和货运代理、海上燃物料供应、船舶修理等十多个行业的多元化发展企业。为适应国际航运市场日益激烈的竞争形势，中远集团先后组建了集装箱运输、散货运输、杂货运输等方面的专业船公司以及国际货运、工业、贸易等方面的陆上专业公司，并在海外建立了一批地区性公司。中远集团对船队体制进行了大规模改革，形成集装箱船、散货船和油轮等专业化船队经营格局，奠定了全球发展的基础。2004 年，中远集团成为中国第一、世界第二大的航运公司。此后中远集团进入全球化发展新时期，在以香港、新加坡等城

---

① 参见林佳铭、章强：《招商局港口"前港—中区—后城"模式的海外拓展之旅》，《中国港口》2019 年第 3 期。

② 这 10 个码头分别位于牙买加、荷兰、越南（2 个）、伊拉克、乌克兰、印度、新加坡、泰国和中国，收购股权比例从 14.5％到 100％不等。

③《招商局港口与达飞航运签订收购及融资协议，港口覆盖增至 26 个国家和地区》，招商局港口，2019 年 12 月 22 日，http://www.cmport.com.hk/news/Detail.aspx?id=10008188。

④ "演示资料"，招商局港口，http://www.cmport.com.hk/news/Demo.aspx?p=6。

市,以及美洲、欧洲、非洲等九大区域公司为辐射点的全球架构基础上,加快"走出去"步伐。① 2010 年底,集团拥有和控制船舶近 800 艘、5 700 多万载重吨,连续多年保持世界第二大航运公司的地位,并从 2008 年起进入全球 500 强榜单。

作为中国最大的远洋运输公司,中远集团侧重于在欧美等发达经济体布局。以吞吐量计算,中远集团旗下的中远海运港口为全球第一大集装箱码头运营商,占全球市场份额的 13%;以权益吞吐量计算,该公司为全球第五大集装箱码头运营商,约占全球市场份额的 4.3%。② 中远海运港口在全球已签约投资 20 多个码头项目,码头总泊位数超过 100 个,遍布海外各大洲沿海地区,包括希腊的比雷埃夫斯港、埃及的塞得港、比利时的安特卫普港、阿联酋的哈利法港等。中远集团近年来加强了对"一带一路"沿线国家的港口投资,包括拥有埃及塞得港20%的股份。③

2016 年 2 月,中远集团与成立于 1997 年的中国海运集团公司重组合并,正式成立中国远洋海运集团有限公司(以下简称"中远海运集团"),总部设在上海。2018 年和 2019 年中远海运集团分别位列《财富》世界 500 强的第 335 位和第279 位。④ 2016 年重组形成中国最大的港航企业之后,其航运业务要求以完善的全球航运网络作为支撑,因此集团加大了海外港口的投资力度。中远海运集团经营船队的综合运力排名世界第一,其中集装箱船队规模居世界第三;干散货船队、油轮船队、杂货特种船队运力均居世界第一,并形成了全球化服务品牌优势和完整的产业结构体系。截至 2019 年底,中远海运集团在全球投资码头 60 个,集装箱码头超过 52 个;集装箱码头年吞吐量为 12 455 万标准箱,居世界第一。集团拥有集装箱班轮航线 189 条,集团境外资产、收入和利润比重均在 50% 以上;集团的船舶燃料销量居世界第一,集装箱租赁业务保有量居世界第二。⑤

---

① "集团概况",中远海运集团,http://www.coscoshipping.com/col/col6858/index.html。

② 刘军:《为"一带一路"建设走向西欧提供着力点:中国企业获得比利时第二大港口集装箱码头经营权》,《光明日报》2018 年 1 月 26 日,第 12 版。

③ Cristina Lin, "China's Strategic Shift toward the Region of the Four Seas: The Middle Kingdom Arrives in the Middle East," *Middle East Review of International Affairs*, Vol. 17, No. 1 (2013): 32-55.

④ 《2018 年〈财富〉世界 500 强排行榜》,财富中文网,2018 年 7 月 19 日,http://www.fortunechina.com/fortune500/c/2018-07/19/content_311046.htm;《2019 年〈财富〉世界 500 强排行榜》,财富中文网,2019 年 7 月 22 日,http://www.fortunechina.com/fortune500/c/2019-07/22/content_339535.htm。

⑤ 参见中远海运集团网站,http://www.coscoshipping.com/col/col6858/index.html。

中远海运集团的码头运营业务主要由中远海运港口专业经营,在国内及全球多地均有投资布局,其海外港口布局与航运主业的发展相互促进。中远海运集团的海外港口投资建设项目遍布亚洲、欧洲、美洲的十余个国家,涉及多个海外枢纽港,主要包括希腊的比雷埃夫斯港、埃及的塞得港、比利时的安特卫普港、新加坡的新加坡港等港口相关业务。[①] 其中代表性的港口投资项目如下:2008年中远海运集团获得希腊比雷埃夫斯港2个集装箱码头的35年特许经营权,后来在2016年以3.685亿欧元收购了该港67%的股权。2012年中远太平洋(2016年公司重组后正式更名为中远海运港口有限公司)参与了埃及塞得港/苏伊士运河港建设项目。2016年中远海运港口在新加坡巴西班让港区获准经营3个泊位,租期35年。[②] 2016年中远海运集团阿布扎比公司获得开发阿联酋阿布扎比哈利法港的特许协议。2018年中远海运港口获得了比利时泽布吕赫港集装箱码头特许经营权;法国达飞海运集团公司也签署了入股10%的备忘录。[③]

截至2019年底,中远海运集团通过股权收购等形式共在海外有14处港口投资项目,分布在韩国、新加坡、阿联酋、埃及、土耳其、希腊、意大利、西班牙、比利时、荷兰、美国和秘鲁等国,其中在希腊比雷埃夫斯港、阿联酋阿布扎比港、西班牙瓦伦西亚港、比利时泽布吕赫港和秘鲁钱凯港的码头项目拥有控股权益。2019年,集团海外码头的集装箱总吞吐量超过2 799万标准箱,同比增长13%;2020年,海外码头的集装箱总吞吐量进一步增长至2 844多万标准箱,同比增长1.6%。[④]

中国港湾(CHEC)前身是成立于1980年的中国港湾工程公司,1997年组建为中国港湾建设(集团)总公司,2005年中国港湾与中国路桥合并成为中国交通建设股份有限公司(以下简称"中国交建"),中国港湾成为中国交建的全资子公司,主要从事中国交建的海外市场业务。中交股份在香港上市,下属公司数十

---

① 参见中远海运港口网站,https://ports.coscoshipping.com/en/Businesses/Portfolio/#Overseas Terminals。

②《中远海运租用新加坡3个泊位租期35年》,新华网,2016年3月29日,http://www.xinhuanet.com/fortune/2016-03/29/c_1118479277.htm。

③ 刘军:《为"一带一路"建设走向西欧提供着力点:中国企业获得比利时第二大港口集装箱码头经营权》,《光明日报》2018年1月26日,第12版。

④ 参见《中远海运港口有限公司2019年年报》,中远海运港口,2020年3月26日;《中远海运港口有限公司2020年年报》,中远海运港口,2021年3月30日,https://ports.coscoshipping.com/。

家。2010 年中交股份位列世界 500 强第 224 名,在 ENR 225 家国际承包商中排名第 5 位,高居中国企业第 1 名。[①] 目前,中国港湾在全球设有 90 多家子公司、分公司和办事处,业务涵盖 100 多个国家和地区,业务主要集中在海事工程、疏浚吹填、道路桥梁、轨道交通、航空枢纽以及相关的成套设备供应与安装等领域,打造基础设施优势主业,在建设与资源开发等领域也有着丰富的资源和经验,为全球客户提供一体化优质服务,成为国际工程承包行业的领军者。[②]

在港口领域,中国港湾拥有自身的业务领域优势,全力打造以集装箱码头为主的港口运营资产,提升公司国际港口全产业链一体化服务能力。从 20 世纪 80 年代起,中国港湾就开始在海外开展港口业务,进入 21 世纪以来更是成为中国开展海外港口等工程承包建设业务的主力之一,港口建设和服务业务遍及亚洲、非洲和美洲。近年来,中国港湾在海外港口建设领域参与的主要项目包括斯里兰卡汉班托塔港和科伦坡南港、苏丹的苏丹港、埃及塞得东港、以色列阿什杜德港、卡塔尔多哈新港、喀麦隆克里比深水港和尼日利亚莱基港等。例如,喀麦隆克里比深水港是由中国港湾建设,法国博洛雷、达飞海运和中国港湾联合运营,二期建成后将成为喀麦隆境内的最大港口。该港水深 16 米,可供 10 万吨大型船舶停靠。克里比深水港是"一带一路"倡议在非洲落地的重要项目之一,也是喀麦隆"2035 愿景"的关键组成部分,将为喀麦隆国家经济和社会发展提供强大助力。

从总体上来看,中远海运集团、招商局港口、中国港湾等中国港航企业在港口码头建设、运营、航运及物流等方面均具备雄厚的实力与丰富的资源优势,除了单独出海投资之外,上述企业也通过加强合作协调,争取实现优势互补和保证经济效益。中远海运集团和招商局港口都拥有港口建设、投资和运营的复合优势:中远海运集团更专注于全球航线网络投资布局,拥有超大远洋运输船队和航线优势,可以为所投资建设的港口带来巨大的货物流量支持,通过控股或参股已成为主要的全球码头运营商之一;招商局港口更专注于对港口码头的权益投资,拥有丰富的港口开发和临港产业园区一体化建设经验。中远海运集团倾向于加大在欧美发达国家主要航线沿线地区港口的投资力度,形成较为完善

---

① 参见中国港湾沙特阿拉伯有限责任公司网站,http://www.saudi-cocc.net/c35289/w10225034.asp。
② 参见中国港湾网站,http://www.chec.bj.cn/cn/gsgk/gsjj/。

的航运网络；招商局港口的海外港口投资主要集中于亚非新兴市场，特别是非洲地区。① 当然，两者投资对象的界限日益模糊，中远海运集团也在向新兴国家拓展港口投资业务。而中国港湾及其母公司中国交建更专注于基础设施工程建设，是全球知名的港口工程承建商，一般不参与港口与码头的投资运营。此外，中国路桥、中国海外港口和中投海外直接投资有限责任公司（以下简称"中投海外"）等国企及国企牵头组成的财团也是参与海外港口建设的重要主体。例如，中国路桥参与了毛里塔尼亚友谊港、肯尼亚蒙巴萨港和安哥拉卡宾达港的建设。2016年，中国投资有限责任公司（以下简称"中投公司"）牵头的国际财团以97亿澳元（以当时汇率计算约合73亿美元）购得澳大利亚墨尔本港的50年租赁权。②

二、地方国企和民企是辅助

部分地方国企和民企也在中国参与海外港口建设中逐步崭露头角，成为大型央企的重要补充。上港集团、青岛港集团、北部湾港集团等是投资海外港口的地方国企代表；山东岚桥集团、江苏红豆集团则是投资海外港口的民企代表。其中上港集团、青岛港集团、北部湾港集团等地方国企参与了以色列、马来西亚、文莱、意大利等国的港口投资建设项目。地方国企、民企和央企在港口建设和运营过程中的模式有类似之处，但在建设能力、风险承受能力、经营模式和目标等方面也存在很大差别。近年来，在建设海上丝路的背景下，不同的港口建设企业正在"抱团出海"，以实现优势互补和风险分担，并取得了较好的效果。中国大型港航企业往往在港口码头建设、国际航运及物流等方面均具备雄厚的实力与丰富的经验，有利于优势互补，提升经济效益和项目的可持续性，地方国企、民企与央企之间存在很大的合作空间。

上海港作为中国和世界第一大集装箱港口，辐射长三角和周边地区，每年货物吞吐量占全国的1/5，数百条航线通达全球各地。在建设海上丝路的背景下，上港集团依托自身优势拓展东南亚及欧洲市场，持续推动国际化进程，巩固自身的国际枢纽港口地位。早在2010年，上港集团以2 716万欧元收购了马士基集装箱码头比利时泽布吕赫公司25%的股权，成为该码头的第二大股东。2015年，

---

① 张磊：《国内港航企业海外投资港口情况分析》，《港口经济》2014年第3期。
② 《布局海外港口，中国在下一盘大棋》，《南风窗》2017年第10期。

上港集团获得了以色列海法新港的建设权和自 2021 年起 25 年的码头经营权。项目总投资约为 4.7 亿美元,扩大了集团在地中海地区的港口建设参与力度。上港集团也多次与中远海运集团合作开展港口并购业务。

2015 年,澳大利亚政府决定将达尔文港私有化并公开对外招标。山东岚桥集团通过澳大利亚政府外国投资审查委员会的审查和竞标流程后获得了经营合约,于 2015 年 11 月起以 5 亿澳元的价格租赁该港,负责港口全部运营管理和建设任务,租期为 99 年。租约规定岚桥集团拥有该港口 80% 的股份,剩余 20% 由北领地政府持有。[①] 达尔文港是山东岚桥集团投资建设的重要港口,作为中国民企"走出去"的典型案例,体现了一系列有别于国企海外港口建设的特点。此外,2016 年 5 月,山东岚桥集团还收购了巴拿马玛格丽特岛港等项目。山东岚桥集团致力于实现亚洲岚桥港、大洋洲达尔文港、美洲玛格丽特岛港三港互联,以期充分发挥国际港口互联互通的优势,为海上丝路打造合作支点,积极建设"海上经济走廊",助力国家向港口强国迈进。[②]

江苏红豆集团投资的柬埔寨西哈努克港经济特区(以下简称"西港特区")是中柬企业在柬埔寨西哈努克港共同开发建设的国家级经贸合作区,得到了中柬两国领导人的高度肯定,被称为"中柬务实合作的样板"。西港特区在发展定位上致力于融合产业规划与当地国情实际,把企业走出去实现跨国发展的意愿与柬埔寨工业发展的阶段性需要有效对接,未来将重点发挥临港优势,重点发展机械、建材、化工等更高附加值产业。全部建成后,将形成 300 家企业(机构)入驻,8 万～10 万产业工人就业的生态化样板园区。[③] 西港特区与港口建设可以相互配合,取得更大的发展效应。

山东岚桥集团、江苏红豆集团等民营企业在资本效率方面更加灵活,在海外港口投资中市场更为广阔。此外,中国民企作为投资主体的存在本身就证明了中国海外港口建设绝非"政府意志一盘棋",而是符合市场经济规律和遵循他国法律规则的商业化行为。同时也应看到,民企在参与港口建设这种投资规模大、

---

① "Foreign Investment Review Framework Interim Report-Chapter 2," Australian Parliament,https://www.aph.gov.au/Parliamentary_Business/Committees/Senate/Economics/Foreign_Investment_Revie w/Interim%20Report/c02.

② 参见岚桥集团网站,http://www.landbridge.com.cn/produce.php/mid/15。

③ 参见红豆集团网站,http://www.hongdou.com/#/jtcyDetail/3af96b34e5f94931bc71318b8a134388;王伟健:《西港特区成中柬合作样板》,《人民日报》2017 年 5 月 19 日,第 18 版。

回报慢、风险大的项目时,相比中央企业在资本持续供给能力方面存在明显不足,需要国家在政策沟通和资金融通等方面提供有力支持。[①] 近年来,山东岚桥集团的海外港口投资就遭遇到资金不足的困扰。

随着国际竞争的不断加剧、国际贸易保护主义的抬头和国际海运运能过剩,全球范围内的港航企业打造港口联盟、实现优势互补成为必然趋势。国际港航联盟一直由西方国家企业主导,同时也处于分化组合之中;东京湾区和纽约湾区分别组建了港口联盟;我国位于珠三角的广州南沙港、深圳蛇口港、珠海高栏港、澳门深水港、香港葵涌货柜码头(现为葵青货柜码头)等港口也根据"粤港澳大湾区规划",组建超级港口管理局,打造全球重要国际航运中心。[②] 以上海港和宁波—舟山港为核心的长三角港口群、以天津港为核心的环渤海港口群也在加快发展,在建设国际航运中心的过程中,地方港口集团也加快国际化布局,成为海外港口建设的重要参与者。中国港航企业在当前的国际化竞争中正在迎难而上,既面临着西方主导的全球航运秩序的竞争压力,也在海上丝路建设进程中迎来了巨大的发展机遇。

第四节　中国国际港口合作的多元模式

在以企业为主体的背景下,中国特色的国际港口合作模式也主要体现在港航企业的海外港口建设和投资实践之中。"21世纪海上丝绸之路"倡议提出以来,中国港航企业日益积极地参与海外港口的投资、建设和运营,沿线众多港口中出现了中国企业的身影。中国港航企业在参与海外港口建设的模式、方式方面既有共性,也有差异:不同企业之间根据自身特点和战略形成了各具特点的参与模式,同一企业在不同地区的港口项目中也表现出参与方式上的差异。总结来说就是企业需要因地制宜地参与海外港口建设,根据对象国的投资环境、港口定位有针对性地选择和确定投资建设模式,发挥不同港口的特定优势,并着力

---

① 《"一带一路"中国海外港口项目战略分析报告》,国观智库政策研究中心,2019年4月,http://www.grandviewcn.com/Uploads/file/20200304/1583310568527774.pdf。

② 梁海明:《可组建粤港澳超级港口管理局》,《环球时报》2018年2月2日,第15版。

规避各种经济和非经济风险。从对象港口层次上来看,这种参与包括三种模式:一是与海上丝路沿线的世界级大港合作,形成港口合作网络的战略核心;二是与沿线的地方和区域型港口合作,形成战略支点;三是与沿线的石油、铁矿石等资源装卸型港口合作,作为有力补充。①

从中国企业参与的海外港口建设实践来看,根据企业自身能力、对象国市场投资环境、对象港口定位的不同,综合运用了合资、并购、租赁、特许经营等多元化方式。一般来说,海外港口投资主要集中在合资合作、兼并收购、建设—运营—移交(BOT)、特许经营权等四种模式;在经济发达地区多采用合资合作和兼并收购模式,在经济欠发达地区因资金不足则多以 BOT 模式为主。② 第一种如中远太平洋与新加坡港务集团合资成立中远-新港码头有限公司(以下简称"中远-新港码头公司"),经营新加坡港的码头泊位;第二种如招商局港口 2013 年用 4 亿欧元收购了航运巨头法国达飞海运集团旗下的 Terminal Link 公司 49% 的股权;第三种如招商局港口与斯里兰卡港务局共同成立合资公司,采用 BOT 模式建设,运营科伦坡南港集装箱码头;第四种如中远集团与希腊比雷埃夫斯港口管理局签署了比雷埃夫斯港 2 号和 3 号集装箱码头的特许经营权协议,获得 35 年特许经营权。有学者研究发现,从港口运营效率来看,兼并收购模式下海外港口综合效率最高,投资新建模式下的效率最低,管理运营模式居中。③ 当然,港口投资模式也有类似的其他分类方式,如有学者将海外港口建设项目的合作方式分为承建型、收购型、投资建设型、援建型和租赁型五类;④还有学者将之划分为基础设施项目承建、港口经营权转让、港口股权收购和码头管理输出四种进入模式。⑤

综合已有的多种分类方式以及考虑到各种类型之间的交叉融合问题,本书将中国的海外港口建设参与模式主要分为承建模式、投资运营模式、收购模式、

① 赵旭、高苏红、王晓伟:《"21 世纪海上丝绸之路"倡议下的港口合作问题及对策》,《西安交通大学学报(社会科学版)》2017 年第 6 期。

② 张磊:《国内港航企业海外投资港口情况分析》,《港口经济》2014 年第 3 期。

③ 费春蕾:《不同投资模式下的中国企业投资海外港口运营效率评价研究》,硕士学位论文,大连海事大学,2017,第 45 页。

④ 李祜梅等:《中国在海外建设的港口项目数据分析》,《全球变化数据学报》2019 年第 3 期。

⑤ 陈沛然、王成金、刘卫东:《中国海外港口投资格局的空间演化及其机理》,《地理科学进展》2019 年第 7 期。

租赁和特许经营模式、综合园区模式五种类型来加以阐述(见表1-4)。随着对外投资经验的积累和港口战略地位的提升,中国企业的海外港口投资形式从初期的参股转向控股,从参与建设转向获得长期特许经营权。[1]

表1-4 中国参与海外港口建设的主要模式

参与模式	主 要 特 征	代表性港口/公司
承建模式	负责部分或全部港口工程建设,不享有股权,没有或者有短期经营权,期限较短,风险较小	莱基港、汉班托塔港、阿什杜德港等
投资运营模式	共同出资,负责港口建设和运营,共担风险,共享收益	汉班托塔港、皇京港等
收购模式	通过收购获得港口项目部分或全部股权,期限较长,风险较高	昆波特码头、比雷埃夫斯港、西班牙诺阿图姆港口控股公司等
租赁和特许经营模式	获得港口特许经营权,不享有项目股权或伴有股权收购,项目期限较长,风险较高	比雷埃夫斯港、海法新港、哈利法港等
综合园区模式	发展港口关联产业与配套设施,围绕港口开发形成综合型产业园区,周期长,风险高	瓜达尔港、吉布提港、科伦坡港口城、汉班托塔港等

一、承建模式

承建模式是指以国际工程承包中通用的方式,中国企业主要负责全部或部分港口建设任务,最终将建设完成或运营成功的港口移交给所在国政府或港口所有人。国际工程建设项目涉及咨询、勘察、设计、监理、招标、造价、采购、施工、安装、调试、运营、管理等多个环节。承建方式主要包括项目设计施工总承包(EPC)、建设—移交(BT)、建设—运营—移交(BOT)、建设—拥有—运营—移交(BOOT)等多种。其中EPC模式是指承建方按照合同约定对工程建设项目实行全过程

---

[1] 王小军等:《21世纪海上丝绸之路港口需求与开发模式创新研究》,大连海事大学出版社,2019,第172页。

或若干阶段的承包,此类工程项目具有以设计为主导、投资额巨大、技术复杂、管理难度大等特点,但没有后期运营风险。BOT 模式是指政府授权项目发起人(公司)全权负责港口的建设与经营,项目发起人(公司)承担新建港口的开发运营,通过一定期限的开发经营收回投资获取收益。特许期满后,项目发起人(公司)需将项目免费移交给所在国政府。BOT 模式不享有项目股权,项目期限一般较短,承担的风险和资源承诺度都相对较高。BOOT 模式下建设完成后的项目,项目公司在协议期内拥有经营和所有权,一般比 BOT 模式下的运营时间要长。据统计,这种以承建为主的模式在中国参与海外港口建设中最为常见,占到了中国海外港口项目的一半以上。[①]

例如,斯里兰卡汉班托塔港由中国港湾施工总承包,共分两期。该项目的建成是汉班托塔港成为国际枢纽港的关键一步,带动汉班托塔港区及船坞、燃气电站、工业园等众多项目的后续实施,极大地推动汉班托塔港口—工业—城市(PIC)生态圈建设,助力斯里兰卡经济腾飞。在卡塔尔,多哈新港由中国港湾施工总承包,合同金额达 8.8 亿美元。在项目建设过程中,中国港湾创造性地采用降水干地开挖方法施工,在短短 4 年时间里建成了长约 8 千米的船舶码头,是世界建港史上一次建成码头岸线最长的内挖式港口。在尼日利亚,中国港湾建设的莱基港采用 BOOT 模式,是中国港湾首个完整的港口投建营一体化项目。该项目 2018 年 3 月开工建设,建成后预计港口年吞吐量为 120 万标准箱。中国港湾承建的巴拿马巴尔博亚港集装箱码头发展项目三期,主要负责码头面板及疏浚项目的设计和施工,包含 270 米长的码头岸线和航道疏浚,码头后方约 7.5×10^4 平方米的吹填区,在两个已有泊位之间修建连接桥,修复小型船舶设备,扩建集装箱堆场。码头面板设计使用寿命为 50 年,用于停泊 1 000 吨至 80 000 吨的巴拿马级集装箱船及货船。[②]

事实上,在中国企业以投资、收购与运营模式参与的海外港口项目中,在建设阶段也都包含着上述有关承建方式。据统计,柬埔寨西哈努克港(控股)、缅甸皎漂港(控股)、巴基斯坦瓜达尔港(99 年租期)、巴基斯坦卡西姆港卸煤码头(51%)、斯里兰卡科伦坡南港码头(85%)、斯里兰卡汉班托塔港(85%)、阿联酋

[①] 有学者统计的 101 个中国企业参与的海外港口项目中,承建模式占了 55 个。参见李祜梅等:《中国在海外建设的港口项目数据分析》,《全球变化数据学报》2019 年第 3 期。

[②] 参见中国港湾网站,http://www.chec.bj.cn/cn/gsgk/gsjj/。

哈利法港(35 年租期)、澳大利亚达尔文港(99 年租期)、澳大利亚新纽卡斯尔港(98 年租期)、澳大利亚墨尔本港(50 年租期,20％)等项目都采取了BOT 的模式建设和移交。①

二、投资运营模式

投资运营模式包括新建投资和合资运营等多种方式,是指投资企业与对象国的港口企业以合资组建企业的方式进入国际港口建设与运营市场。在投资运营模式中,合作方将共同负责对象港口的建设和运营,也共担经营风险和共享项目收益。投资运营模式可以享有项目股权,项目期限相对较短,风险和资源承诺度都较低,比较容易为对象国所接受。目前,该模式是中国企业参与海外港口建设广泛采取的一种参与模式,其中也可能包含一定的租期或特许经营。

2016 年 12 月,招商局港口以 11.2 亿美元获得斯里兰卡汉班托塔港 80％的股权;2017 年 7 月,双方以公私合作(PPP)模式签订特许经营权协议,同年12 月,招商局港口获得该港资产及运营管理权。中斯双方共同成立两家合资公司负责汉班托塔港的运营与管理,招商局港口在这两家公司中分别占股 85％和49.3％。10 年后,双方将逐步调整股权比例,斯方有权根据一定条件回购合资公司 20％的股权;70 年后,斯里兰卡港务局可以合理价格收购招商局港口持有的合资公司股权;80 年之际,斯方可以 1 美元的价格收购招商局港口持有的股份;协议满 99 年后,招商局港口将把所持两家公司的所有股权以象征性 1 美元的价格转交给斯里兰卡方面。②

据统计,采取合资新建模式的中企海外港口投资项目有印度尼西亚丹戎不碌港、马来西亚皇京港、新加坡巴西班让港、菲律宾达沃港、孟加拉国蒙格拉港和东方炼油厂码头、阿联酋哈利法港二期集装箱码头(90％)、卡塔尔多哈新港、伊朗格什姆岛石油码头、沙特阿拉伯海尔港、吉布提多哈雷多功能港、马达加斯加塔马塔夫深水港与纳林达深水港、肯尼亚拉姆港、意大利威尼斯离岸深水港、巴布亚新几内亚莫尔斯比港、也门亚丁港集装箱码头、坦桑尼亚达累斯萨拉姆港、

① 《"一带一路"中国海外港口项目战略分析报告》,国观智库政策研究中心,2019 年 4 月,http://www.grandviewcn.com/Uploads/file/20200304/1583310568527774.pdf。

② 《斯里兰卡汉班托塔港问题的真相》,《北京周报》,2018 年 9 月 29 日,http://www.beijingreview.com.cn/shishi/201809/t20180929_800143048.html。

桑给巴尔新港与巴加莫约港等。

三、收购模式

收购模式也可称为股权收购或兼并收购,指的是投资企业收购对象国的有关港口资产或者收购港口运营商的部分或全部股份,从而获得参与港口运营与收益的权利甚至获得控制权。收购模式是全球对外直接投资的主流形式,当前全球跨国投资额中 70％以上的项目均以收购模式进行。与其他模式相比,兼并收购是一种最为追求"速度"的模式。[①] 收购模式可以快速获得对方已有的港口资产,方便灵活地进入对方市场,可以享有项目股权,项目期限一般较长,承担的风险和资源承诺度也都相应较高。

采取股权收购模式的海外港口投资项目包括马来西亚关丹港(40％)、文莱摩拉港(51％)、土耳其昆波特码头(65％)、吉布提吉布提港(23.5％)、意大利瓦多港(40％)等。例如,2015 年招商局国际、中远太平洋、中投海外联合组成的一家三方合资公司收购了土耳其伊斯坦布尔昆波特码头 65％的股权,收购价为 9.4 亿美元。[②] 昆波特码头是土耳其第三大集装箱码头,位于伊斯坦布尔欧洲部分的阿姆巴利港区内,占据欧亚大陆连接处的重要战略位置,也是黑海地区沿岸港口的门户,新港口建成后将集装箱吞吐量从 184 万标准箱提升至 350 万标准箱。其他案例还有,2018 年 2 月,招商局港口正式完成收购巴西第二大港巴拉那瓜港;2018 年 6 月,招商局港口收购了澳大利亚第二大港纽卡斯尔港 50％的股权,收购价格为 6.075 亿澳元;2019 年 1 月,中远海运港口以 2.25 亿美元收购秘鲁钱凯港码头 60％的股权。

采用股权收购模式的项目看似不多,但实际上很多承建和特许经营模式的港口都包含一定的股权收购或共同出资因素,采取 BOT 模式建设的港口可能也包括股权收购,中国企业可能也是股东之一。如采用 BOT 模式建造的柬埔寨西哈努克港、缅甸皎漂港、巴基斯坦卡西姆港卸煤码头、斯里兰卡科伦坡南港码头、斯里兰卡汉班托塔港等项目,中方企业也都有大比例股权投资。其他案例还有如下项目:2013 年招商局国际收购达飞海运集团旗下 Terminal Link 公司 49％

---

① 张磊:《国内港航企业海外投资港口情况分析》,《港口经济》2014 年第 3 期。

② 《招商局国际等三方合组联合体收购土耳其 Kumport 码头 65％的股权》,招商局港口,2015 年 9 月 17 日,http://www.cmhi.com.hk/Detail.aspx?D=35,3739,101,6。

的股权;2014 年上港集团收购比利时泽布吕赫港码头公司 25% 的股权;2016 年中远海运集团以 3.685 亿欧元收购了希腊比雷埃夫斯港 67% 的股权;2016 年中投公司联合收购澳大利亚墨尔本港,持股 20%;2016 年青岛港集团与马士基集装箱码头公司达成协议购买意大利瓦多港 9.9% 的股权;2016 年中远海运集团参股比利时安特卫普港码头,中远海运集团占股 20%;2017 年北部湾港集团投资文莱摩拉港,获得 51% 的股权;2017 年招商局港口和中国港湾联合收购汉班托塔港二期集装箱码头 70% 的股份;2017 年中远海运港口收购西班牙诺阿图姆港口控股公司 51% 的股权;2018 年招商局港口以 28.91 亿雷亚尔的价格收购巴拉那瓜港 90% 的股权。

以欧洲为例,2017 年中国港口企业已经拥有十余个欧洲港口或码头的股权,其中,中远海运集团在希腊比雷埃夫斯港集装箱码头(100%)、比利时泽布吕赫港码头(85%)、比利时安特卫普港码头(20%)、西班牙瓦伦西亚港诺阿图姆集装箱码头(51%)和毕尔巴鄂港诺阿图姆集装箱码头(40%)、意大利瓦多港码头(40%,另外青岛港集团拥有该码头 10% 的股权)、荷兰鹿特丹港码头(35%)、土耳其阿姆巴利港昆波特码头(26%)拥有股权;招商局港口在法国敦刻尔克港码头(45%)、勒阿弗尔港码头(25%)、马赛—福斯港码头(25%)、南特港码头(25%)、马耳他马尔萨什洛克港码头(25%)、比利时安特卫普港(5%)、土耳其阿姆巴利港昆波特码头(26%)拥有股权。[①] 其中,比利时泽布吕赫港是中远海运集团在西欧的第一个绝对控股运营的码头,2018 年 1 月,中远海运港口获得泽布吕赫港码头的特许经营权,而法国达飞海运集团也入股获得该码头 10% 的股权。

四、租赁和特许经营模式

特许经营一般是指通过合同约定被特许经营者有偿使用特许经营权者的商标、产品、技术及运营经验等,也是一种常见的商业经营模式。特许经营模式一般不享有项目股权,也可能有股权收购,项目期限一般较长,租赁期限为 30 年、50 年甚至 99 年,承担的风险和资源承诺度都比较高,变数较多。中企海外港口投资采取特许经营模式的项目典型代表是希腊比雷埃夫斯港,还有更多的项目

---

① Joanna Kakissis, "Chinese Firms Now Hold Stakes in over a Dozen European Ports," NPR, October 9, 2018, https://www.npr.org/2018/10/09/642587456/chinese-firms-now-hold-stakes-in-over-a-dozen-european-ports.

含有租赁经营性质,当然其中也包含投资建设和综合运营等内容。

2008 年,中远太平洋获得了比雷埃夫斯港 2 号、3 号集装箱码头 35 年的特许经营权。当年 11 月,中远集团与比雷埃夫斯港务局正式签署了比雷埃夫斯集装箱码头特许经营权协议。后几经波折,直至 2016 年 4 月中远海运集团与希腊有关机构才正式签署了比雷埃夫斯港的股权转让协议和股东协议。在全球航运形势低迷的情况下,中国投资运营的希腊比雷埃夫斯港 2017 年集装箱港口吞吐量达 415 万标准箱,世界排名大幅提升。比雷埃夫斯港的综合规划和快速发展具有极强的产业联动效应,并为希腊带来巨额收入和大量就业岗位。希腊也由此成为中国进入欧洲海运市场的门户。比雷埃夫斯港的建设为中欧提供了新的互联互通桥梁,对双方来说是一个双赢的工程。[①]

很多采取 BOT 模式建设的海外港口项目也可能在合同中包含了一定期限的租赁运营,如阿联酋哈利法港(35 年租期)、澳大利亚达尔文港(99 年租期)、澳大利亚新纽卡斯尔港(98 年租期)、澳大利亚墨尔本港(50 年租期,20% 股权)。此外,上港集团取得以色列海法新港 25 年运营权;相关中资企业在巴基斯坦瓜达尔港等获得了 43 年的运营权,在斯里兰卡科伦坡港口城和汉班托塔港获得了 99 年租期等。

五、综合园区模式

上述各种参与模式的划分并不是截然分明的,中国企业参与的同一个港口项目可能包含多种模式,不同的中企可能既承担建设任务,也负责运营甚至长期租赁,并通过股权收购获得管理权甚至所有权。在此基础上,结合港口的节点意义和东道国的发展需求,港口建设开发企业也可能进一步参与公路和铁路等配套设施建设、发展港口关联产业和石油化工等项目,围绕港口开发形成综合型产业园区,这也日益成为中国港口企业走向海外的重要模式。从总体上来看,综合园区模式涉及的项目和环节众多,收益机会也多,并更具经济与社会影响力,但所承担的风险一般也更高。

世界主要港口和航运中心的发展经验表明,港口与产业园区、自贸区实行一体化协同发展至关重要。港城一体化综合开发模式是中国近年来较为重视

---

① 胥苗苗:《中远海运收购比港启示》,《中国船检》2016 年第 4 期。

的港口开发模式,港口综合工业区成为城市体系的一部分,港城之间形成相互支撑。[1] "一带一路"倡议提出以来,中国企业以港口为载体,助推沿线地区的基础设施建设,并辅以产业园、自贸区等软硬件作为配套设施,旨在扩大经济腹地,打通物流障碍,促进经济要素流通。其中,中国企业海外港口建设与产业园区和自由贸易区的谈判及布局形成了紧密配合,一批境外港口经济集聚区、自由贸易园、产业园发展起来。例如,泰中罗勇工业园、马中关丹产业园、巴基斯坦瓜达尔港自由区、吉布提港产业园等。目前,这种运营模式已发展成为中国在东南亚、南亚、非洲等海上丝路沿线地区培育产业园区、构筑区域经济一体化和促进全球贸易的特定模式。在中国企业对此类运营模式的概括中,招商局港口的"蛇口模式"是其中的典型代表。

"蛇口模式"指的是改革开放后深圳蛇口通过"前港—中区—后城"的产业带动模式快速实现工业化和现代化的发展模式。[2] 招商局港口在海外推进"蛇口模式"的缘由,就在于改革开放以来的中国成功发展经验,以及全球产业转移曾为中国带来巨大的发展机会。然而新一轮产业转移可能主要从中国转移至东南亚、南亚地区以及非洲地区,这些地区虽然具备人口劳动力条件,但政府效率较低、配套服务差,金融服务、法律服务、物流服务缺乏,必须依托港口开发出新的园区,提升其投资环境,改善当地的基础设施、金融服务、人才和发展环境问题,才能让这些国家承接中国的产业转移。[3] 招商局港口在海外特别是东南亚、南亚等具有发展潜力的发展中国家投资港口的重要目的,是在全球产业转移的背景下,将中国的发展经验复制到其他发展中国家,帮助这些国家实现工业化和现代化的同时,实现中国的产能转移和结构升级,这与中国政府推进"一带一路"倡议的目标不谋而合。这种"港产城一体化"模式在国内港口已经得到检验,目前正在复制推广至斯里兰卡的科伦坡港、汉班托塔港,缅甸的皎漂港等港口建设中。[4]

---

① 王小军等:《21世纪海上丝绸之路港口需求与开发模式创新研究》,大连海事大学出版社,2019,第5页。

② 余舒虹:《招商蛇口:"前港、中区、后城"蛇口模式加快复制》,《经济观察报》,2016年6月27日,http://www.p5w.net/stock/news/gsxw/201606/t20160627_1497829.htm。

③ 周智宇:《希望在"一带一路"沿线复制"蛇口模式"》,《21世纪经济报道》2017年12月18日,第20版。

④ Devin Thorne and Ben Spevack, "Harbored Ambitions: How China's Port Investments Are Strategically Reshaping the Indo-Pacific," C4ADS, 2017, p. 27.

巴基斯坦瓜达尔港具有园区化发展特征。在中国企业接手之后,巴基斯坦计划建设瓜达尔工业园区来承接中国的产能转移,通过发展劳动密集型产业(如纺织、钢铁等)实现现代化和工业化。2018 年 1 月 29 日,在中国企业的建设下,瓜达尔港自由区的起步区正式开园,同时还举行了第一届瓜达尔国际商品展销会。[①] 在东南亚,江苏红豆集团牵头在柬埔寨投资了西哈努克港经济特区,并成为中国商务部批准的首批境外经贸合作区之一,一期规划面积 5.28 平方千米,预计投资 3.2 亿美元。截至 2018 年底,已有约 160 家企业入驻西港特区。[②]

吉布提港也在复制园区化发展模式。2014 年,中国招商局港口和吉方共同成立了投资公司和运营公司,在吉布提开始运营国际自贸区。招商局港口为吉布提确定了"港口—工业区—城市"三步发展战略,期望将其打造成为"东非国际航运中心"。中国将"蛇口模式"运用到吉布提港口自贸区的建设中,将改变吉布提及其邻国埃塞俄比亚之前出口薄弱的产业结构。最初的自贸区准备吸引物流集散、出口加工以及配套服务等四种产业,从而实现"前港—中区—后城"模式在非洲的落地。[③] 除了港口之外,中国企业还投资包括当地引水、公路、工业园、油气输送液化项目、油气管道、发电厂以及经济特区建设等项目。可以说,吉布提港在发挥军事补给港作用的同时,中国企业正在将其打造成集贸易物流中心、区域航运中心、金融中心为一体的"东非蛇口",实现多种功能的有效融合。

斯里兰卡科伦坡港码头和港口城项目也具有园区化特征。中国港湾不仅承担科伦坡港贾亚集装箱码头改扩建项目,提高科伦坡港的泊位运营能力,还投资兴建斯里兰卡科伦坡港口城项目,这是其与斯里兰卡国家港务局共同开发与运营的大规模土地综合一级开发项目。该项目主要包括进行规划设计;3 年完成填海造地 233 万平方米;5~8 年初步形成规模;20~25 年全部建设完成。项目规划建筑规模超过 530 万平方米,集商务、商业、娱乐、居住等多种业态为一体,并提供学校、幼儿园、医疗、文化休闲等生活配套设施,是名副其实的"海上丝绸之路明珠"和"南亚未来之城"。

---

① 吴睿婕:《瓜达尔自由区正式开园,逾 30 家中巴企业入驻》,《21 世纪经济报道》,2018 年 1 月 30 日,https://m.21jingji.com/article/20180130/herald/4410e549249c6514dc361323f48c4827.html。

② 《对外投资合作国别(地区)指南:柬埔寨(2019 年版)》,中华人民共和国商务部,http://www.mofcom.gov.cn/dl/gbdqzn/upload/jianpuzhai.pdf。

③ 高江虹:《"蛇口模式 4.0"落地吉布提 招商局雁行出海》,《21 世纪经济报道》,2017 年 7 月 5 日,http://www.21jingji.com/2017/7-5/zNMDEzNzlfMTQxMzEzNQ_3.html。

第二章
中国国际港口合作的路径探索

港口建设是区域经济发展的重要支撑和引擎,往往反映着区域经济格局的发展变迁,这无论是从国内层面还是国际范围来看,均是如此。国际航运中心的形成与国际经济、贸易中心的发展密切相关,总体来看,国际航运中心大致经历了从西欧向北美再向东亚演变的过程。[①] 21 世纪以来,随着全球经济格局的结构性变迁,国际航运中心的重心开始从欧美转向亚太国家,亚太成为港口大国和造船大国最集中的地区;以中国为代表的东北亚和东亚(远东)港口发展最为迅速,港口集装箱吞吐量从 2001 年占世界的 27.4% 上升到 2011 年的 39.2%(见表 2-1)。

表 2-1 全球主要地区港口集装箱吞吐量占比

单位:%

地　区	年　份		地　区	年　份	
	2001 年	2011 年		2001 年	2011 年
远　东	27.4	39.2	东南亚	14.7	14.0
西北欧	23.3	15.5	北　美	13.9	7.8

① 刘伟华、张雅莉、胡振宇:《国际航运中心发展经验及对深圳的启示》,《海洋开发与管理》2020 年第 3 期。

地　区	年　份		地　区	年　份	
	2001 年	2011 年		2001 年	2011 年
南　美	7.9	7.0	南　亚	2.4	3.0
中　东	4.6	6.2	大洋洲	2.2	1.7
非　洲	3.1	4.2	东　欧	0.5	1.4

资料来源：甄峰等：《非洲港口经济与城市发展》，南京大学出版社，2014，第 66 页。

　　"一带一路"倡议是新时期中国向国际社会提供的重大公共产品，它不仅在地理和心理上实现了沿线各国之间的互联互通，更重要的是它对沿线发展中国家的经济起飞和持续发展正在发挥着重大作用。"21 世纪海上丝绸之路"倡议的提出和实践成为推动全球互联互通和沿线国家经济起飞与发展的新动力，港口建设开发在其中发挥着关键的载体与纽带作用。现实中，不仅外部对中国海外港口建设背后的动机存在诸多猜测与评价，国内也有不乏从战略与军事角度对海外港口建设进行研究的。结合 21 世纪特别是"一带一路"倡议提出以来中国参与海外港口建设的实践进程，考察港口与经济发展的密切关系，对于准确把握中国参与海外港口建设的基本动力与逻辑、正确认识国际上的炒作杂音以及有效应对港口建设风险具有重要意义。

第一节　中国国际港口合作的
时代背景

　　港口自古以来就是推动沿海城市发展与区域经济增长的重要动力。在海洋时代到来以后，港口在推动城市及沿海地区发展中的角色更加突出，以港口城市为核心的沿海地区也往往成为国家经济重心。海港周围建设的基础设施提高了周边居民的生活水平，最终带来港口城市和沿海地区的经济繁荣。[1] 海洋时代

---

① 杨程玲：《东盟海上互联互通及其与中国的合作：以 21 世纪海上丝绸之路为背景》，《太平洋学报》2016 年第 4 期。

和全球化时代极大地凸显了港口在国家经济发展中的重要作用,各国竞相开展港口建设与开发。同时,经济全球化和全球港口供应链体系的形成决定了港口节点不可能孤立存在,[①]各国港口之间因国际贸易、投资与人员流动而密切地联系在一起。

一、现代经济视野下的港口建设

港口总是以其在现代经济活动中的关键地位而备受关注,并首先与城市经济发展密切联系在一起。"21世纪海上丝绸之路"建设应以城市和港口为支点带动沿线地区发展,实现点、线、面联动发展。这既蕴含着港口与城市发展的密切关系,也说明海上丝路建设需要以港口为载体推动沿线国家之间的互联互通、协同发展。中国的港口建设与开发获得了飞跃式发展,在港口建设领域积累了丰富的经验,并拥有走向世界的强大动力。

根据《中华人民共和国港口法》,港口是指具有船舶进出、停泊、靠泊,旅客上下,货物装卸、驳运、储存等功能,具有相应的码头设施,由一定范围的水域和陆域组成的区域。[②] 港口是连接海运、河运、铁路、公路、管道和其他运输方式的桥梁与纽带。现代港口对于每个国家的经济增长、区域交通运输网的构建意义重大。按照不同标准,港口可划分为多种不同类型。其中,按规模大小港口可分为干线港、支线港和喂给港;按照功能可分为超级枢纽港、枢纽港与支线港。超级枢纽港拥有明显的区位优势;中继式或交织式枢纽港综合实力较强,生产组织、集疏运能力相对较高,可以串联起区域航运网络;支线港主要以提供近洋运输和对区域枢纽港的喂给服务为主,注重集疏运体系建设。[③] 有学者基于港口运营能力、经济条件、环境因素以及智力技术四个维度,将港口分为国际枢纽港、区域枢纽港、节点港和区域门户港四类。[④] 根据《2017/2018港口与码头指南》,世界

---

① 李建丽、真虹、徐凯:《港口供应链中港口的核心地位及平台效应研究》,《港口经济》2009年第11期。

② 法律出版社法规中心:《中华人民共和国港口法(2015修正版)》,法律出版社,2015,第1页。

③ 孙伟、谢文卿:《"21世纪海上丝绸之路"与港口发展系列之二:沿线港口发展举措分析》,《中国远洋航务》2015年第10期。

④ Wang Chuanxu, Hercules Haralambides and Zhang Le, "Sustainable Port Development: The Role of Chinese Seaports in the 21st Century Maritime Silk Road," *International Journal of Shipping and Transport Logistics*, Vol. 13, No. 1/2 (2021): 205 - 232.

上大约有 16 600 个港口和码头，其中港口 6 069 个，码头 10 548 个；美国、加拿大、英国、中国、日本、澳大利亚是当今世界主要的港口大国。[①]

港口从来不是孤立存在的，其总是与区域经济环境密切相关并相互影响。[②] 从国内经济角度来看，港口在沿海国家区域经济发展中的带动作用十分关键和突出，往往发挥着沿海地区经济发展的门户与龙头作用，并塑造出更大范围的经济圈或经济带。

第一，港口是连接沿海与陆地、国内经济与国际经济、促进区域经济协调联动发展的重要平台。港口是陆海实现联运、建设陆海通道的关键节点，陆海通道建设也有利于港口竞争力的提高，发展成为枢纽港。实践表明，港口航运业的发展带动了港口城的兴起，成为区域经济发展的重要支点。通过投资开发港口，港城之间可以相互借助、联动发展，形成良性互动关系，共同带动周边更大区域的经济发展。例如，尽管伦敦港的吞吐量并不大，但是其国际航运中心的地位难以撼动，带动了伦敦港口城市和港口经济的繁荣。[③] 鹿特丹等世界知名港口城市都是重要的国际贸易中心和工业基地，实行典型的港城一体化发展模式。

第二，港口可以成为区域经济发展的支撑和引擎，对城市及周边区域发展具有突出贡献。海港周围建设的基础设施提高了周边居民的生活水准，最终带来了港口城市和沿海社区的发展，在东南亚地区，马来西亚巴生市与巴生港、北海市与槟城港，越南的胡志明市与西贡港，印度尼西亚的雅加达市与雅加达港都形成了密切的共生关系。[④] 有研究表明，港口投资与经济增长之间存在短期双向因果关系，港口投资是经济增长的长期动因之一。[⑤] 在港口基础设施与港口城市经济互动发展系统中，港口经济承担重要角色，是两者互动的节点、界面、载

[①] HIS Global Limited, *Fairplay Ports Guide 2017/18* (Bracknell: HIS Global Limited, 2018). 此外，截至 2019 年 2 月，港口网在线数据库收录了世界上 222 个国家和地区的 8 292 个港口基本信息。参见 World Seaports Catalogue, Marine and Seaports Marketplace, http://ports.com/.

[②] César Ducruet, "Port Regions and Globalization," in César Ducruet et al., eds., *Ports in Proximity: Competition and Coordination among Adjacent Seaports* (London: Routledge, 2016), p. 53.

[③] Peter Hall, Wouter Jacobs, and Hans Koster, "Port, Corridor, Gateway and Chain: Exporting the Geography of Advanced Martime Producer Services," in Peter Hall et al., eds., *Integrating Seaports and Trade Corridors* (Aldershot: Ashgate Publishing Ltd., 2011), p. 82.

[④] 杨程玲：《东盟海上互联互通及其与中国的合作：以 21 世纪海上丝绸之路为背景》，《太平洋学报》2016 年第 4 期。

[⑤] Song Lili and Mi Jianing, "Port Infrastructure and Regional Economic Growth in China: A Granger Causality Analysis," *Maritime Policy & Management*, Vol. 43, No. 4 (2016): 456 – 468.

体、枢纽和纽带。港口基础设施的完善拉动了智慧港口经济的发展,从而推动了智慧港口城市经济互动发展的新机制。[①] 港口不仅常常是区域经济的龙头,也是新时期海上丝路建设的起点和节点。例如,上海港依托经济、贸易、金融高度发达的上海市,并拥有长三角作为经济腹地,上海国际航运中心的建设极大地促进了上海市的发展,使得上海港成为"海上丝绸之路"的门户港和枢纽港。

第三,港口是交通地理学和区域经济学的交集与融合。[②] 作为一国或一地区对外经济交流的门户,港口通过经济走廊建设将内陆和沿海地区连为一体,促进加工、运输和出口产业一体化,发挥沿海港口地区的区位优势和内陆地区的劳动力与土地成本优势,促进了内陆地区的经济发展,使之能够参与世界经济分工,成为全球供应链的重要组成部分,促进世界经济的全球化。[③] 港口基础设施建设不仅带动了港区的发展,而且对于港口城市、产业园区建设起到了重要作用,形成"港城一体化"。港口城市规模与港口发展空间之间具有正相关关系,港口发展将带动城市实力的增强。港口城市的各种基础服务设施和交通、通信条件是港口发挥作用的主要物质基础。[④] 例如,宁波港与合肥、上海铁路局建设海铁联运新通道,将内陆地区更便捷地与港口连接起来。海上丝路沿线港口对于国际能源运输线、工业贸易品运输线和海上战略通道安全具有十分重要的意义。[⑤] 例如,直通日照港的铁路向西与陇海铁路相汇,从新疆阿拉山口出境,经中亚、西亚直达荷兰鹿特丹;我国第一条重载铁路山西中南部铁路也直达港区。连接港口的疏港高速与日兰、沈海高速公路相通,4条国道干线通往全国各地,形成四通八达的公路运输网络。[⑥]

同中国一样,其他国家和地区也试图以港口为平台推动区域经济发展。根

① 司增绰:《港口基础设施与港口城市经济互动发展》,《管理评论》2015 年第 11 期。

② James Wang, "Entrepreneurial Region and Gateway-Making in China: A Case Study of Guangxi," in Peter Hall et al, eds., *Integrating Seaports and Trade Corridors* (Aldershot: Ashgate Publishing Ltd., 2011), p. 247.

③ Jean-Francois Pelletier and Yann Alix, "Benchmarking the Integration of Corridors in International Value Networks: The Study of African Cases," in Peter Hall et al., eds., *Integrating Seaports and Trade Corridors* (Aldershot: Ashgate Publishing Ltd., 2011), p. 180.

④ 甄峰等:《非洲港口经济与城市发展》,南京大学出版社,2014,第 23 页;邓恒进、陆建新:《以港口为中心的沿海城市配送系统的动力机制》,《南通大学学报(社会科学版)》2013 年第 5 期。

⑤ "China Builds up Strategic Sea Lanes," *Washington Times*, January 17, 2005.

⑥ 杜传志:《发挥港口综合优势打造 21 世纪海上丝绸之路战略支点》,《大陆桥视野》2014 年第 13 期。

据联合国亚洲及太平洋经济社会委员会策划的"泛亚铁路"计划,东盟国家正努力论证和建设经老挝连接越南河内和泰国曼谷的铁路;该铁路建设主要有"3A方案""3C方案"和"3D方案"。[①] 2000 年,伊朗、印度和俄罗斯就提出创建联通俄罗斯、中亚和南亚的南北运输走廊,试图通过港口网、公路网和铁路网将欧亚大陆重要经济体连为一体;中亚、西亚和东欧多个国家陆续加入。[②]

沿海港口城市是中国经济发展和对外开放的龙头与重心所在。中国沿海地区的 87 个主要港口形成五大港口群:环渤海港口群、长江三角洲港口群、东南沿海港口群、珠江三角洲港口群、西南沿海港口群。这五大港口群与长三角、京津地区、珠三角三个经济带紧紧连在一起,为中国经济腾飞、拉动就业和出口创汇发挥了重要作用。三个经济带几乎囊括了中国全部先进产业,形成陆、海、空综合运输网络,实现了联合协作、优势互补、共同发展的崭新格局。[③] 港口是中国区域经济发展的"排头兵",在国际化发展方面发挥着引领作用,带动周边城市群和整个区域参与全球经济的分工与合作。如天津港是中国北部最大港口,其依托渤海湾和一亿人口的京津冀城市群,旨在将东北、华北和华东经济圈连为一体,成为海上交通和贸易枢纽。[④] 特别是长三角地区已初步形成港口群—城市群协调发展的布局,正在向高水平、高质量的协调发展水平不断迈进。[⑤]

中国改革开放和经济取得快速发展的实践经验,为中国企业积极参与海外港口投资建设提供了强大的动力和信心。中国通过建设经济特区、经济技术开发区、出口加工区等吸引国际、国内投资,快速形成产业集群,实现工业化和现代化,带动区域经济和社会发展。在此过程中,港口起着打通物流渠道、降低交易成本,加快区域经济一体化的平台作用,是促使中国经济腾飞的重要一环。中国参与海上丝路沿线港口建设,实际上就是在推广 20 世纪 80 年代的中国改革开放"蛇口模式",即"前港—中区—后城"相互配合,向纵深发展。这是以港口为依

---

① 汪海:《从北部湾到中南半岛和印度洋:构建中国联系东盟和避开"马六甲困局"的战略通道》,《世界经济与政治》2007 年第 9 期。

② 郑青亭:《印度总理莫迪访问伊朗:投资恰巴哈尔港　印、伊与阿富汗合建贸易走廊》,《21 世纪经济报道》2016 年 5 月 26 日,第 5 版。

③ 赵山花:《21 世纪海上丝绸之路背景下的港口建设》,《中国港口》2016 年第 2 期。

④《美媒:天津"曼哈顿"焕发新生　办公区入驻率上升》,《参考消息》,2017 年 5 月 22 日,http://www.cankaoxiaoxi.com/finance/20170522/2024282.shtml。

⑤ 余思勤、孙佳会:《长三角港口群与城市群协调发展分析》,《同济大学学报(自然科学版)》2021 年第 9 期。

托发展对外经济、带动产业聚集这一中国经验的经典表达。

近年来,中国积极促进港口资源整合、港口间互动联合、港产城深度融合,加快推进港口枢纽化、集约化、现代化发展,枢纽港口和港口群建设极大地带动区域经济的发展。中国沿海地区港口资源整合基本完成,已经形成环渤海、长三角、东南沿海、珠三角和西南沿海五个现代化港口群,基本建成了综合性、立体式运输系统,以及规模化、集约化、专业化、网络化的港口服务体系,港口建设取得跨越式和高质量发展。其中典型代表就是上海港,其已成为全球集装箱第一大港,并与世界300多个港口建立了贸易往来,是上海国际航运中心建设中的基础支撑和开放窗口。上海航运交易所发布的“一带一路”货运贸易指数与“海上丝绸之路”运价指数,为沿线国家发展航运经济提供了重要参考。①《上海国际航运中心建设“十四五”规划》提出,要充分发挥上海国际航运中心在国内大循环和国内国际双循环中的枢纽节点和战略链接作用。国内港口和港口经济的飞跃式发展也为“21世纪海上丝绸之路”建设提供了重要基础和发展动力。2016年1月,习近平总书记在重庆调研时提出:“要把港口建设好、管理好、运营好,以一流的设施、一流的技术、一流的管理、一流的服务,为长江经济带发展服务好,为‘一带一路’建设服务好,为深入推进西部大开发服务好。”②2019年1月,习近平总书记考察天津港时强调:“经济要发展,国家要强大,交通特别是海运首先要强起来。要志在万里,努力打造世界一流的智慧港口、绿色港口,更好服务京津冀协同发展和共建‘一带一路’。”③2019年11月,交通运输部等九部门联合发布的《关于建设世界一流港口的指导意见》提出,要强化港口的综合枢纽作用,建设世界一流港口,谱写交通强国建设港口篇章。④

港口经济的影响力也往往超出了一国的国界,扩散至更大的周边地区。港口建设开发不仅促进了国际枢纽型港口的形成,扩大了其辐射范围,也推动了更大区域内港口之间的分工合作,形成多元化、立体式的国际港口网络,推动地区国家间的贸易往来,促进相互间的经济发展与融合。例如,新加坡港的辐射能

---

① 《书写新世纪海上丝绸之路新篇章:习近平总书记关心港口发展纪实》,中国共产党新闻网,2017年7月6日,http://cpc.people.com.cn/n1/2017/0706/c64094-29385749.html。

② 同上。

③ 《天津港:加快建设世界一流绿色智慧枢纽港口》,《人民日报》2021年3月28日,第4版。

④ 《九部门关于建设世界一流港口的指导意见》,中华人民共和国中央人民政府,2019年11月13日,http://www.gov.cn/xinwen/2019-11/13/content_5451577.htm。

力十分广泛,是东南亚乃至更大地区内的国际枢纽型港口,对于区域经济发展影响重大。与此同时,海上丝路沿线多为中小国家,且不少沿海国家的邻国缺乏出海口,港口建设的区域经济效应更加显著。例如,巴基斯坦瓜达尔港、吉布提吉布提港、肯尼亚蒙巴萨港可以作为周边内陆国家的出海口,发挥"以点带面"的作用。

港口是货物通过水路进出的连接通道和运输方式的转换点,具有资源配置功能,能吸引国内外大型企业在港区后方陆域配置资源,形成国际性、区域性加工基地和物流配送中心,所以港口建设成为海上丝路建设的重点。[①] 近年来,海上丝路沿线国家(或地区)班轮运输指数整体呈稳步上升趋势,与全球航运网络的连通程度越来越发达。随着"一带一路"倡议与区域互联互通战略的实施,中国与丝路沿线各国的班轮运输指数明显上升,日益高于其他国家。同时,船舶大型化、航运联盟化趋势对港口发展带来了新的挑战和机遇,港口建设也向精准定位和网络化方向发展,国际港口竞争日益激烈,海上丝路沿线港口网络布局的区域化特征将更加明显,区域性枢纽港的数量和中转业务大幅增加,对港口的集疏运体系提出了更高的要求,沿线支线港数量也会增加。[②] 港口基础设施建设决定着港口的硬实力,是港口发展和提升竞争力的前提和基础,因此海上丝路沿线港口建设正在迎来大发展的新时期。

二、中国国际港口合作的主要背景

中国的港口建设布局与国家发展战略、经贸安全保障、各地政府强力推动、综合交通运输体系建设以及岸线资源优化配置等因素密切相关,也是面向国内外市场并与国际接轨的需要。[③] 中国参与海上丝路沿线港口建设和开展国际港口合作成为中国加快"走出去"步伐、深度参与全球化进程和推动共同发展繁荣的重要途径,也必将发挥带动港口周边区域和所在国家经济发展的重要作用。

第一,从必要性来看,中国积极参与海外港口建设和探索国际港口合作是经济转型发展和扩大开放、维护战略安全的必然要求。

---

① 周华军:《充分发挥港口在城市经济发展中的作用》,《水运管理》2007 年第 7 期。
② 孙伟、谢文卿:《"21 世纪海上丝绸之路"与港口发展系列之二:沿线港口发展举措分析》,《中国远洋航务》2015 年第 10 期。
③ 史春林:《1949—2019:中国港口建设与布局变迁 70 年(上)》,《中国海事》2019 年第 10 期。

中国参与海外港口建设与投资的内在动因可以总结为国家经济发展环境、重大对外开放战略、全球航运格局和地理替代性与企业自身发展需求。[①] 中国积极参与海外港口建设和探索国际港口合作是维护自身经济利益与推动共同发展的需要。中国已发展成为世界最大的货物进出口贸易国，其中近90％的国际贸易通过海上运输完成，经过众多海上航线连接全球各地的数千个港口和目标市场，欧盟、美国、澳大利亚等是中国的主要贸易伙伴。在中国转移产能、升级结构、开拓市场的发展需求引导下，在国外市场复制国内的成功经验为中国企业投资海外港口提供了强大动力。基于在本国沿海地区成功的港口运营经验，中国企业在海上丝路沿线投资港口的目标是打通物流渠道、拉动产业集聚，提高地区和全球经济的一体化水平，为中国企业进一步拓展全球市场、提高中国企业在全球产业链中的地位奠定基础。目前，中国企业以港口为主体的海外交通基础设施建设已取得成效，据世界银行测算，"一带一路"交通运输基础设施将促进区域内贸易，可使沿线经济体的贸易总量增加4.1％。[②] 随着港口建设的加强，中国与海上丝路沿线国家之间的互联互通和便利度得到不断提升，最终将带来贸易往来和经济合作的增加。通过港口开发合作，提升了中国与沿线各国的经贸关系，推动了我国优势企业"走出去"开拓市场；同时推动国内产业根据比较优势进行区域间转移，逐步形成区域供应链、产业链和价值链，编织更加紧密的共同利益网络，扩大了中国企业的发展空间。[③] 中国港口建设项目拉动了沿线国家的经济发展与就业民生，提升了相互间的经济合作，推动了互利共赢新格局的形成。

　　基础设施互联互通是"一带一路"建设的关键内容。我国是一个高度依赖海上贸易的国家，海洋是我国社会发展的关键性战略通道，海洋运输在我国对外贸易中的地位日益重要。我国与海上丝路沿线国家的港口保持互联互通，对于保证经贸发展和进出口战略物资的运输具有重要意义。我国与沿线国家和地区日益繁荣的商品贸易、日益密集的海洋运输需要更加安全可靠的港口作为海运物

---

　　① 陈沛然、王成金、刘卫东：《中国海外港口投资格局的空间演化及其机理》，《地理科学进展》2019年第7期。

　　② François de Soyres et al., "How Much Will the Belt and Road Initiative Reduce Trade Costs?" The World Bank, October 15, 2019, http://documents.worldbank.org/curated/en/592771539630482582/How-Much-Will-the-Belt-and-Road-InitiativeReduce-Trade-Costs.

　　③ 《30万公里梦想与道路——"一带一路"背景下中国海外建港热度增加》，《中国企业报》2016年2月2日，第13版。

流链支点,与沿线国家港口进行合作以及参与海外港口项目也是我国通过非传统方式建立海上安全贸易通道的新型方式。① 中国在全球港口的布局很大程度上是为了中国经济全球化以及保障中国海陆通道的畅通,维护中国海上经济的生命线,所以港口建设是中国经营海洋的先手,没有这个先手,中国海洋的开拓和发展就会缺乏重要支点。②

此外,积极参与海外港口建设和探索国际港口合作是维护自身综合安全、配合外交全局的必然要求。港口具有战略支点意义,不可避免地与国家在海外的整体战略布局相关联。历史上的英国、美国和日本都曾以商业和军事等不同方式控制海外港口服务于本国的发展战略。中国要建设成为海洋强国,要求具备保障海洋通道安全的能力。中国要走向世界,要进行自由贸易,就必须保护海上运输线路的安全。③ 当前中国参与海外港口建设面临着激烈的国际竞争和不同程度的战略制约。对中国来说,不仅要强调能源运输安全,也日益重视综合性海权利益的保障,作为海外战略支点的港口被赋予更为丰富的意义,这在建设"21世纪海上丝绸之路"的背景下尤为凸显。中国参与海外港口建设的重点集中于关键的对外贸易线路上,与国家整体政治外交布局相一致,反映了中国未来的外交走向。同时,中国参与海外港口建设具有维护海外战略安全、提升柔性军事存在④的功能,海外港口发挥着对过往物流船只甚至军用船只提供补给、保障地区安全等作用,如吉布提港、瓜达尔港等。通过投资、建设、租用等多种方式获取海外港口经营权,充分利用所在经济资源建立工业园,将使这些战略性港口具有提供后勤补给的能力,从而为中国海洋权益的拓展提供多层次全方位的保障。⑤

海洋自古以来都是世界经贸往来的主要通道,承担着国家对外经贸活动,对一国的经济政治有着重要的意义。阿尔弗雷德·马汉从海权论出发,认为一个国家想要保持国内的繁荣富强,就必须保持和加强其在海外的力量。⑥ 而一个国

---

① 郑秉文、李文、刘铭赜:《"一带一路"建设中的港口与港口城市》,中国社会科学出版社,2016,第10－11页。

②《中国港出海》,央视财经频道,2017 年 2 月 12 日,http://tv.cntv.cn/video/C10316/b033ca567157418fa534746af5af2e85。

③ 张文木:《全球化视野中的中国国家安全问题》,《世界经济与政治》2002年第3期。

④ 孙德刚:《论新时期中国在中东的柔性军事存在》,《世界经济与政治》2014年第8期。

⑤ 刘大海等:《"21世纪海上丝绸之路"海上战略支点港的主要建设模式及其政策风险》,《改革与战略》2017年第3期。

⑥ 阿尔弗雷德·马汉:《海权论》,一兵译,同心出版社,2012,第27页。

家的权力建立在它的机动性上,特别是远洋机动能力上,它能使一个国家触及全球。[①] 中国自古是一个注重陆地的大陆型国家,长期忽视海洋开发,直到近代遭受海洋强国的入侵和遭遇国家存亡危机之后才认识到海洋的重要性。从百年海权危机中走来的中国日益认识到海洋对于国家发展的重大意义。在如今世界紧密联系、局势复杂多变的全球化时代里,特别是在中国与世界的联系不断加深,对外经济依赖度日益增大,对于出海口和海上通道的关注日益上升的背景下,在中国对外依赖度不断上升的同时,却面临着突出的海洋权力脆弱性问题。这从近年来的"南海仲裁"和海洋争端事件,以及美国依靠强大的海上军事实力对中国进行威慑和干扰等事件中可以清楚地看出来。因此中国必须加快走向海洋的步伐,以在复杂多变的局势中有效保障自身的权利和利益。

当前中国正逐步成长为全球大国,海外利益的扩大促使中国提升远洋机动能力,包括建设一支具有全球影响力的远洋海军。自 2008 年起,中国开始在亚丁湾、索马里海域开展护航行动,10 余年来保持了中国海军在西印度洋的持续存在,有力地维护了航道安全与海外利益,展现了承担大国责任和保障海上安全的能力。近年来,美国不断强势"重返亚太",推行"印太战略",联合日本、印度、澳大利亚等国"围堵"中国,挤压中国的发展空间,极力遏制中国崛起,中美竞争不断加剧。在上述背景下,中国提出"一带一路"倡议向西拓展合作空间,包括探索西部出海通道,有效规避了东部的巨大压力。

第二,从可能性来看,中国参与海外港口建设和探索国际港口合作是中国快速发展的必然结果。

一方面,中国在海上丝路沿线港口建设能力方面占据优势。自 2013 年开始,中国跃居世界第一货物贸易大国,中国港口货物吞吐量和集装箱吞吐量连续 10 年位居世界第一;在全球货物吞吐量前 20 大港口排名中,中国内地港口占 13 席(不含香港);在全球集装箱吞吐量前 20 大港口排名中,中国内地港口占 8 席(不含香港)。[②] 以强大系统的工业体系为基础,中国也是世界第一造船大国,造船能力一度达到 8 000 万吨。中国亿吨大港达 34 个,在全球港口货物吞吐量和集装箱吞吐量排名前 10 名的港口中,中国港口占 7 席。当前,中国在港口建设及相关服

---

① 刘从德主编:《地缘政治学导论》,中国人民大学出版社,2010,第 191 页。

② 《中国内地港口吞吐量排名:10 个 3 亿吨港阐释中国贸易世界第一》,观察者,2014 年 3 月 7 日,http://www.guancha.cn/economy/2014_03_07_211721.shtml。

务方面拥有丰富的技术和经验积累,也拥有更为雄厚的资金能力,在港口基础设施建设上具有优势产能转移的动力和优势。中国港口的运营水平、资金实力为参与海上丝路沿线港口建设提供了必要条件;海上丝路沿线各国港口投资增加、竞争激烈及吞吐能力严重过剩等为中国港口企业参与沿线港口建设提供了充分条件。①

在"一带一路"建设中,港口和港口城市作为设施连通的最重要构成,其重要性不言自明。② 在港口建设方面,中国已经拥有了全产业链、全要素的突出优势,港口技术水平全球一流,已成为一张闪亮的"中国名片"。上海港已于2017 年12 月成为全球首个集装箱年吞吐量突破4 000 万标准箱的港口。③ 在近年来英国劳氏公司发布的世界集装箱港口排名中,中国上榜港口数量稳居全球第一。在2019 年世界集装箱港口100 强榜单中,中国就占据了25 席,并在前10 大港口中占据7 席。④ 正如中国交建副总裁孙子宇所说,中国在"全世界的任何一个地方都具备了提供成套建设和运营的能力",而中国港口工程的标准也已经全面走向海外。⑤ 根据联合国贸易和发展会议(UNCTAD,以下简称"联合国贸发会议")发布的全球班轮运输连通性指数,2019 年中国得分为151.9,连续10 年保持港口连通性排名全球第一位,其中上海港班轮运输连通性指数为134.3,居全球港口连通性排名第一位,中国港口在世界海运网络中的地位进一步得到巩固。⑥

中国在港口建设方面的优势产能,可以并已经转化为海上丝路沿线港口建设的重要生产力。如斯里兰卡科伦坡港花了几个世纪才达到今天的吞吐量,而中国建设科伦坡港后,在短短的30 个月内就使其港口吞吐量翻了一番,并有望在未来建成世界前30 大港口,体现出中国作为港口建设大国的技术优势和建设能力。中远海运集团参与建设的希腊比雷埃夫斯港,促进了希腊与中东欧国家

① 曾庆成、吴凯、滕藤:《海上丝绸之路港口的空间分布特征研究》,《大连理工大学学报(社会科学版)》2016 年第1 期。

② 郑秉文、李文、刘铭赜:《"一带一路"建设中的港口与港口城市》,中国社会科学出版社,2016,第9 页。

③ 马化宇:《上海港年吞吐量破4 000 万标准箱继续保持"世界第一"》,中国新闻网,2017 年12 月29 日,http://www.chinanews.com/cj/2017/12-29/8412790.shtml。

④ "One Hundred Ports 2019," Lloyd's List, July 29, 2019, https://lloydslist.maritimeintelligence.informa.com/one-hundred-container-ports-2019.

⑤ 《中国港出海》,央视财经频道,2017 年2 月12 日,http://tv.cntv.cn/video/C10316/b033ca567157418fa534746af5af2e85。

⑥ 贾大山、徐迪、蔡鹏:《2020 年沿海港口发展回顾与2021 年展望》,《中国港口》2021 年第S1 期。

的互联互通,提升了该港口的航运中心建设水平,拉动了这个深陷债务危机国家的投资和就业,有助于该国尽快摆脱经济危机。①

另一方面,海上丝路沿线国家有发展港口的天然优势。"一带一路"沿线大多是新兴和发展中国家,国家数量众多,人口、经济规模及市场空间巨大,有良好的发展潜力。这些大多属于经济欠发达的发展中国家,拥有众多天然良港,港口开发资源丰富,并位于全球主要贸易航线上,未来发展潜力巨大。例如,近年来非洲大陆基础设施建设对相应国家的国内生产总值(GDP)的贡献率超过了50%,但资金缺口大,每年至少需要930亿美元。吸引外资参与丝路沿线港口基础设施建设,对于这些国家的经济腾飞和社会稳定意义重大。② 与此同时,中国与海上丝路沿线国家的经贸合作不断提升,对提升和投资沿线港口建设的需求日益凸显,也符合双方发展需求和发展战略规划。

第二节　中国国际港口合作的实践解析

21 世纪以来,中国进一步扩大对外开放,对外贸易和投资规模迅速扩大,外向型经济对我国经济发展的推动作用更为突出。据商务部统计,2018 年中国对外直接投资 1 430.4 亿美元,居世界第二位,年末对外直接投资存量达 1.98 万亿美元,居世界第三位;对外承包工程完成营业额 1 690.4 亿美元,75 家企业进入美国《工程新闻纪录》(ENR)全球最大 250 家国际承包商排名榜单,数量位列各国之首。③ 中国企业"走出去"取得显著的经济效益和社会效益,与东道国一道实现联动发展,互利共赢。其中,中国工程承包企业不断加快"走出去"步伐,包括港口在内的海外基础设施建设领域的投资规模显著扩大,并在参与全球化进

---

① "The New Masters and Commanders: China's Growing Empire of Ports Abroad Is Mainly about Trade, Not Aggression," *The Economist*, June 8, 2013, http://www.economist.com/news/international/21579039-chinas-growing-empire-ports-abroad-mainly-about-trade-not-aggression-new-masters.

② Vivien Foster and Cecilia Briceño-Garmendia (eds.), *Africa's Infrastructure: A Time for Transformation* (Washington, D.C.: The World Bank, 2010), pp. 2 - 6.

③《商务部等部门联合发布〈2018 年度中国对外直接投资统计公报〉》,中华人民共和国商务部,2019 年 10 月 28 日,http://fec.mofcom.gov.cn/article/tjsj/tjgb/201910/20191002907954.shtml。

程和建设"一带一路"进程中发挥着突出作用。

一、中国国际港口合作的主要阶段

1949 年以来,中国的港口建设经历了"请进来"和"走出去"两个阶段。在第一阶段(1949—1999 年),中国引进国外先进技术、建设国内港口,是参与海外港口建设的准备阶段。第二阶段(2000 年至今)为中国优势港口企业"走出去"、建设海外港口的时期,2013 年以后中国特色国际港口合作进入一个新阶段。

第一阶段又可划分为几个时期:1949—1972 年是中国恢复生产时期,中国引进外资和技术,全国港口泊位从 161 个增加至 617 个;1973—1979 年为中国港口建设起步时期,其中周恩来总理于 1973 年初发出"三年改变港口面貌"的号召,掀起了中国港口建设高潮;1980—1989 年为中国沿海和内河港口全面建设时期,中国加快了沿海港口的建设步伐,开始向现代港口迈进。这一时期,中国积极引进世界银行等国际金融机构的资本,同时大量吸收丹麦、美国等国际码头公司、船舶公司进入中国参与港口建设和管理,不仅解决了大规模港口建设的资金缺口问题,而且境外发达港口企业的进入也带来了先进技术和管理经验,提升了中国沿海港口的国际化水平。[1] 1990—1999 年为中国港口的系统发展时期,形成了以大连、秦皇岛、天津、青岛、上海、深圳等 20 个主枢纽港为骨干的港口建设布局,中国港口发展的区位优势进一步明显,港口能力全面提升,更加注重大型专业化泊位建设。[2]

21 世纪初以来,中国港口事业的发展进入第二阶段,中国从港口大国迈向港口强国,并走向国外参与全球竞争。随着中国综合实力和基建能力的提升,尤其是随着中国国内港口技术的升级和建设能力的提高,中国港口企业凭借优势产能和丰厚资本,开始走出国门,参与发展中国家乃至发达国家的港口建设,成为探索国际港口合作的先行者。中国开始积极"走出去",通过收购与合资、合作等模式开始了港口国际布局,构建了一个初具雏形的国际港口合作网络。[3] 第二阶段也可以划分为两个时期:2000—2012 年是中国港口企业自发"走出去"的

---

[1] 蒋千:《向现代化迈进的中国沿海港口》,载于国家发展和改革委员会综合运输研究所编《中国港口建设发展报告》,人民交通出版社,2008,第 10 页。

[2] 同上。

[3] 史春林:《1949—2019:中国港口建设与布局变迁 70 年(下)》,《中国海事》2019 年第 11 期。

时期;2013年"一带一路"倡议提出后,港口企业进入系统"走出去"和国际港口合作的新阶段。

2001年,中远美洲公司试水码头业务,中国企业海外港口投资大幕正式开启。2013年"一带一路"倡议提出之前,中国企业就开始逐步走向海外。例如,2008年起中远海运集团控股经营希腊比雷埃夫斯港,招商局国际控股或参股经营尼日利亚的拉各斯、斯里兰卡的科伦坡、东非吉布提的吉布提等港口和码头。2013年"一带一路"倡议提出之后,中国对海上丝路沿线地区港口建设的参与力度显著上升,投资数量、建设规模和深度明显加大,开始更为清晰地布局海外港口建设。例如,中远海运集团自2015年起,在全球投资了近30个港口,其中"一带一路"沿线码头11个,包括土耳其阿姆巴利港昆波特码头、希腊最大港口比雷埃夫斯港、荷兰鹿特丹EUROMAX集装箱码头,以及与新加坡港务集团共同投资的新加坡大型集装箱码头、阿联酋哈利法港二期集装箱码头等。[①] 从21世纪以来的海外港口投资空间结构来看,2001—2008年投资倾向于就近布局,2008—2012年港口布局全球扩散,2013—2016年在对外开放战略导向下港口趋于局部集聚,2017年之后港口布局趋于稳定,海外港口全球网络架构基本成型。[②]

在建设"21世纪海上丝绸之路"的背景下,中国港口企业积极与沿线重点港口合资合作,促进物流便利化,包括新增运输航线、促进贸易便利化、缔结友好港,组织开展合作交流活动等;同时积极"走出去",加大对沿线港口及物流设施的投资建设,创新投资模式,推进"港产城一体化"与"港航货一体化"模式,[③]中国参与海外港口建设迈入了新阶段。随着海外港口投资的步伐加快,全球各地港口码头中的中国投资身影日益增多,中国企业逐步成为全球主要的港口投资者和码头运营商之一。据英国《金融时报》统计,截至2015年,全球前50大集装箱港口中,近2/3都有中国的投资,而2010年这一比例只有1/5左右。[④] 2016—2017年,中国新投资海外港口9处,投资总额达200亿美元;截至2017年9月,

① 《新华·波罗的海国际航运中心发展指数报告(2018)》,中国金融信息网,2018年7月12日,http://index.xinhua08.com/a/20180712/1728561.shtml。

② 陈沛然、王成金、刘卫东:《中国海外港口投资格局的空间演化及其机理》,《地理科学进展》2019年第7期。

③ 丁莉:《2017年我国港口发展回顾及2018年展望》,《大陆桥视野》2018年第2期。

④ James Kynge et al., "Beijing's Global Power Play: How China Rules the Waves," Financial Times, January 12, 2017, https://ig.ft.com/sites/china-ports/.

中资港口公司投资和建设了 34 个国家的港口,并计划在另外 8 国投资 12 个港口。[①] 在欧洲,2017 年统计显示,中国公司在过去的 10 年中已收购了欧洲 13 个港口的股权,这些港口拥有欧洲大约 10% 的集装箱运输量。[②]

在海上丝路建设中,港口被赋予了日益重要和关键的角色。2015 年 3 月,国家发展改革委、外交部、商务部联合发布了《推动共建丝绸之路经济带和 21 世纪海上丝绸之路的愿景与行动》,提出要致力于建设"一带一路"沿线的亚欧非大陆及附近海洋之间的互联互通,与沿线各国之间建立互联互通伙伴关系,构建全方位、多层次、复合型的互联互通网络;还特别提出要推动口岸基础设施建设,畅通陆水联运通道,推进港口合作建设,增加海上航线和班次,加强海上物流信息化合作;海上以重点港口为节点,共同建设通畅安全高效的运输大通道。[③] 2017 年 6 月发布的《"一带一路"建设海上合作设想》提出,中国要不断巩固加深国际海运合作,完善沿线国家之间的航运服务网络,共建国际和区域性航运中心,通过缔结友好港或姐妹港协议、组建港口联盟等形式加强沿线港口合作,支持中国企业以多种方式参与沿线港口的建设和运营。[④] 国家领导人多次就港口建设与发展作出部署和指示。例如,2017 年 4 月,习近平主席在考察广西壮族自治区北海市铁山港时提出,打造"向海经济",要写好新世纪海上丝路新篇章。

二、中国国际港口合作的主要项目

基于上述发展背景和国内外有利条件,新时期中国参与海外港口建设的实践日益增多;以商业港口建设为依托,重点参与了海上丝路沿线地区的港口建设,出现了一批有代表性的海外港口建设项目(见表 2 - 2)。据统计,截至 2018 年底,中国已经与"一带一路"沿线国家签署了 38 项双边或区域海运合作协

---

① "China's Expanding Investment in Global Ports," The Economist Intelligence Unit,October 11,2017,http://country. eiu. com/article. aspx? articleid = 1005980484&Country = Lithuania&topic = Economy&subtopic=Regional+developments&subsubtopic=Investment.

② Joanna Kakissis, "Chinese Firms Now Hold Stakes in over a Dozen European Ports," NPR, October 9,2018,https://www.npr.org/2018/10/09/642587456/chinese-firms-now-hold-stakes-in-over-a-dozen-european-ports.

③《〈推动共建丝绸之路经济带和 21 世纪海上丝绸之路的愿景与行动〉发布》,中华人民共和国商务部,2015 年 3 月 30 日,http://zhs.mofcom.gov.cn/article/xxfb/201503/20150300926644.shtml。

④《"一带一路"建设海上合作设想》,新华网,2017 年 6 月 20 日,http://www.xinhuanet.com/politics/2017-06/20/c_1121176798.htm。

表2-2 中国参与建设的海上丝路沿线部分港口项目

时间	区域	对象国	中国企业	建设港口	中国外交推动
2014年	东北亚	俄罗斯		扎鲁比诺港	中国—俄罗斯博览会和亚洲相互协作与信任措施会议上签约
2015年	东北亚	韩国	中远海运集团	釜山码头;中远海运港口收购韩国金山港北港区的KBCT集装箱码头,获得该码头20%的股权,成为其第二大股东	2014年7月,习近平主席访问韩国
2015年	大洋洲	澳大利亚	山东岚桥集团	租赁达尔文港,投资3.7亿美元	2014年11月,习近平主席访问澳大利亚,两国建立全面战略伙伴关系
2016年	大洋洲	澳大利亚	中投公司	联合收购墨尔本港,持股20%	中方承诺参与开发澳北部;2017年3月,李克强总理访问澳大利亚,中国成为澳大利亚最大外资来源国
2018年	大洋洲	澳大利亚	招商局港口	纽卡斯尔港,投资12.4亿美元	
2008年	东南亚	越南	招商局国际	投资2940万美元合营槟庭星梅深水港,获得49%的股权	2013年李克强总理访问越南;2017年习近平主席访问越南
2012年	东南亚	越南	中国交建	在永新深水港建设一个千吨级油码头和3万吨级煤码头	
2015年	东南亚	马来西亚	北部湾港集团	参股马来西亚关丹港,投资1.77亿美元,占股40%	2013年10月,习近平主席访问马来西亚,两国关系提升为全面战略伙伴关系;2014年以来,胡春华、杨洁篪、孟建柱等人相继访问马来西亚
2017年	东南亚	马来西亚	中国电建集团	投资约800亿元人民币建设皇京港	

续　表

时间	区域	对象国	中国企业	建设港口	中国外交推动
2017年	东南亚	文莱	北部湾港集团	投资文莱摩拉港，获得51%的股权，合作期限为60年	2013年10月，李克强总理访问文莱，双方建立战略伙伴关系
2016年	东南亚	印度尼西亚	河北港口集团	印度尼西亚占碑钢铁工业园综合性国际港口	2013年10月，习近平主席访问印度尼西亚，两国关系提升为全面战略伙伴关系；2015年，印度尼西亚总统佐科访华，出席中国—印度尼西亚经济合作论坛
2017年	东南亚	印度尼西亚	宁波舟山港集团	合同金额5.9亿美元，扩建印度尼西亚最大货运港——丹戎不碌港	
2013年	东南亚	柬埔寨	中国铁建	建设连接柬埔寨北部柏威夏省钢铁厂与南部国公省沙密港的铁路与港口，总投资602.4亿元人民币	中国是柬埔寨最大贸易伙伴和最大外资来源。2012年3月，胡锦涛主席访问柬埔寨；2016年10月，习近平主席访问柬埔寨，签署共建"一带一路"协议；2018年1月，李克强总理访问柬埔寨
2016年	东南亚	柬埔寨	中国一冶集团	承建泰国湾西港国湾港口，合同金额28亿美元，租期99年	
2016年	东南亚	柬埔寨	红豆集团	参与建设西哈努克港西港特区	
2018年	东南亚	柬埔寨	中国铁建	以EPC模式建设贡布港2万吨级码头及航道疏浚项目（一期）和3万吨级集装箱码头项目（二期）	
2014年	东南亚	缅甸	中国石油、中国港湾	皎漂港（马德岛）（投资建港、港际合作），投资73亿美元	2014年11月，李克强总理访问缅甸，双方同意加强"孟中印缅经济走廊"和"一带一路"建设

续表

时间	区域	对象国	中国企业	建设港口	中国外交推动
2016年	东南亚	新加坡	中远太平洋	中远太平洋与新加坡港务集团签署投资新加坡大型集装箱码头协议；在巴西班让港区经营3个泊位，租期35年，2019年新增2个泊位	2015年11月，习近平主席访问新加坡，双方签署"一带一路"建设等多项协议
2016年	东南亚	菲律宾	中国交建	扩建达沃港，投资7.4亿美元	2018年11月，习近平主席访问菲律宾，两国签署共同推进"一带一路"建设谅解备忘录，建立全面战略合作关系
2018年	东南亚	泰国	中国港湾	中国港湾项目设计施工总承包，中国交建二航局承建林查班港和黄码头一期及扩建项目	2013年李克强总理访问泰国
2020年	东南亚	泰国	中国港湾	以EPC模式承建泰国马达普工业港三期项目基础设施工程	2013年李克强总理访问泰国；2019年李克强总理访问泰国
2008年	南亚	斯里兰卡	招商局港口、中国港湾	汉班托塔港二期装箱码头，2017年收购70%股份，交付中国公司运营	2005年4月，温家宝总理访问斯里兰卡，两国宣布建立全面合作伙伴关系；2014年9月，习近平主席访问斯里兰卡，提议共建"21世纪海上丝绸之路"
2013年	南亚	斯里兰卡	招商局港口、中国港湾	科伦坡南港集装箱码头，投资5.5亿美元，负责设计建造、运营管理、特许经营35年	2005年4月，温家宝总理访问斯里兰卡，两国宣布建立全面合作伙伴关系；2014年9月，习近平主席访问斯里兰卡，提议共建"21世纪海上丝绸之路"

续表

时间	区域	对象国	中国企业	建设港口	中国外交推动
2015年	南亚	孟加拉国	中国交建	吉大港东方炼油厂码头，投资5.504亿美元	2016年习近平主席访问孟加拉国，提议打造"互联互通"的典范，提升为战略合作伙伴关系
2014年	南亚	孟加拉国	中国交建	蒙格拉港疏浚项目	
2015年	南亚	巴基斯坦	中国海外港口等	运营瓜达尔港，巴方将2 281亩(1.52平方千米)瓜达尔港土地使用权移交给中企，租期43年，投资16.2亿美元	2015年4月，习近平主席访问巴基斯坦，双方签订460亿美元合作协议，共建"中巴经济走廊"
2014年	南亚	巴基斯坦	中国港湾	建设卡西姆港国际散货码头，投资1.3亿美元	
2016年	海湾	阿联酋	中远海运集团	中远海运集团阿布扎比公司与阿联酋阿布扎比港务局签署哈利法港二期集装箱码头特许协议，投资10.83亿美元	2015年5月，中央政治局委员赵乐际访问阿联酋，着重阐述"一带一路"倡议；2018年7月，习近平主席访问阿联酋，双方建立全面战略伙伴关系
2011年	海湾	卡塔尔	中国港湾	中国港湾承建多哈新港一期工程(投资建港)，投资8.8亿美元	2012年1月，温家宝总理正式访问卡塔尔
2016年	海湾	伊朗	中国石油，中国某重工企业	中国石油与伊朗就格什姆岛石油码头建设签署5.5亿美元的合同	2016年1月，习近平主席访问伊朗，两国建立全面战略伙伴关系

续 表

时间	区 域	对象国	中国企业	建 设 港 口	中国外交推动
2017年	海湾	沙特阿拉伯	中国交建	中国交建参与遍布多功能物流板组等项目的投资、设计、建设和运营;参与园区、港口、公路等建设、投资2亿美元	2016年1月,习近平主席访问沙特阿拉伯,两国建立全面战略伙伴关系;中国将参与海湾地区的互联互通;2017年3月沙特阿拉伯国王萨勒曼访华
2013年	东非	肯尼亚	中国路桥	承建蒙巴萨港19号泊位以及6.9万平方米后方堆场	2013年8月,习近平主席同肯尼亚总统肯雅塔会谈,一致同意加强基础设施和经济特区建设;2014年5月,李克强总理访问肯尼亚,签订东非铁路建设协议
2014年	东非	肯尼亚	中国交建	建设拉姆港的3个泊位,合同金额4.79亿美元	
2013年	东非	坦桑尼亚	招商局港口	建设巴加莫约港,总投资100亿美元	
2015年	东非	坦桑尼亚	中国交建	2亿美元入股巴加莫约新港,承担项目建设和运营	2013年3月,习近平主席访问坦桑尼亚时签署巴加莫约港综合开发项目合作备忘录
2017年	东非	坦桑尼亚	中国港湾	达累斯萨拉姆港扩建工程,合同金额1.54亿美元	
2015年	东非	马达加斯加	中国港湾	塔马塔夫深水港项目,合同金额约10.17亿美元,建设2个10万吨级集装箱码头,1个8万吨级散货码头,约50万平方米堆场及其他配套附属设施	2017年3月,马达加斯加总统埃里;国务院副总理孙春兰访问马达加斯加

续表

时间	区域	对象国	中国企业	建设港口	中国外交推动
1998年至今	红海	苏丹	中国港湾	建设与运营苏丹港、苏丹港5万吨级成品油码头工程，苏丹港新集装箱码头及疏浚项目，苏丹港性苏码头一期工程等	2007年，胡锦涛主席访问苏丹；2017年8月，国务院副总理张高丽访问苏丹，签署"一带一路"合作协议
2014年	红海	吉布提	招商局港口	吉布提港、多哈雷多功能港，投资6.07亿美元	2017年11月，吉布提提总统盖莱应邀访华，两国提升为战略伙伴关系，共建"一带一路"；近年来盖莱总统几乎每年来华访华
2007年	红海	沙特阿拉伯	中国港湾	建设吉达伊斯兰港，合同金额2.3亿美元	2006年，胡锦涛主席访问沙特阿拉伯；2012年，温家宝总理访问沙特阿拉伯；2016年，习近平主席访问沙特阿拉伯，两国建立全面战略伙伴关系
2012年	红海	沙特阿拉伯	中国港湾	吉达防洪工程四个标段，合同金额5亿美元	
2021年	红海	沙特阿拉伯	中远海运集团	收购吉达伊斯兰港红海门户码头20%的股权	
2014年	东地中海	以色列	招商局港口	建设阿什杜德南部港口	2013年和2017年，以色列总理两次访华；2016年全国人大常委会委员长张德江、国务院副总理刘延东访问以色列
2015年	东地中海	以色列	上港集团	建设海法新港，获25年码头经营权	

中国参与海上丝路沿线国家港口建设研究

续表

时间	区域	对象国	中国企业	建设港口	中国外交推动
2018年	东地中海	黎巴嫩	中远海运集团	的黎波里港	2017年，黎巴嫩发展和重建委主席纳比勒·基尔访华
2007年	东地中海	埃及	中海码头，中国港湾	达米埃塔港	2006年11月，埃及总统穆巴拉克访华；2012年，埃及总统穆尔西访华；2014年和2015年，埃及总统塞西访华，表示埃方愿参与"一带一路"框架下的合作
2012年	东地中海	埃及	中远集团	塞得港（苏伊士运河港），占股20%	2014年，中埃建立全面战略伙伴关系；2016年，习近平主席访问埃及，签订中埃全面战略伙伴关系的五年实施纲要；埃及总统塞西多次访华
2015年	东地中海	埃及	中国港湾	建设艾因苏赫纳港	
2016年	东地中海	土耳其	中远海运集团，招商局港口，中投公司	投资9.4亿美元收购和建设昆波特码头，中远海运集团和招商局港口各占股26%	2015年，习近平主席访问土耳其；同年土耳其总统埃尔多安访华
2016年	东地中海	希腊	中远海运集团	建设比雷埃夫斯港1号，2号，3号码头，获得67%的股权和35年经营权，后获得100%的股权	2014年，习近平主席前往拉美途中在希腊过境访问，双方同意推动建立全面战略伙伴关系；2019年11月，习近平访问希腊并参观比雷埃夫斯港

续　表

时间	区　域	对象国	中国企业	建　设　港　口	中国外交推动
2016年	西地中海	意大利	中远海运集团、青岛港集团	中远海运集团收购瓦多港40%的股权,青岛港集团占股10%,建设新自动化集装箱码头并参与运营	2014年6月,意大利总理伦齐应邀访华;2019年3月,习近平主席访问意大利
2017年	西地中海	意大利	中国交建	投资319万美元,合作开发建设威尼斯深水港	
2017年	西地中海	西班牙	中远海运集团	中远海运港口以2亿欧元收购诺阿图姆港口控股公司51%的股权,获得西班牙瓦伦西亚、毕尔巴鄂等多个港口的运营权	2015年,习近平主席在京会见西班牙首相拉霍伊,双方同意推进"一带一路"倡议
2016年	马格里布	阿尔及利亚	招商局港口	建设哈姆达尼耶港(中心港)	2014年,全国政协主席俞正声访问阿尔及利亚
2008年至今	马格里布	摩洛哥	招商局港口	丹吉尔地中海港占股20%;获得卡萨布兰卡港部分码头49%的股权	2006年胡锦涛主席,2012年温家宝总理,2014年全国政协主席俞正声访问摩洛哥;2016年5月,摩洛哥国王穆罕默德六世访华,中摩两国建立战略伙伴关系
2008年	马格里布	毛里塔尼亚	中国路桥	努瓦克肖特友谊港4号和5号泊位的扩建工程,2014年建成	2014年,习近平主席特使李斌访问毛里塔尼亚,与毛里塔尼亚总统阿齐兹共同为努瓦克肖特友谊港4号和

续表

时间	区 域	对象国	中国企业	建 设 港 口	中国外交推动
2016年	马格里布	毛里塔尼亚	保利科技	建设毛里塔尼亚南部综合港	5号泊位揭幕；2015年毛里塔尼亚总统阿齐兹访华，双方签订基础设施建设等协议
2016年	西非	安哥拉	中国路桥	建设卡宾达港	2014年5月，李克强总理访问安哥拉
2010年	西非	尼日利亚	招商局港口	2006年起租赁拉各斯廷坎岛港口码头B15年，后延长5年，并持股28.5%	2005年，中尼两国元首就双方建立战略伙伴关系达成共识；2009年两国举行首次战略对话
2012年	西非	多哥	招商局港口	以1.5亿欧元收购港口控股公司母公司50%的股权，建设西非第二大码头——洛美集装箱码头	2015年，多哥总统福雷访华，称多哥愿成为"一带一路"通往西非的支点
2015年	西非	科特迪瓦	中国港湾	西非第一大港阿比让让港口扩建项目，合同金额9.33亿美元	
2015年	西非	圣多美和普林西比	中国港湾	建设圣多美深水港	2016年，两国在北京签署恢复外交关系的联合公报
2016年	西非	几内亚	中国港湾	与几内亚政府签署7亿美元的合同，更新西非最大港——科纳克里港	2015年12月，习近平主席在中非合作论坛约翰内斯堡峰会期间同孔戴总统举行会谈；2016年10月，孔戴总统访华

续表

时间	区域	对象国	中国企业	建设港口	中国外交推动
2013年	西欧	法国	招商局港口	收购法国达飞海运集团下属Terminal Link公司49%的股权,该公司拥有法国、比利时等国12个码头,包括法国敦刻尔克港、勒阿佛尔港、南特港、马赛—福斯港等	2013年4月,法国总统奥朗德访华
2016年	西欧	荷兰	中远海运集团	获得鹿特丹欧凯斯集装箱码头35%的股权	2015年,荷兰国王威廉—亚历山大应邀访华,称"一带一路"将对地处欧亚大陆两端的中荷两国带来机遇
2016年	西欧	比利时	中远海运集团、招商局港口	参股安特卫普港码头,中远海运港口占股20%、招商局港口占股5%	2014年3月,习近平主席访问比利时时;2017年5月,李克强总理访问比利时,见证了港口等领域多份双边合作文件的签署
2014年	西欧	比利时	中远海运港口、上港集团	收购泽布吕赫港码头90%的股权	
2021年	西欧	德国	中远海运集团	收购汉堡港 Container Terminal Tollerort 码头(CTT码头)35%的股权	时任德国总理默克尔多次访华;2020年9月,习近平主席与德国总理默克尔、欧盟领导人举行会晤

资料来源:国家发展改革委、外交部、商务部和交通运输部等网站;李曦子:《海外港口背后的中国资本》,《国际金融报》2017年10月2日,第16版;曾庆成:《21世纪海上丝绸之路港口发展报告》,大连海事大学出版社,2015,第113页;《"一带一路"中国海外港口项目战略分析报告》,国观智库政策研究中心,2019年4月,http://www.grandviewcn.com/Uploads/file/20200304/15833105685277774.pdf。

议,覆盖沿线 47 个国家;中国港口企业共参与了 34 个国家 42 个港口的建设或运营。① 另有统计表明,中国参与的海外港口项目遍布全球,共有 101 项,其中亚洲 37 项、欧洲 11 项、南美洲 9 项、非洲 33 项、大洋洲 5 项和北美洲 6 项②(见表 2-2)。

从表 2-2 所列实例可以看出,中国参与海上丝路沿线港口建设的实践项目总体上呈现全面铺开、重点突破的特征与格局,基本覆盖了从西太平洋经印度洋,到地中海和北大西洋沿岸的所有地区,涉及这条海上丝路主通道沿线的 40 多个国家,并体现出中国特色国际港口合作的鲜明特征。中国在海外参与建设的港口其布局呈现出点线面结合,以点为主,带动沿线和区域发展的特征。③ 以大型央企为代表的港口与航运企业成为中国参与海外港口建设和国际港口合作的主力军,招商局港口、中远海运集团、中国港湾等中国港航企业在码头、航运、物流及工程建设等方面均具备雄厚的实力与丰富的资源优势,已经逐步走向了全球市场,并积累了较为丰富的港口开发经验与能力。中国港航企业遵循全球市场规则,以商业港口为目标,综合运用承建、投资运营、收购、租赁和特许经营、综合园区等多种方式参与海上丝路沿线国家的港口建设。在"21 世纪海上丝绸之路"建设的背景下,中国政府更为积极主动和有规划地推动投资沿线国家的港口开发建设,在外交层面直接推动中国与沿线国家间的港口合作项目,并对企业提供政策、金融和外交支持,实现政府与企业之间的良性互动。与此同时,政府注重和发挥港航企业的主体作用,不越俎代庖,以市场化方式保障项目建设的经济性与可持续性。

在新时期国家发展战略和企业全球化发展诉求的推动下,中国港口企业开始有意识地借"一带一路"的政策利好将投资对象集中于海上丝路沿线国家,既扩大了中国的海外经济存在,又为"一带一路"倡议的实施、中国大国地位的提升奠定基础,中国企业参与海外港口建设与中国"建设互联互通世界"的外交目标高度契合。④ 中国不断加快海上丝路沿线港口建设,丰富国际港口合作形式,中国港航企业更多地经营全球商业航线和港口合作网络,建设海上丝路港口合作联盟,倾力打造全球港口建设"朋友圈",为中国特色的国际港口合作提供了丰富

① 《"一带一路"中国海外港口项目战略分析报告》,国观智库政策研究中心,2019 年 4 月,http://www.grandviewcn.com/Uploads/file/20200304/1583310568527774.pdf。
② 李枯梅等:《中国在海外建设的港口项目数据分析》,《全球变化数据学报》2019 年第 3 期。
③ 汪伟民等:《"一带一路"沿线海外港口建设调研报告》,上海社会科学院出版社,2019,第 158 页。
④ 孙德刚:《中国港口外交的理论与实践》,《世界经济与政治》2018 年第 5 期。

的实践基础。

第三节　中国国际港口合作的国际认知

近年来,随着中国对外投资快速增长,特别是在矿产资源、基础设施等领域的大手笔海外并购投资频现,国际舆论对此的关注度也在快速上升,各种积极或消极评价纷至沓来,中国企业的对外投资在一定程度上遭遇质疑、炒作和限制。中国面临着来自西方国家的战略压力和丝路沿线国家"软抵抗"所带来的战略阻力,致使中国在海上丝路建设中面临不同程度的地缘政治风险。[①] 中国近年来在海洋方向的发展引起了沿岸国家和其他地区大国的担忧,认为中国可能会成为类似于历史上海上帝国的新海军强国。[②] 然而,中国的政策制定者和学者拒绝接受这种指责。在港口建设领域,中国也面临着同样的舆论环境,受到西方国家和印度的持续猜疑与炒作,并可能带来项目所在国国内政治风险和地区地缘政治博弈风险的上升。

一、国际舆论炒作与压力

对于中国参与海上丝路沿线港口建设,国外学者既有称赞的声音,也有批评、猜疑和炒作的论调。例如,哈佛大学约瑟夫・S.奈(Joseph S. Nye)把"一带一路"称作是"中国的'马可波罗战略'",并强调"中国的'一带一路'倡议和在此框架下的合作建设为沿线贫困国家提供了急需的高速公路、铁路、港口、发电站等。'一带'通过中亚,建立了大规模高速公路和铁路网;'一路'建立了亚洲和欧洲大陆之间的一系列海上通道与港口"。[③] 2019 年 5 月 9 日,美国哈佛大学菲利普・勒科尔(Philippe Le Corre)在美国国会的证词中指出,中国开发欧洲和中东的商业港口,使北约使用和停靠的海军基地面临一定的麻烦,包括上港集团在

---

① 张江河:《对现代海上丝路建设的地缘安全认知》,《东南亚研究》2017 年第 6 期。

② Edward Sing Yue Chan, "Rethinking Uniqueness of China's Sea Power Development," *Australian Journal of Maritime & Ocean Affairs*, Vol. 12, No. 4 (2020): 269 – 275.

③ Joseph S. Nye, "Xi Jinping's Marco Polo Strategy," Project Syndicate, June 12, 2017.

2021 年开始经营管理的以色列海法港。[1]

较为客观的观点分析称，像其他国际化经营跨国港口的运营商一样，中国的港口运营企业不断投资建设新的港口首先是出于经济动机，其次是政治上的考量，但中国的这种政治考量从根本上来说是出于防御性的战略目的。有学者认为，印度洋并不是中国寻求海上安全的首要考虑因素，中国只是逐渐适度地增加其存在，而且对在印度洋投射军事力量表现出很大的克制，因此他国没有理由对此过度警惕。[2] 国际社会对"21 世纪海上丝绸之路"倡议的影响存在很多焦虑或夸张，争论激烈的双方分为两大阵营，一类是预测其将产生颠覆性的影响，而另一类则关注其面临的众多挑战，认为该计划将停滞不前或失败。研究表明，海上丝路既没有产生革命性的经济影响，也没有表现出停滞或崩溃。[3]

持消极态度的国外学者塑造了"珍珠链"这一典型话语。实际上，这是对中国参与海上丝路沿线港口建设战略意图的误读。正如英国《经济学人》所指出的，中国的"珍珠链"即使存在，也不具有可行性。如果将商业港口变成海军基地，就意味着中国必须控制远离中国的一系列"直布罗陀"，这显然很难具有可操作性。[4] 但"珍珠链"说法依然长期被西方媒体和智库用来形容中国的海外港口建设，并不时进行炒作。

从总体上来看，各国对中国提出的"21 世纪海上丝绸之路"倡议褒贬不一，东南亚、海湾等地区，巴基斯坦、斯里兰卡等国家和国际组织对倡议表示赞赏，但美国等少数发达国家对倡议持怀疑消极甚至反对态度，美国为了维护自身在亚太地区的利益对"21 世纪海上丝绸之路"倡议不断施加压力。[5] 对中国参与海上

① Philippe Le Corre, "China's Expanding Influence in Europe and Eurasia," U.S. House of Representatives, Committee on Foreign Affairs, May 9, 2019, https://foreignaffairs.house.gov/2019/5/china-s-expanding-influence-in-europe-and-eurasia.

② Jonathan Holslag, "The Reluctant Pretender: China's Evolving Presence in the Indian Ocean," *Journal of the Indian Ocean Region*, Vol. 9, No. 1 (2013): 42 – 52.

③ Jean-Marc F. Blanchard, "Problematic Prognostications about China's Maritime Silk Road Initiative (MSRI): Lessons from Africa and the Middle East," *Journal of Contemporary China*, Vol. 29, No. 122 (2020): 159 – 174.

④ "The New Masters and Commanders: China's Growing Empire of Ports Abroad Is Mainly about Trade, Not Aggression," *The Economist*, June 8, 2013, http://www.economist.com/news/international/21579039-chinas-growing-empire-ports-abroad-mainly-about-trade-not-aggression-new-masters.

⑤ Zhao Ran and Zhao Jianglin, *21st-Century Maritime Silk Road Initiative: Aims and Objectives, Implementation Strategies and Policy Recommendations* (Singapore: World Scientific Publishing, 2020).

丝路沿线港口建设的猜疑和炒作主要来自美国、英国、日本、澳大利亚和印度等国,即集中在西方国家和印度;而炒作的重点地区是印度洋沿岸,特别是缅甸、斯里兰卡、巴基斯坦、吉布提等国的港口,大多从战略、安全和地缘政治的角度对中国的海外港口建设进行臆测和指责。

部分欧洲国家对中国的海外港口建设的地缘政治与安全影响也心存疑虑,例如,中国在地中海和非洲国家这些欧洲传统势力范围的港口建设,是否会削弱欧洲传统的地缘影响力。随着中国企业在欧洲投资建设的港口日益增多,也有人开始担心中国的军事影响力是否会进入欧洲国家。

除了西方国家之外,在海上丝路沿线国家中,印度是对中国参与海上丝路沿线港口建设最为关注、疑虑声音最多的国家。印度政府和学者认为中国在参与海上丝路建设方面拥有得天独厚的优势,如充足的外汇储备、巨额的贸易顺差、先进的港口建设与管理经验,以"一带一路"为代表的国家中长期发展规划,对外战略的顶层设计,奉行不结盟外交政策、以经济建设为中心的基本国策等。中国参与印度洋地区港口建设,与印度的传统地缘政治、地缘经济和地缘文化影响力形成对冲,引起了印度的高度警惕。

大多数印度学者对中国在印度洋地区的港口建设行为持有类似立场。印度战略学家雷嘉·莫汉高度关注中印海上零和博弈与印度洋的"军事化",认为中印两国在印太地区的"安全困境"日益升级,且两国的海上安全关系很有可能决定着整个印太地区未来秩序的走向。[①]

总体上,印度关注其在印度洋地区的优势地位,总是从安全角度与零和思维来看待中国影响力的增长。

二、国际认知带来的挑战

上述指责和炒作多是从西方国家自身的经验和实践出发进行的臆测,很多甚至毫无根据,但却传播甚广,印度等部分国家对此深信不疑,并时常成为西方媒体在海上丝路沿线炒作各种版本"中国威胁论"的来源和依据,也与沿线部分

① James S. Holmes, "Gwadar and the 'String of Pearls'," *The Diplomat*, February 9, 2013, http://thediplomat.com/the-naval-diplomat/2013/02/09/gwadar-and-the-string-of-pearls; 王晓文:《中印在印度洋上的战略冲突与合作潜质:基于中美印"战略三角"格局的视角》,《世界经济与政治论坛》2017年第1期。

国家的国内政治纷争相交织,成为影响中国参与海上丝路沿线国家港口建设的重大潜在风险。

揆诸历史和现实,实际上西方大国多以军事基地的形式占据海外港口,并借此推进地缘政治议程,西方大国才是港口政治化、港口安全化的始作俑者。以丝路沿线的中东国家为例,作为世界上军事力量最强大的国家,美国在 14 个"一带一路"沿线伊斯兰国家部署过军事基地,驻军总人数最高峰时曾达 20 万人,处于第一层级;俄罗斯、英国和法国军事技术能力其次,这 3 个国家分别在 2~3 个沿线伊斯兰国家部署了军事基地,驻军人数为 3 000~8 000 人,处于第二层级;日本军事技术能力尤其是远程投射能力相对较差,其在 1 个沿线伊斯兰国家部署了军事基地,驻军人数在 500 人以内,处于第三层级。[①] 在上述域外大国部署在中东伊斯兰地区的军事基地中,海港成为其军事部署的重要支点,也成为大国控制从西印度洋到地中海战略通道的桥头堡,是域外大国在中东伊斯兰地区军事部署的重点。这在海上丝路沿线的地中海地区也有鲜明体现,美国在意大利、西班牙、希腊等国拥有多处海军基地,而且其军舰经常停靠以色列、埃及、塞浦路斯、摩洛哥等国,是地中海地区港口军事化的主要实践者。此外,法国、英国也在东地中海地区拥有海军基地。

从中可以看出,部分西方大国对上述国家港口的关注主要出于建设海外军事基地的目的,从而用以追求"地缘政治利益",倾向于使用军事手段实现霸权野心。与西方不同,中国通过海上丝路沿线港口建设追求"地缘经济利益";中国参与海上丝路沿线港口建设是以企业为主体的商业行为,不同于西方以国家为主体的军事行为;其追求的目标是包容性的互利共赢,而不是西方追求的排他性的势力范围;其目的是促进对象国的工业化,而不是西方所追求的"军事化"。与西方大国在海上丝路沿线部署"军事基地网"不同,中国在海上丝路沿线参与商业港口建设,形成了"商业港口网"。前者服务于西方大国的安全战略,以巩固军事联盟体系、反恐、巩固势力范围、参与代理人战争为主要目标;后者服务于中国的国家发展战略,以投资、贸易、能源等现实利益保护为目标。

对于印度洋这一海上丝路沿线的关键地区,首先中国认为这里是实施向西开放的重要通道和经济利益的关键地区,其次这里也是海上安全比较脆弱的地区。

---

① 孙德刚:《大国海外军事部署的条件分析》,《世界经济与政治》2015 年第 7 期。

中国参与该地区的港口建设、投资、运营和临港园区建设首先着眼于商业利益,结合自身的经验、能力和当地优势实现互利共赢、共同发展。中国在印度洋地区的港口建设项目将全面考验中国的经济管理能力、风险防范能力和制定国际议程的能力。其中,来自西方大国和印度的干扰与竞争是中国必须面对的重大不确定因素,中国的港口投资项目已经并仍将越来越多地面临与其他大国的竞争,特别是面临港口安全化的严重挑战。在相似的地缘政治考量之下,美、日、印等国也联合起来,通过炒作"中国军事基地论""中国债务陷阱论"等,并采取政治施压、安全威慑、恶性竞争等多种方式对中国在印度洋的港口建设计划进行对冲和阻挠。

第四节　中国国际港口合作的
风险防范

　　港口是连接陆地与海洋的大型基础设施,是典型的规模经济和资本密集型项目,特别是对于投资国境范围外的海外港口来说,项目投入大、回报慢、技术要求高、不确定因素多,往往存在较大的风险。同时,海上丝路沿线部分国家政局不稳,营商环境不佳,投资与法律制度不健全,政治经济稳定性和成熟度不高,蕴藏着巨大的政治与政策变动风险;而且不少地区为风险高发地带,面临冲突和热点问题频仍、国家间互信度低、安全风险高以及保障机制不健全等多重挑战。政局动荡、环境保护、劳工纠纷、大国博弈等问题都可能随时对海外投资项目的持续稳定进行带来巨大挑战。中国出口信用保险公司发布的《国家风险分析报告》表明,总体上全球各国风险水平呈上升势头,具体表现在政治风险持续上升,金融市场风险进一步累积,贸易争端和单边主义抬头,地缘政治风险显著升高,社会安全风险持续加剧,部分国家债务风险处于高位,并可能带来货币危机、财政危机和社会不稳定。[①]

　　中国正在加大对海上丝路沿线国家和地区的港口投资,在此过程中伴随着重大的机遇和风险。中国参与国外港口建设既积累了丰富的经验,也有不少失败

---

　　① 《2018 年〈国家风险分析报告〉发布》,《人民日报海外版》2018 年 10 月 12 日,第 3 版;张爽:《2019 年〈国家风险分析报告〉发布》,中国银行保险报,2019 年 10 月 11 日,http://xw.sinoins.com/2019-10/11/content_307397.htm。

的教训。[①] 一方面,中国参与海上丝路沿线港口建设和战乱国家基础设施重建,促进了沿线各国海上经济的互联互通,推动共同发展,获取经济利益,是中国参与海上丝路沿线港口建设的主要动机;另一方面,中国参与了对象国港口基础设施建设,扩大了中国的海外投资市场,但在建设中也出现了若干问题,亟待通过外交、经济、法律等手段加以化解。近年来,中国在参与缅甸、马来西亚、澳大利亚、斯里兰卡、希腊等国的港口建设过程中,都不同程度地遭遇了冲击和损失,例如港口建设投资时间长,投入成本高,不确定性因素较多,受对象国国内政治和域外大国插手等诸多因素的影响等。此外,面对巨大的投资风险和现实损失,当前中国仍缺乏有效维护自身海外利益的手段,这在中国企业参与海上丝路沿线港口建设过程中表现得十分突出,也是中国国际港口合作面临的重大课题。

一、主要风险类型

对于海外投资的风险划分有多种方式,总体上包括经济风险和非经济风险两大类。2010 年,中国商务部制定的《对外投资合作境外安全风险预警和信息通报制度》将境外投资安全风险分为政治风险、经济风险、政策风险、自然风险和其他风险。[②] 中国社会科学院世界经济与政治研究所发布的年度《中国海外投资国家风险评级报告》从经济基础、偿债能力、社会弹性、政治风险、对华关系5 大指标共 41 个子指标,量化评估中国企业海外投资面临的主要风险。[③] 中国出口信用保险公司发布的《国家风险分析报告》对所有国家的国家风险、主权信用风险进行评级和分析,并从政治、经济、商业和法律等方面分析重点国家的风险情况。很多学者已经从经济、法律、工程建设、政治、社会等角度对中国企业参与海外港口建设所面临的风险进行了研究。如有的学者主要从经济角度将企业海外投资风险归纳为环境变化风险、市场竞争风险、资源损伤风险和能力短缺风险四大类。[④] 中国企业参与海外港口建设的最大风险就是从投标到项目验收等

---

① 孙德刚:《中国港口外交的理论与实践》,《世界经济与政治》2018 年第 5 期。

② 《商务部印发〈对外投资合作境外安全风险预警和信息通报制度〉的通知》,中华人民共和国商务部,2015 年 12 月 1 日,http://fec.mofcom.gov.cn/article/jwaq/zcfg/201512/20151201198308.shtml。

③ 中国社会科学院世界经济与政治研究所:《中国海外投资国家风险评级(2018)》,2018 年 1 月 23 日,http://www.iwep.org.cn/xscg/xscg_lwybg/201801/W020180123635666306645.pdf。

④ 杨淑霞、李键:《"一带一路"背景下企业海外投资风险评估模型研究》,《宁夏社会科学》2017 年第4 期。

一系列项目建设过程中的成本风险。① 有的学者从对华经济依赖度、地缘战略地位和公众参与程度 3 个指标来衡量,认为对象国对华经济依赖度高、港口战略地位重要以及公众参与程度高时,中国企业在对象国投资港口将很有可能面临较高的政治与社会风险。② 从宏观视野出发,参与海外港口建设与其他基建项目一样,主要需防范四类风险,即经济风险、法律风险、政治风险和安全风险。③

（一）经济风险

经济风险即参与港口建设可能带来的市场竞争、财务、税收、保险、物价、债务、融资、汇率、技术以及原材料供应甚至违约等相关问题与挑战。中国商务部制定的《对外投资合作境外安全风险预警和信息通报制度》认为,经济风险主要是指宏观经济形势变化带来的风险。④ 中国投资海上丝路沿线国家港口存在政府、企业和国际环境三个层面的风险,包括对象国政治稳定性、对外商的歧视、当地资金供给、通货膨胀、货币稳定性、关税保护意愿、外商股权、资本抽回等。⑤ 海上丝路沿线部分国家商业环境不佳,基础设施条件较差,甚至面临电力短缺等问题,货币汇率风险突出,加之投资政策限制或多变等不利因素,企业投资经营成本较高,面临较大的经济风险。另外,港口投资的资金回收期一般较长,对企业资金、管理和技术能力要求很高,而本地区大量优质成熟的港口码头已经被国际知名码头运营商抢先占有;部分国家只是将难度系数大、开发利润有限的项目向外资开放竞标;加之投资政策和法律不完善,存在腐败问题等,这都推高了经济风险。此外,很多时候中国企业的海外港口投资过于关注对象港口的战略意义,而对港口的商业评估和成本预测明显不足,为过高的成本与债务风险埋下伏笔,造成不小的运营压力。⑥ 实践中,港口项目的建设进程受到多种因素影响,资金不足和政策变化的影响尤其严重。因此,这要求投资企业需事先全面了解

① 李军、刘明强:《海外港口建设项目成本风险因素分析》,《港口经济》2014 年第 5 期。

② 彭念:《"一带一路"倡议下中国投资海外港口的风险分析及政策建议》,《南亚研究》2019 年第 3 期。

③ 孙德刚:《中国北斗卫星导航系统落户阿拉伯世界的机遇与风险》,《社会科学》2015 年第 7 期。

④ 《商务部印发〈对外投资合作境外安全风险预警和信息通报制度〉的通知》,中华人民共和国商务部,2015 年 12 月 1 日,http://fec.mofcom.gov.cn/article/jwaq/zcfg/201512/20151201198308.shtml。

⑤ 黄庆波、林晗龙、刘思琦:《21 世纪海上丝绸之路港口建设投资风险研究》,《大连海事大学学报(社会科学版)》2017 年第 6 期。

⑥ 《"一带一路"中国海外港口项目战略分析报告》,国观智库政策研究中心,2019 年 4 月,http://www.grandviewcn.com/Uploads/file/20200304/1583310568527774.pdf。

所在国的投资与商业政策法律，做好市场调研，充分评估相关风险，事中要做好风险规避和管理工作，选择好本地企业作为合作伙伴，做好预算并保证资金到位、成本控制和后续融资能力，以便更好地规避经济风险。

马来西亚皇京港就是由于资金链断裂问题与东道国政府政策变动导致项目停滞。2016 年 10 月，中国电力建设集团有限公司（以下简称"中国电建集团"）承建的皇京港深水补给码头正式动工建设，中国承包商先行垫付了大笔资金，两年之后垫付工程费已高达上千万，而马来西亚政府的政策不明朗，致使项目建设被迫陷入停滞。[1]

2017 年斯里兰卡汉班托塔港"债转股"方案出现波折的根源，在于中国企业对该港投资成本和盈利能力的预判失当。实际上，汉班托塔港采取公私合作模式（PPP），以特许经营权方式将政府的部分管理运营责任转移给企业，由此在政府与企业之间建立起"利益共享、风险共担、全程合作"的共同体关系，是解决汉班托塔港运营问题的有益尝试。但是，中国企业在汉班托塔港案例中明显存在商业评估不足导致成本失控的现象，以"债转股"的形式获取汉班托塔港经营权对企业运营造成了不小压力，未来汉班托塔港的重点，将是打通地区物流、增加航线流量、培育临港产业，实现汉班托塔港的商业价值。[2]

民企岚桥集团投资的澳大利亚达尔文港，在实施规划过程中陷入了较为严重的债务困境。据《澳大利亚金融评论报》报道，岚桥集团处在"过度扩张"的困境中，公司目前的部分贷款甚至要求偿还高达 12％的利息。[3] 对于岚桥集团这样初涉海外港口布局的中资民营企业而言，其前期投资成本高于收益，以至于承担较大的负债压力是普遍存在的情况。岚桥集团的债务问题主要是企业近年来快速扩张收购所导致的，出现债务问题说明民营企业自身的财务风险应对能力相比国有企业处于劣势，因此在海外扩张投资尤其是收购港口设施等短期收益

① 《被指拖欠数千万令吉 马六甲中资皇京港工程暂停》，《联合早报》，2018 年 11 月 8 日，http://www.zaobao.com/news/sea/story20181108-905650。

② 《"一带一路"中国海外港口项目战略分析报告》国观智库政策研究中心，2019 年 4 月，http://www.grandviewcn.com/Uploads/file/20200304/1583310568527774.pdf。

③ Angus Grigg, Lisa Murray and Nick Mckenzie, "Chinese Buyer of Darwin Port Struggles to Pay Interest and Heavily in Debt," *The Australian Financial Review*, July 4, 2017, https://www.afr.com/news/policy/foreign-affairs/chinese-buyer-of-darwin-port-struggles-to-pay-interest-and-heavily-in-debt-20170704-gx4ak0.

不高的基础设施项目中,企业需要加强风险评估和预判能力。这也从侧面反映出,中国企业特别是民营企业在海外港口建设中获得政府提供的政治、政策和经济支持的必要性。

（二）法律风险

法律风险即对象国在涉及港口建设、经营和收购过程中可能出现的法律限制,包括港口建设涉及的税收、环保、社会、建筑、就业、进出口、争端解决等导致风险损失的可能性。从项目实施过程来看,海外港口建设项目在投标报价、合同签订、项目设计、采购、施工和收尾结算等各个阶段都面临一系列的经济和法律风险。海外投资并购的尽职调查、合同谈判、融资以及建设运营阶段都可能面临不同形式的法律风险。有学者将海外投资风险分为政策与法律变化、政治因素、环境保护、知识产权和劳工权益保障等风险。[①] 部分国家出于自身政治经济目的,经常调整国内法律法规和行政规定,例如可能突然改变对进口设备原产地的标准,在外汇管制和市场门槛方面增加经营性限制措施,提高环保标准、本地用工比例,提升最低工资标准或实施更严格的工会法律等,这些都给投资企业带来较高的法律合规风险。有学者以 2005—2018 年中国对海上丝路沿线 23 个国家对外直接投资的相关数据为基础的研究表明,东道国的环境法规对中国直接投资的进入产生了明显的负面影响。[②]

投资环境的优劣甚至比项目本身更为重要,而法律环境是投资环境中非常重要的一个组成部分。海上丝路沿线国家和地区在外商投资、招投标、建设施工、税务、环保、劳工等方面法律法规差别较大,还有很多国家法律体系不健全,难以贯彻落实,或者法律条款经常变动,这都蕴含着较为严重的法律风险,使海外投资企业可能因不熟悉当地法律环境而带来投资损失和产生被动的局面。此外,在港口等大型基础设施投资并购中,所在国政府或民众舆论对中国投资的特定项目如果持怀疑态度时,甚至可能会借助法律手段限制中国企业的跨国并购或建设施工。相比于发展中国家,发达国家对法律规则更加重视,中国企业也应着重对接当地的法律法规和行业标准,满足差异化需求与要求,才能在一定程度上避免中资项目的水土不服。中国与欧洲之间在制度文化、企业运营管理模式、

---

① 徐卫东、闫泓汀:《"一带一路"倡议下的海外投资法律风险对策》,《东北亚论坛》2018 年第 4 期。

② Guo Yongqin, "A Study on the Impact of Environmental Regulation of Countries along the Maritime Silk Road on China's OFDI," *Journal of Coastal Research*, Vol. 111, Special Issue (2020): 306 - 309.

劳工政策等方面存在重大差异,中国收购欧洲港口后可能面临很长一段的磨合期,处理不好可能会带来重大损失。例如,与中国港口企业对工人的直接聘用不同,在欧洲需要通过相关工会进行聘用。①

中远海运集团对希腊比雷埃夫斯港的投资中曾出现重大波折,该项目从2009年开始谈判一直到2016年才最终完成,其中劳工本地化就是一个重要的议题。比雷埃夫斯港投资和运营反映出欧洲发达经济体的特点,在法律制度、行业标准、操作规范等方面都比发展中国家更加严格和规范,透明度也更高,且面临着更加严格的民众监督,这对中国企业的运营能力提出了更高要求。发达经济体的港口腹地产业体系更加成熟,可预见的上升速度和潜力更大,一定程度上减小了企业投资的风险。② 在缅甸皎漂港项目上,因为沟通不畅,中国企业持续遭遇法律问题困扰,当地民众抗议土地赔偿不到位、要求增加就业、担心项目破坏周边环境等是阻碍该项目顺利推进的主要障碍之一。③ 以色列阿什杜德港项目也曾面临很大的环保法律风险,好在施工方事前进行了充分评估并制定了应对预案,避免了风险发生。④

（三）政治风险

政治风险被认为是存在于政治、社会和经济环境中的不确定性,强调因政治力量对企业经济活动造成的负面影响。⑤ 商务部制定的《对外投资合作境外安全风险预警和信息通报制度》认为,政治风险主要是指所在国国内的政治、社会动荡和失序风险。⑥ 有学者从地域、政治力量和影响范围等角度分析了当前中国企业对外直接投资过程中所面临的政治风险,认为主要包括恐怖主义、社会骚乱、动乱和内战,东道国政策的负面变化等。⑦ 很多学者根据各种不同的指标体

---

① 胥苗苗：《中远海运收购比港启示》,《中国船检》2016年第4期。

② 《"一带一路"中国海外港口项目战略分析报告》,国观智库政策研究中心,2019年4月,http://www.grandviewcn.com/Uploads/file/20200304/1583310568527774.pdf。

③ 彭念：《"一带一路"倡议下中国投资海外港口的风险分析及政策建议》,《南亚研究》2019年第3期。

④ 钱克虎、肖勤涛：《海外港口建设项目的环保法律风险及管控措施》,《中国水运》2018年第1期。

⑤ Jo Jakobsen, "Old Problems Remain, New Ones Crop up: Political Risk in the 21st Century," *Business Horizons*, Vol. 53, No. 5 (2010): 481－490.

⑥ 《商务部印发〈对外投资合作境外安全风险预警和信息通报制度〉的通知》,中华人民共和国商务部,2015年12月1日,http://fec.mofcom.gov.cn/article/jwaq/zcfg/201512/20151201198308.shtml。

⑦ 张文君、任荣明：《中国企业海外投资的政治风险及应对策略》,《现代管理科学》2014年第12期。

系尝试构建了政治风险指数。

本书讨论的政治风险主要指对象国国内因政治斗争或发生政府更迭、民粹主义、腐败或制度变更、地区国际关系以及国内外舆论等给港口建设带来的影响,主要考察一国政府的稳定性以及内部和外部冲突的可能影响。政治风险突出地体现在以下三个方面:一是对象国国内政局变动等引发的违约或取消风险。由于沿线国家国情的多元化特征与差异化诉求,加之港口作为大型基础设施的特殊性和敏感性,政治风险更高。中国企业的投资项目往往因为规模较大或期限较长引起项目所在国反对党的质疑,或民粹主义的干扰,可能成为对象国政治斗争的牺牲品,如希腊政局变动、斯里兰卡政府更迭均对中国企业在当地的相关港口投资项目造成了巨大冲击,一度导致当地港口建设陷入停滞状态。二是区域内国家之间政治关系复杂,国家间的竞争、纠纷甚至冲突往往使得原本简单的商业问题趋向复杂化。例如,在东地中海地区,希腊、埃及与土耳其之间存在对枢纽港口的竞争;印巴之间的长期对抗使中国参与巴基斯坦瓜达尔港的开发面临印度的掣肘,印度还积极参与伊朗恰巴哈尔港的开发,与中巴瓜达尔港进行竞争,形成对冲。三是国际舆论对中国海外港口建设的质疑和妖魔化,以及第三国的干扰导致的地缘政治因素带来的风险。如前所述,中国参与海上丝路沿线港口建设引起美国、日本、澳大利亚和印度以及其他部分国家的猜疑,有关中国通过海外港口建设军事"珍珠链"等负面的国际舆论影响广泛,也误导了一部分对象国的媒体和民众。

有机构对 56 个"一带一路"重大项目分析后发现,接近 80% 的失败项目都与宏观风险直接相关,其中政治风险是最主要的风险。[1] 政治风险具有不可预期、难以控制、补救困难等特点,往往超出了企业所能掌控的范围,而以国有企业为主的中国港口企业在海外更易于遭受政治猜忌和各种质疑。不少东道国和国际舆论将中国国企的行为看作是政府行为,对这些企业海外投资的动因产生怀疑和焦虑,从而使这些企业遭致更高的政治与安全审查风险。[2] 而对象国民众的意见和国内舆论对政府可能造成重大影响,这在发达国家或弱政府国家可能

---

[1] 郑青亭:《"一带一路"进入全面展开新阶段,风险管控成中企"必修课"》,《21 世纪经济报道》2017 年 12 月 18 日,第 20 版。

[2] 黄河:《中国企业海外投资的政治风险及其管控:以"一带一路"沿线国家为例》,《深圳大学学报(人文社会科学版)》2016 年第 1 期。

更为明显，国内政党斗争也会利用中国大额投资的话题，一旦反对党上台合作项目就很可能出现变数。例如，2015 年，中国企业投资的斯里兰卡科伦坡港口城项目、希腊比雷埃夫斯港的收购交易都被所在国新上台的政府叫停；2016 年，缅甸民盟新政府宣布对中国企业投资的皎漂港项目的债务等问题进行重新审查等。

中远海运集团收购希腊比雷埃夫斯港就遇到了这样的政治风险，民众对于公共资产私有化的抵触和希腊政局的变化导致项目一度出现波折。虽然双方达成了合作共识，并且中远海运集团成功中标，获得比雷埃夫斯港相关码头的特许经营权，正式签署了特许经营权协议，但收购进程依然遭遇多次推迟，风险不断，主要原因就在于希腊大选和政府更迭带来的不确定性。从 2009 年到 2015 年的 6 年间，希腊政府两次更迭，历经了五任总理。2015 年希腊左翼联盟政府上台后反对国有资产私有化项目，随即冻结了比雷埃夫斯港的私有化计划。直至 2016 年 4 月 8 日，中远海运集团与希腊方面正式签署股权转让协议和股东协议，才算尘埃落定。

2015 年初，斯里兰卡政权更迭导致包括科伦坡港口城项目在内的一批中国承建项目暂停，也是典型的政治风险。在投资环境尚不健全的发展中国家，政府为吸引外资，往往倾向于许诺超常规的优惠政策。但是这种超常规的优惠政策背后，通常都隐藏着较高的政治风险。而一旦项目签约，反对派就会把这些超高国民待遇作为攻击执政党的软肋，在发生政府更迭之际，投资者很容易成为其国内政治斗争的牺牲品。①

（四）安全风险

安全风险主要指战争冲突、社会骚乱、恐怖主义、极端主义和地缘政治争夺等对港口投资项目带来的威胁，也包括自然环境带来的少量安全问题。从东南亚、南亚到西亚、北非，海上丝路沿线不少地区为风险高发地带，面临冲突和热点问题频仍、国家间互信度低、安全风险高等多重挑战。海上丝路沿线地区还存在多场地区冲突、恐怖主义和安全危机等，易对地区国家安全造成冲击，从而对中国在当地的贸易、投资、工程承包等合作项目构成安全挑战。海上丝路沿线通道

---

① 《"一带一路"中国海外港口项目战略分析报告》，国观智库政策研究中心，2019 年 4 月，http://www.grandviewcn.com/Uploads/file/20200304/1583310568527774.pdf。

漫长,面临诸多风险,有关通道安全保障较为脆弱,除了传统安全威胁外,非传统安全威胁日益增加。[①] 部分国家社会稳定存在隐患,面临社会骚乱、罢工甚至恐怖主义袭击威胁,严重影响到其投资吸引力与外资企业的安全,这对中国在当地投资、工程承包与产能合作都带来了潜在的风险。同时,因其独特的地缘位置,海上丝路沿线地区的多国历来都是域外势力角逐之地,沿线小国与外部大国联系紧密或关系复杂,大国间的相互博弈也趋向激烈。中国参与海上丝路沿线港口建设引起美国、日本、澳大利亚和印度的持续猜疑,这不仅引发了舆论压力和政治风险,背后往往也潜藏着巨大的地缘政治安全风险。当前,美国、印度和欧盟等国在港口使用与建设方面均拥有自身利益,对中国"一带一路"框架下的合作多有防范。

例如,巴基斯坦国内恐怖袭击和暴力流血事件频发,特别是瓜达尔港所在地俾路支省的安全局势对瓜达尔港影响很大。巴基斯坦面临严重的分裂主义、极端主义和民族主义挑战。中国在瓜达尔港的建设项目面临严重的安全威胁,曾经数次发生袭击或绑架事件,为此巴基斯坦军警不得不长年驻扎当地对工程项目和施工人员进行保护。瓜达尔港真正发挥作用和成为一个可持续提供支持的基地或桥头堡,还面临着几乎横贯巴基斯坦全境的交通通联、地方势力安抚以及沿线经济、社会、安全形势改善等挑战。[②] 而且周边国家特别是印度对巴基斯坦瓜达尔港开发始终抱有安全疑虑,不时进行掣肘。[③]

中国在中东、非洲等地的港口建设项目在很大程度上遭遇地区冲突、恐怖主义、海盗、暴力犯罪等多种安全风险。

此外,不少港口因为自身战略地位重要,引起其他大国关注并向港口所在国施加压力,港口所在国政府不得不充分考虑外部大国因素的影响,类似的地缘政治争夺也会导致安全风险。由于地缘战略地位重要受到外部大国干预,斯里兰卡新政府于 2015 年 3 月初叫停了科伦坡港口城一期工程。[④] 斯里兰卡政府在平

---

① 史春林:《"21 世纪海上丝绸之路"建设的安全保障:海上通道非传统安全治理合作法理依据及完善》,《亚太安全与海洋研究》2021 年第 2 期。

② 郑刚:《中巴经济走廊的风险挑战、大战略思考及其对策建议》,《太平洋学报》2016 年第 4 期。

③ 徐亮:《巴基斯坦瓜达尔港地缘意义的评估及安全风险分析》,载于曹卫东主编:《中国"一带一路"投资安全报告:2015—2016》,社会科学文献出版社,2016,第 243 页。

④ 彭念:《"一带一路"倡议下中国投资海外港口的风险分析及政策建议》,《南亚研究》2019 年第 3 期。

衡印度反对与自身经济利益的基础上，在叫停之后要求重新谈判，新协议撤回了先前给予中方的 $2×10^5$ 平方米土地的永久使用权，改为 99 年租赁，之后这一项目才重启。与此类似，中国企业投资的吉布提港也面临来自美国、印度等国的地缘政治压力，美国等西方大国还在吉布提建有大规模军事基地，中方承受的安全挑战与压力一直很大。

上述各种风险在同一港口建设项目中可能同时存在，并相互影响，催生出更为严重的叠加风险，如对象国的政治因素、经济因素可能导致法律风险，特别是政治风险往往以法律风险的形式表现出来，而地缘政治因素严重的话也可能带来重大安全风险。如部分国家专门通过新的立法限制中国国有企业的投资进入，常以"安全审查"和"反垄断审查"为由进行准入法律审查，这种风险在发达国家更为突出。

二、化解政治风险的路径

由于海上丝路沿线港口建设遭遇突出的政治化挑战，传统的政治经济合作和双边外交模式面临越来越大的压力。化解政治风险可以从提升大国间信任水平、加强与对象国合作关系、改善企业及项目在当地社会和民众中的形象等不同层面来着手，这些方面也都存在开展国际港口合作的空间。而发挥港口建设的独特优势，赋予港口建设国际公共产品含义，降低其敏感性与争议性是化解政治风险的重要途径。未来有必要将公共产品内涵嵌入海上丝路沿线港口项目建设和运营过程中，积极主动地降低港口建设的政治敏感性与安全敏感性，展示并不断提高中国提供国际公共产品的能力。

第一，赋予海上丝路沿线港口国际公共产品属性有利于降低其地缘政治敏感性。"一带一路"倡议本身就是开放性的，具有国际公共产品属性。"一带一路"建设要以开放为导向，打造开放型合作平台，……参与全球治理和公共产品供给，携手构建广泛的利益共同体。① 从实践来看，将港口建设视为中国在海外构建"战略支点"甚或建立军事基地的观点在一些情况下被过分强调和放大，而过于强调港口的战略属性与安全属性存在加剧地缘政治竞争的风险。这在印度

---

① 《习近平在"一带一路"国际合作高峰论坛开幕式上的演讲》，新华社，2017 年 5 月 14 日，http://www.xinhuanet.com/world/2017-05/14/c_1120969677.htm。

洋地区表现尤为突出,国外舆论对缅甸皎漂港、巴基斯坦瓜达尔港战略属性的宣传和炒作就是典型案例。现实中,中国对海上通道依赖度越来越高,但缺乏海外战略存在和维护海上通道安全的有效能力。

地缘政治竞争既不符合中国的外交理念与原则,也不是中国"一带一路"倡议与海外港口建设的目的,因此理应避免陷入无谓的地缘政治博弈。而通过港口建设、运营和使用环节的开放性和非排他性实践,赋予海上丝路沿线港口以国际公共产品属性,这有利于降低其地缘政治敏感性,也有助于海上丝路建设的顺利推进。

第二,以提供国际公共产品为切入点,进一步丰富港口经济合作模式和国际港口合作的内涵,淡化地缘政治色彩。中国通常采取传统的双边和官方政治经济合作模式与其他国家合作共建港口,这是中国推进海上丝路建设和拓展经济利益的务实做法,也是中国的优势所在。但基于海洋地缘政治的高度复杂性与敏感性,仅仅专注于双边和官方层面的关系构建合作模式已经远远无法应对当前港口建设面临的挑战,需要更为丰富的合作视野和开放性的合作模式。一方面,传统的海外投资与经济合作模式对政府之外的社会主体与因素关注不够,缺乏对环境保护、社会责任、媒体形象等议题的重视,而这些议题正变得日益重要。另一方面,传统的投资与合作模式聚焦于双边层面,在项目工程建设、投融资、港口运营过程中过于依赖中国一家的资源,开放性不足,易于遭致"债务陷阱""军事基地"等负面猜想。赋予海上丝路沿线港口建设以公共产品属性是对传统合作模式的价值改造与内涵升级。"通过港口合作的方式不仅仅是为双方带来经济效益,同时也可以为其他国家及全球贸易提供海上通道的便利,中国参与的海外港口项目是中国为全球化提供的'公共产品'"。[①] 中国在海外进行的港口开发项目多遭遇围绕意图引发的争议,面临更多的政治审查,这要求中国在港口开发项目上保持克制,同时充分考虑到其他国家的地缘政治和地缘战略问题。[②] 即使印度对于中国的海上丝路心存疑虑,但也存在两国合作与融合的可能,关键

---

① 《"一路一带"战略背后:中国参与了 10 多个海外港口项目》,《南方都市报》,2014 年 11 月 10 日,http://news.southcn.com/china/content/2014-11/10/content_111863207.htm.

② Liu Peng and Priyanka Pandit, "Building Ports with China's Assistance: Perspectives from Littoral Countries," *Maritime Affairs: Journal of the National Maritime Foundation of India*, Vol. 14, No. 1 (2018): 99 - 107.

是中印需要解决安全上的分歧。① 而赋予港口公共产品属性并通过多元化开放合作措施加以落实,将会产生更大的积极外溢效应。

例如,位于斯里兰卡最南端的汉班托塔港是中东、欧洲、非洲至东亚的海运航线必经之地,也是欧亚之间重要的国际贸易和石油运输通道,全球50%以上的集装箱货运、1/3 散货海运及 2/3 石油运输都要经此取道印度洋。中国应考虑以汉班托塔港为平台,加载国际服务功能,将其打造为开放式航运服务提供者,满足印度洋地区的国际航运需求。同时,中国还应当对港口项目进行延伸开发,拓展公共产品功能,充分发挥其外溢效应。中资公司非常注重斯里兰卡港口配套设施建设,延伸开发了科伦坡港口城项目和汉班托塔港中斯工业园项目,完善了港口城市的生活、物流等基础服务功能和附加值,有利于提升斯里兰卡国际航运中心的综合服务水平,也为当地经济社会的发展注入了新的资源和活力,促进了斯里兰卡经济的多元化、可持续发展。

第三,公共产品外交可将海上丝路沿线港口建设纳入全球海洋经济秩序与非传统安全治理框架。将海上丝路沿线港口建设赋予公共产品属性,纳入海洋治理体系中,这有助于彰显国际道义和大国责任意识,一定程度上可以降低地缘政治敏感性。区域性或区域间公共产品的优势在于,由于地域相邻、利益相连,区域内各国联系紧密,有助于增加相互之间的信任,减少猜疑和摩擦。② 一方面,海上丝路沿线港口大多地理位置优越,处在国际黄金航道的重要位置,具备成为国际公共产品的优势,中国的资金、技术和管理等优势资源的注入能够大幅提高其吞吐量和综合服务能力,提升航线的海上运输能力,有效降低了运输过程中的成本和风险。中国以及其他国家的船舶可以利用沿线港口平台在贸易中转、驻泊和休整、后勤补给等方面享有更便捷、更优质的服务。

另一方面,海上丝路沿线港口的国际公共产品化有助于应对日益严重的非传统安全挑战。中国海军护航舰队已经在亚丁湾附近海域常态化地巡逻,执行打击海盗和跨国犯罪、人道主义援助与灾害救助等任务,执行任务期间多次停靠沿线国家港口补充燃料和物资,提高远海航行与执行任务能力。自 2008 年中国海军在亚丁湾海域开展常态化护航行动以来,至 2019 年 12 月已经先后派出了

---

① Gurpreet S. Khurana, "China, India and 'Maritime Silk Road': Seeking a Confluence," *Maritime Affairs: Journal of the National Maritime Foundation of India*, Vol. 11, No. 1 (2015): 19 - 29.

② 黄河:《公共产品视角下的"一带一路"》,《世界经济与政治》2015 年第 6 期。

34 批次护航编队和若干远程访问编队穿梭在红海、亚丁湾、阿拉伯海、印度洋、孟加拉湾、南海等海域履行国际义务。海军舰队持续部署到亚丁湾打击海盗体现了中国转变为海洋共同体贡献者的意愿和努力。[①] 此间,科伦坡港已经多次承担中国海军的驻泊任务,起到了良好效果。2016 年 1 月,中国海军第二十一批护航编队访问斯里兰卡,并在科伦坡外港与斯里兰卡海军进行了编队运动、海上补给、联合搜救演练。访问期间,双方就打击海盗及海上安全合作等事宜进行交流。2017 年 8 月,执行"和谐使命 - 2017"任务的中国海军和平方舟医院船停靠斯里兰卡科伦坡港,中斯两国海军开展了国际人道主义医疗救援联合演练,并为人们提供体检、诊疗服务,随后前往亚丁湾。[②] 这在吉布提港、瓜达尔港、比雷埃夫斯港等中国参与的海上丝路沿线港口中也有鲜明体现,未来应继续凸显这些港口的国际公共产品色彩。

第四,海上丝路沿线港口建设是展现和提升中国国际公共产品供给能力的绝佳平台。一方面,大型港口及配套设施建设需要强大的技术、金融和开发能力支持,中国是少数具备这种综合能力的国家之一。从国际公共产品供应的角度看,"一带一路"沿线地区极可能形成新的区域性或区域间公共产品供应格局,中国的优势日益明显。[③] 相比较而言,中国具有参与国际集体行动的制度优势,可以为区域间公共产品建设作出更多贡献。[④] 海上丝路沿线很多港口地理区位优势明显,但大多数港口建设开发水平较低,项目投资规模大、技术水平要求高,超出了大部分所在国的能力,而这恰恰是中国展现提供国际公共产品能力的机遇。例如,斯里兰卡科伦坡港和汉班托塔港的地理条件优越,斯里兰卡政府也提出打造印度洋航运中心的目标,中国的资金、技术和管理等优势资源的注入大幅提高了港口吞吐量和综合服务能力,为印度洋国际海运通道建设作出了贡献。

另一方面,将海上丝路沿线港口打造为包容性的国际公共产品并充分发挥

---

① Xin Qiang, "Cooperation Opportunity or Confrontation Catalyst? The Implication of China's Naval Development for China-US Relations," *Journal of Contemporary China*, Vol. 21, No. 76 (2012): 603 - 622.

② 参见中华人民共和国国防部网站有关军事外交与出访情况,http://www.mod.gov.cn/diplomacy/node_46941_3.htm。

③ 张春:《国际"公共产品"的供应竞争及其出路:亚太地区二元格局与中美新型大国关系建构》,《当代亚太》2014 年第 6 期。

④ 黄河:《公共产品视角下的"一带一路"》,《世界经济与政治》2015 年第 6 期。

其外溢功能，也是对中国提供和管理国际公共产品能力的锻炼。公共产品最大的特点就是具有非排他性，因此会出现"搭便车"现象，并会导致集体行动的困境。随着中国持续不断地发展，在国际上"搭便车"的机会越来越少，而主动为其他国家提供"搭便车"的机会将成为必然。2015 年习近平主席在新加坡演讲时强调，中国愿意把自身发展同周边国家发展更紧密地结合起来，欢迎周边国家搭乘中国发展的"快车""便车"。① 近年来，中国领导人在很多国际场合谈到"一带一路"建设时都强调了这样的意愿和倡议，这充分反映出中国愿意将海上丝路沿线港口打造为分享型的国际公共产品，这也是"一带一路"建设的必然要求。因此，在建设"21 世纪海上丝绸之路"的过程中，中国应以参与沿线港口建设为平台，稳步提升其开放性、国际化服务功能和色彩，在太平洋和印度洋的国际海上航线上提供更多的国际公共产品。

---

① 孟娜：《习近平：欢迎周边国家搭乘中国发展"快车"、"便车"》，新华网，2015 年 11 月 7 日，http://news.xinhuanet.com/world/2015-11/07/c_1117070255.htm。

第三章
全面合作：中国在东南亚—南亚地区的港口建设

　　东南亚和南亚地区是当年郑和下西洋访问的重点地区，是沟通亚非欧海上贸易的古代海上丝路的重要纽带，也是新时期中国参与现代海上丝路沿线港口建设的重点地区。该地区的新加坡港、巴生港、丹戎帕拉帕斯港、卡拉奇港、孟买港都是国际重要港口，而马六甲港、皇京港、吉大港、科伦坡港等港口也具有很大的发展潜力。东南亚和南亚地区是发展中国家人口最为集中的地区之一，多为新兴工业化国家，经济发展速度较快，经济增长对海外贸易的依赖度很大，需要通过港口开发带动工业园和自贸区建设，从而将沿海与内陆、国民经济与世界经济紧密地联系在一起，寻求更大的发展机遇。东南亚和南亚地区占据了世界海上航运的关键通道，位于中国能源进口和对外贸易的主要线路上，是中国最为重要和密切的贸易伙伴之一，也是"21世纪海上丝绸之路"向西延伸的首要地区。从时间来看，中国全面参与了东南亚和南亚地区的港口建设，新加坡、马来西亚、缅甸、斯里兰卡、巴基斯坦等国成为中国港口投资与合作的重要对象，国际港口合作项目众多，合作形式多样，合作水平也较高。

第一节　中国参与东南亚—南亚
地区的港口建设

东南亚国家是中国的近邻,是"21世纪海上丝绸之路"建设的首要和重点地区,也是中国参与海上丝路沿线港口建设的重要起点,中国全面参与了东南亚国家的港口建设。南亚地区位于印度洋的中心位置,在海上丝路沿线港口建设中地位十分关键,中国也全面参与了南亚除印度之外的其他沿海国家的港口建设。其中缅甸皎漂港、斯里兰卡科伦坡港和汉班托塔港、巴基斯坦瓜达尔港是突出代表。与此同时,东南亚—南亚地区港口非经济风险突出,地缘政治博弈激烈,美国、日本和印度均高度关注和深度介入缅甸、斯里兰卡和巴基斯坦等国发展及其对外关系,对于中国与地区国家开展港口建设合作十分敏感,使中国参与该地区的港口开发建设面临更为复杂的局面和高度的不确定性。

一、中国在东南亚地区的港口建设

中国和东盟互为重要的经贸合作伙伴,中国在东南亚国家的经济利益在海上丝路沿线发展中地区规模最大。据中国商务部统计,2018年中国与东南亚沿海9国(不包括老挝)的贸易总额达到5 844亿美元;直接投资流量为127亿美元,年末直接投资存量为957亿美元;当年新签承包工程合同额为423亿美元,完成营业额为291亿美元,年末在当地劳务人员超过18万人。[①] 上述有关数据均远远超过海上丝路沿线的南亚、中东、非洲等发展中地区。

东盟10国中,除老挝属于内陆国外,其他9国都有出海口和港口,地区优良港口众多(见表3-1)。东南亚地区海岸线曲折,多岛屿和半岛,海港星罗棋布,不仅拥有新加坡港等众多集装箱枢纽港,散杂货港如雅加达港、巴生港的吞吐量也巨大,为该地区海上贸易发展打下了坚实基础。[②] 东南亚国家均为新兴发展

[①] 参见《中国对外投资合作国别(地区)指南(2019年版)》,中华人民共和国商务部,http://fec.mofcom.gov.cn/article/gbdqzn/index.shtml♯。

[②] 王小军等:《21世纪海上丝绸之路港口需求与开发模式创新研究》,大连海事大学出版社,2019,第29页。

中国家,对外贸易发达,港口发展很快。据联合国贸发会议统计,1975—2013 年东盟国家集装箱港口吞吐量从 40 万标准箱增加至 8 800 万标准箱。① 中国与东盟的各领域合作机制较为健全,中国—东盟交通部长会议在 2003 年建议成立"中国—东盟交通磋商机制",在此框架下的合作领域包括港口现状管控、海洋环境保护、海上交通安全等。②

表 3-1 东南亚地区主要港口泊位基本情况

港 口	国 家	泊位总数/个	泊位最大水深/米	集装箱泊位数/个	液体散货泊位数/个	散杂货泊位数/个	其他泊位数/个	规 模
新加坡港	新加坡	96	18	59	37			亚太地区最大转口港
巴生港	马来西亚	53	16.1	24	9	18	2	马来西亚最大港口
丹戎不碌港	印度尼西亚	81	14	15	5	8	53	印度尼西亚最大货运港
林查班港	泰国	18	16	11	—	—	7	泰国最重要的集装箱枢纽港
胡志明港	越南	38	11.2	13	4	5	16	越南最大港口
马尼拉港	菲律宾	40	14	7	—	18	15	菲律宾最大港口
丹戎佩拉港	印度尼西亚	17	14	6	—	9	2	印度尼西亚最大商港
曼谷港	泰国	38	8.23	8	—	10	20	泰国最大港口

资料来源: 曾庆成:《21 世纪海上丝绸之路港口发展报告》,大连海事大学出版社,2015,第 36 页。

从近年英国劳氏公司发布的世界集装箱港口 100 强榜单来看,东南亚地区有多个港口上榜,其中马来西亚、印度尼西亚和越南在多数年份分别有 2 个

① 杨程玲:《东盟海上互联互通及其与中国的合作:以 21 世纪海上丝绸之路为背景》,《太平洋学报》2016 年第 4 期。

② 同上。

港口进入前 100 名,新加坡、泰国和菲律宾各有 1 个,可谓世界级大港的集中地。其中,新加坡港货物吞吐量最大,近年来稳居全球第二位,2018 年该港货物吞吐量达到近 3 660 万标准箱。马来西亚巴生港和丹戎帕拉帕斯港、泰国林查班港、越南胡志明港、印度尼西亚丹戎不碌港也都是进入全球前 30 名的集装箱大港(见表 3-2)。新加坡港是世界上最繁忙的港口和亚洲主要转口枢纽港之一,也是仅次于上海港的全球第二大集装箱港口。2018 年新加坡港货运量达 6.3 亿吨,集装箱吞吐量为 3 659.93 万标准箱,占全球集装箱转运量的 1/7。截至 2018 年底,新加坡注册船舶 4 456 艘,总吨位 9 094.4 万吨。① “千岛之国”印度尼西亚有主要港口 25 个,其中雅加达的丹戎不碌港是全国最大货运港,泗水的丹戎佩拉港为第二大港。② 马来西亚的最大港口巴生港是东南亚集装箱的重要转运中心,拥有优良的深水码头。

表 3-2 东南亚地区主要集装箱港口

国家	港口	2016 年		2017 年		2018 年	
		全球排名	吞吐量/万标准箱	全球排名	吞吐量/万标准箱	全球排名	吞吐量/万标准箱
新加坡	新加坡港	2	3 090.4	2	3 366.7	2	3 660
马来西亚	巴生港	11	1 317	12	1 197.8	12	1 231.6
	丹戎帕拉帕斯港	19	828	19	826.1	18	896.1
	槟城港	99	143.7	—	—	—	—
印度尼西亚	丹戎不碌港	27	515.5	26	609	22	780
	丹戎佩拉港	43	335.5	45	355.3	43	386.6

① 参见《对外投资合作国别(地区)指南:新加坡(2019 年)》,中华人民共和国商务部,http://www.mofcom.gov.cn/dl/gbdqzn/upload/xinjiapo.pdf。

② 参见《对外投资合作国别(地区)指南:印度尼西亚(2019 年)》,中华人民共和国商务部,http://www.mofcom.gov.cn/dl/gbdqzn/upload/yindunixiya.pdf。

续　表

国家	港　口	2016 年		2017 年		2018 年	
		全球排名	吞吐量/万标准箱	全球排名	吞吐量/万标准箱	全球排名	吞吐量/万标准箱
泰国	林查班港	20	722.7	20	767	21	807
	曼谷港	92	149.8	—	—	—	—
越南	胡志明港	24	598.7	25	615.6	25	658.6
	盖梅港	—	—	53	306.5	45	356.7
菲律宾	马尼拉港	32	452.3	30	478.2	30	508.5

资料来源："One Hundred Ports 2017," Lloyd's List, August 2, 2017, https://lloydslist. maritimeintelligence. informa. com/one-hundred-container-ports-2017/; "One Hundred Ports 2018," Lloyd's List, August 31, 2018, https://lloydslist. maritimeintelligence. informa. com/one-hundred-container-ports-2018; "One Hundred Ports 2019," Lloyd's List, July 29, 2019, https://lloydslist. maritimeintelligence. informa. com/one-hundred-container-ports-2019。

在东南亚地区，柬埔寨、泰国、马来西亚和缅甸是中国港口投资、建设和运营的重要合作伙伴。中国在东南亚地区参与的港口建设和投资项目主要有缅甸皎漂港、马来西亚皇京港和关丹港、新加坡巴西班让港、印度尼西亚丹戎不碌港、柬埔寨西哈努克港等，也在泰国、菲律宾、越南、文莱参与了部分港口工程项目（见表 3-3）。其中，2003 年，中远太平洋投资新加坡大型集装箱码头，即中远-新港码头，在巴西班让港区经营 3 个泊位，租期 35 年；2018 年中远海运集团与新加坡港务集团签署协议，中远-新港码头新增租赁 2 个泊位，集装箱泊位数达到 5 个，年处理能力由 300 万标准箱提升至 500 万标准箱。[①] 中国交建承建了樟宜海军基地二、三、四期码头工程；中国企业也在密切关注新加坡规模宏大的大士港口建设。在马来西亚，广西北部湾港集团参股关丹港（占股 40%），还深度参与了关丹产业园的建设，投资产业园联合钢铁项目等，开创了"两国双园"的合作模式。[②] 这也是北部湾港集团的第一个海外码头项目；2018 年关丹深

① 《中远海运港口与新加坡港务集团正式签署协议》，中远海运港口，2019 年 1 月 17 日，https://doc. irasia. com/listco/hk/coscoship/press/scp190117. pdf。

② 丁莉：《以港口为战略支点 书写 21 世纪海上丝绸之路建设新篇章》，《中国港口》2018 年第 7 期。

水港码头部分泊位开始试运营。此外,中国电建集团投资建设马来西亚皇京港;中国港湾承建关丹深水港码头一期工程项目、关丹港新建防波堤工程及附属设施工程项目,中交第三航务工程局有限公司(以下简称"中国交建三航局")也承建该码头设施项目;中国交建三航局以 EPC 模式参与沙巴尿素码头项目;广州港集团有限公司与中国交建共同参与投资开发建设马六甲临海产业园项目等。在印度尼西亚,宁波舟山港集团投资建设印尼最大货运港丹戎不碌港的扩展工程;中国交建三航局承建了苏拉威西岛 9.25 万吨散货船专用码头一期、二期工程。在菲律宾,中国交建三航局承建的巴丹省马利万斯二期燃煤电站码头项目于 2016 年 12 月正式开工,并于 2020 年竣工。在越南,招商局国际投资合营槟庭星梅深水港,获得 49% 的股权;中国交建三航局承建了永新深水港码头工程,主要是建设一个千吨级油码头和 3 万吨级煤码头。在文莱,2017 年 2 月广西北部湾港集团与文莱国家资产管理公司合资成立摩拉港有限公司(占股 51%),随后正式接手摩拉港集装箱码头的运营权。

表 3-3　中国参与的东南亚地区港口建设/工程项目

时间	国　家	中国企业	建设港口	主　要　内　容
2008 年	越南	招商局国际	槟庭星梅深水港	投资 2 940 万美元合营槟庭星梅深水港,获得 49% 的股权
2012 年	越南	中国交建	永新深水港	建设一个千吨级油码头和 3 万吨级煤码头,为永新发电厂配套项目
2013 年	柬埔寨	中国铁建	国公省沙密港	以 EPC 模式建设一条连接柬埔寨北部柏威夏省钢铁厂与南部国公省沙密港的铁路,并建设沙密港,合同总金额 602.4 亿元人民币
2016 年	柬埔寨	红豆集团	西哈努克港	参与建设西哈努克港的西港经济特区

续　表

时间	国　家	中国企业	建设港口	主　要　内　容
2018 年	柬埔寨	中国铁建	贡布港	以 EPC 模式建设 2 万吨级码头港池及航道疏浚项目(一期)和 3 万吨级集装箱码头项目(二期)
2018 年	泰国	中国港湾	林查班港	中国港湾项目设计施工总承包、中国交建二航局承建和黄码头一期工程及扩建项目
2020 年	泰国	中国港湾	马达普工业港	EPC 模式承建泰国马达普工业港三期项目基础设施工程
2014 年	缅甸	中信集团、中国港湾	皎漂港	投资 73 亿美元建港和开展港际合作
2015 年	马来西亚	北部湾港集团	关丹港	投资 1.77 亿美元参股马来西亚关丹港,占股 40%,开发关丹产业园
2017 年	马来西亚	中国电建集团	皇京港	投资约 800 亿元人民币,在马六甲海峡打造一个崭新的深水港口——皇京港
2016 年	印度尼西亚	河北港口集团	印度尼西亚占碑钢铁工业园综合性国际港口	该港口为印度尼西亚占碑钢铁工业园的配套项目
2017 年	印度尼西亚	宁波舟山港集团	丹戎不碌港	5.9 亿美元投资印度尼西亚最大货运港丹戎不碌港的扩展工程
2016 年、2018 年	新加坡	中远太平洋	中远-新港码头	中远太平洋投资新加坡大型集装箱码头,在巴西班让港区经营 3 个泊位,租期 35 年。2018 年增加租赁 2 个泊位

续　表

时间	国　家	中国企业	建设港口	主　要　内　容
2016 年	菲律宾	中国交建	达沃港	投资 7.4 亿美元建设开发
2017 年	文莱	北部湾港集团	摩拉港	投资并获得文莱摩拉港有限公司 51％ 的股权，接手合作运营摩拉港集装箱码头，合作期限为60 年

二、中国在南亚地区的港口建设

南亚是中国参与海外港口建设的重点地区之一。南亚地区除阿富汗、尼泊尔和不丹外，其他 5 国印度、巴基斯坦、孟加拉国、斯里兰卡、马尔代夫都有出海口和港口。南亚地区港口基础设施建设滞后，港口的天然地理优势未能充分发挥。南亚地区港口对于中国而言具有重要的战略意义，是中国海上能源进口通道上的重要节点，是中国西部地区对外开放、连接中东和非洲地区的支点。[①] 2018 年，中国与南亚 5 个沿海国家的贸易额约为 1 332 亿美元；年末直接投资存量为 103 亿美元；当年新签承包工程合同额 213 亿美元，完成营业额 209 亿美元，年末在当地劳务人员近 4.8 万人。[②] 从国别来看，中国在南亚地区的首要贸易伙伴是印度（占比 67.8％），对外投资存量主要在印巴两国（分别占 45％ 和 41％），工程承包市场主要在巴基斯坦、孟加拉国和斯里兰卡（比重超过 80％）。

印度的港口吞吐量与建设水平在南亚地区最高，拥有该地区最多的港口（12 个主要港口）、最大的吞吐能力与海运能力，2015 年最大吞吐量为 8.7 亿吨。[③] 但迄今为止，印度以港口建设会带来地缘政治风险为由，一直拒绝中国港口企业投资和参与"21 世纪海上丝绸之路"的建设，并对中国参与南亚其他国家的港口

---

① 赵旭、高苏红、王晓伟：《"21 世纪海上丝绸之路"倡议下的港口合作问题及对策》，《西安交通大学学报（社会科学版）》2017 年第 6 期。

② 《对外投资合作国别（地区）指南（2019 年版）》，中华人民共和国商务部，http://fec.mofcom.gov.cn/article/gbdqzn/index.shtml＃。

③ 《对外投资合作国别（地区）指南：印度（2019 年版）》，中华人民共和国商务部，http://www.mofcom.gov.cn/dl/gbdqzn/upload/yindu.pdf。

建设项目深怀疑虑和进行掣肘。印度6个主要港口都在南部——金奈港、泰米尔纳德邦的杜蒂戈林港、安德拉邦的维沙卡帕特南港、卡纳塔克邦的新芒格洛尔港和喀拉拉邦的科钦港。[①]

在巴基斯坦，卡拉奇港是其主要门户港口，共有33个泊位，其中集装箱泊位5个，通过能力65万标准箱/年；干散货泊位22个，通过能力1 200万吨/年；液体散货泊位3个，通过能力1 400万吨/年。目前该港泊位利用率约为45%，每年约有1 600艘船进出港。卡西姆港是巴基斯坦第二大港，在卡拉奇港的东南方向，距离卡拉奇市中心约35千米，距离机场仅30千米。[②]南亚地区主要港口泊位基本情况如表3-4所示。

表3-4　南亚地区主要港口泊位基本情况

港　口	国　家	泊位总数/个	泊位最大水深/米	集装箱泊位数/个	液体散货泊位数/个	散杂货泊位数/个	其他泊位数/个	规　模
孟买港	印度	28	9.14	6	1	3	18	印度第四大港
尼赫鲁港	印度	4	14	3	1	—	—	印度最大集装箱港
加尔各答港	印度	48	14	4	9	29	6	印度第三大集装箱港
金奈港	印度	26	16.5	7	2	17	—	印度第二大集装箱港
坎德拉港	印度	19	10.4	1	6	12	—	印度第一大港
维沙卡帕特南港	印度	23	17	1	5	3	14	印度第五大港
科钦港	印度	23	22.5	1	5	3	14	印度主要港口之一
吉大港	孟加拉国	26	10	11	3	6	6	孟加拉国第一大港

---

① 唐鹏琪：《斯里兰卡新政府执政以来的经济改革框架》，《南亚研究季刊》2016年第4期。

② 席芳、汪超、李俊星：《"一带一路"战略下的巴基斯坦瓜达尔港SWOT分析及发展策略》，《交通企业管理》2017年第2期。

续　表

港　口	国　家	泊位总数/个	泊位最大水深/米	集装箱泊位数/个	液体散货泊位数/个	散杂货泊位数/个	其他泊位数/个	规　模
卡拉奇港	巴基斯坦	33	12.8	5	3	25	—	巴基斯坦第一大港
卡西姆港	巴基斯坦	12	11	3	4	1	4	巴基斯坦第二大港
科伦坡港	斯里兰卡	14	15	13	—	—	1	斯里兰卡第一大港

资料来源：曾庆成：《21世纪海上丝绸之路港口发展报告》，大连海事大学出版社，2015，第41页。

从近年英国劳氏公司发布的世界集装箱港口100强榜单来看，南亚地区有多个港口上榜，其中印度较多，有3个（个别年份为2个），巴基斯坦、斯里兰卡和孟加拉国各有1个；斯里兰卡的科伦坡港货物吞吐量最大，全球排名在前25名以内，且十分稳定（见表3－5）。

表3－5　南亚地区主要集装箱港口

国家	港　口	2016 年		2017 年		2018 年	
		全球排名	吞吐量/万标准箱	全球排名	吞吐量/万标准箱	全球排名	吞吐量/万标准箱
斯里兰卡	科伦坡港	25	573.5	24	620.9	24	700
印度	尼赫鲁港	33	451.6	28	483.3	28	513.3
	蒙德拉港	45	332	35	424	36	441.9
	金奈港	93	149.5	99	154.9	—	—
巴基斯坦	卡拉奇港	77	210	83	222.4	83	219.9
孟加拉国	吉大港	71	234.7	70	256.7	64	290.4

资料来源："One Hundred Ports 2017," Lloyd's List, August 2, 2017, https://lloydslist. maritimeintelligence. informa.com/one-hundred-container-ports-2017/；"One Hundred Ports 2018," Lloyd's List, August 31, 2018, https://lloydslist. maritimeintelligence. informa. com/one-hundred-container-ports-2018；"One Hundred Ports 2019," Lloyd's List, July 29, 2019, https://lloydslist. maritimeintelligence. informa. com/one-hundred-container-ports-2019。

在南亚地区,尽管缺少了主要大国印度的参与和配合,但近年来中国依然陆续深度参与建设了多个港口,主要包括孟加拉国的吉大港和蒙格拉港疏浚项目,斯里兰卡的汉班托塔港、科伦坡港集装箱码头和港口城项目,巴基斯坦的瓜达尔港和卡西姆港等建设项目(见表3-6)。除了后文将详述地对斯里兰卡和巴基斯坦的港口投资建设之外,中国在南亚地区还参与了孟加拉国的港口建设项目。其中,中国交建参与了吉大港项目、吉大港东方炼油厂码头项目和蒙格拉港的部分扩建与疏浚项目等,但之前拟议中的价值80亿美元的索纳迪亚深水港项目,却因印度、日本的杯葛而被取消。2016年10月,习近平主席访问孟加拉国,两国发表了包含23项内容的联合声明,并将中孟关系提升为战略合作伙伴关系。中国积极回应了孟方提出的建设深水港口和修建吉大港通向中国的道路建设资金与技术支持的要求,未来中孟在港口等基础设施领域的合作依然拥有很大潜力。中国交建的下属公司还与马尔代夫商谈,拟在马尔代夫戈杜岛建设港口。

表3-6　中国参与的南亚地区港口建设项目

时　间	国　　家	中国企业	建设港口	主　要　内　容
2008 年	斯里兰卡	招商局港口、中国港湾	汉班托塔港	汉班托塔港二期集装箱码头,2017年收购70%股份,交付中国公司运营
2014 年	斯里兰卡	招商局港口、中国港湾	科伦坡港	科伦坡南港集装箱码头,投资5.5亿美元负责设计建造、运营管理,特许经营35年
2015 年	孟加拉国	中国交建	吉大港	吉大港东方炼油厂码头,投资5.504亿美元
2014 年	孟加拉国	中国交建	蒙格拉港	港口部分扩建与疏浚项目
2015 年	巴基斯坦	中国海外港口、招商局港口等	瓜达尔港	巴方将1.52平方千米土地使用权移交给中国,租期43年,投资16.2亿美元
2014 年	巴基斯坦	中国港湾	卡西姆港	建设卡西姆港国际散货码头,投资1.3亿美元

三、中国参与东南亚—南亚地区港口建设的特点和挑战

近年来中国全面参与了东南亚—南亚地区的港口建设,马来西亚皇京港、缅甸皎漂港、斯里兰卡汉班托塔港、巴基斯坦瓜达尔港成为代表性港口。然而,由于地区国家政局多变和国家间关系复杂,中国在这一地区也面临着较为突出的政治与安全挑战。

第一,东南亚—南亚地区在海上丝路中的重要地位及其多个优良港口是中国参与该地区港口建设的重要背景与基础。

东南亚—南亚地区在世界海上航线格局中占有关键地位,位于中国能源进口和对外贸易的主要航线上,也是"21世纪海上丝绸之路"走向世界的首要地区和关键中转地。"中国—中南半岛走廊""中孟印缅走廊"和"中巴经济走廊"联通了"一带"和"一路",而港口建设不仅仅是畅通海上贸易航线的需要,也承担着为更广泛的内陆地区建立新的出海通道的重要功能。中国与东南亚国家经贸关系十分紧密,互为重要的贸易与投资伙伴,双方合作机制化程度也最高。早在21世纪初,中国和东盟就建立了"10+1"交通部长会议机制,并签署了《中国—东盟交通合作谅解备忘录》;2007年在南宁会议上发表了《中国—东盟港口发展与合作联合声明》;2008年签署了《海运协定》;2011年双方设立了海上合作基金,中国提出"中国—东盟海上合作伙伴倡议"等;2013年中国与东盟建立的港口城市合作网络成立;2015年中国与马来西亚签署《建立港口联盟关系的谅解备忘录》;2017年中国与东盟就形成合作网络常态化工作机制达成共识。上述事宜为港口基础设施合作奠定了良好基础。

东南亚—南亚地区优良港口众多,中国参与了大多数国家的港口建设项目,但相关港口项目之间存在一定的竞争关系,也影响到港口建设项目的成效。在马来西亚,皇京港因为位于马六甲海峡的关键位置而拥有巨大的发展潜力,并被中国企业寄予厚望,但由于马来西亚国内政治原因和附近新加坡这一枢纽型港口的存在,皇京港及其他中国在马投资项目一度遭遇停工挫折,面临众多不确定性因素。在缅甸,印度、中国等多家公司参与并完成了实兑深水港建设一期工程,中国参与缅甸实兑港和皎漂港建设项目有助于中国高铁、天然气、石油管道等多个项目的联通。为加快中国西南地区的对外开放水平,中国提出了"中孟印缅经济走廊"倡议,并投入87亿美元建设孟加拉国深水港——吉大港和其他项

目,包括将吉大港通过铁路和公路与中国的内陆省份尤其是云南省连接起来[1],由此比经中国东南沿海港口进入云南缩短了 3 000～5 000 千米。

斯里兰卡和马尔代夫是古代海上丝绸之路的重要节点,也是当前积极支持中国海上丝路倡议的国家。[2] 其中,斯里兰卡位于印度洋国际航运中心线,每年约有 6 万艘船舶、占全球 2/3 的能源产品和半数的集装箱船舶途经斯里兰卡南端海域航线。中国在斯里兰卡的主要投资包括科伦坡南港集装箱码头和港口城市项目,以及位于南部滨海地区的汉班托塔港与马塔拉国际机场。中国一直是巴基斯坦最大的经贸伙伴和真诚的朋友,"中巴经济走廊"是"一带一路"倡议重点建设的六大走廊之一。瓜达尔港为天然深水港,该地区地广人稀,后方土地资源丰富,环境容量大,是中国及中亚国家通往印度洋的门户。新疆喀什距离瓜达尔港 1 500 千米,而距离中国东部沿海地区达 3 500 千米,从瓜达尔港进入印度洋,对于新疆和其他西部省份向西开放意义重大,对阿富汗和中亚国家南下印度洋和阿拉伯海获得出海通道也将发挥重要作用。

总体来看,东南亚地区优良港口众多且市场需求更大,并且由于已存在新加坡港这一成熟的枢纽型港口和新加坡国际港务集团的强大竞争力,以及受到众多不确定性因素的影响,中国在该地区参与的港口项目也较为分散,尚未能形成新的枢纽型港口,马来西亚皇京港和缅甸皎漂港等的地位较为突出。在南亚,主要地区大国印度对中国的港口建设持不参与甚至排斥态度,并在周边国家缅甸、斯里兰卡的港口建设中与中国展开竞争,试图抵消中国影响力的上升。斯里兰卡汉班托塔港正在逐步被中国打造成为南亚地区的枢纽型港口,巴基斯坦瓜达尔港对于"中巴经济走廊"和"一带一路"建设更具战略节点意义。

第二,东南亚—南亚地区是实践中国国际港口合作的重点地带,全面参与该地区国家港口建设体现出互利共赢、共同发展的特色。

东南亚—南亚是中国参与海上丝路沿线港口建设的首发地区,中国全面参与了东南亚—南亚地区几乎所有沿海国家的港口建设,范围广泛,项目众多,形式多样。中国参与该地区的港口建设得到了中国政府的有力推动,中国与该地区国家保持着良好的政治关系和日益紧密的经济合作,将该地区港口建设作为

① Virginia Marantidou, "Revisiting China's 'String of Pearls' Strategy: Places 'with Chinese Characteristics' and their Security Implications," *Issues & Insights*, Vol. 14, No. 7 (2014): 1-39.
② 楼春豪:《21 世纪海上丝绸之路的风险与挑战》,《印度洋经济体研究》2014 年第 5 期。

建设"21世纪海上丝绸之路"的重要支撑,国家领导人在高层互访中也将港口建设作为重要的合作内容。在该地区,中国与柬埔寨、泰国、缅甸、孟加拉国、斯里兰卡和巴基斯坦等国一直保持着良好的政治、经贸合作关系,中国是该地区大部分国家的最大贸易伙伴以及主要外资来源国。2014年11月,李克强总理访问缅甸,双方同意加强"孟中印缅经济走廊"和"一带一路"建设;2016年10月和2018年1月,习近平主席和李克强总理先后访问柬埔寨;2014年9月,习近平主席首次访问斯里兰卡,提议两国共建"21世纪海上丝绸之路",并亲临科伦坡港口城项目现场;2016年,习近平主席访问孟加拉国,提议打造"互联互通"的典范,中孟关系提升为战略合作伙伴关系。

2015年由于斯里兰卡国内政局变动,招商局港口承建的科伦坡港口城项目一度遭遇阻力,但经过两国领导人和各层面的及时沟通与化解,该项目得以继续建设和推进。2017年12月,斯里兰卡政府正式宣布通过合作方式将汉班托塔港的管理运营权交给中国招商局港口,之后数十亿美元投资注入临港工业园,为当地创造了大量新的就业机会。这充分体现了互利共赢、共同发展的商业性特征,中国以发展促稳定、以基础设施促发展的治理理念在斯里兰卡付诸实践。

瓜达尔港的建设为巴基斯坦与中亚、中国和西亚国家建立商贸联系提供了重要纽带,是连接东西海上交通运输线的重要支点。中国建设瓜达尔港始于2002年,第一阶段和第二阶段投资额分别为2.48亿美元和6亿美元,并建设了炼油厂以及通往新疆的石油管道。巴基斯坦时任驻华大使马苏德·汗(Masood Khan)说:"中国已经建了瓜达尔港,我们当然希望进一步开发该港口,也欢迎中国在未来发挥相似的作用。"[1]2010年5月,巴基斯坦瓜达尔港运营权正式确认由三家中国公司接管,分别是中国海外控股集团有限公司、招商局港口控股有限公司和中国远洋运输集团。[2] 2015年11月,巴基斯坦正式向中国企业移交瓜达尔港自贸区30%的土地,给予中方企业43年的开发使用权。[3] 2015年4月习近

① Zahid Ali Khan, "China's Gwadar and India's Chahbahar: An Analysis of Sino-India Geo-Strategic and Economic Competition," *Strategic Studies*, Vol. 32/33 (2012): 79 – 101.

② 宋笛:《看见瓜达尔港:世界最大深水港》,《中国企业报》2016年2月2日,第14版。

③ Oded Eran, "China has Laid Anchor in Israel's Ports," *Strategic Assessment*, Vol. 19, No. 1 (Apr. 2016): 51 – 59;刘宗义:《中巴经济走廊建设:进展与挑战》,《国际问题研究》2016年第3期。

平主席访问巴基斯坦期间,两国共签署了金额达 460 亿美元的投资合作协议,初步投资金额达 280 亿美元。[①] 两国元首将中巴关系提升为全天候战略合作伙伴关系,并建议"以'中巴经济走廊'建设为中心,以瓜达尔港、交通基础设施、能源、产业合作为重点,形成'1＋4'经济合作布局,实现合作共赢和共同发展"。[②] 瓜达尔港建设对于落实中、巴、哈、吉《四国交通运输协定》,促进中亚、南亚、东亚互联互通具有重要意义。因此,中国参与建设的巴基斯坦瓜达尔港、"中巴经济走廊"和"一带一路"并不是封闭的,而是开放的;各方之间不是零和博弈,而是互利共赢,中国欢迎地区和全球所有国家参与其中,瓜达尔港和伊朗恰巴哈尔港有望成为"姊妹港",并可以通过输油管道、铁路和公路连接起来,促进海湾与阿拉伯海港口之间的互联互通。

第三,东南亚—南亚地区是海外港口建设风险特别是政治风险的集中地,国内政治转型、政权更迭、社会矛盾、大国争夺、地缘政治和恐怖主义等各种风险都有突出体现。

首先,地区国家政局变动带来的政治风险。南海周边和北印度洋沿岸国家是海上丝路建设的重要区域,同时也是地缘政治传统的"破碎地带"。[③] 在东南亚,缅甸仍处于政治转型之中,近年来美国和日本也加大了对缅甸的援助力度,2011 年的密松水电站事件和 2012 年的莱比塘铜矿事件表明,缅甸在发展对华关系上存在一定的政策摇摆。2014 年以来,中资公司承建的缅甸水坝、铁路等项目一度搁浅,缅甸的实兑港和皎漂港作为中国参与建设的重要港口也在很大程度上受到影响。马来西亚国内政局的变动也直接影响到中国投资的铁路、港口项目,一些项目被迫停工甚或被取消。在南亚地区,地区格局受地缘政治因素影响明显,各国更为重视战略自主地位。[④] 缅甸国家转型、斯里兰卡政权更迭、印度的敌意和美日的战略压力都对中国的港口建设带来了不小的挑战。

其次,地区大国印度的敌视与干扰。印度长期将印度洋视为自己的"内湖"

---

① 姚芸:《中巴经济走廊面临的风险分析》,《南亚研究》2015 年第 2 期。

② 刘宗义:《中巴经济走廊建设:进展与挑战》,《国际问题研究》2016 年第 3 期。

③ 宋涛、李玏、胡志丁:《地缘合作的理论框架探讨——以东南亚为例》,《世界地理研究》2016 第 1 期。

④ 赵干城:《南亚国际格局的塑造与中国的抉择》,《南亚研究》2010 年第 1 期。

和势力范围,其所谓的首要利益区包括阿拉伯海、孟加拉湾、马六甲海峡、霍尔木兹海峡、曼德海峡等印度洋周边战略要地,印度洋上的岛屿国家,作为其主要石油来源地的海湾地区,以及印度洋上的海洋运输通道。① 布热津斯基曾经指出:"印度自我定位于要在军事上控制印度洋,其海上和空中力量计划显然朝着那个方向发展。"②近年来,印度的大国雄心更是不断膨胀,特别重视印度洋对于其实现世界大国地位的重要性。印度一直希望阻滞中国进入印度洋,力图扮演本地区安全秩序的保护者角色。③

印度一直将中国视为主要竞争对手甚至是敌人,其大国梦始终伴随着"中国威胁论"的盛行。尽管印度是海洋大国,地位关键,但其一直对中国的"21世纪海上丝绸之路"倡议保持冷淡态度,并对中国上升的影响力进行对冲。印度政府提出"季风计划"④,试图与中国所谓扩大在印度洋的地缘政治和地缘经济存在以及"21世纪海上丝绸之路"形成战略对冲。早在2012年2月,印度就推出一份有官方背景的报告,将中国与巴基斯坦列为两大外部威胁,甚至提出通过强化在印度洋的海军优势来牵制中国的陆上优势。⑤ 在港口发展战略上印度计划建设和提升港口的吞吐能力,维护印度在印度洋的主导地位,推出"印度人的印度洋"和"印度版的门罗主义"。2011年,印度航运部公布的《2010—2020年印度海运业发展规划》计划投资620亿美元,使其全国的港口年吞吐量达到32亿吨。⑥

莫迪政府上台后提出包括"邻国优先"政策、"东进"政策、"西联"政策和"季风计划"等多项周边外交政策,印度坚决排斥其他大国染指南亚,特别是千方百计阻挠中国在印度洋的任何军事存在。其中一个重要的原因是印度对中国在印度洋周边的商业活动总是从地缘政治角度加以解读。"印度安全界比较保守,担忧'一带一路'会为中国巩固在印度周边的存在提供合法性和合理性,会进一步

---

① 杨震、董健:《海权视阈下的当代印度海军战略与海外军事基地》,《南亚研究季刊》2016年第2期。

② 兹比格涅夫·布热津斯基:《战略远见:美国与全球权力危机》,洪漫等译,新华出版社,2012,第89页。

③ 李青燕:《"强印度"下的中国南亚外交》,《世界知识》2016年第1期。

④ 2014年6月,印度莫迪政府推出"季风计划",以深受印度文化影响的环印度洋地区以及该地区国家间经济关系为依托,以印度为主力推进环印度洋地区国家间的合作。计划共涉及39个印度洋国家。

⑤ 楼春豪:《21世纪海上丝绸之路的风险与挑战》,《印度洋经济体研究》2014年第5期。

⑥ 《印度将出台新政解除港口收费管制》,中华人民共和国商务部,2013年4月17日,http://in.mofcom.gov.cn/article/jmxw/201304/20130400092327.shtml。

把印度的邻国拉向中国,损害印度的地缘战略利益".[1] 这种解读与中国倡导的互利合作、共同发展理念非常不同,自 2013 年"一带一路"倡议提出以来,中国努力让印度参与进来,以推动该倡议在南亚取得成功。[2]

中国在印度洋地区特别是南亚地区的港口建设,面临的政治风险之一就是来自印度的介入风险。在地缘安全竞争的思维下,印度以军事化、安全化的措施来抵消中国在印度洋的经济合作,无疑会对该地区沿海各国共建"21 世纪海上丝绸之路"造成不利的影响。对此,雷嘉·莫汉非常直白地指出:"中国以建立大项目的方法在印度洋战略岛国维持或获取影响力,以此作为长期进军印度洋的基础。北京已经把这种方法植根于与小岛国的经济、政治往来的更广泛的框架之中。而与之相反,印度强调与这些岛国的军队合作,寻求与其力量薄弱的海上部队实现互通,向它们提供基础设施,并把其纳入印度的印度洋预警系统网络之中。"[3]显然,印度担心中国在印度洋日益扩大的经济影响力会转化为地缘政治和安全优势,因而倾向通过具有排他性的军事化、安全化手段来淡化该地区与中国提升经济合作的前景。

最后,美国、日本等域外大国的介入使地缘政治风险更为突出。深受海权论影响的美国一直致力于维护自身的全球海洋霸权,力图掌控全球各地的海上咽喉要道,达到控制全球海路、维持制海权的目的。随着中国经济和全球影响力的不断增长,美国更加注重对全球战略航道特别是与中国相关的海上通道的掌控。

"印太战略"被视为美国全球战略与"全球行动体系"的一部分,构建美国领导的印太秩序成为美国在印度洋和太平洋地区的关键目标。东南亚和南亚地区是美国"印太战略"的关键组成部分。"美国提出'印太'概念旨在统筹印度洋和太平洋两大战略空间,确保美国在该地区的整体国家利益,应对潜在的风险和挑战。'印太'概念不仅包括西太平洋区域的沿海国家和重要海上交通线,还包括印度洋区域的重要海上交通线及沿海地区。从'亚太'变为'印太',在某种意义上意味着美国亚洲战略重心的南移和西移,即由传统的西太平洋区域向印太地

① 张家栋:《印度》,载于石源华、祁怀高主编:《中国周边国家概览》,世界知识出版社,2017,第293 页。

② Wade Shepard, "India to Sri Lanka: Forget China, We Want Your Empty Airport," *Forbes*, August 14, 2017, https://www.forbes.com/sites/wadeshepard/2017/08/14/india-to-sri-lanka-forget-china-we-want-your-empty-airport/#4f1563d81ece.

③ 雷嘉·莫汉:《中印海洋大战略》,朱宪超、张玉梅译,中国民主法制出版社,2014,第 132 - 133 页。

区,特别是沿海地区转移"。^① 维护印太地区的秩序是"海权论"与"霸权稳定论"的重要体现,美国加快构建印太地区的安全伙伴关系网和以其为核心的多边安全合作框架,最终在美国的领导下共同维护该区域的海上主导权。美国海军官员约翰·F.布拉德福德(John F. Bradford)指出:"维护安全可靠的海道,特别是那些将美国与其在印度洋和太平洋的合作伙伴联系起来的通道,是美国的核心利益。鉴于这些战略要求以及国家和非国家行为体具备破坏对全球繁荣至关重要的印度洋—太平洋航道的能力,美国正在通过扩大伙伴关系和建立信任的方式加强与海洋合作伙伴的合作。"^②为此,美国提升了对东南亚、南亚国家的重视程度,千方百计地施加自身影响,力图将这些国家纳入其主导的"印太战略"和"全球行动体系",压缩中国"21世纪海上丝绸之路"倡议的发展空间和影响力。美国"印太战略"对中国与东盟共建"21世纪海上丝绸之路"造成严重冲击和挑战,恶化了双方合作的安全环境。^③

日本一直高度重视在亚太地区和印度洋地区的"海上通道安全",积极向海外扩展影响力,参与美国的伙伴关系网络,并与中国展开激烈竞争。中国通过"21世纪海上丝绸之路"与沿线各国打造共同发展的经济带,而日本也有自己的"太平洋—印度洋"战略,在连接两洋的海上通道上构筑"防线",为遏制中国服务^④,并对中国形成战略对冲。2013年日本在吉布提建立了第一个海外军事据点,并借此加强与美印的海上安全合作。特别是日印两国在遏制中国海外影响力方面具有共同的战略利益,两国不断相互靠拢,美日均努力将印度拉入制衡中国的圈子,而印度也对此作出了积极回应。

在此背景下,中国在巴基斯坦、斯里兰卡、缅甸等国参与建设的港口项目受到西方国家和印度持续而集中的猜疑与炒作,并与这些国家国内政治、社会纷争相互影响,对港口建设项目造成重大干扰。

虽然面临以上诸多挑战,但是未来中国在东南亚—南亚地区的港口建设中

---

① 韦宗友:《美国在印太地区的战略调整及其地缘战略影响》,《世界经济与政治》2013年第10期。

② John F. Bradford, "The Maritime Strategy of the United States: Implications for Indo-Pacific Sea Lanes," *Contemporary Southeast Asia*, Vol. 33, No. 2 (2011): 183-208.

③ 罗圣荣、赵祺:《美国"印太战略"对中国—东盟共建"21世纪海上丝绸之路"的挑战与应对》,《和平与发展》2021年第3期。

④ 李秀石:《试析日本在太平洋和印度洋的战略扩张:从"反海盗"到"保卫"两洋海上通道》,《国际政治》2014年第5期。

需高度重视安全风险,通过更为务实的互利合作和有效的港口合作努力消除港口所在国的非经济因素干扰,拓展三方合作,尽可能化解印度、新加坡等地区国家的抵制情绪和竞争压力,并以实际行动反驳西方大国的恶意炒作。

第二节　中国在缅甸的港口建设

缅甸①是中国西南方向的重要邻国,中国是缅甸最大的贸易伙伴和重要的投资来源国,双边历史与现实联系密切。在共建"21世纪海上丝绸之路"的框架下,中国与缅甸以港口项目为抓手,合作建设海陆大通道,对于双方发展来说都是重大机遇。缅甸港口设施相对落后,制约了其交通枢纽作用的发挥,中国以资金、技术和运营管理上的优势积极参与缅甸的港口建设,可以有效补齐缅甸方面的短板。但是中国参与缅甸港口建设也遭遇了诸多风险和挑战,这主要包括缅甸政局的动荡和政治转型的不确定性,来自缅甸社会和民众的阻力,以及大国势力在该地区的地缘政治博弈。

一、中国参与缅甸港口建设的主要背景

中缅关系事关中国经济、能源与安全等多重利益,两国经济联系尤为密切。中国企业在缅甸投资油气资源勘探开发、电力能源、油气管道、矿业资源开发及纺织制衣等加工制造业,从事工程承包的企业达到50多家,多为大型央企,并合作建设有曼德勒缪达工业园、伊洛瓦底省勃生纺织工业园等。② 截至2017年5月,中国对缅总投资额达180亿美元,共有183个已批准投资项目,占缅甸吸收外资总额的26%。③ 在此背景下,中国十分重视对缅务实合作,港口建设合作对于带动中缅共同发展、强化两国传统友好关系和维护中国能源与安全利益具有重要意义。

---

① 东南亚是"21世纪海上丝绸之路"建设的首要地区,中国参与的港口建设项目众多,但限于本书重点讨论印度洋至地中海的海上丝路沿线港口建设参与情况,这里仅选择缅甸案例进行分析。

② 参见《对外投资合作国别(地区)指南：缅甸(2019年版)》,中华人民共和国商务部,http://www.mofcom.gov.cn/dl/gbdqzn/upload/miandian.pdf。

③ 《中国对缅甸投资总额在所有国家和地区中位列首位》,新浪财经,2017年7月5日,http://finance.sina.com.cn/roll/2017-07-05/doc-ifyhvyie0220957.shtml。

（一）强化传统政治关系和经济务实合作

"一带一路"倡议提出后，中缅高层互动频繁，关于皎漂港项目开发的意向逐渐形成。2014 年 11 月，缅甸总统吴登盛来华出席"加强互联互通伙伴关系"对话会时，中缅双方就"一带一路"建设问题交换意见，希望在平等互利的基础上推进中缅互联互通和经济特区建设等项目。2015 年 4 月，习近平主席在雅加达会见吴登盛时，再次强调了双方"一带一路"建设的相关合作。当年 12 月底，云南省发展改革委派出商务考察代表团赴缅甸和孟加拉国考察。在缅甸皎漂考察时，代表团参观考察了韩国大宇码头和中国石油天然气集团有限公司（以下简称"中国石油"）马德岛原油码头，并和中国石油进行座谈。2016 年 7 月 11 日，缅甸皎漂经济特区工业园管理委员会秘书长吴钦泰率工业园管理委员会代表团来中国宁波大榭开发区考察调研，就税收、土地供应、海关、基础设施配套等问题进行了互动交流。这些沟通互动为双方加强港口合作奠定了重要基础。

2016 年 8 月，缅甸国务资政昂山素季访华，探讨改善中缅关系、进一步推进双方政治与经济合作。习近平主席在北京会面昂山素季时指出，新形势下的中缅关系要得到发展，需要双方加强政治引领，对接发展战略；中方愿同缅方一道推进有关互联互通项目；继续推动缅甸和平进程，维护中缅边境和平稳定。[1] 中国是昂山素季到访的第一个大国，昂山素季寓意重新调整缅甸的对华政策，并争取中国帮助缅甸实现民族和解和经济发展的国家优先事项。[2] 相较于政治视角，从经济层面的观点分析认为，缅甸政府同中方积极交流的目的，包括吸引投资、发展经济和学习发展经验等。中国是缅甸的主要投资来源国，自 1988 年以来对缅甸投资总额超过 140 亿美元，占据了中国对东南亚国家投资总额的 1/3。[3] 中国对缅甸投资的关注焦点是皎漂经济特区，并对该特区的石油和天然气管道以及其他设施投入了大量资金。而缅甸计划建设三个经济特区，迫切需要学习经营

① 《习近平会见缅甸国务资政昂山素季》，新华网，2016 年 8 月 19 日，http://news.xinhuanet.com/politics/2016-08/19/c_1119423235.htm。

② "Aung San Suu Kyi's Visit to Beijing: Recalibrating Myanmar's China Policy," Mizzima News, August 18, 2016, http://www.mizzima.com/news-opinion/aung-san-suu-kyi%E2%80%99s-visit-beijing-recalibrating-myanmar%E2%80%99s-china-policy.

③ Tridivesh Singh Maini and Sandeep Sachdeva, "China Faces Increasing Competition in Myanmar," The Diplomat, November 13, 2017, https://thediplomat.com/2017/11/china-faces-increasing-competition-in-myanmar/.

经验和中国的成功发展模式,改善国内落后的基础设施。为此,缅甸政府组织各部门代表团多次赴中国进行考察,借鉴以港口为基础建设经济特区的发展模式经验,包括中国深圳蛇口工业区和上海外高桥保税区等。

2017 年 4 月,缅甸总统吴廷觉率团访华,习近平主席会谈时特别提出要推动缅甸皎漂经济特区等重点合作项目早日实施。吴廷觉对此表示:"缅甸支持并愿积极参与'一带一路'建设,加强双方在基础设施建设、边境经济合作区等领域的重点项目合作。"①随后,中信集团有限公司(以下简称"中信集团")董事长常振明与缅甸皎漂经济特区管理委员会主席吴梭温签署了有关皎漂经济特区深水港和工业园项目开发实施的换文。② 2017 年 5 月,缅甸国务资政昂山素季再次访华,出席首届"一带一路"国际合作高峰论坛。她表示"一带一路"倡议将为本地区和世界带来和平、和解、繁荣,缅方高度重视并致力于深化缅中关系,感谢中方支持和帮助。③ 中缅高层频繁交流和友好互动展示出双方政治关系与政策对接的进一步深化,为皎漂深水港和工业园区的建设打下了坚实基础。皎漂深水港的建设有利于中缅互利合作,促进缅甸经济的多元化发展,通过经济特区综合配套设施的建设还可收获长远的经济效益。

(二) 开拓能源安全新路径和促进区域经济发展

中国参与缅甸皎漂港项目,在一定程度上源于对海上通道和能源安全的关切。通过已经建成的中缅油气管道与皎漂深水港项目相配合,大型油轮可将从中东或非洲运来的石油直接在该港卸下,然后通过中缅油气管道输送到中国西南地区,不仅相对缩短了能源运输时间,而且无须取道马六甲海峡和南海,有助于油气通道多元化和能源安全。

中缅油气管道是继中亚油气管道、中俄原油管道之后的中国第三条陆上能源进口通道,随着中缅皎漂港合作项目的签署和建设,中国开辟印度洋能源通道的构想逐步变为现实。2009 年 6 月,中缅签署了《中国石油天然气集团公司与缅甸联邦能源部关于开发、运营和管理中缅原油管道项目的谅解备忘录》,包括

---

① 侯丽军:《习近平同缅甸总统吴廷觉举行会谈》,新华网,2017 年 4 月 10 日,http://www.xinhuanet.com/politics/2017-04/10/c_1120783868.htm。

②《"一带一路"PPP 项目案例:缅甸皎漂特别经济区深水港和工业园项目》,财政部政府和社会资本合作中心,2017 年 6 月 2 日,http://www.cpppc.org/zh/ydylal/5185.jhtml。

③《习近平会见缅甸国务资政昂山素季》,新华网,2017 年 5 月 16 日,http://www.xinhuanet.com/politics/2017-05/16/c_1120982660.htm。

在缅甸皎漂港东南方的马德岛建设一个可供超大型油轮卸载原油的码头和终端等设施。该项目于 2010 年 6 月开工建设,2013 年 7 月天然气管道实现通气;2015 年 1 月原油管道开始试运行,同时马德岛码头于 2017 年 4 月正式投入运营。2017 年 4 月 10 日,在习近平主席和吴廷觉总统的共同见证下,双方在北京签署了《中缅原油管道运输协议》,同日停靠在马德岛原油码头的远洋油轮开始向罐区卸载原油,标志着历经数年建设和筹备的中缅原油管道工程正式投运。而后皎漂深水港二期工程极大提升了油气储备和物流能力,进一步拓展了中缅能源通道的价值。

在油气项目上,皎漂港的油气深加工对确保我国西南地区成品油和化工产品的供应具有重要意义。皎漂港项目的马德岛码头是中缅油气管道的起始端,可以方便来自中东地区的油气资源的大规模储运,有利于项目辐射区油气资源密集型产业的集聚发展,并且拓宽相关初级和再加工产品的市场渠道。作为油气管道的配套项目,2017 年 5 月,中国石油计划投产云南石化公司发展就近加工运输和销售,设计年加工能力为 1 300 万吨,[①]计划供应中国西南地区多个省份。与此同时,皎漂港将建设成为重要的经济特区,配合工业园区综合设施的建设,利用其物流和口岸效应的平台,可以带动产业的多元化,如油气加工产业、跨国及域内物流运输、IT 园区、食品加工、服装制造业等项目。在物流运输产业的布局上,皎漂深水港将成为大型的综合港口,成为缅甸和中国西南地区运往欧洲、非洲和中东地区物资的重要出口节点,也有利于中国船舶在东南亚和南亚各港口之间的水路交通中转。

中国参与皎漂港建设不仅有利于中国拓展能源安全路径,皎漂经济特区的建设对中国西南地区的经济发展也具有显著的推动作用。一方面,中国西南地区借道缅甸获得直通印度洋的出海通道,西南地区原本因地域封闭而造成的相对落后和保守的状态将得到较大改善,区位优势的重塑将大幅提高贸易便捷度。同时,在加大开放力度和改善基础设施条件的前提下,以云南为支点的西南地区可以利用缅甸开拓东南亚和南亚的新兴市场,区位优势的显现有助于吸引外来投资,实现经济快速发展。另一方面,皎漂经济特区建设所带来的经济发展契机

---

① 刘羊旸、姚兵:《中缅原油管道原油正式进入中国》,人民网,2017 年 5 月 19 日,http://world.people.com.cn/n1/2017/0519/c1002-29288026.html。

有利于中国西南地区各省之间的合作，加强其与中国东部地区经济的联系。云南借助桥头堡的地缘优势"走出去"，并依托邻近省市的支撑，可以加快建成大湄公河次区域合作的新高地和面向南亚、东南亚的辐射中心。[①] 此外，在经济对外开放日益提升的趋势下，边境地区民众的物质生活条件和思想认识水平都有望得到明显提高，这对于中国西南边境口岸城市如瑞丽等地的发展意义重大。

二、中国与缅甸皎漂港的建设

缅甸主要港口有仰光港、勃生港和毛淡棉港，其中仰光港是缅甸最大的港口。在南海到孟加拉湾沿岸地区，仰光港可以把孟加拉国最大港口吉大港、泰国曼谷港和柬埔寨西哈努克港串联起来，使孟加拉湾和泰国湾沿岸的港口实现互联互通，在东印度洋地区形成港口链。[②] 2017—2018 财年，缅甸进出港船只总吨位分别为 2 673.3 万吨和 2 687.3 万吨；水路运输旅客达 1 002.4 万人次。[③] 缅甸海外贸易规模有限，港口建设较为落后，海上航线较少。根据联合国贸发会议发布的全球班轮航运连通性指数，缅甸的这一指数很低，以 2006 年为例，全球最大值为 100，当年缅甸只有 3.82，至 2018 年也只有 9.97。[④] 缅甸现有最大的港口仰光港受地理条件不佳和水深的影响，船舶的吨级受到一定程度的限制，同时也已经很难再继续扩建。缺乏深水港口的不利局面明显限制了缅甸对外贸易的发展和经济的持续增长，这为中缅两国在"21 世纪海上丝绸之路"框架下开展港口开发合作提供了机遇。

中国在缅甸参与的港口建设项目主要是皎漂港，还有一些小型港口和码头建设项目，如中国交建三航局承建的蒂拉洼集装箱码头项目。该码头距仰光市约 20 千米，码头总长 1 000 米，宽 23 米。皎漂港的战略位置十分重要，是实现孟加拉湾与西南陆地海陆联运的关键节点，是中缅合作开展港口开发的最佳选

① 刘慧、叶尔肯·吾扎提、王成龙：《"一带一路"战略对中国国土开发空间格局的影响》，《地理科学进展》2015 年第 5 期。

② 王勇辉：《"21 世纪海上丝绸之路"东南亚战略支点国家的构建》，《世界经济与政治论坛》2016 年第 3 期。

③ 参见《对外投资合作国别（地区）指南：缅甸（2019 年版）》，中华人民共和国商务部，http://www.mofcom.gov.cn/dl/gbdqzn/upload/miandian.pdf。

④ "Liner Shipping Connectivity Index, Quarterly," UNCTAD, https://unctadstat.unctad.org/wds/TableViewer/tableView.aspx?ReportId=92.

择。皎漂港位于缅甸若开邦的兰里岛北段城镇,居于孟加拉湾东北部,坐东面西,位置相对比较偏僻,但地理条件十分优越。港口外航道较深,自然水深约 24 米,可航行和停泊 25 万吨级至 30 万吨级远洋轮船,是一个天然良港。同时,在距离皎漂港北侧入口 1/3 的地方有一处岛屿——马德岛,是中缅油气管道的起点。中国石油与中国港湾在该岛建设了一个大型油轮码头。

皎漂深水港被纳入皎漂经济特区的整体规划,后者被定为缅甸重点建设的三个经济特区之一①。早在 2007 年,缅甸军政府就曾提出建设皎漂经济特区,并授权有关公司与中国云南联合外经股份有限公司协商皎漂地区开发。为让皎漂经济特区成为大型区域与国际贸易中心,缅甸政府向国际社会公开项目招标,项目包含深水港、工业园和综合住宅区开发。而依托于皎漂港的皎漂经济特区建设项目也在 2015 年 12 月正式公布。中国中信集团牵头并联合泰国正大集团、中国港湾、招商局港口、天津泰达集团有限公司、云南建工集团有限公司等企业共同投标。其中,港口的设计和建造选择了中国港湾,运营移交部分与招商局港口合作,工业园区部分与天津泰达集团有限公司和具有地理优势及资源优势的云南建工集团有限公司合作。此外,中信集团加强与泰国正大集团的合作,正大集团在缅甸有众多业务,是中信集团在香港整体上市之后引进的战略股东,在东南亚具有较强的影响力和资源优势。② 最终,2015 年 12 月 30 日,缅甸皎漂经济特区项目评标及授标委员会宣布,中信企业联合体中标皎漂经济特区工业园和深水港项目。

实际上,中国主要参与的是皎漂港第二阶段的建设。缅甸皎漂港项目的建设始于 2007 年 6 月,中国参与皎漂港项目的建设是在 2015 年 12 月皎漂经济特区建设项目公布之后才正式开始的。③ 在中国正式参与皎漂港建设之时,缅甸国内皎漂港已经完成第一阶段的建设,主要工程项目包括 30 万吨级原油码头、工作船码头、65 万立方米水库、38 千米航道、120 万立方米原油罐区以及马德岛首站、中缅天然气管道控制室等。第一阶段建设已于 2014 年 11 月完工。缅甸能源部宣布,皎漂港于 2015 年 1 月 30 日正式投入运行。

---

① 其余两个经济特区分别为仰光地区的迪拉瓦(日本企业主导开发)和德林达依的土瓦(泰国企业主导开发)。

② 《从皎漂项目中标看'一带一路'的中信模式》,《财经》,2017 年 5 月 12 日,http://qingmang.me/articles/-8383464362803378685/。

③ 《"一带一路"缅甸段:区域战略更迭中的亿元项目》,东盟学院网,2017 年 1 月 19 日,http://dongmengxueyuan.gxun.edu.cn/info/1502/11505.htm。

皎漂经济特区开发项目规划总面积为 75 平方千米，计划先行开发项目一期 17.46 平方千米，围绕皎漂港兴建一座投资总额 23 亿美元的工业园，用以发展特别经济区。皎漂港二期项目包含马德岛和延白岛两个港区 10 个泊位的建设工程，分四期建设，总工期约 20 年。中信企业联合体预计投资额将达到约 90 亿美元。① 此外，在皎漂经济特区中，马德岛码头因作为中缅油气管道的起点，在近年逐步兴盛起来，也被纳入二期建设的规划之中，成为皎漂港项目中的重要一环。青岛港集团受中国石油委托对缅甸皎漂港马德岛 30 万吨级原油码头进行运营管理。建成后的皎漂港将成为缅甸最大的远洋深水港，预计年吞吐量将达到 780 万吨。缅甸新政府在 2015 年成立新一届皎漂经济特区管理委员会，计划组建股份有限公司负责管理工作。但 2016 年皎漂港项目却因故陷入了停滞状态，并持续了 2 年多的时间，直到 2018 年 11 月 8 日才签署了框架协议。2018 年 11 月，中缅双方代表在缅甸正式签署了皎漂深水港项目框架协议。按照协议，中缅双方股权占比由原来的 85% 和 15% 调整为 70% 和 30%；双方分阶段实施该项目，预计项目第一阶段将投资 13 亿美元。中信集团董事长常振明说："我们将把皎漂打造成绿色生态港，相信随着项目建设，皎漂港和若开邦将迎来经济发展新局面。"② 由此，根据皎漂港项目最初的总预算来看，缅方股权占比上升至 30% 之后，将需要额外承担整个项目中的 11 亿美元的资金。③ 2020 年 1 月，中国与缅甸签署了包括港口合作在内的 33 项协议，双方同意共建"一带一路"，着力推进皎漂经济特区建设等。

三、皎漂港项目面临的主要挑战与风险

缅甸经济发展水平不高，基础设施落后，投资环境不佳，不确定性因素众多。据世界银行发布的《2019 年营商环境报告》，缅甸排名世界第 171 位，排名十分靠后。④

---

① 庄北宁：《中信联合体中标缅甸皎漂特区项目》，新华网，2015 年 12 月 31 日，http://www.xinhuanet.com/world/2015-12/31/c_128585886.htm。

② 庄北宁、车牟亮：《中缅签署皎漂深水港项目框架协议》，新华网，2018 年 11 月 8 日，http://www.xinhuanet.com/fortune/2018-11/08/c_1123686146.htm。

③ 《中缅签署皎漂深水港项目框架协议 缅方占股 30%》，封面，2018 年 11 月 9 日，http://www.thecover.cn/news/1353640。

④ 参见《对外投资合作国别（地区）指南：缅甸（2019 年版）》，中华人民共和国商务部，http://www.mofcom.gov.cn/dl/gbdqzn/upload/miandian.pdf。

除了经济发展落后带来的挑战之外,缅甸政局动荡、非政府组织活跃、外部大国博弈带来的政治、社会和地缘政治风险十分突出。在此背景下,缅甸国内对中国在当地的港口建设项目态度复杂而多变,深受缅甸国内政局动荡、族群撕裂和外部大国因素的影响。

（一）缅甸政局动荡带来的政治风险

缅甸政局动荡源于历史因素和特殊的国内民族与政治结构以及政治转型进程的纠葛。缅甸国内民族问题非常复杂,民族矛盾由来已久。历史上,英国殖民统治时期采取的"七邦七省"分而治之的政策加深了缅甸国内各民族之间的隔阂与矛盾。独立后,缅甸国内主体民族缅族与其他少数民族的冲突,佛教徒与穆斯林的宗教冲突,以及军政府与反对派的冲突等多重矛盾持续存在。缅甸一直将"民族建构"等同为"国家建构","强迫同化"少数民族,始终试图建立一个民族同质的单一制国家,这激起其他民族的反对甚至武装抵抗,结果导致了数十年的内战。[①]

缅甸军政府长期掌权,势力强大,而民主改革和西方势力的介入进一步激化了国内政治纷争。自 2011 年吴登盛所领导的文人政府执政以来,实施了一系列重大的政治、经济改革措施,但并未消除国内矛盾和动荡。受到选举政治的激发,各个族群的利益碰撞愈演愈烈。在没有建立起制度化的和解渠道之前,自认为利益没有得到满足的族群通过各种手段维护其自身权益。[②] 权势很大的军方对政治和解进程充满疑虑,而西方国家暗中支持反对派,地方分裂主义势力也蠢蠢欲动,缅甸政局陷入持续动荡。虽然昂山素季和民盟政府致力于实现民族和解,积极推动国内和谈,但国内多地的战火仍未平息。总而言之,缅甸的政治秩序十分脆弱和混乱,中央与地方力量、军方与文官、民族、宗教以及资源分配不平衡等矛盾纠缠在一起,各派势力严重缺乏政治互信,军方与民盟形成了二元权力结构,二者合作的态势充满脆弱性,对缅甸的和平进程和政治转型构成巨大的挑战。缅甸当前仍处于政治转型时期,新旧体系激烈博弈,前景尚不明朗。2021 年初,军方再次接管了政权,缅甸局势又陷入新一轮动荡之中。

缅甸政局不明朗和治理混乱导致皎漂港项目的前景存在不确定性。皎漂港位于缅甸若开邦,经济发展长期落后,种族和宗教冲突激烈,若开族佛教徒与罗

---

① 连·H.沙空、乔实:《缅甸民族武装冲突的动力根源》,《国际资料信息》2012 年 4 期。

② 黄翔:《改革进程停滞了? 缅甸政局或将陷入持续动荡》,澎湃新闻,2014 年 11 月 19 日,http://www.thepaper.cn/www/v3/jsp/newsDetail_forward_1279323。

兴亚穆斯林之间冲突不断。若开邦的武装冲突不断反复,不可避免地危及中国在当地的投资项目进度和投资安全。缅甸政府对于皎漂港项目可能带来的债务心存疑虑,希望减轻债务负担及对华的经济依赖。2016 年 4 月,缅甸民盟新政府开始重新审查皎漂港项目,并通过谈判将股权从 15% 提升至 30%。① 同时,负责该项目谈判的缅甸计划与财政部副部长塞昂表示不会为任何对该项目的贷款提供主权担保。2018 年 8 月,塞昂在接受西方媒体采访时称,"皎漂港项目的规模将会大幅削减",其首要任务是"确保缅甸政府没有债务负担";缅甸经济顾问特尼尔也表示,皎漂港项目超出了缅甸的实际需求,新协议将会显著降低该项目的财务风险。② 可以看出,缅甸政府的上述举措目的是提升其对皎漂港建设项目的控制能力。③

(二)社会和民众层面的误解与阻力

缅甸国内工会和非政府组织的影响力很大。近年来缅甸由劳资纠纷等问题引发的罢工事件多次发生,多是有组织的罢工行为。2018 年针对缅甸政府及中国、日本、韩国企业的罢工事件时有发生,多家企业受到影响,工会等相关组织在罢工、示威等活动中扮演策划者和组织者的角色。缅甸非政府组织众多,其中不少具有国际背景。近年缅甸一些非政府组织曾组织抗议活动,对在缅甸投资开发水电、矿产的外资企业产生了较大的负面影响。④

2011 年以来,中国在缅甸接连遭遇惨重的投资损失,中国企业投资的密松水电站、莱比塘铜矿、中缅铁路以及中缅天然气和石油管道等,在缅甸国内都遭遇反对声浪,耗资巨大的投资项目受到阻碍,陷入停滞甚或最终被取消。这背后的重要原因就在于缅甸社会力量的反对,他们认为中国在缅甸投资不透明,导致了严重的环境问题,在非政府组织的动员和媒体的误导煽动之下,缅甸社会高度

---

① "China to Take 70 Percent Stake in Strategic Port in Myanmar-Official," Reuters,October 17,2017,https://www. reuters. com/article/china-silkroad-myanmar-port/china-to-take-70-percent-stake-in-strategic-port-in-myanmar-official-idUSL4N1MS3UB.

② Kanupriya Kapoor, "Exclusive:Myanmar Scales Back Chinese-backed Port Project Due to Debt Fears-Official," Reuters,August 2,2018,https://www. reuters. com/article/us-myanmar-china-port-exclusive-idUSKBN1KN106.

③ 彭念:《"一带一路"倡议下中国投资海外港口的风险分析及政策建议》,《南亚研究》2019 年第 3 期。

④ 参见《对外投资合作国别(地区)指南:缅甸(2019 年版)》,中华人民共和国商务部,http://www. mofcom. gov. cn/dl/gbdqzn/upload/miandian. pdf。

关注,当地民众激烈反对。2014 年,缅甸政府终止了中缅皎漂—昆明铁路工程计划,理由也是民众反对。

就皎漂港项目而言,虽然具有成为缅甸最大港口的潜力,但是其与商业和产业集群之间的距离可能使该港纳入地区生产和销售网络的时间不占优势。[①] 相较于其他经济特区,若开邦面临更多的问题,其种族众多、宗教繁杂,远离主要的商业城市,不太适合轻工业和劳动密集型产业等。虽然缅甸国会在 2015 年 12 月通过了皎漂经济特区的建设项目,项目却迟迟无法正式落地和开始建设。由于皎漂当地民众对项目建设征用土地来源、补偿方案、潜在开发商和投资者及其建设计划等信息不清楚,在非政府组织和外部势力的鼓动下对该项目的疑虑与反对不断。此外,中国的投资给予了缅甸,特别是若开邦落后地区一个良好的发展契机,但新一代缅甸民众不希望只从事体力劳动,渴望获得更加专业的职业训练。当地民众抗议土地赔偿不到位,阻碍了皎漂港项目的顺利推进,此外民众还要求增加就业机会,担心项目施工会给当地环境造成破坏。[②] 在缅甸国会审议皎漂经济特区项目时,当地上百个非政府组织连续集会,对政府施加压力。2017 年 2 月,有缅甸议员认为,许多已经批准的开发项目由于没有征求民众的意见而引起了当地人民的恐慌和不满,甚至造成了环境问题等。缅甸政府需要特别关注皎漂港项目,也许应当重新考虑若开邦的皎漂深水港和开发区项目。[③] 缅甸希望从“一带一路”建设中获得投资、基础设施与发展机遇的同时也十分关心项目对东道国环境产生的影响。[④]

部分西方媒体和非政府组织专门搜集在缅中企的“不利证据”,向缅甸民众传播及夸大不良影响,企图煽动缅甸民间的不满情绪,通过抗议、示威等行为影响政府层面的决策。[⑤] 这也是导致中缅部分大型合作项目遇阻的重要原因。美

① "Sino-Japanese Competition Heats up over Myanmar's SEZs," *East Asia Forum*,April 5,2016,http://www.eastasiaforum.org/2016/04/05/sino-japanese-competition-heats-up-over-myanmars-sezs/.

② 彭念:《“一带一路”倡议下中国投资海外港口的风险分析及政策建议》,《南亚研究》2019 年第 3 期。

③ "Hluttaw to Discuss Proposal to Reassess," *Myanmar Times*,February 23,2017,http://www.mmtimes.com/index.php/national-news/nay-pyi-taw/25059-hluttaw-to-discuss-proposal-to-reassess-projects.html.

④ Tun Khin Kyi and Xiang Zaisheng,"The 21st Century Maritime Silk Road and the Role of Myanmar," *Journal of East China Normal University* (*Natural Science*),No. S1(2020):1.

⑤ 宋清润:《昂山素季的缅甸还有“16 000 个难题”》,观察者,2016 年 4 月 15 日,http://www.guancha.cn/SongQingRun/2016_04_15_357083.shtml。

国国家民主基金会等非政府组织在缅甸发动一系列针对外资开发缅甸西部资源的造势活动,影响当地民众对中国投资项目的态度,配合美国的外交战略,打压中国在缅甸的影响力。^① 受到国内政治纷争、民众压力和域外因素的影响,缅甸政府对中国投资的基础设施项目的态度也一直在变化。例如,2015 年 11 月昂山素季在赢得大选后会见了外国投资者,曾强调新政府要重新审查已移交的所有项目,包括皎漂港项目。

（三）大国竞争与地缘政治因素的干扰

美国、日本和印度等国对中缅重大项目合作十分敏感和不满,认为中国在缅甸的港口项目蕴含着地缘战略企图,皎漂港项目被认为是中国谋求印度洋出海口的举动,是中国的"珍珠链"战略和海外军事布局的一部分。美国、日本和印度从地缘政治争夺出发,持续加大对缅甸的拉拢力度,希望把缅甸打造为遏制中国影响力的棋子。

印度将缅甸视为其"东进"政策的首要对象国。印度对中国在缅甸的港口建设项目深感威胁,认为侵犯了其势力范围和安全利益。印度认为,中国在缅甸的投资活动恶化了印度的地缘战略环境,而且印缅走近还符合美国、日本拉拢印缅遏制中国的战略图谋,可以从美日获得丰厚的回报。^② 2016 年 8 月缅甸总统吴廷觉访问印度之后,2017 年 9 月莫迪访问缅甸,强调缅甸被视为印度"东进"政策的关键支柱。早在 2008 年缅印双方就签订了关于实兑港项目的协议,这是印度为缅甸提供的 5 亿美元长期无息贷款的第一个综合项目。印度多年来一直寻求建立一个能够绕过孟加拉国的通道,可以借此运送货物到达被陆地包围的东北部省份,而实兑港成了一个极好的中转站。^③

美国极力争取政治转型中的缅甸,力争使之倒向西方的怀抱。"若不把缅甸争取到围链的一环,则包围中国的战略便要功亏一篑"。^④ 2012 年 11 月,奥巴马历史性地访问缅甸,使其成为首位在位期间出访该国的美国总统。奥巴马"亲近"缅甸和加强与缅甸的关系,重要目的之一就是希望对冲中国在东南亚地区的

---

① 张勇安、刘海丽:《国际非政府组织与美国对缅外交：以美国国家民主基金会为中心》,《美国研究》2014 年第 2 期。

② 陈利君主编:《2012—2013 南亚报告》,云南大学出版社,2013,第 182 页。

③ "The Trouble with India's Projects in Myanmar," *The Diplomat*, September 21, 2016, http://thediplomat.com/2016/09/the-trouble-with-indias-projects-in-myanmar/.

④ 《奥巴马出席东盟的外交动向》,《香港文汇报》2012 年 11 月 21 日, 第 17 版。

影响力及实现美国战略东移。① 2016 年 5 月，美国国务卿克里访问缅甸时强调缅甸被放在美国重返亚洲政策的核心地位，意在牵制中国在缅甸影响力的扩大。② 然而，缅甸国内局势的多变也限制了美国的影响力发挥。

日本更为重视地缘经济影响力上的竞争。在缅甸和日本国际协力机构联合开发的迪拉瓦经济特区中，有大量日本著名企业入驻，并且注重推进对缅甸民众的技术培训项目。2013 年 5 月，日本首相安倍晋三率领经贸代表团访问缅甸，这是相隔 36 年后日本首相第一次访问缅甸，宣布向缅甸提供新的政府开发援助并追加免债额；日方将投资 126 亿美元合作开发仰光迪拉瓦经济特区。③ 值得一提的是，早在 2004 年中国就提出"丹因—皎丹工业区"的总体规划，该规划地点正是位于当前迪拉瓦经济特区所在的位置。2015 年 9 月，日本开发的迪拉瓦经济特区启动，成为缅甸第一个同时也是最成功的经济特区。④ 此后，日本不断加大对缅甸的基础设施项目建设援助，2018 年 10 月日本国际协力机构与缅方签署协议，将提供 60 亿日元贷款用于曼德勒港口升级。正如《日经亚洲评论》发表的文章所说，中日在缅甸的投资具有竞争地缘影响力的意味，两国也将重塑缅甸航运的面貌。⑤

总体而言，域外大国倾向于将中国在缅甸的基础设施建设活动解读为地缘政治竞争，并以此为出发点拉拢缅甸，甚至联合起来遏制中国在孟加拉湾和印度洋的影响力投射。而大国在缅甸的地缘政治和经济博弈又迫使缅甸采取更为平衡的、模糊化的外交政策。由此带来的不确定性无疑会影响中国在缅甸的投资，尤其是像皎漂港这样具备地缘敏感度的项目，更容易受到大国博弈的因素干扰。

四、结论

在"21 世纪海上丝绸之路"框架下，中国参与缅甸皎漂港建设推动了中缅

① 林锡星：《解读奥巴马访问缅甸》，《联合早报》，2012 年 11 月 16 日，http://www.zaobao.com/forum/letter/us/story20121116-48492。

② 王欢：《美国国务卿克里首访缅甸会晤昂山素季 被指意在牵制中国》，环球网，2016 年 5 月 23 日，http://world.huanqiu.com/exclusive/2016-05/8964845.html。

③ 邱杨：《缅甸：日本重返东南亚的"经济外交牌"》，《三联生活周刊》，2013 年 6 月 9 日，http://www.lifeweek.com.cn/2013/0609/41082.shtm。

④ "Sino-Japanese Competition Heats up over Myanmar's SEZs," East Asia Forum, April 5, 2016, http://www.eastasiaforum.org/2016/04/05/sino-japanese-competition-heats-up-over-myanmars-sezs/.

⑤ "China and Janpan Set to Reshape Shipping in Myanmar," *Nikkei Asian Review*, November 9, 2018, https://asia.nikkei.com/Business/Business-deals/China-and-Japan-Set-to-reshape-shipping-in-Myanmar.

互联互通,对打通中国西南方向的海陆通道、维护中国能源安全等具有重大意义。中缅港口项目合作有效提升了双边政治经济关系,围绕深水港项目而规划的皎漂经济特区进一步提升了皎漂港在孟加拉湾的能源和航运枢纽作用,也为中国的能源安全开辟了新的路径。但是,中国参与的缅甸港口等基础设施项目也面临来自缅甸内外的多重挑战,包括缅甸政局的动荡和政治转型的不确定性,缅甸社会和民众对中国投资行为的疑虑与担忧,以及大国之间在缅甸的地缘政治博弈等。

在未来皎漂深水港和皎漂经济特区的建设项目中,中国在政府层面应当进一步加强两国传统的政治经济关系,鼓励缅甸加快融入“一带一路”建设进程;及时研判缅甸的政局走向,密切关注缅甸的政治转型与民族和解进程;积极倡导开放性的地区经济合作与互利共赢的理念,避免陷入地缘政治竞争的零和博弈。对于在缅甸因港口合作而在当地出现的负面反应,中国政府需要进行客观分析和全面研判,力争让缅甸及其国际社会理解、包容中国在缅甸港口建设项目的互利共赢性质。在企业层面,中资企业应当增进与缅甸地方政府、民众以及民间非政府组织的联系,尤其关注并加强与当地民众和民间组织的沟通与合作,最大限度地获取后者对中资企业投资行为的理解和支持;重视缅甸急需的民生类项目建设,提升对社会责任和民生工程的重视程度。2017 年,中国外交部部长王毅会见昂山素季时,强调了改善缅甸民生问题的重要性,双方认为应该从缅甸最急迫、最需要的项目入手,尤其是缅甸急需的民生类项目。为此,两国将建设北起中国云南,南下至曼德勒,然后再分别延伸到仰光新城和皎漂经济特区的“人字型”“中缅经济走廊”。[1]

第三节　中国在斯里兰卡的港口建设

斯里兰卡位于亚欧之间印度洋国际主航线的必经之地和中心位置,在货物转运、船舶中转和补给等方面具有独特优势,是中国在印度洋和南亚地区港口建

---

[1]《王毅与缅甸国务资政兼外长昂山素季举行会谈》,中华人民共和国外交部,2017 年 11 月 20 日,http://www.fmprc.gov.cn/web/wjbzhd/t1512000.shtml。

设及共建"21世纪海上丝绸之路"的重要合作伙伴。中国参与建设和运营了斯里兰卡科伦坡港、汉班托塔港以及临港经济区配套基础设施的深度开发。斯里兰卡港口项目对于拓展中国在印度洋地区的政治经济影响力以及确保海上航线安全具有重要的价值。然而，中斯港口经济合作也遭遇斯里兰卡内部政治经济的再平衡与外部大国在印度洋地区地缘政治和安全博弈的复杂挑战。

一、中国参与斯里兰卡港口建设的主要背景

中国与斯里兰卡之间的关系拥有坚实的历史、政治与经济基础，双方有足够的意愿和能力推进两国发展战略的对接，共建"21世纪海上丝绸之路"倡议与斯里兰卡建设国际航运中心的愿景高度契合，而中斯港口项目合作是双方政策对接的重要着力点之一。

（一）中斯合作具备坚实的政治经济基础

中斯政治关系久经考验并持续稳步发展。20世纪50年代《米胶协定》的签署掀开了中斯友好合作的历史篇章，此后几十年里两国关系始终稳固发展，堪称"全天候"的朋友。[1] 21世纪以来，中斯政治关系呈现稳步发展的良好态势，2005年4月，温家宝总理访问斯里兰卡期间，两国宣布建立"真诚互助、世代友好的全面合作伙伴关系"。2008年，拉贾帕克萨政府向"泰米尔猛虎组织"发动大规模进攻，最终赢得了内战的胜利。[2] 拉贾帕克萨在2005年担任斯里兰卡总统之后曾先后7次访华，中斯关系不断升级并迎来新的重大发展机遇。2013年5月，拉贾帕克萨总统访华期间与习近平主席、李克强总理会谈，双方将中斯关系提升为"真诚互助、世代友好的战略合作伙伴关系"，[3]进一步夯实两国外交关系基础，提升了战略高度。2014年9月，习近平主席对斯里兰卡进行了首次国事访问。中国与斯里兰卡结下了深厚的友谊，近年来双方高层领导人互动频繁，两国政治关系不断得到提升，也从侧面印证了中斯关系的战略重要性。

中斯经济关系日益密切。长达26年的内战给斯里兰卡造成了巨大创伤，战

---

① 黄海敏、杨梅菊、张学丽：《专访中国驻斯大使：斯政府及民众对中斯关系发展充满期待》，新华网，2015年4月21日，http://news.xinhuanet.com/world/2015-04/21/c_127713816.htm。

② Jeff M. Smith, "China and Sri Lanka: Between a Dream and a Nightmare," *The Diplomat*, November 18, 2016, http://thediplomat.com/2016/11/china-and-sri-lanka-between-a-dream-and-a-nightmare.

③《中国与斯里兰卡民主社会主义共和国联合公报》，中国新闻网，2013年5月30日，http://www.chinanews.com/gn/2013/05-30/4874446.shtml。

后斯里兰卡百废待兴，国家重心转移到经济建设上。中斯两国经贸领域具有较大的互补性，中国有资本、基建技术、施工能力、制造业等优势；斯里兰卡地理位置得天独厚，具备劳动力成本低廉、潜在的市场和消费能力以及长期向上的发展势头等诸多有利因素，对中国企业有较大的投资吸引力。中国在 2009 年和 2010 年连续两年成为斯里兰卡最大贷款来源国，分别提供了 12 亿美元（约为第二大资金来源——亚洲开发银行所提供 4.24 亿美元贷款的 3 倍）和 8.21 亿美元贷款，占斯里兰卡当年国际贷款总量的 54％和 25％。截至 2011 年底，中国对斯里兰卡的投资已达到 65 亿美元。[1] 中国于 2009 年超过日本成为斯里兰卡第一大经济援助国，截至 2014 年中国共向斯里兰卡捐助了 3.08 亿美元，约占前五名国家捐助总额的 40％。[2] 中国企业在当地建设了大批基础设施，包括公路、港口、机场、发电厂、医院以及文化体育设施等。[3] 随着国内形势的稳定和战略地位的凸显，斯里兰卡吸引的国际投资也不断上升，从 2005—2007 年的平均 4.5 亿美元增长至 2017 年和 2018 年的 13.7 亿美元和 16.1 亿美元，截至 2018 年末，斯里兰卡吸引外资存量达 127.57 亿美元。[4]

中国已成为斯里兰卡第二大贸易伙伴、第二大进口来源国以及最大的债权国。中斯双边贸易保持较快增长的势头，2018 年双边贸易额为 45.8 亿美元，当年中国对斯里兰卡直接投资流量为 783 万美元，当年末中国对斯里兰卡直接投资存量为 4.69 亿美元。2018 年中国企业在斯里兰卡新签承包工程合同金额达 36.27 亿美元，完成营业额 23.8 亿美元；累积派出各类劳务人员 2 471 人，年末在斯劳务人员 4 962 人。[5] 但是中斯双边贸易不平衡问题凸显，斯里兰卡非常依赖中国的进口以及市场。2013 年 5 月拉贾帕克萨总统访华期间，中斯双方同意在

① 孙广勇：《发展斯里兰卡基础设施 推动当地经济发展》，人民网，2012 年 10 月 23 日，http://world.people.com.cn/n/2012/1023/c1002-19349183.html。

② Gauri Bhatia, "China, India Tussle for Influence as Sri Lanka Seeks Investment," CNBC, April 24，2016，https://www.cnbc.com/2016/04/24/global-opportunities-china-india-tussle-for-influence-as-sri-lanka-develops.html.

③ 李虹、杨静婕：《中国工程闪亮斯里兰卡 中国成其第一大援助国》，环球网，2013 年 6 月 1 日，http://finance.huanqiu.com/world/2013-06/3992287.html。

④ "World Investment Report 2019," UNCTAD, June 12, 2019, https://worldinvestmentreport.unctad.org/world-investment-report-2019/.

⑤ 《对外投资合作国别（地区）指南：斯里兰卡（2019 年版）》，中华人民共和国商务部，http://www.mofcom.gov.cn/dl/gbdqzn/upload/sililanka.pdf。

《亚太贸易协定》框架下建设中斯自贸区。[1] 之后中斯就自贸协定进行了多轮谈判,取得了实质性进展。近年来在共建"21世纪海上丝绸之路"倡议的激励下,两国关系更进入全面发展新阶段,为中国企业在斯里兰卡开展港口等基础设施投资奠定了基础。

（二）发展政策对接：海上丝路与斯里兰卡航运中心建设

中国开拓和深耕斯里兰卡市场是基于斯里兰卡战略重要性和难得的发展机遇的长期布局,海上丝路建设促使中国更加关注斯里兰卡的投资机遇。斯里兰卡驻华大使卡鲁纳塞纳·科迪图瓦库认为,港口经济未来将是斯里兰卡经济发展的支柱[2],这无疑对中国企业有较大的吸引力。美国学者认为,斯里兰卡是最早支持中国"一带一路"倡议的国家之一,斯里兰卡对于中国来说最大的吸引力就是港口,其位于将中国连接到中东和非洲能源供应国的通道上。[3] 虽然这种认识在国际社会广泛存在,但并没有客观、全面地反映出中斯港口合作的目标与价值。

两国发展战略的契合与合作的互利性是中斯合作迅速发展的基础。斯里兰卡因其连接东西方航道的枢纽位置一度成为印度洋航运中心,但后来因为陷入长期内战而地位衰落。拉贾帕克萨在2005年当选总统后,提出了斯里兰卡建设海事、航空、商业、能源和知识五大中心的"马欣达愿景",非常重视基础设施建设,包括在南部的汉班托塔地区建设一个世界级港口。为此,斯里兰卡政府最初多方寻找外部资金支持,西方国家和地区大国印度对此却并不感兴趣,最终斯里兰卡政府转向中国获得资金和技术支持。斯里兰卡政府曾邀请西方投资者特别是美国公司加入汉班托塔港兴建计划,而美国投资者却认为汉班托塔缺乏投资价值而拒绝加入。[4] 这为中国参与斯里兰卡港口建设提供了重要机遇,2009年

① 《中国与斯里兰卡民主社会主义共和国联合公报》,中国新闻网,2013年5月30日,http://www.chinanews.com/gn/2013/05-30/4874446.shtml。

② 《科伦坡港口城有望成为"一带一路"标杆项目》,中国交建,2017年5月15日,http://www.ccccltd.cn/news/mtjj/201705/t20170515_88613.html。

③ Jeff M. Smith, "China's Investments in Sri Lanka," *Foreign Affairs*, May 23, 2016, https://www.foreignaffairs.com/articles/china/2016-05-23/chinas-investments-sri-lanka.

④ Nilanthi Samaranayake, "Are Sri Lanka's Relations with China Deepening? An Analysis of Economic, Military, and Diplomatic Data," *Asian Security*, Vol. 7, No. 2 (2011): 119–146;马博:《打造"21世纪海上丝绸之路"交汇点:中国—斯里兰卡关系发展的机遇与挑战》,《世界经济与政治论坛》2016年第1期。

内战结束后，中国企业在汉班托塔建设国际化港口的步伐加快。斯里兰卡希望抓住共建"21世纪海上丝绸之路"的历史机遇，力图恢复其印度洋的航运中心地位。2013年8月，斯里兰卡港口局提出了名为"展望2020年——丝绸之路上的卓越物流"的规划，放弃集装箱中心的原有设想，重新定位为全球物流中心，除了建设深水港和港口扩容之外，还要建设领先的物流系统，并计划在2020年达到2亿吨的货物吞吐量、10亿美元的收入、100亿美元的港口投资，使港口成为推动国家经济增长的主要动力。[①] 斯里兰卡政府计划利用自身的突出战略地位，大幅提升其与其他国家的经济往来规模，将斯里兰卡重新塑造为印度洋上的枢纽及孟加拉湾的转运良港。

中斯高层领导人共同推动发展政策的对接，积极在"21世纪海上丝绸之路"框架下开展港口与航运合作。2014年9月习近平主席访问斯里兰卡期间，双方签订了《中斯关于深化战略合作伙伴关系的行动计划》，其中第十二条指出："斯方欢迎并支持中方提出的构建'21世纪海上丝绸之路'的倡议，愿积极参与相关合作。双方同意进一步加强对马加普拉/汉班托塔港项目的投资。双方同意进一步加强海洋领域合作，推进科伦坡港口城的建设，签署马加普拉/汉班托塔港二期经营权有关协议，宣布建立海岸带和海洋合作联委会。"[②] 斯里兰卡外长佩里斯表示，斯里兰卡认同中国提出的现代海上丝路愿景，汉班托塔港完工后将成为印度洋东西主航道上的关键港口，进而成为中国前往中东、非洲、欧洲等地远洋船只的理想中继点。[③]

2015年9月，斯里兰卡议长卡鲁·贾亚苏里亚出席科伦坡国际海运会议开幕式时表示，斯里兰卡有得天独厚的地理优势，有信心成为世界航运中心。希望更多的航运公司使用斯里兰卡港口，也希望吸引全球投资，尤其是来自亚洲及中东的投资，努力把斯里兰卡打造成世界航运中心。[④] 2016年4月，斯里兰卡外交

---

① "SLPA Introduced New Corporate Plan," News Lines, August 1, 2013, http://www.priu.gov.lk/news_update/Current_Affairs/ca201308/20130801slpa_introduced_new_corporate_plan.htm.

② 《中斯关于深化战略合作伙伴关系的行动计划（全文）》，中华人民共和国中央人民政府，2014年9月17日，http://www.gov.cn/xinwen/2014-09/17/content_2751595.htm。

③ 王世达：《习近平访问斯里兰卡 打造"21世纪海上丝绸之路"》，《中国日报》中文网，2014年9月18日，http://world.chinadaily.com.cn/2014-09/18/content_18620178.htm。

④ 《斯里兰卡希望成为世界航运中心》，新华网，2015年9月25日，http://news.xinhuanet.com/fortune/2015-09/25/c_1116684067.htm。

部副部长德席尔瓦接受西方媒体采访时说："如果我们的决策正确,我们将成为下一个新加坡或迪拜甚至超越它们。"①2016 年 7 月中国外交部部长王毅访问斯里兰卡时指出,双方将以共建海上丝路为方向,进一步对接发展战略,助力斯里兰卡建设印度洋航运中心和发展能力建设。斯里兰卡总理维克勒马辛哈也表示,自古以来斯里兰卡就是中国"海上丝绸之路"上的重要一环,今天斯里兰卡希望能够再次成为"21 世纪海上丝绸之路"印度洋海域的核心枢纽。②

综上所述,两国在长期互动中形成的传统政治经济关系为中国投资斯里兰卡基础设施建设奠定了良好基础;共建"21 世纪海上丝绸之路"与斯里兰卡建设印度洋航运中心的发展目标高度契合,双方在顶层发展政策规划与对接方面具备强烈的愿望,这为中斯港口项目合作提供了难得的机遇。

二、中国与斯里兰卡的港口建设

斯里兰卡主要拥有西北岸的科伦坡港和东北岸的亭可马里港两大国际级港口,近年又新建了南部的汉班托塔港。科伦坡港是斯里兰卡最大港口和印度洋上货物运输的转运港,吞吐能力逐步达到极限,急需升级或建设新港;亭可马里港因内战未得到大规模的开发利用,无法满足斯里兰卡的发展需求。而位于斯里兰卡最南部的汉班托塔港紧邻印度洋主航道,是印度洋东西航线船只的必经之地,区位优势突出。根据联合国贸发会议最新发布的全球班轮航运连通性指数,斯里兰卡的指数原本不高,从 2006 年(2006 年全球最大值为 100)的 33.99 上升为 2013 年的 39.72,之后开始快速上升,2018 年达到 62.61。③ 近年来,斯里兰卡政府通过扩建科伦坡港、新建汉班托塔港,进一步增强了其国际航运服务能力,为发展海洋经济奠定了坚实基础。

在中斯两国的共同推动下,中资企业在 2009 年斯里兰卡内战结束后快速推进港口投资开发进程。中国主要参与了斯里兰卡科伦坡港和汉班托塔港以及临

---

① Gauri Bhatia, "China, India Tussle for Influence as Sri Lanka Seeks Investment," CNBC, April 24, 2016, https://www.cnbc.com/2016/04/24/global-opportunities-china-india-tussle-for-influence-as-sri-lanka-develops.html.

② 王琦:《王毅:中斯战略合作伙伴关系将持续发展,不断前进》,国际在线,2016 年 7 月 9 日,http://news.cri.cn/20160709/e32e3886-2c14-7825-ca06-93a1acc26ff9.html.

③ "Liner Shipping Connectivity Index, Quarterly," UNCTAD, https://unctadstat.unctad.org/wds/TableViewer/tableView.aspx?ReportId=92.

港经济区配套基础设施的深度开发与建设。

2009 年 7 月，招商局国际向斯里兰卡方面申请投标科伦坡南港集装箱码头。2011 年 12 月，斯里兰卡总统拉贾帕克萨宣布科伦坡南港集装箱码头开工，码头将配备最先进的码头操作设备和使用招商局国际先进的码头操作系统，投资超过 5 亿美元。后招商局港口与斯里兰卡港务局组成的合资公司——科伦坡国际集装箱码头有限公司（CICT）负责码头建设管理。在 CICT 的股权分配方面，招商局港口、斯里兰卡公司 Aitken Spence 以及斯里兰卡港务局三家占比分别为 55％、30％和 15％。CICT 项目由招商局港口主导融资、设计、建造、运营及管理，以三阶段完成建设周期，首期工程于 2014 年竣工。在港口建设上采取 BOT 模式，CICT 获得科伦坡南港集装箱码头 35 年开放运营权。2014 年 5 月正式开港运营后，CICT 拥有 3 个大型集装箱深水泊位，码头岸线水深 18 米，设计年吞吐能力可达 240 万标准箱，为南亚地区中唯一可停靠超大型集装箱船舶的码头。[①]

从效益来看，2014 年科伦坡南港集装箱码头正式运营的第一年吞吐量就达到了 68 万标准箱。2015 年吞吐量达 156 万标准箱，增幅达 129.4％，推动科伦坡港全港吞吐量创 500 万标准箱的历史新高。2016 年码头吞吐量进一步上升至 200 万标准箱，同比增长 28.2％，成为整个南亚区域港口行业的新亮点。由于科伦坡港是南亚地区唯一可以停靠超大型集装箱船舶的港口，因此 2016 年有 70％的箱量都是来自超大型船舶的贡献。[②] 斯里兰卡港务局表示，2016 年科伦坡港集装箱吞吐量世界排名从上一年的第 26 位上升至 23 位，继续跻身世界少有的保持两位数增长的港口之一。[③] 科伦坡南港集装箱码头项目为斯里兰卡创造超过 7 500 个就业机会，同时在 35 年合同期里将为斯里兰卡政府直接贡献税赋超过 18 亿美元，社会经济效益显著。[④] 2016 年至 2018 年，科伦坡

---

① 《科伦坡国际集装箱码头有限公司》，招商局港口，http://www.cmport.com.hk/business/Detail.aspx?id=10000663。

② 《招商局科伦坡码头（CICT）2016 年吞吐量突破 200 万标准箱》，招商局港口，2017 年 1 月 3 日，http://www.cmport.com.hk/news/Detail.aspx?id=10007153。

③ 《南港码头助推科伦坡港吞吐量大幅增长》，《亚太日报》，2017 年 3 月 13 日，http://www.myzaker.com/article/58c607241bc8e0eb030000ba/。

④ 《南港码头助推科伦坡港吞吐量大幅增长》，《亚太日报》，2017 年 3 月 13 日，http://www.myzaker.com/article/58c607241bc8e0eb030000ba/。

港口集装箱吞吐量排名在全球前 25 名之内,稳居南亚地区第一名;其中 2018 年总吞吐量达到 700 万标准箱。[①] 2018 年科伦坡南港集装箱码头共停靠船舶 1 293 艘,吞吐量超过 268 万标准箱,占科伦坡港全港的 38％。[②]

中国企业还投资了科伦坡港口城项目。2014 年 9 月 17 日,习近平主席与拉贾帕克萨总统共同出席了科伦坡港口城项目开工仪式。根据 2015 年中国交建与斯里兰卡港务局签署的协定,由中方投资建设的科伦坡港口城项目是斯里兰卡最大的外资项目,中国港湾投资新建 1 处集装箱码头,执行合同期为 35 年。参与投资科伦坡港口的中国企业将获得超过 1 平方千米的土地,租期为 99 年。[③] 中国港湾科伦坡港口城项目一期投资 14 亿美元,占地 60 平方千米,将带动二级开发投资约 130 亿美元,创造超过 8.3 万个就业机会。2016 年项目重启后,科伦坡港口城项目被斯里兰卡政府改为国际金融城,科伦坡国际金融中心综合体成为项目优先开发地块。2016 年,中国港湾科伦坡港口城分公司、斯里兰卡城市发展局、斯里兰卡大都市与西部发展部签订新的合作协定。[④] 根据规划,港口城集商务、娱乐、居住等多种业态为一体,建成后可供 27 万人居住。[⑤] 为促进港口等项目的顺利推进,中国通过提供优惠贷款帮助斯里兰卡建设了其他项目,包括普特拉姆燃煤电站项目(8.55 亿美元)、科伦坡—卡图纳耶克高速公路项目(2.482 亿美元)和农村电气化发展项目(4 500 万美元)等。[⑥] 2019 年 1 月 16 日,科伦坡港口城项目举行填海造地完工仪式,标志着 2.69 平方千米陆域全部形成。据统计,到此时中方已为港口城项目累计投资近 7 亿美元,带动了斯里兰卡相关产业的发展,前后提供了 4 000 多个就业岗位。[⑦]

汉班托塔地处斯里兰卡南端,距连接欧洲和远东的印度洋国际主航道只有

---

① "One Hundred Ports 2019," Lloyd's List, July 29, 2019, https://lloydslist.maritimeintelligence. informa.com/one-hundred-container-ports-2019.

② 《对外投资合作国别(地区)指南:斯里兰卡(2019 年版)》,中华人民共和国商务部,http://www. mofcom.gov.cn/dl/gbdqzn/upload/sililanka.pdf。

③ 张力:《从"海丝路"互动透视中印海上安全关系》,《南亚研究季刊》2016 年第 4 期。

④ 唐鹏琪:《斯里兰卡新政府执政以来的经济改革框架》,《南亚研究季刊》2016 年第 4 期。

⑤ 马博:《打造"21 世纪海上丝绸之路"交汇点:中国—斯里兰卡关系发展的机遇与挑战》,《世界经济与政治论坛》2016 年第 1 期。

⑥ Virginia Marantidou, "Revisiting China's 'String of Pearls' Strategy: Places 'with Chinese Characteristics' and their Security Implications," Issues & Insights, Vol. 14, No. 7 (2014): 1 - 39.

⑦ 《程学源大使在港口城项目陆域吹填完工仪式上的讲话》,中华人民共和国商务部,2019 年 1 月 17 日,http://lk.mofcom.gov.cn/article/jmxw/201903/20190302839291.shtml。

18.52 千米；而且汉班托塔港口附近海面非常开阔，没有拥堵问题，具有成为印度洋海上运输枢纽的潜力。[①] 由于汉班托塔港具有极为重要的航运价值，斯里兰卡政府想借此将其打造为南部的经济中心，复兴斯里兰卡国际航运中心的地位。汉班托塔港具备优越的发展条件，第一、第二期有 10 个泊位，是能够处理超大型船舶的深水港口。汉班托塔港也具有进一步扩充的潜力，其腹地覆盖南亚地区，可作为区域内的航运枢纽。[②]

汉班托塔港的建设由中国政府向斯里兰卡提供贷款，由中国港湾以 EPC 模式建设。2007 年，中国港湾与斯里兰卡政府正式签署了关于开发汉班托塔港项目的协议，共分两期建设完成。汉班托塔港发展项目（一期）始于 2008 年，合同金额为 3.61 亿美元，已于 2011 年 12 月完成，并自 2012 年 6 月开始营运。二期工程合同金额为 8.08 亿美元，也已于 2015 年 4 月完成，项目资金全部由斯里兰卡财政部向中国进出口银行贷款。二期工程促使汉班托塔港成为一个连接东西方的航运和商贸中心，提升了斯里兰卡南部港口地位和国际竞争力。[③] 2017 年 7 月，招商局港口、斯里兰卡港务局、斯里兰卡政府以及新成立的汉班托塔国际港口集团有限公司（HIPG）和汉班托塔国际港口服务有限责任公司（HIPS）五方之间就汉班托塔港的特许经营问题达成协议。2017 年 12 月，招商局港口与斯里兰卡政府就收购汉班托塔港正式签署协议。根据特许经营协议，HIPG 获得唯一及独家权利发展、经营及管理汉班托塔港，HIPS 获得唯一及独家权利发展、经营及管理公共设施。招商局港口在这两家公司中分别占股85％和49.3％，斯里兰卡港务局分别占股 15％和 50.7％，特许经营权有效期为 99 年，10 年后双方将逐步调整股权比例，最终为各占 50％。[④]

从效益来看，汉班托塔港投入使用后，斯里兰卡全国的滚装船装卸业务全部集中于汉班托塔港，靠泊滚装船舶和转运车辆规模大增，促使汉班托塔成为科伦坡之外的斯里兰卡第二大经济发展中心。汉班托塔港建成后，缓解了印度主要

---

① 王世达：《习近平访问斯里兰卡 打造"21 世纪海上丝绸之路"》，《中国日报》中文网，2014 年 9 月 18 日，http://world.chinadaily.com.cn/2014-09/18/content_18620178.htm。

② 《招商局港口入股汉班托塔项目》，中国招商局港口，2017 年 7 月 25 日，http://www.cmport.hk/news/Detail.aspx?id=10007332。

③ 文少彪：《新时期中国参与斯里兰卡港口建设探析》，《当代世界》2018 年第 5 期。

④ 《斯里兰卡和中国签订 11.2 亿美元港口租赁协议》，中港网，2017 年 7 月 31 日，http://www.chineseport.cn/bencandy.php?fid=74&aid=255375。

港口的阻塞问题,而且该港成为印度汽车销往非洲的主要转运地。[①] 汉班托塔港成为斯里兰卡第二大港,是一座集集装箱码头、干散货码头、滚装码头、油码头等业务于一体的综合性港口。[②] HIPG 接手经营后,各项业务取得明显进展,并将重点开发临港工业区,发展港口综合服务业,努力使汉班托塔港发展成为腹地覆盖南亚的综合性深水枢纽港。2018 年,汉班托塔港货物吞吐量增长了 1.6 倍,停靠船舶数接近翻番,中转货量增长超过 60%。进入 2019 年,港口各项业务继续突飞猛进,船舶加油、液化石油气业务也已启动,设立了招商引资一站式服务中心,多项临港产业合作协议陆续签订。[③] 从 2017 年至 2019 年,招商局港口在汉班托塔港的散杂货和滚装船吞吐量从 0 增长至 91 万吨。[④]

目前,招商局港口已经将斯里兰卡科伦坡港和汉班托塔港作为母港来打造,致力于优化客户结构,不断拓展油气业务、集装箱业务和海事服务,并按照既定规划深入推进招商引资工作,实现两港协同发展。中国交建及其下属公司中国港湾等承建的多个重要工程项目改变了斯里兰卡的基础设施面貌。科伦坡南港集装箱码头、汉班托塔港的投入运营对致力于打造全球海洋物流中心和世界一流港口及枢纽的斯里兰卡来说提供了重要助力。此外,汉班托塔国际机场、斯里兰卡南部高速延长线以及码头和工业园等项目把汉班托塔地区打造成为海上丝路的重要支点,也为当地经济腾飞插上了翅膀。[⑤]

三、中国参与斯里兰卡港口建设的双重挑战

未来,科伦坡与汉班托塔港之间的竞争和斯里兰卡的债务负担可能会影响到两个港口的进一步发展,而斯里兰卡也是因国内政局变动导致港口政治风险的典型案例。2015 年斯里兰卡政府更迭之后,中国投资的港口项目一度陷入波折不断的状态。继续参与项目建设既要面对斯里兰卡内部政治经济再平衡的挑

---

① 张力:《从"海丝路"互动透视中印海上安全关系》,《南亚研究季刊》2016 年第 4 期。

② 《汉班托塔港国际港口集团公司》,招商局港口,http://www.cmport.com.hk/business/Detail.aspx?id=10007512。

③ 《程学源大使出席斯里兰卡汉班托塔港招商引资一站式服务中心揭牌仪式》,中华人民共和国商务部,2019 年 3 月 24 日,http://lk.mofcom.gov.cn/article/jmxw/201905/20190502865462.shtml。

④ "演示资料",招商局港口,http://www.cmport.com.hk/news/Demo.aspx?p=6。

⑤ 《"东方十字路口"的建设者》,中国交建,2016 年 9 月 19 日,http://www.ccccltd.cn/news/jcxw/sdbd/201609/t20160919_52271.html。

战，也要面对大国在印度洋影响力再平衡的挑战。

（一）斯里兰卡内部政治经济再平衡的挑战

第一，斯里兰卡内部政治的再平衡过程波及中国企业投资的港口项目。2014年，反对党统一国民党总统候选人西里塞纳在大选中出人意料地击败拉贾帕克萨。西里塞纳在选举过程中将矛头指向中国投资的港口项目，批判拉贾帕克萨与中国企业相互勾结，导致了腐败和环境等问题。他在竞选中声称"若当选会重新评估中国在斯的项目"。因为选举政治的需要，西里塞纳通过批判拉贾帕克萨的政策，成功将自身塑造为斯里兰卡利益的捍卫者，并通过策略性打压中国企业的方式，缓和斯里兰卡与印度之间的紧张关系。2015年3月，斯里兰卡新政府以缺乏相应法律文件许可和相关审批手续以及环境评估为由，要求科伦坡港口城等项目停工。2015年2月，西里塞纳对外首访地点选择邻国印度，反映了其外交政策的调整，但斯里兰卡依然表达了与中国合作的愿望。一个月之后，西里塞纳访问北京时主动表示："斯方希望在'21世纪海上丝绸之路'框架内加强同中方合作。目前科伦坡港口城出现的情况是暂时的、短期的，问题不在中方。"①2016年4月，斯里兰卡总理维克勒马辛哈访问中国，双方发表的联合声明特别指出，斯方批准科伦坡港口城项目恢复施工，并愿意为项目实施提供相关便利和支持，②解决了科伦坡港口城项目前景不明的问题，体现出西里塞纳政府对中斯关系的务实态度。2016年9月，科伦坡港口城项目在被迫停工一年半之后正式恢复施工。有斯里兰卡高级外交官解释称："科伦坡的外交政策一直以'微妙的平衡'为指导，拉贾帕克萨在与北京的交往中走得太近，忽视了地缘政治的强制性。"③斯里兰卡叫停科伦坡港口城项目是典型的政治风险，斯里兰卡复杂的政治生态以及地缘政治是中资项目出现问题的原因之一。④

第二，斯里兰卡经济方面的平衡考虑也影响到中国投资项目。斯里兰卡自

---

① 《中斯港口城项目或解冻 日媒：成斯对华政策指标》，参考消息，2015年3月28日，http://www.cankaoxiaoxi.com/china/201503281722321.shtml。

② 《中华人民共和国和斯里兰卡民主社会主义共和国联合声明》，中华人民共和国外交部，2016年4月9日，http://www.fmprc.gov.cn/web/zyxw/t1354364.shtml。

③ Jeff M. Smith, "China's Investments in Sri Lanka," *Foreign Affairs*, May 23, 2016, https://www.foreignaffairs.com/articles/china/2016-05-23/chinas-investments-sri-lanka.

④ 任清：《为何斯里兰卡科伦坡港口城项目说停就停：为防范海外投资政治风险支招》，《国际工程与劳务》2015年第4期。

身经济具有很大的脆弱性,对外部的依赖度非常高。长期以来,印度是对斯里兰卡经济影响最大的外部力量,双方签署有自由贸易协定,建立了全面经济合作伙伴关系;然而后来中国对斯里兰卡的经济影响力快速扩大。截至2014年,中国对斯里兰卡的直接投资达到4.03亿美元,约为排名第二位印度的8倍。[①] 斯里兰卡国内的基础设施投资高度依赖中国,因此有官员担心斯里兰卡陷入了"中国债务陷阱",担忧过分依赖中国资金将难以摆脱。[②] 在2015年斯里兰卡暂停港口城等项目后,中国和斯里兰卡之间的沟通也被西方认为是利用巨额债务向斯里兰卡政府施压。[③] 斯里兰卡已经意识到这种经济上的不对称依赖在一定程度上束缚了自身权力的运用和发挥。斯里兰卡外交部副部长德席尔瓦在《科伦坡电讯报》上撰文指出:"斯里兰卡政府着手利用本国在东西方航海走廊之间的位置,并将其打造为印度洋枢纽,以及孟加拉湾贸易关键转运港,旨在最大限度地发展与中国、日本、印度等地区伙伴的关系,以此促进斯里兰卡的贸易和外国投资。"[④]依托在印度洋上独特的区位优势,斯里兰卡对大国有条件利用开放式经济竞争策略引入多方力量,为斯里兰卡经济的发展服务,并借此平衡中国对其的经济影响力。[⑤]

第三,斯里兰卡的社会与族群问题给中国在当地的投资带来潜在影响。2017年初,汉班托塔港项目引发了农民和僧侣群体的暴力抗议事件。这些人担心失去土地以及工作,背后还是经济问题。从2009年斯里兰卡内战结束到2012年,斯里兰卡人均GDP高速增长,年均增速都在7%以上,但是从2013年开始增速大幅回落至2.59%,此后几年增长率也基本徘徊在3%~4%之间。[⑥]

---

① Gauri Bhatia, "China, India Tussle for Influence as Sri Lanka Seeks Investment," CNBC, April 24, 2016, http://www.cnbc.com/2016/04/24/global-opportunities-china-india-tussle-for-influence-as-sri-lanka-develops.html.

② Jeff M. Smith, "China's Investments in Sri Lanka," *Foreign Affairs*, May 23, 2016, https://www.foreignaffairs.com/articles/china/2016-05-23/chinas-investments-sri-lanka.

③ James Kynge et al., "Beijing's Global Power Play: How China Rules the Waves," Financial Times, January 12, 2017, https://ig.ft.com/sites/china-ports/.

④ Harsha de Silva, "Sri Lanka's Role in the Indian Ocean & the Changing Global Dynamic," Colombo Telegraph, May 3, 2017, https://www.colombotelegraph.com/index.php/sri-lankas-role-in-the-indian-ocean-the-changing-global-dynamic/.

⑤ 文少彪:《新时期中国参与斯里兰卡港口建设探析》,《当代世界》2018年第5期。

⑥ "GDP Per Capita Growth (Annual %) — Sri Lanka," The World Bank, https://data.worldbank.org/indicator/NY.GDP.PCAP.KD.ZG?end=2016&locations=LK&start=2005.

斯里兰卡基尼系数不断升高,2012 年增长到 0.39,①这意味着之前斯里兰卡经济的快速增长过程中,社会贫富分化也在不断加剧。此外,僧伽罗人在斯里兰卡具有主导地位,垄断了大部分社会资源,导致民族矛盾长期难以解决。中国企业投资的港口等大型基础设施建设项目主要集中在南部沿海地区,斯里兰卡国内的少数族群难以从中直接受益。贫富分化和受益不均的现实强化了斯里兰卡民众对中国投资项目可能存在不透明和腐败的认知,这为某些政治团体利用民意反对中国投资提供了借口。

总体上来说,斯里兰卡内部政治经济再平衡的变化符合其利益最大化诉求。一方面,西里塞纳新政府的内部再平衡体现出外交风向的转变,但并不会采取一边倒政策。英国学者哈什·V.潘特(Harsh V. Pant)指出:"科伦坡的权力转变并不会阻碍斯里兰卡与中国的关系。无论是拉贾帕克萨还是新上任的西里塞纳,中国在斯里兰卡的影响力都将持续扩大。"②另一方面,从西里塞纳政府推行内部再平衡策略中也应看到中国在斯里兰卡影响力的局限性。许多人没有认识到北京和科伦坡联系的脆弱性,也没有认识到斯里兰卡与印度经济、军事和社会的深厚关系。西里塞纳政府修正了与印度和西方的关系,但不是放弃中国。斯里兰卡外交政策力求寻求多个大国的庇护,并尽可能多地获取发展和战略利益,同时保留科伦坡的行动自由。③ 斯里兰卡通过内部政治经济的再平衡寻求自身利益多元化,不可避免地对中国的大型港口投资带来不确定的风险。为了进一步管控风险,中国加强了与斯里兰卡政府间的沟通和制度保障建设。2017 年5 月,在中斯两国总理见证下,两国商贸部门签署了《中华人民共和国商务部和斯里兰卡民主社会主义共和国发展战略与国际贸易部中国—斯里兰卡投资与经济技术合作发展中长期规划纲要》。近年来,中国驻斯里兰卡大使多次邀请斯方高层参观汉班托塔港、科伦坡港口城等项目,受邀参加斯里兰卡总统、总理举行

---

① "Gini index (World Bank Estimate) — Sri Lanka," The World Bank, https://data.worldbank. org/indicator/SI.POV.GINI?end=2014&locations=LK&start=2009.

② Harsh V. Pant, "Even with a Change of Regime in Colombo, China's Sway Will Continue to Grow in Sri Lanka," *Japan Times*, January 18, 2015, https://www.japantimes.co.jp/opinion/2015/01/18/commentary/world-commentary/even-with-a-change-of-regime-in-colombo-chinas-sway-will-continue-to-grow-in-sri-lanka/#.WaUyG_ns73Q.

③ Sameer Lalwan, "Stirred but Not Shaken: Sri Lanka's Rebalancing Act," CSIS, June 18, 2015, https://amti.csis.org/stirred-but-not-shaken-sri-lankas-rebalancing-act/.

的中斯合作项目推进会等,增进沟通和交流。

（二）外部大国的地缘政治挑战

中国与斯里兰卡的经济合作面临来自印度、美国、日本为主的大国地缘安全与政治博弈的挑战,它们试图联合抵消中国在斯里兰卡影响力的上升,这对中国在斯里兰卡港口建设项目的推进带来不确定性风险。大国在印度洋地区的博弈将斯里兰卡推进了大国战略竞争的漩涡,而斯里兰卡力争获得战略主动地位,中国在斯里兰卡的投资会因其与各方搞平衡而趋于复杂化,并影响到两国的合作进程。[1]

第一,印度的排他性地缘安全思维影响中斯港口合作。印度一直将印度洋特别是南亚地区视为自己的势力范围,将中国参与斯里兰卡港口建设的行为理解为地缘安全竞争的一部分。中斯港口合作被印度解读为中国对其"战略包围"的一部分,尤其是斯里兰卡港口为中国海军提供停靠服务更强化了印度的这种认知。2014年9月,中国海军潜艇因参与亚丁湾、索马里海域护航,技术性停靠科伦坡南港集装箱码头进行补给,被印度视为"非凡的举动"。印度指责斯里兰卡政府允许中国潜艇停靠科伦坡港导致了印度洋的"军事化"。[2]《印度时报》对此评论道:"中国海军潜艇公开停泊在属于印度的'战略后院'是罕见的事件。中国与东非国家,以及塞舌尔、毛里求斯、马尔代夫、斯里兰卡、孟加拉国、缅甸和柬埔寨等国形成广泛的海上联系主要与其保护海上关键能源航道有关。但同样真实的是,它正在缓慢但稳步地达成对印度的'战略包围'。"[3]在此背景下,汉班托塔港口项目在印度学者看来正印证了中国在印度洋不断上升的影响力,认为这是中国利用民用港口设施包围印度的"珍珠链"战略的一个节点。[4]为此,印度极力阻挠中国与斯里兰卡的港口合作,并积极介入亭可马里港的开发建设。

第二,美国"全球行动体系"与"印太战略"对中斯港口合作造成压力。中国在斯里兰卡的港口投资也引起了美国的高度关注,中国因素成为美国重新评估

---

① 朱翠萍:《科伦坡港口城项目实地勘察录》,《世界知识》2015年第16期。

② Rajat Pandit, "India Suspicious as Chinese Submarines Dock in Sri Lanka," *Times of India*, September 28, 2014, http://timesofindia.indiatimes.com/india/India-suspicious-as-Chinese-submarine-docks-in-Sri-Lanka/articleshow/43672064.cms.

③ 同上。

④ Ankit Panda, "China's Sri Lanka Port Ambitions Persist," *The Diplomat*, July 27, 2015, http://thediplomat.com/2015/07/chinas-sri-lanka-port-ambitions-persist/.

斯里兰卡的重要动因之一。美国认为："汉班托塔港完全开发好以后，将影响美国现在对印度洋的统治。中国正在成为印度洋的主要力量之一，不仅仅是在南亚，还在海湾地区，这对于美国来说是个挑战。"①美国反思了原来的对斯政策，认为高风险地缘政治的回归意味着美国需要更加努力地赢得小国，美国需要对一些小国的利益更加关注，以免它们投入北京的怀抱。② 2015 年斯里兰卡政权更迭之际，美国趁机修补并加强美斯关系，试图将斯里兰卡纳入美国主导的"全球行动体系"框架下，美斯关系明显升温。2015 年 5 月，美国国务卿克里访问斯里兰卡，成为 43 年以来第一位对斯进行正式官方访问的美国国务卿。2016 年 11 月，美国太平洋司令部司令哈里斯访问斯里兰卡，成为 10 多年来访问斯里兰卡的最高级别美国军官，这也是两国交往的标志性事件。哈里斯参加了主题为"促进战略海洋伙伴关系"的"加勒对话"（加勒为斯里兰卡南部城市），其在讲话中宣称印度洋和斯里兰卡事关美国的利益，"必须扩大志同道合国家之间的伙伴关系，以维护基于规则的'全球行动体系'和安全网络，确保各国平等地通过共享海域。斯里兰卡是该系统受欢迎的和重要的贡献者"。③ 从中可以看出，美国正在将印太地区的伙伴关系网络纳入"全球行动体系"，而斯里兰卡是其中非常关键的一环。近年来随着中美全球竞争的加剧，中国在斯里兰卡等印度洋国家的港口合作面临更加严峻的地缘政治和安全挑战。

第三，日本的"自由开放的印太战略"竞争带来的负面影响。出于维护海上通道安全的驱动和受中国因素的影响，日本对斯里兰卡的战略兴趣也日益上升。中国从 2009 年开始超越日本成为斯里兰卡主要援助国，在斯里兰卡的影响力大增，由此日本开始把斯里兰卡纳入其战略议程。④ 2014 年 9 月，安倍晋三在习近平主席访问斯里兰卡之前抢先一步访斯，这是日本首相 20 多年以来首次访问斯里兰卡。2015 年，斯里兰卡总理维克勒马辛哈回访日本，日斯两国关系提升为全面伙伴关系，双方在声明中还强调共享民主、法治价值，维护印度洋航

---

① 《中国获斯国港口经营权将遏制美印？　专家：想太多》，中国网，2017 年 8 月 16 日，http://news.china.com/internationalgd/10000166/20170816/31104360.html.

② Kadira Pethiyagoda, "Sri Lanka: A Lesson for U.S. Strategy," *The Diplomat*, August 26, 2015, http://thediplomat.com/2015/08/sri-lanka-a-lesson-for-u-s-strategy/.

③ "Remarks by Adm. Harry Harris, Commander, U.S. Pacific Command at Galle Dialogue," U.S. Embassy in Sri Lanka, November 29, 2016, https://lk.usembassy.gov/remarks-adm-harry-harris/.

④ 唐鹏琪：《斯里兰卡科伦坡港口城市项目的现状与前景分析》，《南亚研究季刊》2015 年第 4 期。

行自由等。① 日本敏锐地抓住斯里兰卡政府更迭后推行多元化外交政策的契机,大幅提升了日斯双边关系。日本安倍政府力图将斯里兰卡纳入"自由开放的印太战略"②的轨道。2017 年 4 月,斯里兰卡总理维克勒马辛哈再度访日,双方就扩大海洋合作发表了联合声明,斯里兰卡欢迎由日本发起的"自由开放的印太战略",并在此战略下加强对该地区活动的参与。③ 维克勒马辛哈回应了安倍晋三的担忧:"斯里兰卡希望再次成为印度洋地区的枢纽。我们保证所有港口都将被用于商业活动、透明的活动,不会让任何人利用它们从事军事活动。"④ 日本非常注重推动双方构建密切的防务合作机制,包括双方高级将领交流互访,成立"日本—斯里兰卡防务对话",举办"海洋事务对话",允许斯里兰卡以观察员身份加入日印海岸警卫力量联合演习,吸引斯里兰卡海岸警卫官员到日本学习等。⑤ 日本也极为重视加强与斯里兰卡的经济合作。近 40 年来,日本一直是斯里兰卡最大的官方发展援助提供国,共向斯里兰卡提供了约 450 亿日元的贷款,直到近年来才被中国超越。2016 年 1 月,日斯成功召开了"经济政策对话"会议,在此基础上形成了日斯投资促进路线图。2017 年 4 月,安倍晋三宣布,日本将向斯里兰卡提供 4.1 亿美元的贷款用于基础设施投资,提供 10 亿日元的援助用于斯里兰卡东北部的港口建设。⑥

① "Joint Declaration on Comprehensive Partnership between Japan and Sri Lanka," Ministry of Foreign Affairs of Japan, October 6, 2015, http://www.mofa.go.jp/files/000103273.pdf.

② 2016 年 8 月,安倍晋三在第六届东京非洲发展国际会议上提出了日本所谓"自由开放的印太战略",即在促进非洲发展的名义下构建"从太平洋到印度洋的海洋安全",加强与亚洲和印度洋沿岸海洋国家的联系,实现该海域自由、开放的目标。"Address by Prime Minister Shinzo Abe at the Opening Session of the Sixth Tokyo International Conference on African Development (TICAD VI)," Ministry of Foreign Affairs of Japan, August 27, 2016, http://www.mofa.go.jp/afr/af2/page4e_000496.html.

③ "Japan-Sri Lanka Summit Meeting Joint Statement: Deepening and Expansion of the Comprehensive Partnership between Japan and Sri Lanka," Ministry of Foreign Affairs of Japan, April 12, 2017, http://www.mofa.go.jp/files/000249616.pdf.

④ "Sri Lanka Will Keep Ports Unavailable for Military Activity," Reuters, April 12, 2017, http://www.reuters.com/article/uk-japan-sri-lanka/sri-lanka-will-keep-ports-unavailable-for-military-activity-pm-says-idUKKBN17E1ZI.

⑤ See "Japan - Sri Lanka Summit Meeting Joint Statement: Deepening and Expansion of the Comprehensive Partnership between Japan and Sri Lanka," Ministry of Foreign Affairs of Japan, April 12, 2017, http://www.mofa.go.jp/files/000249616.pdf.

⑥ See "Japan - Sri Lanka Summit Meeting Joint Statement: Deepening and Expansion of the Comprehensive Partnership between Japan and Sri Lanka," Ministry of Foreign Affairs of Japan, April 12, 2017, http://www.mofa.go.jp/files/000249616.pdf.

印度、美国、日本三国在印度洋地区不断发展多边海洋安全合作机制，包括强化与斯里兰卡的政治经济联系，遏制中国影响力的上升。在实践层面，三方已开展"美印日三边马拉巴尔海军演习"，旨在加强三方在印太地区的反潜合作；同时"日印斯三边战略对话"机制也逐渐成形。2016 年 9 月，印度智库主办了主题为"印度与日本：海洋民主国家的汇聚"的国际会议，反复提及"21 世纪海上丝绸之路"与中国不断发展的海上力量之间的关联性及其对印太海域航行自由所构成的"威胁"，主张在该地区组建由海洋民主国家参与的安全网络架构，应对中国的挑战。[①] 这对中国推进"21 世纪海上丝绸之路"建设以及中斯港口合作带来了阻力和潜在风险，中国在斯里兰卡参与的港口项目面临"被地缘安全化"的风险。

四、结论

斯里兰卡是中国在印度洋开展经济合作的重要一站，中国投资开发的汉班托塔和科伦坡两个港口及其相关的基础设施项目，提升了中斯关系，推进了"21 世纪海上丝绸之路"的建设，有助于恢复斯里兰卡国际航运中心地位，促进当地经济社会的发展。但是，中国与斯里兰卡的港口合作遭遇地缘政治因素的挑战，其中印度、美国、日本等国惯于从地缘政治视角看待中国在斯里兰卡的港口建设项目，认为中国会把商业港口转化为海外军事基地，经济影响力最终会转化为军事影响力，并威胁到它们在印度洋上的传统利益。[②] 中斯传统的经济合作日益被"政治化""安全化"，这必然对中斯港口建设项目的推进带来干扰和不确定性风险。

未来我们有必要在继承和利用好中斯传统合作优势的基础上，既要发挥中国特色国际港口合作的优势，也要将公共产品内涵嵌入斯里兰卡港口项目建设和运营过程中，降低地缘政治的敏感性，同时展示并提高中国提供国际公共产品的能力。中国在斯里兰卡参与港口建设，不仅仅局限于寻求中斯两国发展政策的对接和短期经济利益，随着港口经济持续发展，中国援建和运营的科伦坡港、汉班托塔港也将逐渐释放出国际公共产品的"红利"，中国在斯里兰卡参与建设港口所带来的外溢效应，将使未来印太地区相关国家在贸易与货物中转、后勤补

---

① "Conference on 'India and Japan: Confluence of Maritime Democracies'," Delhi Policy Group, September 14, 2016, http://www.delhipolicygroup.org/uploads_dpg/publication_file/conference-on-india-and-japan-confluence-of-maritime-democracies-1027.pdf.

② 文少彪：《新时期中国参与斯里兰卡港口建设探析》，《当代世界》2018 年第 5 期。

给与休整、人道主义与灾害援助、打击海盗与走私等各方面共享成果。

第四节　中国在巴基斯坦的港口建设

巴基斯坦是中国的近邻和重要伙伴，中巴两国建立了独一无二的"全天候战略合作伙伴关系"，政治经济关系十分密切。在建设"一带一路"和"中巴经济走廊"背景下，中国在巴基斯坦参与了一系列经贸合作项目，其中瓜达尔港的地位突出。中国参与瓜达尔港开发可将其作为中国联通南亚和印度洋的桥头堡，通过瓜达尔港和"中巴经济走廊"可以将"一带"与"一路"连接起来，有力地推进"一带一路"建设；瓜达尔港能够拓展中国西部能源安全走廊，是中国多元化的能源通道的重要组成，有助于保障能源安全，拓展地缘经济利益，有力推进中国"走出去"和参与全球经济合作的布局与步伐。

一、"中巴经济走廊"和"一带一路"视野下的瓜达尔港

2013 年 5 月，李克强总理访问巴基斯坦时提出建设"中巴经济走廊"，目的是深化两国之间的互联互通，促进两国共同发展。随着"一带一路"倡议的正式推出，"中巴经济走廊"成为"一带一路"倡议中的六大走廊之一和标志性项目。"中巴经济走廊"是以中国和巴基斯坦两国的公路、铁路、油气管道及瓜达尔港为主轴，形成的以城市经济带、工业园区为支点的经济活动聚集带。[①] 2015 年 4 月习近平主席访问巴基斯坦以后，中巴明显加大了建设推进力度，两国共签署了 51 项合作协议，总金额高达 460 亿美元，为进一步推动"中巴经济走廊"建设奠定基础。[②] 之后，"中巴经济走廊"取得快速发展，走廊框架下提出的能源、交通基础设施项目获得了明显进展，在支持巴基斯坦国内需求和经济发展的同时，正在打造出一条交通运输网络、能源战略通道和经济产业带。

（一）"中巴经济走廊"框架下的瓜达尔港

"中巴经济走廊"一端联通中国新疆以及其他中亚国家，贯穿巴基斯坦经济

---

① 韦巧芳：《瓜达尔港在"一带一路"战略中的地位与作用》，硕士学位论文，山西师范大学，2017，第 19 页。

② 徐伟：《中巴经济走廊建设硕果累累》，人民网，2016 年 2 月 19 日，http://world.people.com.cn/n1/2016/0219/c1002-28134831.html。

腹地最终到达瓜达尔港这一桥头堡。瓜达尔港不仅是"中巴经济走廊"的南端终点和桥头堡，也是"21世纪海上丝绸之路"和"丝绸之路经济带"在中段的关键连接交汇点，在"一带一路"建设中有着至关重要的地位。瓜达尔港港务局主席贾玛尔迪尼曾表示，瓜达尔港是"中巴经济走廊"能否成功的关键，走廊成功与否取决于瓜达尔港的发展。① 瓜达尔港的开发将会进一步激活中亚—阿富汗—巴基斯坦—印度洋通道，通过瓜达尔港巴基斯坦能够与中国进一步连接，更好地搭上中国经济发展的顺风车。②

优越的地理区位条件、良好的深水港建设条件、自由区以及新一轮的全球产业转移浪潮为瓜达尔发展加工贸易提供了可能。③ 依托瓜达尔港，未来发展石化、天然气能源，成为临港能源城市瓜达尔的发展方向。瓜达尔港应定位为"中巴经济走廊"的出海口之一、巴基斯坦西部经济发展的支点、中亚五国的出海口，以及南亚及毗邻中东的贸易中心。④

从上述背景来看，瓜达尔港不仅仅是一个港口，作为"中巴经济走廊"的核心环节和终点的瓜达尔港一旦运营，将改变整个地区的经济和政治生态环境。正如巴基斯坦驻华大使萨尔曼·巴希尔（salman bashir）所说，瓜达尔港不仅仅是一个港口，具战略性的地理位置，赋予了它能源运输和储存的能力，使其扮演着"能源枢纽"的角色。巴基斯坦希望经过中国的打造，让瓜达尔港发挥自身的作用，吸引包括中国在内的更多国家前来投资。⑤ 瓜达尔港的开发已经给周边地区带来巨变，可以预见的是，未来瓜达尔港的开发将会带动巴基斯坦西部的经济发展，有助于平衡巴基斯坦国内的发展差距，维护社会稳定。同时瓜达尔港的成功运营可以使其成为中亚内陆国家新的出海通道，对加强中亚同外界人员物资往来，促进地区发展有重要作用，对中国的"一带一路"倡议亦有重大影响。⑥

---

① 赵忆宁：《贾玛尔迪尼：经济走廊成功与否取决于瓜达尔港》，凤凰网，2015年4月21日，http://finance.ifeng.com/a/20150421/13649674_0.shtm。

② 曾祥裕：《巴基斯坦"俾路支问题"的发展及其前景》，《南亚研究季刊》2009年第1期。

③ 韦巧芳：《瓜达尔港在"一带一路"战略中的地位与作用》，硕士学位论文，山西师范大学，2017，第22页。

④ 周惊慧、席芳、李宇：《瓜达尔港发展及布局研究》，《水运工程》2019年第9期。

⑤ 袁瑛：《巴基斯坦大使专访：瓜达尔港出局中国毫无根据——专访巴基斯坦驻华大使萨尔曼·巴希尔》，中国经济网，2006年9月26日，http://intl.ce.cn/zgysj/200609/26/t20060926_8723374.shtml。

⑥ 韦巧芳：《瓜达尔港在"一带一路"战略中的地位与作用》，硕士学位论文，山西师范大学，2017，第22页。

（二）"一带一路"视野下的瓜达尔港

瓜达尔港是"丝绸之路经济带"中段的出海口，也是"21世纪海上丝绸之路"沿线的重要支点港口，是赋予"一带一路"倡议活力的重要节点。中巴两国在瓜达尔港的建设上投入了大量的资金和资源，努力将瓜达尔港打造成为巴基斯坦和中东、西亚及南亚地区重要港口和"一带一路"的海上枢纽之一。[①]

从经济角度看，瓜达尔港的开发与运营不仅对巴基斯坦经济有巨大推动作用，对中国经济也具有积极意义。中国拥有丰富的港口建设经验、先进的技术、充裕的资金，巴基斯坦拥有丰富的矿产、土地、劳动力资源和广阔的市场，中巴合作开发瓜达尔港有助于实现优势互补、互利共赢。瓜达尔港的兴建与运营能成为中国输出产能与资本的着陆点，有助于中国资金、产能与技术"走出去"，推动"中巴经济走廊"的建设，对接"一带一路"倡议，促进中国西部地区特别是新疆地区的发展。作为"一带一路"的重要节点城市，福州、厦门、湛江等沿海城市积极参与瓜达尔港的投资项目；珠海市大力推动珠海港参与开发瓜达尔港，支持珠海华发集团有限公司在瓜达尔自贸区投资建设中国南方产品展示交易中心等。[②]

从能源角度看，瓜达尔港南面阿拉伯海，紧挨海湾地区，临近世界能源的咽喉要道霍尔木兹海峡，扼守世界能源重要航线，在能源中转方面的潜力巨大。"中巴经济走廊"框架下的油气管道项目将在很大程度上推动中国能源来源通道多元化的战略。而巴基斯坦已与伊朗达成协议，修建到瓜达尔港的油气管道，也计划新建一条液化天然气管道，从卡塔尔进口天然气到达瓜达尔港，使之有望成为地区能源转运枢纽，这无疑为"中巴经济走廊"框架下的能源通道的畅通奠定了重要基础。在互联互通和包容发展的理念下，通过瓜达尔港和"中巴经济走廊"，可以连接伊朗、巴基斯坦、印度、土库曼斯坦、阿富汗等地区国家的石油天然气管道、输电线项目，伊朗恰巴哈尔港建设也将从中受益。[③]

从安全角度来看，瓜达尔港不仅有助于维护中国能源安全和海上通道安全，

---

① Wajahat S. Khan, "Gwadar Port Project Reveals China's Regional Power Play," NBC News, May 2, 2016, https://www. nbcnews. com/news/world/gwadar-port-project-reveals-chinas-regional-power-play-n558236.
② 韦巧芳、王国梁：《瓜达尔港在中国"西进"战略中的地位与作用》，《新余学院学报》2017年第2期。
③ 张超哲：《中巴经济走廊建设：机遇与挑战》，《南亚研究季刊》2014年第2期。

也有利于为前往亚丁湾、索马里海域执行军事维和任务的中国海军提供重要的补给和维修港,有效降低成本,提升海外柔性存在和作战能力。在一定意义上,中国通过瓜达尔港可以加强和非洲的联系,辐射中东,持续增强中国对西印度洋和南亚的影响力,成为维护和拓展中国海外利益的桥头堡,承担"一带一路"倡议的战略支点功能。[1] 中国通过瓜达尔港获得了进入印度洋的便捷通道,并与印度洋地区的其他港口建设形成联动,向西可以连接吉布提、苏伊士运河,通向地中海;向南可以连接科伦坡港和汉班托塔港;向东可以连接孟加拉国吉大港、缅甸皎漂港,更好地维护在该地区的商业利益,从而形成相互支持的海上丝路港口网络。考虑到瓜达尔港的地理位置和中巴关系的战略稳定性,瓜达尔港不仅可以进一步深化中巴战略关系,有力维护中国在西印度洋的利益,而且可以充当中国其他力量场或者战略支撑点的样板。[2] 因此,瓜达尔港是中国在印度洋地区港口建设网络中的关键一环,也是实现"21世纪海上丝绸之路"建设目标的重要组成部分和保障。

二、中国与巴基斯坦港口的建设

巴基斯坦主要拥有卡拉奇、卡西姆两大港口,其中卡拉奇港一直是巴基斯坦的最大港口。2017—2018财年,卡拉奇港和卡西姆港货物年吞吐量分别为5 469万吨和4 100万吨,共承担了巴基斯坦99％的国际货物贸易量,其中58.4％的货物贸易在卡拉奇港进出;卡西姆港是巴基斯坦液化天然气进口港口。[3] 卡拉奇港也是巴基斯坦主要的集装箱港,名列全球前100强集装箱港口之列,2019年集装箱吞吐量达219.8万标准箱。[4] 巴基斯坦本国海运能力较弱,全国仅有15艘远洋货轮,载重总量为63.6万吨,因此进出口货物多依赖外轮。巴基斯坦国家航运公司是巴基斯坦唯一的国营航运公司,拥有各类货轮9艘。根据联合国贸发会议最新发布的全球班轮航运连通性指数,巴基斯坦的指数不

---

① 韦巧芳:《瓜达尔港在"一带一路"战略中的地位与作用》,硕士学位论文,山西师范大学,2017,第29页。

② 刘新华:《力量场效应、瓜达尔港与中国的西印度洋利益》,《世界经济与政治论坛》2013年第5期。

③《对外投资合作国别(地区)指南:巴基斯坦(2019年)》,中华人民共和国商务部,http://www.mofcom.gov.cn/dl/gbdqzn/upload/bajisitan.pdf.

④ "One Hundred Ports 2019," Lloyd's List, July 29, 2019, https://lloydslist.maritimeintelligence.informa.com/one-hundred-container-ports-2019.

高，且上升缓慢，仅从 2006 年（2006 年全球最大值为 100）的 26.2 上升至 2018 年的 35.28。[①]

瓜达尔港是巴基斯坦第三大港口，拥有优越的地理位置、独特的战略地位。瓜达尔港位于巴基斯坦俾路支省西南部滨海地区的瓜达尔半岛上，是天然的深水良港，可以连接南亚与中东，经"中巴经济走廊"沟通陆上与海上丝绸之路。瓜达尔地区岸线资源丰富，港口所在地岸滩稳定，并有岬角保护，为难得的深水不冻港，条件优越。瓜达尔港东距巴基斯坦的第一大港和重要军事港口拉卡奇港 460 千米，西距伊朗边界 72 千米，距俾路支省首府奎达 970 千米，经瓜达尔港从陆路向北 16 小时即可到达中亚腹地。[②] 从海上来看，瓜达尔港南临印度洋和阿拉伯海，位于霍尔木兹海峡出口处，距离霍尔木兹海峡 400 千米，紧扼从非洲、欧洲经红海、霍尔木兹海峡及海湾通往东亚、太平洋地区数条重要航线的咽喉。

在港口领域，中国参与了巴基斯坦瓜达尔港的综合开发、卡西姆港国际散货码头建设项目以及其他一些小型项目等，如中国交建三航局参建的卡西姆港液化天然气码头接收站项目，泊位长度为 376 米；中交第二航务工程局有限公司（以下简称"中国交建二航局"）承建的胡布煤码头项目，包括两个 1 万吨级的散货码头泊位，宽 24 米、长 265 米的码头以及引堤、引桥、离岸防波堤；日照港集团有限公司牵头成立的合资公司对巴基斯坦卡西姆港煤码头进行运营维护等。其中，中国对瓜达尔港的投资与建设参与力度和影响力最大。

巴基斯坦一直希望对瓜达尔港进行投资开发，然而由于巴基斯坦国内经济落后、社会动荡，以及受国际环境和大国博弈的干扰，瓜达尔港长期没有得到有效的开发。直到 2002 年 3 月，中国应巴基斯坦政府的请求正式开始瓜达尔港的援建项目，瓜达尔港的开发才进入了一个新阶段。为了有序推动瓜达尔港的建设，巴基斯坦政府在对瓜达尔港进行分析研究的基础上，将瓜达尔港的开发分为两期。瓜达尔港一期工程项目由中国港湾承包建设，工程总造价为 2.48 亿美元，其中中国援助 1.98 亿美元用于工程主体项目，剩下的 0.5 亿美元由巴基斯坦

① "Liner Shipping Connectivity Index, Quarterly," UNCTAD, https://unctadstat.unctad.org/wds/TableViewer/tableView.aspx?ReportId=92.

② Musarrat Jabeen, Rubeena Batool and Adnan Dogar, "Challenges to International Economic Development of China and Balochistan," OIDA *International Journal of Sustainable Development*, Vol. 4, No. 11 (2012): 119-126.

政府负责筹备。一期工程于 2002 年 3 月 22 日开工，计划兴建 3 个泊位兼顾滚装的多用途码头以及进港航道。港口吞吐量按照每年 10 万标准集装箱、散杂货每年 72 万吨设计；码头总长度为 702 米，采用高桩预应力梁板结构；港池航道的疏浚按 3 万吨散货船兼顾 2.5 万吨集装箱船规划，其中港口的进港航道总长为 4.35 千米。此外，计划为港口项目配备土建、供电、给水、消防、环保、通信、导航、装卸、计算机辅助管理和控制等工程建设。瓜达尔港一期工程于 2007 年正式建成。

巴基斯坦政府将瓜达尔港开发视为带动俾路支省发展的火车头，希望建立瓜达尔经济特区，并将此前宣布的免税 7 年待遇延长为 20 年。[①] 2005 年在瓜达尔港一期工程尚未完工时，巴基斯坦就计划对瓜达尔港开展进一步升级建设，充分发挥港口的功能。此次工程总投资 5.24 亿美元，由中国公司开工建设。二期工程在港口基础项目上包括 3 个集装箱码头，7 个船舰停泊处，2 个油轮停泊处，以及 1 座与地下输油管相连的炼油厂；并继续开展瓜达尔港口的疏浚工程，同时改善港口配套交通设施，修建瓜达尔港连接卡拉奇的高速公路，使瓜达尔港成为全国公路网的一部分，提升港口联通的作用。巴基斯坦政府还计划进一步完善港口邮政业务，开展邮政自动分拣系统，发展邮件、现金、货物等运送业务以及兴建邮政大楼，增强瓜达尔港的软件服务能力。

2007 年瓜达尔港一期工程建成后，当年 3 月，巴基斯坦通过国际招标的方式将之交由新加坡港务集团运营。由于瓜达尔港缺乏本地区的工业支撑，地区间也没有相互连通的道路网络，加上新加坡港务集团内部似乎另有考虑，对瓜达尔港的经营并没有投入太大的精力，导致瓜达尔港运营不畅，发展缓慢，无法达到预期效果。一期工程自 2008 年 3 月正式投入商业运作，2008—2013 年的 6 年间，瓜达尔港合计完成货物接卸量近 371.3 万吨，2013 年仅完成 55 万吨，一度需要通过政府补贴维持货源。[②] 瓜达尔港建设从提出之初就受到巴基斯坦国内的热烈欢迎，也一直凝聚着巴基斯坦各党派和民众的热情。然而，在很长一段时间内，瓜达尔港一直呈现"冷开发"状态，直到中国接手开发运营之后，瓜达尔港才

---

① Zulfiqar Ghuman, "Govt to Grant Gwadar 7-Years Tax Holiday," *Daily Times*, February 10, 2005；"Gwadar Port Declared Tax-free Zone for 20 Years," *Dawn*, November 30, 2008.

② 席芳、汪超、李俊星：《"一带一路"战略下的巴基斯坦瓜达尔港 SWOT 分析及发展策略》，《交通企业管理》2017 年第 2 期。

真正焕发出它的生机与活力。2013年2月18日,巴基斯坦政府通过强制手段将经营权从新加坡港务集团收回,随后又通过国际招标的方式将运营权移交给中国海外港口控股有限公司(以下简称"中国港控")。① 2013年,中国港控、瓜达尔港务局、新加坡港务局三方签署《特许经营权协议》,中国港控获得了9.23平方千米自由区的开发和经营权。

2015年4月,中巴双方在瓜达尔港正式签署4项谅解备忘录,中方对瓜达尔港的投资总额将达16.2亿美元,包括修建瓜达尔港东湾快速路、瓜达尔港新国际机场等9个早期收获项目。作为"中巴经济走廊"的核心环节,瓜达尔港将成为中东至中国石油输送管道的起点,该港还将具有集自贸区、机场功能等为一体的多功能码头。2015年4月习近平主席访问巴基斯坦,双方高度评价"中巴经济走廊"重大项目所取得的进展,巴基斯坦将坚定支持并积极参与"一带一路"建设。中巴双方签署了51项合作协议,总额高达460亿美元,同意以"中巴经济走廊"为引领,以瓜达尔港、能源、交通基础设施和产业合作为重点,形成"1+4"经济合作布局。瓜达尔港二期工程于2015年2月基本竣工,当年4月习近平主席访问巴基斯坦期间正式启用,中方拥有港口43年的运营权。瓜达尔港总建设面积为9平方千米,目前已经建成拥有3个2万吨级泊位的多用途码头。经过瓜达尔港一期、二期工程的疏浚,港口进港的平均水深达到15米,使瓜达尔港与印度洋上其他深水港口相比拥有不小的优势。2016年4月至12月,未进入全面运营的瓜达尔港吞吐量已经达50万吨,2017年全年吞吐量约为100万吨,巴基斯坦对瓜达尔港的未来期望吞吐量是3 000万~4 000万吨。

瓜达尔港的基础设施需要维护,集疏运设施条件差,对外联系通道不顺畅,直接腹地经济总量小,需求有限,与巴基斯坦卡拉奇和卡西姆两大港口相比缺乏突出优势。为了提升瓜达尔港的运营能力,中国港控正在修复和提升港口相关设施,推进瓜达尔港的配套项目建设。投资建设的瓜达尔东湾快速公路于2018年完工,并计划在其双向建设铁路轨道,进一步推进瓜达尔港地区的道路网络建设。瓜达尔港新国际机场的建设也加快推进,力求将瓜达尔港建成海陆空一体的通联港口。

---

① Syed Irfan Raza, "China Given Contract to Operate Gwadar Port," *Dawn*, February 18, 2013, https://www.dawn.com/news/786992.

2016 年 11 月,中远海运集团的"中远惠灵顿"号成功挂靠巴基斯坦瓜达尔港,完成集装箱装卸作业后离港,这是瓜达尔港首次向海外大规模出口集装箱,标志着瓜达尔港的成功开航。瓜达尔港开航之后,将成为中国向中东和非洲出口的最新国际贸易枢纽,对于油气能源运输来说多了一条新的通道。瓜达尔港重建工作完成后,港区恢复了作业能力,2018 年 3 月还开通了"巴基斯坦瓜达尔中东快航"集装箱班轮航线。瓜达尔港作为巴基斯坦第三大港和深水港,航道深度 15.5 米,长度 12.5 千米,船载重量 20 万吨,有 7 个 300 米长泊位和 2 个石油码头,未来发展潜力将逐步释放出来。预计到 2055 年,瓜达尔港将成为巴基斯坦最大的港口。[①]

巴基斯坦政府还计划将瓜达尔港打造成一个自由贸易区,瓜达尔港自由贸易区(以下简称"自贸区")的开发逐步成为与瓜达尔港口建设关联的重要项目。瓜达尔港自贸区面积为 9.2 平方千米,港口周边 30 千米内设为免关税自贸区,并在税收、进口手续等方面给予一系列的优惠政策。瓜达尔港自贸区建设总成本约为 20 亿美元,在 2015 年 11 月 12 日举行的瓜达尔自贸区土地交付仪式上,巴基斯坦将 3 平方千米土地租赁给中国企业建设瓜达尔港自贸区,租期同样为 43 年,余下的土地于 2016 年 5 月交付给中国投资企业。2016 年 11 月,巴基斯坦向中国移交瓜达尔港自贸区 1.52 平方千米土地的使用权和 43 年的开发权。巴基斯坦政府还计划在瓜达尔港周边建立 100 个工业园区,充分发挥瓜达尔港的聚集作用。瓜达尔港园区已吸引了多国超 300 家企业进驻。瓜达尔自贸区定位为瓜达尔港运营的重要支撑、"中巴经济走廊"的重要产业节点、瓜达尔地区的经济发展引擎,未来还将发展商贸物流及配套仓储、日用家电制造、特色食品加工、纺织服装、机械制造、金属加工、医药产业以及休闲旅游等。

瓜达尔港开发和自贸区的建立有利于带动当地的经济发展,推动巴基斯坦经济的转型与升级。瓜达尔港的建设为当地创造了 4 万个工作岗位,在瓜达尔港建设中优先考虑招聘当地人,其中绝大多数为当地渔民。中方对他们进行了培训,并提供工作机会,提高了当地民众的生活水平和对华友好度。同时,中国企业还在瓜达尔港开展了多项公共教育、医疗卫生援助项目,包括瓜达尔港小

[①]《对外投资合作国别(地区)指南:巴基斯坦(2019 年)》,中华人民共和国商务部,http://www.mofcom.gov.cn/dl/gbdqzn/upload/bajisitan.pdf。

学、瓜达尔港医院、医疗急救中心、海水淡化处理厂和瓜达尔职业技术学院等。

截至 2018 年,瓜达尔自由区已建设成为一个现代化园区,直接投资额达 30 多亿人民币,所吸引的企业全部入驻后将为当地创造 2 000 余个就业岗位。瓜达尔自由区起步区基础设施建设完毕,商务中心已投入使用,并于 2018 年 1 月 29 日举行了开园仪式。瓜达尔自由区全部建成后,其所带来的经济效应和社会效益将更为突出,港口和自贸区后期运营预计将创造约 100 万个就业岗位,发挥更大的经济与社会效应。

三、中国建设运营瓜达尔港面临的挑战

瓜达尔港的开发潜力很大,前景良好,但也一直面临着重大风险和挑战。瓜达尔地区气候条件恶劣,终年炎热少雨,淡水资源缺乏,经济状况落后,营商环境不佳。同时当地社会形势复杂,民族分离主义、教派冲突以及种族仇恨相互交织,使俾路支省长期处于动荡不安的状态。瓜达尔港关键的地缘位置和中巴之间的大规模合作也引来外部大国的疑虑和敌意,外部因素导致的地缘政治风险十分突出。

第一,港口运量和腹地经济支撑不足,巴基斯坦国内投资环境不佳,政治经济与社会风险不容小觑。

瓜达尔港存在货量不足、访港航线密度较低、运输成本较高、腹地经济和辐射能力不强等问题,特别是港口周边与腹地经济空间有限,对港口发展的支撑有待加强。未来需要开辟与南亚、海湾、非洲等地港口之间的新航线,提供优惠政策和良好服务吸引船舶停靠,加大港口城市开发和周边辐射能力,稳步推进航运市场开发。

巴基斯坦人口众多,有较大的市场潜力,地理位置优越,可辐射南亚、中东和中亚等地区,与上述地区贸易关系紧密。巴基斯坦政府推出了一系列优惠政策以增强外资吸引力,并计划建立 21 个出口加工区(已建成 6 个),颁布《特殊经济区法》鼓励外商投资。然而,巴基斯坦的经济承载能力有限,投资环境依然缺乏竞争力,仍存在诸如电力短缺,基础设施建设相对落后等问题和瓶颈;通货膨胀居高不下,经营成本不断上升;财务负担沉重,还款压力巨大;政局时有动荡,安全形势较严峻等,因此难以吸引足够的外资流入。2017—2018 财年经常账户赤字达到 180 亿美元,同比增长 44.7%。财政和经常账户"双赤字"恶化加重了巴

基斯坦债务负担,截至 2018 年 6 月底,巴政府债务占国内生产总值的比例达到 74.3%,其中内债占 47.7%,外债占 26.6%,如果加上国有企业债务,巴基斯坦总体债务水平达到 28.4 万亿卢比,占 GDP 的 82.6%。同时,巴基斯坦当前外汇储备仅能勉强维持 100 亿美元左右的水平,使得国际收支问题成为短期最大风险和挑战。① 2018—2019 财年,巴基斯坦通货膨胀率上升至 7.34%,创 5 年新高,卢比贬值约 31.8%,外商直接投资下降了约 50%,②外债规模持续上升,经济前景堪忧。

虽然中巴两国有着深厚的传统友谊,但两国民间交流相对有限,相互了解还很不足,而且在文化习俗上存在很大差异,随着中国投资和人员的进入,可能导致不同程度的跨文化冲突,并影响合作项目的顺利开展。在瓜达尔港建设之初,由于部分在巴企业相关人员对当地宗教和传统禁忌不了解,带来不少误会甚至矛盾,巴基斯坦民众和在巴中国人相互间的满意度不高。与此同时,受到国内不同利益团体、非政府组织以及西方舆论等多重因素的影响,巴基斯坦国内对中巴合作依然存在不同声音,当地部分民众因对土地、资源、环境、就业问题不满也蕴藏着危机。

第二,分离主义和恐怖主义带来的安全风险突出。

瓜达尔港所在的俾路支省是巴基斯坦的资源大省,同时也是最贫穷、最不发达的地区,该地长期存在着民族分离主义运动与极端宗教主义和恐怖主义,这使俾路支省长期处于动荡不安的状态。从内部来看,瓜达尔港建设主要面临巴基斯坦国内反对势力的掣肘、俾路支分离势力的泛滥以及恐怖主义的威胁。③

分离主义和恐怖主义已经成为瓜达尔港建设的重要威胁之一。从开始建设起,当地分离主义和极端组织就将中国工人当成袭击目标,以威慑巴基斯坦政府。为了防止可能存在的国外势力以及当地恐怖主义的威胁,巴基斯坦军方专门组建了一支总兵力已经超过 2 万人的特殊安全部队,加强对"中巴经济走廊"沿线设施和人员的保护。同时,为了避免瓜达尔港建设受到外界干扰,巴基斯坦

---

① 《2017—18 财年巴基斯坦经济运行情况》,中华人民共和国商务部,2018 年 10 月 11 日,http://pk.mofcom.gov.cn/article/ddgk/jj/201810/20181002794374.shtml.

② 《巴基斯坦通胀率创 5 年新高》,中华人民共和国商务部,2019 年 7 月 3 日,http://pk.mofcom.gov.cn/article/jmxw/201907/20190702879182.shtml;《2019 财年巴基斯坦外商直接投资骤降》,中华人民共和国商务部,2019 年 7 月 16 日,http://pk.mofcom.gov.cn/article/jmxw/201907/20190702882207.shtml.

③ 李家成、姜宏毅:《解析瓜达尔港建设的巴基斯坦国内阻力》,《区域与全球发展》2018 年第 5 期。

计划成立一支海上特种部队"第 88 特遣队",保护瓜达尔港的海上安全。①

第三,地缘政治压力和挑战十分突出。

由于瓜达尔港的关键地理位置和中巴特殊关系,中国投资建设瓜达尔港从一开始就吸引了周边邻国和外部大国的目光,地缘政治竞争压力随之而来。美国等西方国家关注中国由此获得了便捷的能源通道,日本认为中国是为了掌控制海权,印度则担忧中国将瓜达尔港打造成潜在的军事基地,形成遏制印度的"珍珠链"。②

首先,印度对中巴港口合作充满疑虑和敌意。印度对中巴关系一直极为敏感,对"中巴经济走廊"建设横加指责和极力阻拦,中国参与瓜达尔港的开发运营更是激起了印度的疑虑和敌意。自中国参与瓜达尔港的建设开发起,印度就持强烈警惕与不满态度,认为中国开发和运营瓜达尔港将会把其作为海外海军基地,蚕食印度战略"后院",并且与斯里兰卡和缅甸的有关港口共同形成一个"珍珠链",作为海军基地,对印度进行包围遏制等。③"中巴经济走廊"扩大了中国在印度洋的经济和军事存在,瓜达尔是中国的印度洋地区计划的重要组成部分。④ 有印度学者表示,"中巴经济走廊"穿过克什米尔地区严重刺激了印度的神经,在瓜达尔的"基地"对印度的海洋利益及其对该地区的主导地位构成了严重威胁。⑤ 因此,印度对中巴港口合作横加阻挠,并在国际上联合美日等国对该项目进行抹黑和施加压力。

其次,美国和日本的地缘政治竞争压力。瓜达尔港有绕开美国控制的马六甲海峡等地的战略意义,加之美国从自身经验出发,对瓜达尔港背后的军事功能均深感疑虑,对中国在巴基斯坦和印度洋的影响力上升持明显的敌视态度,日益

---

① 韦巧芳:《瓜达尔港在"一带一路"战略中的地位与作用》,硕士学位论文,山西师范大学,2017,第 17 - 18 页。

②《张敬伟:瓜达尔港是世界看中国的镜子》,环球网,2013 年 2 月 22 日,http://opinion.huanqiu.com/opinion_world/2013-02/3665865.html。

③ James R. Holmes, "Gwadar and the 'String of Pearls'," *The Diplomat*, February 9, 2013, http://thediplomat.com/the-naval-diplomat/2013/02/09/gwadar-and-the-string-of-pearls/.

④ Gopal Suri, *China's Expanding Military Maritime Footprints in the Indian Ocean Region (IOR): India's Response*(New Delhi: Pentagon Press, 2017), pp. 66 - 68.

⑤ Ms Portia B. Conrad, "China's Access to Gwadar Port: Strategic Implications and Options for India," *Maritime Affairs: Journal of the National Maritime Foundation of India*, Vol. 13, No. 1 (2017): 55 - 62.

明显地进行干扰和打压，这对瓜达尔港的未来发展形成潜在挑战。出于反恐、地缘政治和全球战略等利益诉求，美国一直看重瓜达尔港所在的俾路支省的战略地位，如能控制该地将更有利于其实现制裁伊朗、监控阿富汗以及遏制中国的目标。因此，美国有可能利用俾路支省动荡的局势干扰瓜达尔港的建设进程，通过控制俾路支省和联合印度等国，进而形成对瓜达尔港的包围和遏制态势。日本也有自己的"自由开放的印太战略"，并日益与美国、印度联合起来共同应对中国在印度洋影响力的上升。中国获得瓜达尔港43年的运营权和更为便捷的海上通道，使日本更加紧张，从而进一步加强了其与印度、美国的合作。鉴于近年来日本、印度和美国的联合趋势，中国在瓜达尔港建设过程中，对日本在印度洋的战略动向也不容忽视。

最后，周边国家的港口开发竞争。中国接手瓜达尔港的开发、运营，不仅在全球层面和地区层面引起大国的强力关注和激烈反应，而且也在周边更大范围内引发了针对枢纽港口建设的竞争。在西印度洋地区，还存在一些与瓜达尔港功能定位类似的港口和利益攸关国家的关注与竞争。瓜达尔港可能会对阿巴斯港、恰巴哈尔港、迪拜港等形成冲击，因此周边一些国家对瓜达尔港的建设心态复杂。[1] 一方面，在邻国伊朗，与瓜达尔港相距仅有70千米、地缘位置与港口功能定位相似的恰巴哈尔港与瓜达尔港存在竞争关系。伊朗一直希望将恰巴哈尔港以及阿巴斯港打造为本国及中亚国家的出海口，而瓜达尔港的开发对这一计划带来了强大的竞争或冲击。伊朗开发恰巴哈尔港得到了印度的大力支持，2015年5月，印度还不顾美国反对和伊朗签订了恰巴哈尔港投资协议，用以对抗中国和巴基斯坦的瓜达尔港项目。[2] 出于战略考量，印度计划投资200亿美元帮助伊朗打造一流的恰巴哈尔港，日本也宣布将和印度通力合作，在恰巴哈尔港建设中注资。2016年5月，印度总理莫迪访问伊朗期间，印度宣布将投资5亿美元帮助伊朗修建恰巴哈尔港并签署了12项合作协议，阿富汗总统加尼、印度总理莫迪、伊朗总统鲁哈尼共同出席签字仪式。此外，中亚国家哈萨克斯坦也在寻找更为低廉的出海通道，并有意对伊朗阿巴斯港进行投资。另一方面，在巴基斯坦对

---

① 刘宗义：《中巴经济走廊建设：进展与挑战》，《国际问题研究》2016年第3期。

② Nidhi Verma and Manoj Kumar, "India to Sign Port Deal with Iran, Ignoring U. S. Warning against Haste," Inforwars, May 6, 2015，https://www.infowars.com/india-to-sign-port-deal-with-iran-ignoring-u-s-warning-against-haste/.

面的海湾地区,阿曼和阿联酋也在打造区域枢纽港口。阿曼塞拉莱港(Salalah,也译为萨拉拉港)拥有全球最大的集装箱基地,它距离霍尔木兹海峡更近,港口吞吐量要比瓜达尔港大得多。同样,位于阿曼首都的马斯喀特港距离霍尔木兹海峡更近,也是非常成熟的转口贸易港口,这两个港口比瓜达尔港似乎更有竞争力。阿联酋的迪拜港是海湾地区的最大港口,海运物流竞争力很强,阿联酋也担心中国大力开发瓜达尔港最终会影响其商业利益,分流迪拜港的运输业务。①

四、结论

在共同利益的推动下,中巴两国大力推进瓜达尔港项目的开发,瓜达尔港未来发展潜力巨大。随着瓜达尔港项目和产业园区建设的不断推进,也出现了不少问题和挑战,未来中国在瓜达尔需要在完善基础设施、建设港口园区、港口城市和防范安全风险等方面作出更大努力。

一是完善配套基础设施建设,充分发挥瓜达尔港的潜力。中巴需要合作建设好瓜达尔物流园区、临港工业区以及瓜达尔港新国际机场,建设好中巴铁路、中巴油气管道,打造好"中巴经济走廊",瓜达尔港才可能有真正的繁荣未来。② 二是推进港口产业园区和港口城市建设,以港带城、以城兴港,形成良性循环。由于瓜达尔港自身的经济潜力有限,港口腹地较小,周边缺乏大的经济纵深支撑,中国需要考虑通过扩大经济增长点,提升瓜达尔地区的投资吸引力,扩大长期盈利和增长的空间。此外,瓜达尔港需要在码头装卸、仓储物流等方面增强自身的实力,在与周边港口竞争中找准自身定位,在西印度洋和海湾地区的海运格局中站稳脚跟。未来在中巴自贸区的基础上,可借鉴海南自由贸易港模式,并参照国际自由贸易港的发展经验,分两步将瓜达尔港建成自由贸易港。③ 三是谨慎对待巴基斯坦国内民族宗教问题,注意防范恐怖主义威胁。巴基斯坦国内民族宗教问题复杂,中国应保持中立和不介入争端的立场;务实推进"中巴经济走廊"建设,为当地经济社会发展创造更多机会和条件,提供充分有效的就业机会,改善俾路支地区的经济社会状况和民众生活水平;尊重当地文化习俗,促进民心

---

① 韦巧芳:《瓜达尔港在"一带一路"战略中的地位与作用》,硕士学位论文,山西师范大学,2017,第37页。

② 蔡晨宇:《瓜达尔港的开发任重道远》,《中国港口》2017年第1期。

③ 杨习铭、高志刚:《中巴经济走廊自由贸易港(瓜达尔港)建设构想》,《宏观经济管理》2019年第9期。

相通,提升中国的软实力,减少瓜达尔港建设的本地阻力和不利因素。四是突出港口商业属性,努力降低大国疑虑和敌视情绪。中国应通过多种场合重申瓜达尔港和"中巴经济走廊"建设的商业性质,保持港口和园区项目的开放性,欢迎其他国家参与和真诚合作,着重强调瓜达尔港的经济合作而非政治战略属性,强调中国运营瓜达尔港的合作性、互利共赢和非竞争性,减弱相关国家对中国运营瓜达尔港的敌视,淡化地缘政治对抗色彩。[①] 未来中国将通过增强"中巴经济走廊"的地区辐射力,带动中国—中亚自由贸易区的构建,让瓜达尔港在更大的国际范围内发挥积极的外溢效应。

---

① 韦巧芳:《瓜达尔港在"一带一路"战略中的地位与作用》,硕士学位论文,山西师范大学,2017,第41页。

第四章
以点带面：中国在海湾—东非地区的港口建设

　　海湾和东非地区位于西印度洋北部，连接亚洲与非洲，沟通印度洋、海湾地区和红海，是海上丝路沿线国家众多、港口密集、区位关键的重要地区之一，也是形势高度复杂、中国海外利益较为脆弱的地区。海湾—东非地区拥有漫长的海岸线和重要的战略性港口，霍尔木兹海峡和曼德海峡等海上通道的战略地位突出，事关国际能源稳定与海上通道安全，港口的节点性作用尤为关键。中国与海湾地区国家能源、经贸关系密切，与东非和红海沿岸国家也拥有传统友好关系，经济与安全合作逐步提升，"一带一路"倡议提出后中国与该地区国家的各领域合作更是快速发展。在此背景下，近年来中国参与了海湾—东非地区多个国家的港口建设开发，包括沙特阿拉伯、阿联酋、伊朗、卡塔尔、吉布提、苏丹、肯尼亚和坦桑尼亚等国，取得了丰富成果，逐步在地区节点型港口建立了存在，也正在打造地区枢纽型港口。港口建设成为中国与该地区国家双边合作的重要内容，并以港口开发带动了周边区域的经济合作与发展，发挥了以点带面的积极作用，推动了地区和平与稳定。然而，中国在海湾—东非地区的港口建设也面临很高的政治化、安全化风险，受到大国地缘政治博弈、地区国家间复杂关系、地区冲突与恐怖主义泛滥的威胁，面临着进一步明确本地区港口建设的重点方向、有效防范各种非经济风险的紧迫挑战。

第一节　中国参与海湾—东非地区的港口建设

海湾和东非地区国家众多，既有油气资源丰富、财力雄厚的海湾产油国，也有为数不少的最不发达国家。从国别来看，该地区主要包括海湾地区9国（伊朗、伊拉克、科威特、沙特阿拉伯、巴林、卡塔尔、阿联酋、阿曼和也门）、东非红海地区7国（苏丹、厄立特里亚、吉布提、索马里、肯尼亚、坦桑尼亚和塞舌尔）。该地区海岸线漫长，紧邻世界重要航道和能源输出咽喉要地，港口较为密集，同时地区形势复杂，内外矛盾丛生，面临严峻的发展与安全挑战。

一、中国在海湾地区的港口建设

海湾地区是世界上港口分布较为密集的地区，既有依托油气资源输出而建立的众多油港，也有在地区贸易中发挥重要转运作用的物流港口（见表4-1）。从海湾顶部的科威特延伸至海湾外的阿曼，海湾沿线有超过35个港口，在10年内计划增加处理多达6 000万标准箱货物，增幅超过目前吞吐量的1倍。在海湾阿拉伯国家合作委员会（以下简称"海合会"）国家，迪拜港、哈利法港、多哈港、巴林港、朱拜勒港、吉达伊斯兰港、达曼港、苏丹卡布斯港、马斯喀特港等纷纷推出扩建计划，以及港口等基础设施开发激励措施，对国际港口企业来说是重要的战略机遇。阿联酋哈利法港建设耗资72亿美元，在2012年第四季度开始运营，吞吐量达到200万标准箱，至2030年将增长至1 500万标准箱。① 阿联酋迪拜港一直在吞吐量方面居于世界前列，迪拜环球港务集团作为全球主要的港口航运投资商之一，对世界各地港口进行了大量投资，包括在中国投资和管理的6个港口。沙特阿拉伯是海湾和红海沿岸大国，在海湾和红海地区均拥有漫长的海岸线与多个港口，也是中东国家中唯一在上述两大水域均有港口的地区大国。沙特阿拉伯主要港口包括红海沿岸的吉达伊斯兰港、吉赞港、延布港和海湾沿岸的达曼港、朱拜勒港、拉斯坦努拉港以及在建的扎瓦尔港。港口年总吞吐量为

---

① 《海湾国家巨资建设港口10年后集装箱吞吐量翻倍》，《港口经济》2012年第7期。

1.5亿吨,占沙特阿拉伯进出口总额的95%;集装箱每年装卸总量为200万标准箱,每年到访沙特阿拉伯港口的船舶达1 200艘次。[①] 近年来沙特阿拉伯政府在港口建设方面的投入不断加大,包括延布和朱拜勒等工业港口;沙特阿拉伯港务局还授权新加坡国际港务集团和沙特阿拉伯公共投资基金合作在达曼市开发建设一座新的集装箱码头;而阿联酋也加大了对杰贝阿里港以及阿布扎比港的投资。[②] 沙特阿拉伯也在着力提升在红海的港口开发,包括在吉达伊斯兰港建设红海门户码头,以及阿卜杜拉国王港等。

表4-1　海湾地区主要港口泊位基本情况

港　口	国家	泊位总数/个	泊位最大水深/米	集装箱泊位数/个	液体散货泊位数/个	散杂货泊位数/个	其他泊位数/个	规　模
迪拜港	阿联酋	79	17	29	11	32	7	中东最大集装箱港
豪尔费坎港	阿联酋	6	16.5	6	—	—	—	阿联酋第二大集装箱港
吉达伊斯兰港	沙特阿拉伯	62	16	11	2	29	20	中东第二大集装箱港
朱拜勒港	沙特阿拉伯	19	15.2	—	8	9	2	沙特阿拉伯最大石油港之一
延布港	沙特阿拉伯	19	32	2	14	2	1	沙特阿拉伯最大石油港之一
达曼港	沙特阿拉伯	39	16.5	4	2	25	8	沙特阿拉伯第二大港
苏哈尔港	阿曼	12	16	3	5	2	2	阿曼石油大港
苏丹卡布斯港	阿曼	14	13	4	8		2	阿曼重要港口

资料来源:曾庆成:《21世纪海上丝绸之路港口发展报告》,大连海事大学出版社,2015,第44页。

---

① 《对外投资合作国别(地区)指南:沙特(2019年版)》,中华人民共和国商务部,http://www.mofcom.gov.cn/dl/gbdqzn/upload/shatealabo.pdf。
② 王俊鹏:《中东掀大型港口建设热潮》,《经济日报》2012年4月17日,第9版。

伊朗的主要港口是南部的阿巴斯港。伊朗85％的海运贸易通过阿巴斯港进出,但阿巴斯港仅能处理10万吨级船舶,大型船舶不得不停靠阿联酋的杰贝阿里港,恰巴哈尔港作为一个深水港则可以很好地发挥伊朗进出大型船舶门户的作用。[1] 如前所述,伊朗正在联合多个国家共同建设恰巴哈尔港,希望将之打造为中亚国家的出海新通道。

从近年英国劳氏公司发布的世界集装箱港口100强榜单来看,海湾地区有8个港口上榜,其中阿联酋和沙特阿拉伯各有3个,排名地区前列,阿曼和伊朗各有1个。从中可以看出,海湾地区可谓大型集装箱港口的集中地,体现出海湾国家旺盛的对外贸易需求以及在港口开发方面的竞争力,特别是大宗石油贸易和高收入水平带来的消费潜力巨大。其中,阿联酋的迪拜港更是名列全球前10,近年来货物吞吐量远超过本地区其他港口,2018年更是达到1 495.4万标准箱(见表4-2)。

表4-2 海湾地区主要集装箱港口

国家	港 口	2016 年		2017 年		2018 年	
		全球排名	吞吐量/万标准箱	全球排名	吞吐量/万标准箱	全球排名	吞吐量/万标准箱
阿联酋	迪拜港	9	1 477.2	9	1 536.8	10	1 495.4
	豪尔费坎港	34	433	78	232.1	87	200
	阿布扎比港	89	155	—	—	95	174
沙特阿拉伯	吉达伊斯兰港	37	395.7	36	415	40	411.7
	达曼港	86	178.5	97	158.2	—	—
	阿卜杜拉国王港	100	140.2	89	169.5	82	230.2

---

[1] 胥苗苗:《伊朗恰巴哈尔港成投资"新宠"》,《中国船检》2016年第6期。

续　表

国家	港　口	2016 年		2017 年		2018 年	
		全球排名	吞吐量/万标准箱	全球排名	吞吐量/万标准箱	全球排名	吞吐量/万标准箱
阿曼	塞拉莱港	44	332.5	39	394.6	51	338.5
伊朗	阿巴斯港	76	213	69	260.7	86	202.2

资料来源:"One Hundred Ports 2017," Lloyd's List, August 2, 2017, https://lloydslist. maritimeintelligence. informa.com/one-hundred-container-ports-2017/; "One Hundred Ports 2018," Lloyd's List, August 31, 2018, https://lloydslist. maritimeintelligence. informa. com/one-hundred-container-ports-2018; "One Hundred Ports 2019," Lloyd's List, July 29, 2019, https://lloydslist. maritimeintelligence. informa. com/one-hundred-container-ports-2019。

　　随着中国港口建设技术的升级和资金的不断积累,以及中国与海湾国家合作关系的提升,海湾地区逐步成为中国港口企业"走出去"和海外投资的重要目的地。在海湾地区,中国参与建设的港口主要包括卡塔尔多哈新港、阿联酋哈利法港二期集装箱码头、伊朗格什姆岛石油码头、沙特阿拉伯延布多功能物流枢纽等,总体上数量和影响均较为有限(见表4-3)。

表 4-3　中国参与海湾地区的港口建设项目

时间	国家	中国企业	当地港口	主　要　内　容
2011 年	卡塔尔	中国港湾	多哈新港	中国港湾承建多哈新港第一期工程,投资8.8亿美元
2016 年	阿联酋	中远海运集团	哈利法港二期集装箱码头	中远海运集团阿布扎比公司与阿联酋阿布扎比港务局签署特许权协议,建造哈利法港二期集装箱码头,投资 10.83 亿美元,并运营码头
2016 年	伊朗	中国石油	格什姆岛石油码头建设	中国石油与伊朗签下价值5.5 亿美元的合同,参与霍尔木兹海峡北侧的伊朗格什姆岛石油码头建设

续　表

时间	国家	中国企业	当地港口	主 要 内 容
2007 年、2012 年	沙特阿拉伯	中国港湾	吉达伊斯兰港	吉达伊斯兰港建设合同金额 2.3 亿美元。建设吉达伊斯兰港防洪堤项目，合同金额 5 亿美元
2017 年	沙特阿拉伯	中国交建	延布多功能物流枢纽等项目	中国交建参与延布多功能物流枢纽等项目的投资、设计、建设和运营；沙特阿拉伯协助中国交建发掘更多的投资和参与机会，加强园区、港口、高速公路等建设，投资约 2 亿美元
2021 年	沙特阿拉伯	中远海运集团	吉达伊斯兰港	收购吉达伊斯兰港红海门户码头 20% 的股权

其中，阿联酋哈利法港是中资公司参与建设的重要港口。2016 年 9 月中远海运集团宣布，中远海运集团阿布扎比公司（中远海运集团的全资子公司）与阿布扎比港务局签订特许权协议，双方成立合营公司，联合经营位于阿布扎比的哈利法港二期集装箱码头。合营公司将拥有哈利法港二期集装箱码头 35 年特许权并有权将期限进一步延长 5 年，中远海运集团阿布扎比公司将拥有合营公司的控制性股权。[①] 哈利法港是全球发展最快的集装箱港口之一，也有望成为中东、非洲地区的主要枢纽港之一。

在科威特，中国交建三航局于 2008 年之前就曾承担舒艾拜油码头的修复工程。在卡塔尔，多哈新港一期工程由中国港湾以 EPC 模式承包建设，合同金额达 8.8 亿美元，中国港湾与中交第四航务工程局有限公司（以下简称"中国交建四航局"）联合实施。项目于 2011 年 1 月开工建设，中国港湾在项目建设过程中创造性地采用降水干地开挖方法施工，在短短 4 年时间里建成了长约 8 千米的船舶码头，是世界建港史上一次建成码头岸线最长的内挖式港口。一期码头和内防波堤工程于 2015 年 6 月竣工。

---

① 李锐：《中远海运参与投建阿布扎比哈里发港》，《上海证券报》2016 年 9 月 30 日，第 6 版。

沙特阿拉伯也是中国在海湾地区参与港口建设的重要目的地。沙特阿拉伯等海湾国家一直是中国最大的石油进口来源地，近年来中沙能源、经贸和安全合作不断升级。2013 年，中国石油化工集团有限公司等施工企业参与建设了沙特阿拉伯朱拜勒港口物流项目，以及与该项目配套的、在朱拜勒商业港内建设的一个储运库项目。2016 年，中沙双方还举行了中国与阿拉伯国家之间的首次联合反恐演习。[①] 2016 年 1 月，习近平主席访问沙特阿拉伯，两国关系提升为全面战略合作伙伴关系，沙特阿拉伯也表示将积极参与"一带一路"建设。2017 年沙特阿拉伯国王萨勒曼访华期间，中沙签订了 650 亿美元的 12 项合作协议。沙特阿拉伯在 2016 年正式推出的"2030 愿景"中，提出重点开发吉达伊斯兰港和阿卜杜拉国王港，并计划在红海沿岸建设尼尤姆创新城。2021 年，中远海运港口收购了沙特阿拉伯吉达伊斯兰港红海门户码头 20％的股份，加强了在红海地区的码头网络布局。

2016 年 1 月，习近平主席访问伊朗时，与伊朗领导人就加强基础设施建设达成重要共识。中国有意参与建设伊朗恰巴哈尔港和格什姆岛石油码头，并参与贾斯克港工业城建设，在恰巴哈尔港承建一座核电站和石化工业城，以帮助伊朗加强基础设施建设步伐。此举可消除伊朗对中国参与巴基斯坦瓜达尔港建设的疑虑，推动多方开放式港口开发合作。在阿曼，中国将杜库姆港口与"中国—阿曼工业园"结合起来，形成港口—经济特区相互依存的关系。

二、中国在东非地区的港口建设

在"一带一路"倡议背景下，中国与非洲国家的经济合作正在迅速升温。中非合作具有良好的政治基础和巨大的发展潜力，中国自 2009 年以来就成了非洲第一大贸易伙伴，非洲也是对中国具有强大吸引力的新兴海外投资地。安永会计师事务所发布的《非洲吸引力指数 2017》报告称，中国成为非洲第三大投资来源国以及最大的就业创造者，为非洲融资并建造了很多基础设施项目。2016 年中国对非直接投资项目数量为 66 个，仅次于美国（91 个）和法国（81 个），居第三位，资本投资总额达 361 亿美元，创造就业岗位 3.8 万个，同比增加 1 倍多，且为

---

① Mark Ralston, "Joint Drills between China, Saudi Arabia to 'Solve Existing Terrorism Problem'," Sputnik News, October 28, 2016, https://sputniknews.com/asia/201610281046854583-joint-drills-china-saudi-arabia/.

美国创造就业岗位的 3 倍多。[①]

东非地区处于亚非大陆、红海与印度洋交界处,扼守曼德海峡和亚丁湾这一重要航道,地理位置具有战略重要性。本地区多为贫穷落后的发展中国家,甚至是最不发达国家和战乱国家,如厄立特里亚、吉布提、索马里等。东非地区虽然拥有漫长的海岸线和重要的战略性港口,但相对于海湾地区,东非地区的港口建设和发展水平较低,容量和货物吞吐量有限,大多数港口都有待开发,更缺乏世界级大港(见表 4-4)。然而,国际港口企业已经日益重视该地区的港口开发,例如,迪拜环球港务集团就加大了对索马里柏培拉港的投资。

表 4-4　东非国家部分港口及其转运能力

国家	港口	过境运输市场	发 展 状 况	面临的问题
苏丹	萨瓦金港、苏丹港	南苏丹	拥有通过铁路到达中非共和国、苏丹、乌干达、卢旺达、布隆迪、乍得等国的潜力	容量有限
吉布提	吉布提港	埃塞俄比亚	颇具规模	容量限制问题有待缓解
肯尼亚	蒙巴萨港	乌干达	颇具规模	容量有限,作用下降
坦桑尼亚	达累斯萨拉姆港	布隆迪、卢旺达、乌干达、赞比亚	已扩建	容量有限

资料来源:胡永举、邱欣:《非洲交通基础设施建设及中国参与策略》,浙江人民出版社,2014,第 142-143 页。此表在原表基础上略有调整。

在非洲地区,中国参与建设的港口与码头项目日益增多,如尼日利亚的拉各斯廷坎岛港口码头、多哥集装箱码头、吉布提集装箱码头和埃及塞得港苏伊士运河集装箱码头,其中前三个项目是由招商局港口投资,最后一个由中远太平洋投资。[②] 印度洋西岸的东非地区,也是中国参与港口合作项目的重点之一,主要包

[①]《安永报告称中国成为非洲最大的就业创造者及第三大投资来源国》,中华人民共和国商务部,2017 年 5 月 12 日,http://ke.mofcom.gov.cn/article/ddgk/zwminzu/201705/20170502574397.shtml。

[②] 陆海鹏:《中资企业"一带一路"港口投资分析及银行策略初探》,《国际金融》2016 年第 3 期。

括吉布提、苏丹、肯尼亚和坦桑尼亚等国,特别是吉布提港、苏丹港、蒙巴萨港和拉姆港等(见表4-5)。

表4-5 中国参与东非地区的港口建设项目

时间	国家	中国企业	当地港口	主 要 内 容
2013年	肯尼亚	中国路桥	蒙巴萨港 19号泊位	承建蒙巴萨港 19 号泊位以及 6.9 万平方米后方堆场
2014年	肯尼亚	中国交建	拉姆港	建设拉姆港的 3 个泊位,合同金额 4.79 亿美元
2013年	坦桑尼亚	招商局港口	巴加莫约港	与阿曼合作建设世界级深水港,合同金额 100 亿美元
2015年	坦桑尼亚	中国交建	桑给巴尔新港	2 亿美元入股桑给巴尔新港,承担项目建设运营
2017年	坦桑尼亚	中国港湾	达累斯萨拉姆港	达累斯萨拉姆港扩建工程,合同金额 1.54 亿美元
1998年至今	苏丹	中国港湾	苏丹港	苏丹港建设与运营
2014年	吉布提	招商局港口	吉布提港	多哈雷港,投资 6.07 亿美元

其中,吉布提港在中国参与的海外港口建设项目中较为特殊,兼具商业性与战略性。从 2008 年起,中国就开始派出海军护航编队前往东非之角海域执行护航任务,中国护航编队的补给休整港口为阿曼塞拉莱港、吉布提的吉布提港和也门亚丁港,其中吉布提被称为苏丹—也门—索马里海域恐怖三角地带的"和平岛"。2013 年 1 月,中国招商局港口正式收购了吉布提港 23.5%的股份。[①] 2014 年,招商局港口中标吉布提港口集装箱码头建设项目,建设吉布提多哈雷多功能港,并帮助吉布提建设液化天然气项目和贸易物流区等多个项目。在此

---

① 参见《"一路一带"战略将推动中外新型港口合作》,《中国港口》2014 年第 11 期。

基础上,2015 年中国宣布将在吉布提建设海外后勤保障基地,2017 年后勤保障基地正式建成并投入使用。

肯尼亚和坦桑尼亚是东非重要国家。2013 年中国与坦桑尼亚签署协议拟投资 100 亿美元在巴加莫约修建非洲最大的深水港口。[①] 2013 年 8 月,位于肯尼亚的东非第一大港蒙巴萨港 19 号泊位正式投入运营。该泊位工程建设项目由中国路桥承建,是中国企业在肯尼亚承建的第一个港口项目,也是整个东非海岸最深的泊位。随着新泊位的投入运营,蒙巴萨港的年吞吐能力得到大幅提升,每年增加 20 万个标准集装箱的吞吐量。[②]

中国在坦桑尼亚达累斯萨拉姆港、苏丹的苏丹港和塞舌尔维多利亚港也在探索重要投资项目。2017 年 6 月,坦桑尼亚政府利用世界银行 3.05 亿美元的贷款,与中国港湾签署了价值 1.54 亿美元的合同,以扩建首都达累斯萨拉姆港,建造一个滚装码头,改扩建 1~7 号泊位。扩建后该港口将成为非洲极具竞争力的现代化港口,货物年吞吐量将增加至 2 800 万吨,[③]其中 1~7 号泊位建成后,年吞吐量将首先提升至 1 600 万吨。此外,由世界银行出资、中国铁建股份有限公司承包的坦桑尼亚姆特瓦拉港改扩建工程也正在施工中,投资总额为 6 300 万美元,[④]相关港口改扩建工程建成后,将满足坦桑尼亚不断增大的货物吞吐量需求,带动坦桑尼亚社会经济发展,并可为东非内陆国家的进出口贸易提供便利。

在红海沿岸,除吉布提港外,苏丹也是中国参与港口建设的重要东道国。苏丹港是苏丹最重要的港口,也是红海地区最重要的港口之一,还是该地区最重要的能源输出和物流集散基地。从 20 世纪 90 年代后期至今,中国港湾已持续参与苏丹港的建设开发 20 余年。中国港湾承建苏丹港,成为中国和苏丹战略伙伴关系的重要支撑。[⑤] 中国港湾参与的项目包括苏丹港 5 万吨级达玛成品油码头工程、苏丹港新集装箱码头及疏浚项目、苏丹港牲畜码头一期工程等。其中,苏丹港牲畜码头项目是由中国港湾和苏丹港务局合资开发的现代化活牲畜专业运输码头,停

① 赵山花:《21 世纪海上丝绸之路背景下的港口建设》,《中国港口》2016 年第 2 期。

② 郑治:《肯尼亚启动中国承建泊位 将提升港口 30% 运营能力》,《参考消息》,2013 年 8 月 29 日,https://world.cankaoxiaoxi.com/2013/0829/263300.shtml。

③《中企签 1.54 亿美元大单　助坦桑尼亚扩建首都港口》,《参考消息》2017 年 6 月 12 日,第 16 版。

④《对外投资合作国别(地区)指南:坦桑尼亚(2019 年版)》,中华人民共和国商务部,http://www.mofcom.gov.cn/dl/gbdqzn/upload/tansangniya.pdf。

⑤ 李逸达:《与中国朋友一起建设苏丹港》,《人民日报》2015 年 1 月 15 日,第 3 版。

靠能力为 2 万吨级,年吞吐能力为 710 万头。该项目总投资近 1 亿美元,并以 EPC 模式参与建设;2018 年 4 月建成并投入运营,打破了苏丹活牲畜出口业务的发展瓶颈,大力助推苏丹创汇能力和经济发展水平的提升。① 2018 年 6 月,中国港湾与苏丹港务局拟共同设立苏丹港牲畜码头项目公司,苏丹港务局占股 51%,中国港湾占股 49%(通过对苏丹港务局的部分工程款债权转换为股权)。② 此外,由中国友发国际工程设计咨询有限公司承担的苏丹港—阿德里—恩贾梅纳铁路可行性研究项目也已完成,这有利于未来提升苏丹港的物流联通能力。

在厄立特里亚,中国港湾与当地政府签订了 EPC 模式的总承包合同,建设马萨瓦新港,并拟从阿联酋寻求部分融资,项目由中国港湾负责施工,但因受到多种因素影响,项目仍在缓慢推进中。

三、中国参与海湾—东非地区港口建设的特点与挑战

从总体上来看,阿联酋哈利法港、吉布提吉布提港、肯尼亚蒙巴萨港等是中国在海湾—东非地区港口建设的主要代表,中国在该地区参与的港口建设项目体现出以点带面的鲜明特征。其中,阿联酋由于地理位置优越、经济竞争力强,加之中国与包括阿联酋在内的海湾地区国家能源、经贸往来密切,迪拜港及哈利法港已逐步成为中国对外贸易和港航企业物流航运的枢纽,未来哈利法港的地位还将进一步上升。受到经济实力和贸易规模的制约,东非地区尚未形成枢纽型港口,对于中国来说,吉布提港和蒙巴萨港有发展成为地区枢纽型港口的潜力,但其经济腹地和辐射能力有限,因此目前正在通过铁路项目连通内地和周边国家。吉布提港除了作为商业港口之外,因为特殊的地缘位置和中国首个海外后勤保障基地的建立而具有了特殊的战略意义。

第一,中国在海湾—东非地区的港口建设充分体现了政府与企业的良性互动、中国与对象国的互利合作,有力地维护了中国海外经贸和能源利益。

中国与海合会国家间在"一带一路"框架下存在密集的合作协议与互动,中国与海湾国家之间的高度相互依存已转化为双方的共同认知,双方在实现海湾国家的宏大发展目标和中国"一带一路"倡议上可以互相帮助,阿联酋、阿曼和沙

---

① 参见中国港湾,http://www.chec.bj.cn/cn/ywly/ppgc/。
② 刘长俭:《2018 年我国海外港口建设回顾及展望》,《中国港口》2019 年第 3 期。

特阿拉伯等国一直在积极地将国内开发项目与"21世纪海上丝绸之路"建设联系起来。① 2016年1月，习近平主席访问沙特阿拉伯，两国建立全面战略伙伴关系，中国宣布参与海湾地区的互联互通；2017年，沙特阿拉伯国王萨勒曼访华期间，双方签订的协议包括中国交建将参与沙特阿拉伯红海沿岸延布多功能物流枢纽等项目的投资、设计、建设和运营；沙特阿拉伯皇家委员会将在沙特阿拉伯国内协助中国交建发掘更多的投资和参与项目的机会，加强园区、港口、高速公路等建设。② 同样是2016年1月，习近平主席访问伊朗期间，两国也建立了全面战略伙伴关系，同年中国石油与伊朗就格什姆岛石油码头建设签署了5.5亿美元的合同。

海湾地区是中国最为重要的能源进口来源地，双边经贸关系十分密切，也是中国海外利益集中的关键地区之一，这也是中国参与当地港口建设的重要背景。2018年，中国自海湾地区的原油进口规模超过2亿吨，金额超过1 045亿美元，占当年中国原油进口总量的43.7%。当年前10大原油进口来源国中，有5个位于海湾地区。③ 据中国商务部统计，2018年中国与海湾地区9国的贸易总额达到了2 307亿美元；年末直接投资存量超过152亿美元；当年新签承包工程合同金额超过274亿美元，完成营业额超过179亿美元，年末在当地劳务人员超过7万人。④

在东非地区，2013年3月习近平主席访问坦桑尼亚，双方签署巴加莫约港综合开发项目合作备忘录，招商局港口投资100亿美元建设巴加莫约港。2013年8月，习近平主席会见来访的肯尼亚总统肯雅塔，双方一致同意加强基础设施和经济特区建设，同年中国路桥承建蒙巴萨港19号泊位以及6.9万平方米后方堆场；2014年5月，李克强总理访问肯尼亚，双方签订东非铁路建设协议，进一步为蒙巴萨港的纵深发展奠定了基础。2017年5月，肯尼亚总统肯雅塔应邀出席"一带一路"国际合作高峰论坛，中肯共同决定将两国关系提升为全面战略合作伙伴关系。2018年9月，习近平主席再次会见来访的肯尼亚总统肯雅塔，双方同意继续推进基础设施建设，肯方重申积极参与"一带一路"建设。这也体现出

---

① Jonathan Fulton, "Domestic Politics as Fuel for China's Maritime Silk Road Initiative: The Case of the Gulf Monarchies," *Journal of Contemporary China*, Vol. 29, No. 122 (2020): 175–190.

② 韩晓明等：《中国沙特签650亿美元"土豪单"》，《环球时报》2017年3月17日，第11版。

③ 《2018年中国原油进口来源及数量》，《当代石油石化》2019年第4期。

④ 参见《中国对外投资合作国别（地区）指南（2019年版）》，中华人民共和国商务部，http://fec. mofcom.gov.cn/article/gbdqzn/index.shtml#。

中国特色国际港口合作的政企良性互动、中国与对象国互利共赢的特征。

相对于海湾地区来说，中国与东非沿海国家的经贸往来规模要小得多。根据中国商务部统计的数据，2018 年中国与东非沿海地区 7 国的贸易总额约为 142 亿美元；年末直接投资存量超过 52 亿美元；当年新签承包工程合同金额约为 73 亿美元，完成营业额超过 62 亿美元，年末在当地劳务人员近 2 万人。[①] 从国别来看，肯尼亚是中国在东非地区最重要的经贸伙伴和海外利益所在国，其次是坦桑尼亚和苏丹。

第二，中国在海湾—东非地区参与的港口建设在安全、能源和对阿、对非外交等方面表现出战略特殊性。

一是吉布提港口的开发建设兼具商业性质和军事安全属性。吉布提的海外后勤保障基地是中国首个也是唯一的海外军事保障港口基地，直接目的是服务于中国在亚丁湾、索马里海域的海军护航需要。2015 年 12 月，中国国防部宣布："中国和吉布提经过友好协商，就中方在吉布提建设保障设施一事达成一致。中国租用吉布提奥博克后勤补给站的协议有效期为 10 年，到 2026 年为止，年租金为 2 000 万美元，主要用于中国军队执行亚丁湾和索马里海域护航、人道主义救援等任务的休整、补给、保障等。"[②]该后勤保障基地距离曼德海峡仅 90 海里。据报道，该设施最多可以驻军 1 万人。[③] 2017 年 7 月，中国人民解放军驻吉布提后勤保障基地正式投入使用，极大地改善了中国海军护航编队的后勤保障条件。在吉布提的后勤保障基地成为中国开展军事外交的重要窗口和平台，包括与印度、韩国、日本及欧洲国家举行的联合搜救演习，扩大了中国在海外的柔性军事存在。然而，这在中国的海外港口建设体系中只是一个特例，吉布提港本身也首先发挥着商业中转港口功能。

二是在海湾—东非地区的港口建设服务于区域发展和中阿、中非整体合作大局，体现出以点带面的典型特征。在海湾地区，中国在全面参与地区国家港口建设的同时，将具备地区交通、经济、物流枢纽功能的阿联酋作为重点合作对象，

① 参见《中国对外投资合作国别（地区）指南（2019 年版）》，中华人民共和国商务部，http://fec.mofcom.gov.cn/article/gbdqzn/index.shtml#。

②《中国将在吉布提建设后勤保障设施》，中华人民共和国国防部，2015 年 12 月 31 日，http://www.mod.gov.cn/jzhzt/2015-12/31/content_4638427.htm。

③ James Kynge et al.，"Beijing's Global Power Play: How China Rules the Waves," Financial Times, January 12, 2017, https://ig.ft.com/sites/china-ports/.

充分发挥其在地区经济格局中的枢纽地位和已有航运基础,力争产生带动中国与海合会、中国与阿拉伯国家整体合作的效应。在东非地区,中国参与吉布提港和蒙巴萨港开发中的以点带面特征尤为突出。中国在建设开发这两个港口的同时将之打造为周边非洲国家的出海口,并修建了连接邻国和内陆地区的新型标准化铁路,即亚吉铁路和蒙内铁路,统筹海陆联运设施的开发,形成配套发展和相互促进。这既体现了中国强大的基础设施建设能力和影响力,也极大地带动了东非地区国家的经济发展与整合,有力地提高了中国与非洲的合作水平。2014 年,中国对非投资超过了 300 亿美元,近 100 万中国人在非洲开展经贸合作。2015 年1 月,中国和非盟签订基础设施建设合作备忘录。中国政府提出,将通过联合出资的形式将非洲 54 个国家通过公路网、铁路网和航空网连为一体,促进非洲大陆的互联互通。现阶段中国已投资吉布提、埃塞俄比亚、肯尼亚和尼日利亚等国的港口和道路基础设施。① 亚吉铁路和蒙内铁路都是落实"一带一路"倡议和"中非合作计划"的标志性工程。在东非地区,埃塞俄比亚是近年来经济增长最快的国家之一,也是中国对非投资的重要目的地。吉布提港口成为连接中国与埃塞经贸合作的纽带。从埃塞俄比亚首都亚的斯亚贝巴到吉布提港的 700 千米长的亚吉铁路建成通车,使吉布提事实上成为内陆国埃塞俄比亚的出海港口。2012 年 2 月,埃塞俄比亚和吉布提财政部部长、南苏丹石油与矿产部部长在亚的斯亚贝巴签署三方协议,就建立三国运输走廊达成一致,包括石油管道和光缆线路等。② 中国投资吉布提港口和机场总额达 120 亿美元,其中对吉布提的港口项目投资了 5.9 亿美元,以期将吉布提建成东非地区最大的自贸区,将吉布提港建成为东非的"迪拜"。③ 2015 年 12 月,中非合作论坛约翰内斯堡峰会期间,习近平宣布设立 100 亿美元的中非产能合作基金,用于中国投资非洲地区的基础设施建设。④ 吉布提等东非国家成为这一基金的受益者,有利于形成共同发

---

① Chen Huiping, "China's 'One Belt, One Road' Initiative and Its Implications for Sino-African Investment Relations," *Transnational Corporations Review*, Vol. 8, No. 3 (2016): 178 - 182.

② David Styan, "Djibouti: Changing Influence in the Horn's Strategic Hub," Chatham House, April, 2013.

③ James Jeffrey, "China is Building Its First Overseas Military Base in Djibouti — Right Next to a Key US One," Global Post, May 3, 2016.

④ Rumi Aoyama, "'One Belt, One Road': China's New Global Strategy," *Journal of Contemporary East Asia Studies*, Vol. 5, No. 2 (2016): 3 - 22.

展的"利益共同体"和"命运共同体"。同时,南苏丹、埃塞俄比亚、肯尼亚也在修建连接东非多国至拉姆港的"拉姆走廊",中国也参与了相关港口基础设施建设项目,共同推动东非地区的海陆互联互通,助推当地国家发展(不过也应注意两条不同方向的东非海陆通道之间的竞争关系)。

第三,中国在海湾—东非地区的港口建设面临很高的政治化、安全化风险。

海湾—东非地区是全球能源核心产地和战略要地,海湾、霍尔木兹海峡、曼德海峡、亚丁湾、红海等地更是具有重要战略意义的国际航道,既广受世界大国关注,也面临复杂的地缘政治和安全风险,这对于港口建设开发项目具有潜在重大影响。

首先,海湾地区仍被西方视为中东地区的重中之重,英国在巴林、法国在阿联酋的阿布扎比、美国在科威特、巴林、卡塔尔和阿联酋等国均部署了军事基地,美国第五舰队总部就设在巴林,在卡塔尔有中东地区最大的空军基地,西方大国在海湾地区拥有重要的地缘政治影响力。中国在海湾地区的港口建设引起美英等西方大国的警惕,与伊朗之间开展的港口合作更遭到美国的反对。东非的吉布提也是西方大国军事基地的集中部署地,美国、法国、日本等国都在吉布提建有军事基地。吉布提雷蒙尼尔军事基地是美国在非洲最大的军事基地,占地200万平方米,是其海军陆战队与东非联合任务力量的部署地。[1] 法国在吉布提设有海外最大的军事基地——赫龙海军基地,拥有三军司令部,年租金3 000万美元。[2] 此外,日本也在吉布提建有海外军事基地。而印度与肯尼亚等东非印度洋沿岸多国签订了防务协定或联合训练协定,推动马达加斯加、毛里求斯和塞舌尔等印度洋岛国加入联合海上监控与情报搜集行动。面对中国在东非与红海地区日益增长的经济存在,日本近年来也加强其与美国、印度在西印度洋地区的海上安全协作。2007年开始,日本积极参与最初由美印两国于1992年发起的"马拉巴尔"军事演习。[3] 美日印试图以扩大军事存在对冲中国的经济存在,这对中国在当地的港口建设开发带来潜在影响力。

---

① "U.S. Africa Command Mission," U.S. Africa Command, http://www.africom.mil/getArticle.asp?art=1644.

② Simon Allison, "Djibouti's Greatest Threat May Come from Within," Mail & Guardian, March 2, 2018.

③ 刘磊、贺鉴:《"一带一路"倡议下的中非海上安全合作》,《国际安全研究》2017年第1期。

此外，为制衡中国和巴基斯坦的地区影响力，近年来印度积极参与伊朗恰巴哈尔港建设，将土库曼斯坦、阿富汗、伊朗通过该港联系起来，与中国在巴基斯坦的瓜达尔港形成竞争关系。[①] 有印度学者以吉布提为例提出，中国的海上战略包括通过海军力量确保其在印度洋地区的海上贸易和经济利益；为永久性的远洋存在发展后勤和作战能力；削弱印度在印度洋地区的地缘战略影响力；通过提升军事冲突的代价来制衡美国，最终目标是成为能够控制远洋的"全球海洋强国"。[②] 另有印度学者认为，中国通过与东非沿岸国家建立经济、能源、贸易和基础设施联系，有计划地扩大其在西印度洋的存在，为了保护其日益增长的经济和外交利益，中国正在部署其军事力量，这对印度这样的区域国家产生了严重的安全影响。[③] 在此背景下，中国在东非地区的一些港口建设项目也遭遇重大挑战，例如2013年中国和坦桑尼亚两国领导人亲自见证、投资额高达100亿美元的巴加莫约港项目长期无法取得实质性进展，并面临取消风险。

其次，海湾和东非地区国家间关系复杂，地区冲突和热点问题此起彼伏，潜藏重大安全与政治风险。海湾地区的潜在风险突出表现在由国家族群、教派冲突造成的能源供应及油气港口运作的经济和安全风险，尤以沙特阿拉伯和伊朗的对抗为代表。同时，海湾地区是美伊对抗的前沿阵地，地区国家都卷入其中，霍尔木兹海峡时刻面临爆发冲突的风险。此外，伊朗与阿联酋之间还存在岛屿领土之争。[④] 2016年1月，沙特阿拉伯率领多国与伊朗断交；2017年6月，沙特阿拉伯率领多国与卡塔尔断交，海湾—东非地区多国都参与了沙特阿拉伯领导的集体断交行动，地区港口政治风险持续增大。此外，也门战争的外溢效应也扩大至东非地区，地区国家间阵营化、安全化的对抗格局蔓延至更广泛的地区。由于东非地区资源贫乏，局势动荡，经济落后，国家间矛盾突出，世界大国、中东国家等纷纷在该地区建立军事基地，加强军事部署，填补东非地区的权力真空，使世界大国之间的矛盾、西亚地区教派矛盾与东非地区原有的国家间矛盾相互交

① "China's Maritime Silk Road: Strategic and Economic Implications for the Indo-Pacific Region," CSIS, April 4, 2018, https://amti.csis.org/CHINAS-MARITIME-SILK-ROAD-IMPLICATIONS/.

② Jayanna Krupakar, "China's Naval Base(s) in the Indian Ocean—Signs of a Maritime Grand Strategy?" *Strategic Analysis*, Vol. 41, No. 3 (2017): 207 – 222.

③ Sankalp Gurjar, "Geopolitics of Western Indian Ocean: Unravelling China's Multi-dimensional Presence," *Strategic Analysis*, Vol. 43, No. 5 (2019): 385 – 401.

④ 参见陈腾瀚：《中国主要海上能源通道风险刍议》，《油气储运》2019年第11期。

错,东非局势有"中东化"的风险。索马里本就一直处于分裂割据之中,北部的索马里兰事实上处于"独立"状态,境内"索马里青年党"等反政府武装和极端组织十分活跃,亚丁湾和索马里沿海地区海盗问题突出,严重威胁着国际航运安全。土耳其在索马里建成了其海外最大军事基地并已投入使用,谋求在苏丹、吉布提建立军事存在,而且以海军基地为支点,邀请卡塔尔部署军事力量,建立土耳其—苏丹—卡塔尔"战略铁三角"。伊朗也曾在厄立特里亚、苏丹建立军事存在或保持军事合作关系。与此同时,阿联酋在厄立特里亚和索马里兰建立了主要军事基地;沙特阿拉伯也计划在吉布提建立军事基地。①

再次,经济民族主义兴起的威胁。非洲是充满机遇与挑战的大陆,吸引了传统大国和新兴强国的关注。非洲国家也乐见其成,希望在东西方之间左右逢源,为本国赢得最大实惠。中国在非洲的投资项目很多,其中不少项目都遭遇了惨重的损失,一个重要原因就是非洲国家经济民族主义的兴起。非洲国家对现有的国际经济秩序本就抱有质疑,特别是对它们认为的不合理规则十分敏感,民族主义情绪日益上升。中非之间也并非完全都是祥和圆满的景象,存在明显的观念错位和利益分歧,容易引发非洲国家内部的不满和抵触。加上美国等西方国家对中国在非洲影响的扩大极为关注,大力污蔑中国,试图阻止中国在非洲取得成功,这样的观点被不少人认同,并可能引发中方投资损失。较为典型的是中国在苏丹、安哥拉、尼日利亚等非洲多国开展的"资源换基础设施"模式遭到不同程度的挫折。例如,中国和尼日利亚签订的 80 多亿美元的铁路和 14 亿美元的水电项目,因为尼方政权更迭随后陷入困境。在此背景下,东非部分港口项目也遭受重大挫折,如招商局港口投资规模巨大的坦桑尼亚巴加莫约港项目陷入停滞状态。

最后,中国在中东、非洲的港口基础设施建设项目还面临恐怖主义、海盗、暴力犯罪等多种安全威胁。亚丁湾、索马里等东非国家沿海地区本就是全球海盗袭击类案件高发区域,多国海军在此定期巡逻护航。同时,中东地区是全球极端主义、恐怖主义风险的高发地,近年来东非地区的极端主义思想蔓延也很快,暴力犯罪、恐怖主义日趋滋长,例如"索马里青年党"已经渗透到肯尼亚、吉布提等

---

① 孙德刚、邹志强:《域外国家对东非加强军事介入:态势及影响》,《现代国际关系》2018 年第 12 期。

邻国，并曾经对吉布提和肯尼亚北部沿海港口地区发动过袭击。索马里国内呈现分裂状态，政府控制能力很弱，沿海地区海盗猖獗，恐怖主义扩散风险已经不再局限于索马里内部，也必然影响到整个东非地区的安全和稳定[①]，并使当地大型基础设施项目受到安全威胁。

尽管中国与海湾—东非国家在经济总量、政治制度、发展道路和意识形态等方面差异甚大，但是双方之间经济互补性很强，合作潜力巨大。地区国家也纷纷推出了本国的发展愿景，与中国的"一带一路"倡议遥相呼应，港口基础设施建设成为双方合作的重点领域。未来，中国在海湾—东非地区的港口建设应继续以阿联酋、吉布提和肯尼亚为重点，努力加强阿联酋哈利法港的枢纽地位，与迪拜港形成协同效应，提升吉布提港和蒙巴萨港的地区影响力，并增加对沙特阿拉伯、坦桑尼亚等国港口开发的重视。同时，中国在该地区面临多种传统与非传统安全威胁，特别是需要注意应对港口政治风险、安全风险的挑战。

第二节　中国在阿联酋的港口建设

阿联酋位于海湾地区中心位置，扼海湾进入印度洋的海上交通要冲，油气资源丰富，经济发展水平较高，是海湾和中东地区的交通、贸易和物流枢纽，拥有很强的经济竞争力和地区辐射力。阿联酋经济对外依赖度高，国际海运和航空运输发达，对港口建设的重视程度不断提升。阿联酋是中国在海湾乃至中东地区最为重要的经贸合作伙伴之一，也是中国商品的区域集散地，中阿港口合作具有广阔的发展前景，也是中国参与海湾地区港口建设的代表。

一、中国与阿联酋港口合作的基础与优势

中国与阿联酋之间贸易、投资和产业互补性突出，经贸合作进一步向多元化方向发展。中阿之间有合作潜力的领域不仅在于油气领域，也包括海洋经济和物流等领域。阿联酋港口的全球战略性地位十分突出，贸易和金融体系自由度

---

① Saeidat Muhamad Eumar, "Albahth ean Alnufudh: Dilalat Tasaeud Altanafus Al'iiqlimii waAlduwalii fi Shrq' Afriqia," *Trending Events*, No. 8 (2015): 41.

高,基础设施较为发达,这为其建设世界海洋运输中心提供了现实条件,中阿港口合作的前景广阔。[①]

（一）阿联酋港口的发展基础与潜力

阿联酋拥有 16 个现代化的港口,其中 9 个港口具有集装箱货运码头、仓储及其他配套设施,全国港口泊位超过 200 个,大部分泊位在阿布扎比酋长国和迪拜酋长国的港口,港口装卸能力也获得飞跃式提升。当前阿联酋海港的年货物吞吐量达 10 540 万吨,集装箱吞吐能力为每年 2 650 万标准箱。[②] 阿联酋在海湾沿岸的主要港口有阿布扎比酋长国的哈利法港、扎耶德港,迪拜酋长国的拉希德港和杰贝阿里港,沙迦酋长国的哈里德港,阿曼湾沿岸还有沙迦酋长国的豪尔费坎港,富查伊拉酋长国的富查伊拉港。

近年来,阿联酋的港口吞吐能力增长很快,迪拜港、豪尔费坎港和阿布扎比港 3 个港口进入了世界集装箱港口 100 强,其中迪拜港(包括拉希德港和杰贝阿里港)更是名列全球前 10,货物吞吐量远超过中东地区的其他港口,2018 年达到 1 495 万标准箱。豪尔费坎港集装箱吞吐量为 200 万标准箱,阿布扎比港集装箱吞吐量为 174 万标准箱,分列全球第 87 位和第 95 位(见表 4 - 2)。[③] 根据联合国贸发会议最新发布的全球班轮航运连通性指数,阿联酋的这一指数较高并稳步上升,从 2006 年(2006 年全球最大值为 100)的 48.89 一路上升至 2018 年的 72.87。[④]

迪拜杰贝阿里港是中东地区最大的港口和全球最大的人工港。迪拜港有约 125 家海运公司、180 多条班轮航线经过,连接了全球范围内超过 140 个港口,在全球航运市场中扮演着重要角色。[⑤] 杰贝阿里港位于杰贝阿里自由区内,有 67 个泊位,拥有世界一流的港口物流配套设施和服务。随着 2013 年和 2015 年港口 2 号、3 号码头相继建成投入使用,杰贝阿里港集装箱年吞吐能力增至

① 武芳、肖雨濛:《中国与阿联酋经贸合作的现状与前景》,《中国远洋海运》2019 年第 10 期。

② 《阿拉伯联合酋长国国家概况》,中华人民共和国外交部,2019 年 12 月,https://www.fmprc.gov.cn/web/gjhdq_676201/gj_676203/yz_676205/1206_676234/1206x0_676236/。

③ "One Hundred Ports 2019," Lloyd's List, July 29, 2019, https://lloydslist.maritimeintelligence.informa.com/one-hundred-container-ports-2019.

④ "Liner Shipping Connectivity Index, Quarterly," UNCTAD, https://unctadstat.unctad.org/wds/TableViewer/tableView.aspx?ReportId=92.

⑤ 王小军等:《21 世纪海上丝绸之路港口需求与开发模式创新研究》,大连海事大学出版社,2019,第 31 页。

1 900 万标准箱。以杰贝阿里港为主的迪拜港的集装箱吞吐量居世界前 10 位，是中东地区第一大港。[①] 杰贝阿里港还是迪拜环球港务集团的母港，注册入区企业 7 500 家，其中 100 家位列《财富》世界 500 强榜单。[②] 另据统计，2019 年杰贝阿里港集装箱吞吐量为 2 240 万标准箱，位列全球第 11 位，与 180 多个航运公司及 150 个港口合作。杰贝阿里港及自由区贡献占迪拜 GDP 的 33.4%（1 510 亿迪拉姆），占阿联酋 GDP 的 10.7%。在贸易方面，杰贝阿里港及自由区的贸易额达 5 520 亿迪拉姆，占迪拜贸易总量的 42%。[③]

哈利法港为阿布扎比最大的商业港口，也是中东地区自动化程度最高的港口，并拟建成全球最大的产业集群区。哈利法港建设耗资 72 亿美元，在 2012 年第四季度开始运营，集装箱吞吐量达到 200 万标准箱，预计至 2030 年将增长至 1 500 万标准箱。[④] 一期工程完工后，哈利法港已取代扎耶德港成为阿布扎比的主要港口。目前，哈利法港口吞吐量为 250 万标准箱和 1 200 万吨一般货物。2018 年初，阿布扎比港口公司与瑞士的地中海航运公司签署特许权协议，从 2018 年 7 月开始，地中海航运公司将其在该地区的部分集装箱装卸逐步转移到哈利法港。除哈利法港外，阿布扎比港口公司还经营富查伊拉、扎耶德和穆萨法 3 个港口，以上港口总货运量达 970 万吨。2019 年上半年，哈利法港处理集装箱量达 113.5 万标准箱，同比增长 82.4%。[⑤]

此外，迪拜环球港务集团是世界著名的港口投资运营商，由迪拜港务局和迪拜国际港务公司合并而成，是阿联酋政府所有的核心企业之一。迪拜港务局以拉希德和杰贝阿里两大国内港口为基地于 1999 年建立了迪拜环球港务集团，开始快速拓展国际业务。迪拜环球港务集团参与了中东、非洲、欧洲等地区以及澳大利亚、印度、菲律宾、斯里兰卡等国的港口运营，在全球 40 个国家和地区的数

---

① 《对外投资合作国别（地区）指南：阿联酋（2019 年版）》，中华人民共和国商务部，http://www.mofcom.gov.cn/dl/gbdqzn/upload/alianqiu.pdf。

② 《2020 年迪拜环球港务集装箱处理能力将达 1 亿标箱》，中华人民共和国商务部，2019 年 2 月 24 日，http://ae.mofcom.gov.cn/article/jmxw/201902/20190202837373.shtml。

③ 《杰贝阿里港及自由区为迪拜 GDP 贡献高达 33.4%》（原题：《杰拜阿里港及自由区为迪拜 GDP 贡献高达 33.4%》），中华人民共和国商务部，2019 年 12 月 18 日，http://ae.mofcom.gov.cn/article/ztdy/201912/20191202923318.shtml。

④ 《海湾国家巨资建设港口 10 年后集装箱吞吐量翻倍》，《港口经济》2012 年第 7 期。

⑤ 《2019 年上半年阿布扎比哈利法港集装箱处理量大幅增长》，中华人民共和国商务部，2019 年 10 月 8 日，http://ae.mofcom.gov.cn/article/jmxw/201910/20191002901663.shtml。

十个港口和码头拥有股份。迪拜环球港务集团将集装箱码头、货物、保税区、基础设施建设以及相关产业咨询业务有机结合,拥有独到的综合港口管理模式,在全球港口运营方面名列前茅,成功地将其管理系统与港口开发经验推广至世界其他地区。2018年迪拜环球港务集团盈利13亿美元,增长10.2%;总收入为56亿美元,增长19.8%;集装箱业务总量为7 140万标准箱,增长1.9%。[1] 迪拜环球港务集团发布的报告显示,截至2018年底其全球集装箱处理能力为9 000万标准箱,占世界总量的9%,贡献集团70%以上的营业收入,在全球六大洲运营78个内河和海运港口码头,正在实施8个港口改扩建项目,[2]建设完成后预计集装箱处理能力将达到1亿标准箱。

(二)中国参与阿联酋港口建设的优势

第一,从国内投资环境来看,阿联酋油气资源十分丰富,地理区位优越明显,基础设施发达,国内政局一直保持稳定,商业环境比较宽松,经济对外开放度较高,长期是海湾和中东地区最具投资吸引力的国家之一。

首先,阿联酋的石油资源丰富,能源成本低廉。阿联酋已探明的石油储量为978亿桶(约130亿吨),居世界第8位;天然气储量约为5.9万亿立方米,居世界第7位。[3] 油气生产在阿联酋经济中占有十分重要的地位,2018年阿联酋石油产量约为每天350万桶,阿布扎比国家石油公司计划在2030年前把石油产能提高到每天500万桶。[4] 这为外企在阿联酋投资提供了众多机会和低廉的能源供给。

其次,阿联酋一直是中东地区和阿拉伯国家中投资吸引力和竞争力最强的经济体。阿联酋国内税率低,一般货品仅收5%的关税和5%的增值税;外汇不受限制,货币自由出入,汇率稳定;政策上通行一站式服务、网络化管理,服务快捷高效;港口物流便利,配套设施完善。近年来,阿联酋在周边局势动

① 《迪拜港口世界集团2018年盈利增长10.2%》,中华人民共和国商务部,2019年3月17日,http://www.mofcom.gov.cn/article/i/jyjl/k/201903/20190302843596.shtml。

② 《2020年迪拜环球港集装箱处理能力将达1亿标箱》,中华人民共和国商务部,2019年2月24日,http://ae.mofcom.gov.cn/article/jmxw/201902/20190202837373.shtml。

③ Statistical Review of World Energy 2019, BP, July, 2019, https://www.bp.com/en/global/corporate/energy-economics/statistical-review-of-world-energy.html.

④ 《对外投资合作国别(地区)指南:阿联酋(2019年版)》,中华人民共和国商务部,http://www.mofcom.gov.cn/dl/gbdqzn/upload/alianqiu.pdf。

荡的背景下作为地区资金流、物流避风港的角色更为突出，其地区性金融、贸易、物流枢纽的地位不断加强。阿联酋是全球签署避免双重征税协定第二多的国家，同时也是阿拉伯国家中最多的国家。从 1989 年至 2018 年，阿联酋共签署 210 项协议，其中 123 项避免双重征税协定，87 项投资促进保护协议。① 联合国贸发会议发布的 2019 年《世界投资报告》数据显示，2018 年阿联酋吸引外资流量 103.85 亿美元，吸引的投资项目占阿拉伯国家的 36％，截至 2018 年末吸引外资存量 1 403.19 亿美元。② 世界经济论坛发布的《2019 年全球竞争力报告》显示，阿联酋在全球 141 个国家和地区中排在第 25 位，居阿拉伯国家第 1 位。③ 世界银行《2019 年营商环境报告》显示，阿联酋全球排名第 11 位，居中东地区首位。④

最后，阿联酋的区位辐射能力很强。由于安全形势稳定、交通物流便利、基础设施完备、贸易政策宽松，阿联酋为中东地区交通、贸易、物流和金融枢纽。特别是迪拜已成为海湾和中东地区的经济与贸易转口中心，并着力打造"伊斯兰经济之都"。阿布扎比和迪拜国际机场是中东地区的主要航空枢纽，阿联酋航空公司在全球航空公司中排序前列，更是位居阿拉伯国家首位。阿联酋的市场辐射中东和海湾地区各国，作为连接中东与非洲、欧洲的枢纽，在全球货运和分送系统中发挥着重要的连接作用。迪拜的转口贸易中心角色十分突出，规模逐年递增。2018 年，阿联酋和其他阿拉伯国家之间的转口贸易额为 1 701 亿迪拉姆。⑤

第二，从阿联酋港口发展的机遇来看，阿联酋政府一直致力于减少对石油资源的依赖，并通过增加制造业、物流、金融等服务业在经济中的比重来实现经济多元化。阿联酋正着力推动多个非石油产业的发展，经济多元化成效显著，这也

---

① 《对外投资合作国别（地区）指南：阿联酋（2019 年版）》，中华人民共和国商务部，http://www.mofcom.gov.cn/dl/gbdqzn/upload/alianqiu.pdf。

② "World Investment Report 2019," UNCTAD, June 12, 2019, https://worldinvestmentreport.unctad.org/world-investment-report-2019/.

③ "The Global Competitiveness Report 2019," WEF, October 8，2019，https://www.weforum.org/reports/how-to-end-a-decade-of-lost-productivity-growth.

④ "Doing Business 2019," The World Bank, October, 2019, https://www.doingbusiness.org/en/reports/global-reports/doing-business-2019.

⑤ 《对外投资合作国别（地区）指南：阿联酋（2019 年版）》，中华人民共和国商务部，http://www.mofcom.gov.cn/dl/gbdqzn/upload/alianqiu.pdf。

提升了其地区性贸易、金融、物流枢纽的地位。2018 年阿联酋的非石油产业占GDP 比重达 70%。阿联酋发布了一系列经济社会发展规划,包括 2010 年发布的《阿联酋 2021 年远景规划》、2008 年发布的《阿布扎比 2030 年经济远景规划》、2017 年 3 月宣布启动《阿联酋 2071 百年计划》等,致力于实现三大目标,即实现经济长期稳定的发展、经济多元化和吸引外国与本地的直接投资。阿联酋的经济多元化战略与中国的"一带一路"建设比较契合,是中国在阿拉伯世界的重要利益相关国。①

在基础设施发展规划方面,阿联酋拟投资 110 亿美元建设国内铁路,并将纳入全长 2 200 多千米的海湾地区铁路网,联通周边其他海湾国家。阿联酋境内公路网完备,迪拜建有中东地区最先进、最完善的轻轨铁路系统,阿布扎比正在规划地铁、轻轨和快速公交等城轨项目。迪拜、阿布扎比等多个酋长国正推进机场和港口码头矿建项目,这既提升了阿联酋的港口物流转运能力,也为中国企业参与当地港口等基础设施建设提供了重要机遇。

第三,从中国与阿联酋双边关系来看,良好的政治关系和密切的经贸关系为两国港口合作提供了重要基础。1984 年中国与阿联酋建交之后,高层互访频繁,特别是近年来呈现全面、快速发展的势头。自 2016 年 11 月起,阿联酋给予中国公民免签入境待遇;2018 年 1 月 16 日起,两国全面实现互免签证。2012 年,中国和阿联酋建立战略伙伴关系;2018 年 7 月,习近平主席历史性地首次访问阿联酋,两国宣布建立全面战略伙伴关系。2019 年 7 月,阿布扎比王储穆罕默德·本·扎耶德·阿勒纳哈扬再次访华,双方发表《关于加强全面战略伙伴关系的联合声明》并签署了一系列合作协议,两国关系正在迈向新台阶。

阿联酋是中国共建"一带一路"的关键合作伙伴之一,是积极响应和参与的中东国家之一,也是亚洲基础设施投资银行(以下简称"亚投行")的创始成员国。中国与阿联酋不断拓展和深化互利合作,合作项目不断增多,例如阿布扎比陆海石油区块特许经营权项目、哈利法港集装箱码头、中阿产能合作示范园等项目。2012 年 1 月,中阿签署规模为 350 亿人民币/200 亿迪拉姆的双边货币互换协议,2015 年 12 月,两国续签了货币互换协议,互换规模保持不变。此外,中国人民银行还批准阿联酋成为人民币合格境外机构投资者试点国家,投资额度为

---

① 高尚涛:《阿拉伯利益相关者与中国"一带一路"建设》,《国际关系研究》2016 年第 6 期。

500 亿人民币。2015 年 12 月,中阿签署了《关于设立中国—阿联酋投资合作基金(有限合伙)的备忘录》,正式设立总规模 100 亿美元的中阿基金,双方各出资 50%,推动在第三方市场的合作。2017 年 5 月,中阿两国正式签署《关于加强产能与投资合作的框架协议》,在阿布扎比建立中阿产能合作示范园。

阿联酋是中国在西亚北非地区第一大出口市场、第二大贸易伙伴,贸易额仅次于沙特阿拉伯,已连续多年成为中国在阿拉伯国家中第二大贸易伙伴和第一大出口市场,中国近年来也多次成为阿联酋的最大贸易伙伴。2018 年中阿双边贸易额达 459.18 亿美元,阿联酋在中国全球贸易伙伴排名中位列第 25 位。更重要的是,阿联酋是中国商品出口中东及非洲地区的重要集散地,是主要的地区转口中心,两国双边非石油贸易额超过 530 亿美元,阿联酋约占中国对中东出口总额的 30%,也约占中东与中国双边贸易总额的 22%。[1]

近年来中国企业赴阿联酋投资的步伐不断加快,在阿联酋的业务从商品、工程承包向金融、物流、新能源、旅游等领域不断拓展,合作方式已经由单纯的贸易和承包向投资、合资等转变,阿联酋也成为中国企业在中东地区的最大集中地。目前,超过 4 000 家中国企业在阿联酋开展投资贸易业务,超过 30 万中国人在阿联酋工作生活。据中国商务部统计,2018 年中国对阿联酋直接投资流量 10.81 亿美元;截至当年末,中国对阿联酋直接投资存量 64.36 亿美元。2018 年中国企业在阿联酋新签承包工程合同 90 份,新签合同金额 76.41 亿美元,完成营业额 36.15 亿美元;累计派出各类劳务人员 3 881 人,年末在阿联酋劳务人员 9 541 人。[2] 中国在阿联酋的大型投资项目日益增多,中国石油、中国石化都在阿联酋开展了相关能源开发、油田服务或管道建设项目,华为公司已成为阿联酋电信业设备主流供货商,设立了华为阿联酋分公司,与阿联酋国家电信公司结成战略合作伙伴关系。随着阿联酋国家电信公司在海湾、南亚和非洲的扩张,华为公司也积极随之开拓市场。2015 年,迪拜米拉斯集团与阿里巴巴集团宣布共同投资建设迪拜数据中心项目,双方成立合资公司并将其第一款移动应用投入运营;2016 年 11 月,阿里云在迪拜的数据中心启用。

阿联酋也逐步成为中国港航企业海外发展的重要基地和区域性中心。例如

---

① 《对外投资合作国别(地区)指南：阿联酋(2019 年版)》,中华人民共和国商务部,http://www.mofcom.gov.cn/dl/gbdqzn/upload/alianqiu.pdf。

② 同上。

中国港湾于 1984 年就进入阿联酋市场,从最初的劳务分包开始,最后完成了由分包商到 EPC 总承包商的角色转变,并形成了以阿联酋为中心、覆盖整个中东地区 11 个国家的中东区域管理中心,创造了合同总额累计近 80 亿美元的成就。① 在 2019 年 7 月阿布扎比王储穆罕默德·本·扎耶德·阿勒纳哈扬访华时,阿布扎比港口公司董事长表示,阿联酋与中国之间的协作关系不断加强,港口合作将继续促进阿布扎比的海运业,增加区域贸易并吸引外国直接投资,这符合阿布扎比的"2030 年经济愿景"。②

二、中国参与阿联酋港口建设的实践

阿联酋是中国在海湾与中东地区最重要的经济合作伙伴之一,而且阿联酋作为地区交通和物流枢纽,中国出口中东地区的产品多经过阿联酋转口和经销,这为中国参与阿联酋港口建设与合作奠定了良好基础。近年来,中国参与了阿联酋部分港口的建设和运营,并已逐步拓展到港口产业园区开发合作领域。

第一,中国直接参与了阿联酋国内港口投资建设。早在 2008 年,中国港湾就承建了阿联酋哈伊马角的胡里拉工业园区码头项目。该项目 2008 年 3 月开工建设,2010 年 3 月完工,项目金额约为 1.88 亿迪拉姆(约 5 121 万美元)。③

哈利法港是中国企业在阿联酋参与的最大港口建设运营项目。2015 年 12 月,习近平主席与阿联酋阿布扎比王储穆罕默德·本·扎耶德·阿勒纳哈扬会谈并签署一系列合作协议,其中包含双方合作建设运营的哈利法港二期集装箱码头项目。2016 年 9 月,中远海运集团宣布中远海运集团阿布扎比公司与阿布扎比港务局签订特许权协议,双方将在年内成立合营公司,联合经营位于哈利法港的 2 号集装箱码头。哈利法港是全球发展最快的集装箱港口之一,亦是中东、非洲及南亚地区的主要枢纽港之一。哈利法港二期集装箱码头项目由中国港湾承建,中国交建其他下属公司也参与了建设。据估计,中方斥资约 3 亿美元

---

① 《中国交建助力非洲进入基础设施建设快车道》,中国交建,2018 年 8 月 13 日,http://www.ccccltd.cn/news/jcxw/sdbd/201808/t20180813_93816.html。

② "Abu Dhabi Ports Chairman Says China State Visit 'Cements Ties'," Logistics News Middle East, July 22, 2019, https://www.logisticsmiddleeast.com/business/33425-abu-dhabi-ports-chairman-says-china-state-visit-cements-ties.

③ 《中国港湾工程胡里拉工业园区码头项目》,中华人民共和国商务部,2015 年 8 月 24 日,http://ae.mofcom.gov.cn/article/xmzs/201508/20150801089888.shtml。

用于码头建设,另外投资 1.3 亿美元兴建相连的集装箱货运站。2018 年 12 月
10 日,中远海运集团阿布扎比码头正式开港,该码头为半自动化深水集装箱码
头,总长 1 200 米,水深达 16.5 米,可供载货量超过 2 万标准箱的船舶靠泊,设计
年吞吐量为 250 万标准箱。此外,新的集装箱货运站总面积达 27.5 万平方米,
提供全部保税和部分保税的集装箱货运设施,货运站将经营各种集装箱货柜拼
装服务,为拆箱货物提供仓库,以及与哈利法港其他码头的连接服务。① 2019 年
4 月,"中东第一港"哈利法港码头商业试运营。2019 年 5 月,中远海运集团阿布
扎比码头利用上海振华重工(集团)股份有限公司(以下简称"上海振华重工")装
卸设备,一个月内先后成功完成 1.5 万标准箱的"中海水星"轮和 2 万标准箱的
"中远海运双鱼"轮的靠泊作业。② 2019 年底该港开始全面商业运营,大大提升
了哈利法港的处理能力。

　　中远海运集团阿布扎比码头(哈利法港)位于海湾地区的核心位置,可以辐
射中东、北非、南亚等地区,哈利法港是阿联酋的重要海运枢纽,后方有哈利法自
贸区。哈利法港一、二期码头吞吐能力达 500 万标准箱,该码头是中远海运港口
第一个控股的海外绿地项目,建成后哈利法港的世界集装箱港口排名从第 89 名
进入前 25 名。③ 2018 年 12 月 10 日,中国国家发展改革委副主任宁吉喆在码头
启用仪式上表示,新码头不仅是"一带一路"合作的里程碑,也是中国与阿联酋在
各领域合作的良好开端。阿联酋国务部长兼阿布扎比港务局主席贾比尔在启用
仪式上致辞时也表示,与中远海运港口合作扩建哈利法港,不仅可以加强阿联酋
作为东西方主要贸易通道的作用,也有助于推动阿联酋经济多元化发展,促进
"一带一路"沿线地区全球互联互通。哈利法港已计划把年吞吐量提高到 910 万
标准箱,预计未来 5 年其排名将会进一步上升。④ 阿布扎比港口公司首席执行
官穆罕默德·萨米西(Mohamed Al Shamisi)表示,阿布扎比港口公司与中远海
运集团达成合作协议,将使其旗舰港口成为中国"一带一路"倡议的枢纽,能够为

---

① 《一带一路港口为中国与阿联酋未来合作铺路》,香港贸发局,2019 年 2 月 16 日,https://www.
hnsgtd.com/news/bkfdbabcgk4wbdk.html。
② 《"中国智造"闪耀波斯湾》,中国交建,2019 年 12 月 12 日,http://www.ccccltd.cn/news/jcxw/
sdbd/201912/t20191217_105627.html。
③ 刘长俭:《2018 年我国海外港口建设回顾及展望》,《中国港口》2019 年第 3 期。
④ 《一带一路港口为中国与阿联酋未来合作铺路》,香港贸发局,2019 年 2 月 16 日,https://www.
hnsgtd.com/news/bkfdbabcgk4wbdk.html。

全球贸易带来福音。[①] 时任中国交通运输部副部长何建中在开港仪式上表示：
"中远海运港口阿布扎比码头的建成，是中阿港口航运业落实两国共建'21世纪
海上丝绸之路'的最新成果。"[②]

阿布扎比哈利法港2号集装箱码头的建成不仅有利于提升物流便利化水平
和促进中阿贸易，也可承担通过中东和非洲其他地区的区域转运业务，为中国与
阿联酋在"一带一路"框架下提升合作奠定了更好的基础。未来中远海运港口阿
布扎比码头将加强与港口后方哈利法工业区的互动，推动港口和产业园区融合
与联动发展，同时利用码头后方的集装箱货运站完善物流服务网络。此外，中远
海运集团阿布扎比码头还将发展集装箱码头支线中转运输，一方面完善海湾地
区内支线网络，另一方面与周边的瓜达尔、吉布提等港口合作，争取实现地区内
集装箱货物运输协同发展，提升南亚与中东地区的经贸往来。[③] 受惠于新增航
线，2020年中远海运集团阿布扎比码头吞吐量从2019年的38.66万标准箱大幅
增长至66.55万标准箱，同比上升72.1%。[④] 2021年，为推动港口自动化和适应
新冠肺炎疫情下的新情况，中远海运集团阿布扎比码头引入实施无人集卡项目，
成功开启了中东地区码头首次无人集卡实践。

第二，中国参与了阿联酋港口工业区及相关基础设施建设。其中，阿布扎比
哈利法工业区得到了哈利法港开发的有力支持，中远海运集团投资的2号新码
头的运营有助于其吸引更多国际投资。哈利法工业区面积超过410平方千米，
是当地最大的工业、制造和物流中心以及自由贸易区，拥有超过200个租户，已
吸引177亿美元的投资。中阿产能合作示范园也位于阿布扎比港哈利法工业区
内，中国国家发展改革委已经确定其为"一带一路"产能合作园区，并吸引了20
多家中国企业入驻，投资金额超过17亿美元。[⑤] 港口建设同样有利于推动这一

---

① Karen Gilchrist，"China's COSCO and Abu Dhabi Ports Develop Khalifa to Support Belt and Road Initiative," CNBC，December 9，2018，https://www.cnbc.com/2018/12/10/belt-and-road-abu-dhabi-ports-sees-huge-trade-boost-from-cosco-deal.html.

②《中远海运阿布扎比码头正式开港》，新华网，2018年12月11日，http://www.xinhuanet.com/world/2018-12/11/c_1123836485.htm.

③ 刘长俭：《2018年我国海外港口建设回顾及展望》，《中国港口》2019年第3期。

④《中远海港口公布2020年全年业绩》，中远海运港口，2021年3月30日，https://doc.irasia.com/listco/hk/coscoship/annual/2020/screspress.pdf。

⑤ 郑青亭：《阿联酋阿布扎比王储访华 两国将在中东及北非开拓第三方合作》，《21世纪经济报道》2019年7月23日，第10版。

产能合作示范园区的建设。

2017 年 7 月 31 日，中国江苏省与阿布扎比港口公司签署了 3 亿美元的投资合作协议，以加强双方在哈利法港自由贸易区和中阿产能合作示范园区的建设合作。据报道，江苏省汉能控股集团有限公司、江苏泛太矿业发展有限公司、江苏金梓环境科技股份有限公司、徐州江河木业有限公司及光正集团股份有限公司为主要投资方。根据协议，江苏省海外合作投资有限公司新成立的阿联酋企业——中阿产业合作建设(江苏)管理公司，将在阿联酋阿布扎比港哈利法工业区内设立 722 万平方米的启动区，该面积为哈利法自贸区可用总面积的 2.2%，预计将为当地带来 1 400 个以上的就业岗位。①

阿布扎比港哈利法工业区还将为中阿产能合作示范园区提供 3 280 万平方米的预留用地，以满足额外需求。除租赁土地外，江苏省海外合作投资有限公司还与阿布扎比港口公司签订了一份长达 50 年的投资合作协议，旨在吸引全球企业在阿布扎比地区投资。② 中阿产能合作示范园区已经于 2018 年 5 月正式开工建设。2019 年 7 月，阿联酋阿布扎比王储访华期间，阿布扎比港口公司、中国工商银行和中国江苏国际经济技术合作集团有限公司签署合作协议，中国工商银行将为中阿产能合作示范园区及区内企业提供全方位金融服务。三方合作的目的就是为企业入驻阿布扎比哈利法工业区提供便利，阿布扎比港口公司称，工商银行还将提高中国和其他市场客户对哈利法工业区的认识。③

第三，中国与阿联酋港航企业的第三方合作。2019 年 7 月阿联酋阿布扎比王储访华期间，中国国家发展改革委与阿布扎比国际金融中心签署了《关于推动中阿双边及共同在中东北非地区开展"一带一路"产能与投融资合作的谅解备忘录》，双方同意加强产能合作与投融资合作，推动两国基础设施建设企业共同拓展中东国家市场。

如前所述，迪拜环球港务集团作为全球主要的港口投资运营商之一，对世界

---

① 王佳璐：《中企 3 亿美元投资阿联酋港口 美媒：和西方不同"一带一路"带去完整规划》，观察者，2017 年 8 月 4 日，https://www.guancha.cn/global-news/2017_08_04_421399.shtml。

②《一带一路港口为中国与阿联酋未来合作铺路》，香港贸发局，2019 年 2 月 16 日，https://www.hnsgtd.com/news/bkfdbabcgk4wbdk.html。

③ Deena Kamel, "Abu Dhabi Ports to Offer Financial Services to Chinese Investors," *The National*, August 3, 2019, https://www.thenational.ae/business/economy/abu-dhabi-ports-to-offer-financial-services-to-chinese-investors-1.893927。

各地港口和码头进行了大量投资,包括在中国投资和管理的 6 个港口。2015 年 12 月 15 日,在阿联酋阿布扎比王储穆罕默德·本·扎耶德·阿勒纳哈扬见证下,迪拜环球港务集团宣布将对中国投资 19 亿美元;其中,迪拜环球港务集团将在青岛港投资 6.36 亿美元建设智能集装箱码头,这是中国首个外商独资港口项目。此外,迪拜环球港务集团投资 12 亿美元在天津新建智能港口,预计每年可处理 120 万标准箱。① 这标志着两国港口企业之间的合作迈上新台阶,也是中国与海上丝路沿线国家之间开展港口双向合作的表现,而不仅仅是中国单向参与沿线国家的港口投资建设。

阿联酋港航企业在埃及等中东、非洲国家的投资不断加大,与中国港口建设企业的合作机会也日益增多。2016 年,中国港湾作为主要承包商和运营商参与了由阿联酋苏瓦迪集团负责投资的埃及艾因苏赫纳港和达米埃塔港的开发。2019 年 12 月,迪拜环球港务集团与中国建筑集团有限公司(CSCEC,以下简称"中建集团")和中远海运集团签署了建立三方伙伴关系的协议。根据协议,迪拜环球港务集团将成为建设埃及新行政首都所需建筑材料的进口方,中建集团负责开发新行政首都的商业和金融中心。

三、中国在阿联酋参与港口建设的风险与挑战

在西亚地区,阿联酋凭借较好的投资机遇和较低的投资风险,成为该地区风险最低的国家,沙特阿拉伯、卡塔尔、科威特紧随其后,而伊朗因较高的社会政治风险以及与美国抗衡的大国博弈风险处于中国海外投资风险的高危区。② 虽然阿联酋经济实力和竞争力很强,外交政策较为务实,但作为小国在形势复杂的海湾地区往往难以独善其身,与部分地区国家之间存在矛盾,与西方大国的盟友关系也使之难以采取完全独立的外交政策。

第一,阿联酋经济对外依赖度高,对基础设施建设的投入大,标准和要求高,而且其本身也是港口投资建设大国,中阿双方港航企业之间存在竞争关系。

阿联酋经济具有鲜明的外向型特征,对外部产品和市场的依赖性高,容易受

---

① 《迪拜港口世界将在中国投资 19 亿美元》,新浪财经,2015 年 12 月 16 日,http://finance.sina.com.cn/roll/2015-12-16/doc-ifxmpnqf9846364.shtml。

② 管清友等:《中亚—西亚经济走廊投资风险评价:阿联酋风险最低,伊朗风险最高》,《中国经济周刊》2015 年第 23 期。

到国际风险冲击。如前所述,迪拜环球港务集团是世界最大的港口运营商之一,其与中国港航企业在中国、阿联酋和非洲等地也有不少合作,但毋庸置疑也存在一定的竞争。阿联酋受西方商业文化影响显著,在行业准入标准方面多倾向于采用欧美标准,对于资助和标准的要求较高,市场投资运营成本也较高,中国投资企业需做充分的了解和准备。中国企业在阿联酋缺乏综合产业链式的发展。中国企业在阿投资需要全面详细地调查研究阿联酋市场,包括市场、法律、法规、气候、环境、人文习俗等,特别需对阿联酋的市场特点及政策倾向深入分析,找准自己的定位。① 此外,阿联酋各界对中国仍缺乏客观、深入的了解,对"一带一路"倡议认知不够,对中国的中东政策也存在一些误解。②

第二,海湾地区国家之间的港口开发竞争和复杂的地缘政治关系容易导致顾此失彼。

一方面,海湾国家在贸易、金融、交通方面都希望成为地区中心和枢纽,纷纷推出了自己的发展愿景和国家战略,竞相建设航空枢纽和海上港口,在很大程度上存在竞争关系。如沙特阿拉伯、阿联酋、卡塔尔都发布了建设国际航空、金融中心的规划,在打造地区枢纽港口方面,阿联酋与其他海湾国家也存在直接的竞争。海湾国家之间的竞争关系增大了中国企业在当地的投资选择风险,稍有不慎,可能会失去另一国的市场。另一方面,海湾地区地缘政治复杂,美国与伊朗之间激烈对峙,沙特阿拉伯与伊朗之间持续博弈,也门战争、卡塔尔断交危机等热点问题不断并难以解决,这导致地区形势动荡不安,紧张局势始终无法缓解。"阿拉伯之春"发生后,海湾君主制国家的合法性话语发生了根本性变化,安全因素转变为政权转型的重要推动力量,并成为获取民众支持及构建国家新的政治基础和框架的重要工具。③ 海湾阿拉伯国家与伊朗之间、海湾阿拉伯国家内部都出现复杂难解的地缘政治博弈,矛盾不断凸显。阿联酋、沙特阿拉伯与卡塔尔对待剧变的态度和政策迥异,阿联酋操控对卡塔尔的断交,介入也门内战等,外交政策活跃激进。④ 此外,阿联酋同伊朗关系复杂,在宗

---

① 薛珊:《中国与阿联酋经贸合作的现状及前景》,《国际研究参考》2017 年第 12 期。
② 王金岩:《中国与阿联酋共建"一带一路"的条件、问题与前景》,《当代世界》2017 年第 6 期。
③ 蒂姆·尼布洛克、舒梦(译):《政权不安全感与海湾地区冲突的根源析论》,《阿拉伯世界研究》2019 年第 1 期。
④ 丁隆:《阿联酋:搅动海湾的"小斯巴达"》,《世界知识》2017 年第 16 期。

教、领土与地区事务等问题上两国矛盾颇深,但同时又存在密切的经济联系。这无疑影响到阿联酋的安全环境和外交政策,既站在沙特阿拉伯一边也不愿过度得罪伊朗。在此背景下,始终奉行不干涉内政和不选边站队的中国也面临外交政策考验。

第三,与西方的盟友关系导致阿联酋很难实行独立的外交政策,存在潜在地缘政治风险。

阿联酋与美、英、法等西方国家关系密切,在地区问题及全球事务上保持高度一致,作为小国和较弱的国防实力使阿联酋依赖西方大国的军事保护。美国十分重视阿联酋在中东海湾地区的重要地位,阿联酋也积极支持美国留在中东、遏制伊朗。阿联酋与英国存在传统关系,英国极为重视其在海湾地区的政治和经济利益。法国同阿联酋的军事合作关系较密切,是阿联酋主要的武器供应国之一。美、法等国均在阿联酋设有军事基地,部署有大量军事人员和武器装备。美国在阿联酋设有迪哈夫拉空军基地,同时,美军也在杰贝阿里港部署武装力量,杰贝阿里港为美国海军陆战队所用,此外,美军还在阿联酋拥有1个空军基地和多个后勤保障仓库。2009年5月底,法国驻阿联酋的"和平营"永久性军事基地正式启用,这是法国第二次世界大战后建立的首个海外军事基地,也是除非洲外法国在海湾地区建立的第一个海军基地。① 澳大利亚也在阿联酋迪拜设有军事基地。美伊、沙伊之间对抗的持续加剧恶化了海湾地区局势,阿联酋等国在安全上也更加依赖外部大国。因此,阿联酋难以采取完全独立的外交政策,在重大问题上不得不考虑西方大国的意见并与之保持一致,这无疑给中阿在港口等重大基础设施领域的合作蒙上了阴影,成为限制双方港口合作水平的潜在因素。在当前中美竞争加剧的背景下,美国对中国在中东影响力的上升日益敏感,迫使盟友选边站队,在重大基础设施和高新技术领域排斥中国企业、技术与产品,而阿联酋是美国拉拢和防范的重点对象,中阿港口等重大基础设施合作必须考虑美国因素的影响。

四、结语

阿联酋是中国在海湾地区的投资、人员和商品聚集地,两国建立全面战略伙

---

① 参见孙德刚:《超越法语区:法国在阿联酋的军事基地研究》,《西亚非洲》2014年第4期。

伴关系，拥有较高的互信水平和完善的合作机制，阿联酋已成为"一带一路"倡议下同中国务实合作领域最广、程度最深、成果最实的中东国家。在优越的地理位置和区域辐射能力、日益密切的双边经济关系基础上，阿联酋成为中国在海湾地区开展港口合作的主要伙伴，哈利法港也已成为中远海运集团在海湾地区的枢纽港口，获得了跨越式发展。中国参与了阿联酋港口及工业园区和相关基础设施建设，不仅将进一步促进双边合作，也有利于以点带面推动中国与海湾、中东、阿拉伯国家等更广阔层面上的合作关系，为"一带一路"建设提供助力。与此同时，在中美全球竞争加剧的背景下，作为美国地区盟友的阿联酋面临着来自美国选边站队的巨大压力，中阿之间的基础设施建设项目和高科技领域的合作可能遭遇更大的政治化挑战。

第三节　中国在吉布提的港口建设

位于非洲之角的吉布提国小人少，资源匮乏，是名副其实的东非小国。然而，吉布提地缘位置关键，把守地中海—红海—印度洋国际航线要道，扼红海进出印度洋的要冲——曼德海峡，辐射东非和中东地区，是出入红海、苏伊士运河的咽喉和连接欧、亚、非三大洲的枢纽，战略区位极为重要，有"石油通道上的哨兵"之称。[①] 长期以来，吉布提特殊的区位优势造就了港口在其国内、地区经济发展和大国战略布局中的重要地位。近年来，吉布提推出了雄心勃勃的"2035愿景"，制定了把港口打造成连接亚洲、欧洲和非洲航运枢纽的宏伟蓝图。[②] 吉布提是"21世纪海上丝绸之路"沿线的重要节点国家之一，也是新时期中国参与海上丝路国家港口建设的重要合作伙伴。随着"一带一路"倡议的推进，港口、铁路、公路及相关产业建设成为中国参与吉布提基础设施建设、促进中非基础设施互联互通的重要抓手，吉布提正成为中国维护海外战略利益的桥头堡。

---

① Vernie Liebl，"Military Policy Options to Revise the French Military Presence in the Horn of Africa，" *Comparative Strategy*，Vol. 27，No. 1（2008）：79 - 87.

② David Styan，"The Politics of Ports in the Horn：War，Peace and Red Sea Rivalries，" African Arguments，July 18，2018，https://africanarguments.org/2018/07/18/politics-ports-horn-war-peace-red-sea-rivalries/.

一、吉布提港口及其在国家发展中的重要地位

（一）吉布提港口的发展基础与潜力

历史上，吉布提一直是东西方之间的主要海运通道和贸易航道，也是亚洲与非洲两大洲之间的战略交汇点。近现代以来，吉布提港始建于1896年，1949年开始实行自由港政策，1977年吉布提独立后仍保留自由港地位。[1] 吉布提港也是埃塞俄比亚的重要出海口。1817—1917年，法国修建了连接埃塞俄比亚首都亚的斯亚贝巴至吉布提的亚吉铁路，这条铁路的建成大大提高了吉布提港的地位。有这一历史背景，1998年埃塞俄比亚与厄立特里亚发生边界武装冲突后，埃塞俄比亚原经厄立特里亚转运的货物均转道吉布提港，吉布提港口收入大幅增加，其近85%的运输货物来源于埃塞俄比亚的航船过境转运。[2]

吉布提港为国际自由港，另有奥博克、塔朱拉、阿尔塔等几个小型港口或码头。2014年吉布提政府发布了"吉布提2035愿景"，计划在现有吉布提港的基础上再增加6个港口，专门用于货物进出口，如原油、液化天然气、煤矿、副食品等。吉布提港原有3个码头，即散货、油料和集装箱码头。2017年吉布提港散货货物吞吐量为526.5万吨，油料吞吐量为421万吨，集装箱吞吐量为92.8万标准箱。[3] 古拜特港、戴蒙朱尔港、塔朱拉港等新型港口正在建设中。建成后，吉布提有望成为东非内陆国家如埃塞俄比亚的大宗商品进出口重要的出海口，吉布提港口将为非洲与外部世界的互联互通发挥桥梁与纽带的作用。

吉布提港位于红海南部的入口处，是吉布提最大的海港，也是东非最大的现代化港口之一。[4] 该港有吉布提老港、多哈雷集装箱码头、多哈雷油码头以及多哈雷多功能港4个港区。老港共有16个泊位，其中13个为深水泊位，包括1个

---

① David Styan, "Djibouti：Small State Strategy at a Crossroads," *Third World Thematics: A TWQ Journal*, Vol. 1, No. 1（2016）：79 - 91.

② Mehdi Benyagoub, "Finding New Paths for Growth in Djibouti," The World Bank, March, 2013, https://openknowledge. worldbank. org/bitstream/handle/10986/20570/758610BRI0QN850owledge0notes0 series.pdf?sequence=1&isAllowed=y.

③《对外投资合作国别（地区）指南：吉布提（2019年版）》，中华人民共和国商务部，http://www. mofcom.gov.cn/dl/gbdqzn/upload/jibuti.pdf。

④ 杨言洪主编：《"一带一路"黄皮书2014》，宁夏人民出版社，2015，第461页。

20 万吨输油码头(3 个泊位)和 1 个集装箱码头(2 个泊位)[1]，最大码头水深为 12 米。吉布提港航运、停泊和装卸条件完全符合国际标准，可停靠 300 米长、4 万吨级的货轮或 14 万吨的油轮以及其他各类船舶，绝大多数码头设有淡水和燃料补给设备。[2] 据吉布提港务局统计，2016 年吉布提港老港散货物吞吐量为 652.4 万吨，同比增长 26%。2017 年 5 月，新建的多哈雷多功能港码头正式开港运营，盐湖码头和塔朱拉码头也已经竣工。2005 年落成的多哈雷油码头分为码头和油罐区两部分，2016 年油码头油料吞吐量为 377 万吨，同比下降 1.9%。多哈雷集装箱码头于 2008 年底投入运营，2016 年该集装箱码头吞吐量为 91.4 万标准箱，同比增长 9.2%。中国参与投资建设的多哈雷多功能港(一期)于 2017 年 5 月 24 日开港，成为红海与亚丁湾海上重要的交通枢纽。吉布提港的独特位置服务了东南非共同市场(COMESA)、东非共同体(EAC)和环印度洋联盟成员国，辐射面达 19 个国家、约 3.8 亿人口。[3]

进入 21 世纪之后，吉布提港的经营管理发生了转变。2000 年 6 月，吉布提政府将吉布提老港 20 年的经营管理权转让给迪拜环球港务集团。2006 年，迪拜环球港务集团开始参与多哈雷集装箱码头管理，其中吉布提港务局持股 67%，迪拜环球港务集团持股 33%。[4] 由招商局港口参与投资开发并拥有转船装运功能的多哈雷多功能港目前运营状况良好，该港为东非和印度洋上的海上运输提供中转服务，与吉达伊斯兰港、苏丹港等形成网状结构，有望吸引来自埃塞俄比亚和苏丹的中转贸易，并成为大型工业区。[5] 依托埃塞俄比亚等东非国家货源腹地，吉布提港拥有持续稳定的增长潜力。这也是吉布提政府致力于将吉布提港打造成"东非迪拜"和"红海的新加坡"的重要原因之一。

根据 2014 年吉布提政府发布的"吉布提 2035 愿景"，除吉布提港外，该国另外主要有 3 个新港的开发建设，即古拜特港、戴蒙朱尔港、塔朱拉港，以满足非洲

---

① 《吉布提国家概况》，中华人民共和国外交部，2019 年 8 月，http://www.fmprc.gov.cn/web/gjhdq_676201/gj_676203/fz_677316/1206_677704/1206x0_677706/。

② 顾章义、付吉军、周海泓：《索马里 吉布提》，社会科学文献出版社，2006，第 271 页。

③ Djibouti Ports & Free Zones Authority(吉布提港自贸区管委会)，http://dpfza.gov.dj/? q=facilities/pdsa。

④ 参见 "Transport and Logistics in Djibouti: Contribution to Job Creation and Economic Diversification," *World Bank Other Operation Studies*，2013。

⑤ 胡永举、邱欣等：《非洲交通基础设施建设及中国参与策略》，浙江人民出版社，2014，第 145 页。

日益增长的转口贸易需求。古拜特港是一个专用于吉布提阿萨勒湖食盐出口的港口,2013 年 4 月开建,2017 年 1 月完工,总投资超过 6 400 万美元。古拜特港预计年吞吐量达 500 万吨,可容纳载重 10 万吨的船舶停靠。[①] 戴蒙朱尔港主要为牲畜进出口港,主要为缓解原吉布提港内牲畜转运区的压力而建;2016 年 2 月开建,2017 年 5 月完工,总投资约为 7 000 万美元。戴蒙朱尔港预计每年可容纳 1 000 万头牲畜,将成为地区性牲畜进出口首选港口。[②] 塔朱拉港主要由招商局国际投资,投资金额为 1.6 亿美元,主要为大宗商品进出口港,如埃塞俄比亚的钾矿等。该港 2016 年 1 月开建,并于 2017 年 6 月完工。塔朱拉港有 2 个深 12 米、长 435 米的泊位,年吞吐量达百万吨,预计每年可处理约 400 万吨钾矿的出口。[③] 根据联合国贸发会议最新发布的全球班轮航运连通性指数,吉布提的指数较低,但呈现缓步上升态势,从 2006 年(2006 年全球最大值为 100)的 11.55 上升至 2018 年的 34.53。[④]

(二)港口在吉布提发展战略中的地位与作用

在吉布提中长期发展战略中,港口处于重要位置,是盖莱政府改善民生、拉动就业、促进国内经济与国际经济良性互动、非洲经济与世界经济相互融合、东方贸易与西方贸易联通共进的重要平台。[⑤] 吉布提政府试图将该国打造成“红海的新加坡”,将吉布提港口打造成“东非的迪拜”,成为非洲与外部世界互联互通的枢纽。

1. 吉布提港口的经济作用

吉布提是世界上最不发达的经济体之一。与尼日利亚、南非、埃及、阿尔及利亚、安哥拉、苏丹等中国在非洲主要贸易伙伴相比,吉布提的体量较小[⑥],自然资源匮乏,工农业基础薄弱,60% 的人口生活在贫困线以下,95% 以上的农产品和工业品依靠进口。2018 年吉布提 GDP 为 19.66 亿美元,人均 GDP 仅有 1 966

① Djibouti Ports & Free Zones Authority, http://dpfza.gov.dj/?q=building-region/port-ghoubet.

② Djibouti Ports & Free Zones Authority, http://dpfza.gov.dj/?q=building-region/livestock-port-dammerjog.

③ Djibouti Ports & Free Zones Authority, http://dpfza.gov.dj/?q=building-region/port-tadjourah.

④ “Liner Shipping Connectivity Index, Quarterly,” UNCTAD, https://unctadstat.unctad.org/wds/TableViewer/tableView.aspx?ReportId=92.

⑤ 孙德刚、白鑫沂:《中国参与吉布提港口建设的现状与前景》,《当代世界》2018 年第 4 期。

⑥ Courage Mlambo, Audrey Kushamba and More Blessing Simawu, “China-Africa Relations: What Lies Beneath?” *The Chinese Economy*, Vol. 49, No. 4 (2016): 257 – 276.

美元①；人类发展指数（HDI）仅为 0.495，排在世界第 171 位②，属于世界最不发达国家。联合国贸发会议发布的 2019 年《世界投资报告》数据显示，2018 年吉布提吸引外资流量仅有 2.65 亿美元，截至 2018 年末吸引外资存量仅 22.19 亿美元。③

吉布提的国民经济支柱是第三产业，交通运输（依靠港口、机场、铁路等）、对外贸易、商业和服务业在国民经济中占主导地位，约占 GDP 的 80%。吉布提财政来源主要靠税收、租赁收入和外国的无偿援助等，其中重要来源即为港口及港口相关产业。法国、美国在吉布提建立了本国在非洲最大的军事基地，日本在此地建立了海外唯一的军事基地，同时也是多国商船和军舰的加油站与补给基地。作为多个域外大国的军事基地，吉布提获得了丰厚的"租金"收入及附带援助。以法国在吉布提的军事基地为例，2003—2013 年，法国每年向吉布提支付 3 000 万欧元。④ 2002 年，美国在吉布提设立"非洲之角联合特遣部队"；2008 年美国成立非洲司令部后，吉布提成为事实上的"前沿总部"；⑤2014 年，美国与吉布提签订新的基地续租协议，租金从每年 3 800 万美元涨至 6 300 万美元。日本每年也向吉布提提供约 3 000 万美元的基地租金。

大量租金及援助补充保证了吉布提的外汇储备，同时也带动了国内相关产业的发展。主要围绕港口服务建立的商品运输销售、金融银行、工业加工、信息通信、餐饮服务等产业成为吉布提经济的支柱，同时多产业发展也在一定程度上缓解了吉布提国内严重的失业问题。吉布提港每年缴纳赋税 6 500 万～9 000 万美元，占政府税收的 20%～25%，仅吉布提港交通运输及物流业就直接创造了约 6 500 个就业岗位，而因港口等相关交通及物流产业直接或间接地为吉布提提供了 15 000 个就业岗位，占吉布提全国就业岗位的 10%。⑥

---

① 《吉布提国家概况》，中华人民共和国外交部，2019 年 8 月，https://www.fmprc.gov.cn/web/gjhdq_676201/gj_676203/fz_677316/1206_677704/1206x0_677706/。

② "Human Development Indicators 2019: Djibouti," UNDP, 2019, http://hdr.undp.org/en/countries/profiles/DJI.

③ "World Investment Report 2019," UNCTAD, June 12, 2019, https://worldinvestmentreport.unctad.org/world-investment-report-2019/.

④ 孙德刚：《法国在吉布提军事基地的绩效分析》，《阿拉伯世界研究》2011 年第 5 期。

⑤ David Styan, "Djibouti: Small State Strategy at a Crossroads," *Third World Thematics: A TWQ Journal*, Vol. 1, No. 1 (2016): 79 - 91.

⑥ 参见"Transport and Logistics in Djibouti: Contribution to Job Creation and Economic Diversification," World Bank, February, 2013, https://openknowledge.worldbank.org/handle/10986/13245? 100ale-attribute=en。

2. 吉布提港口的政治作用

对于吉布提来说,港口不仅事关经济命脉,同时也是政治外交领域的重要抓手。吉布提作为一个地区小国,错综复杂的地缘政治因素为它赢得了诸多机遇,但也极易成为多国博弈的棋子,任人摆布,难以掌握政治外交主动权。

首先,港口是吉布提平衡与域外大国间关系的重要抓手,有利于维护吉布提在国际关系中的主动权。吉布提始终坚持奉行"中立、不结盟和睦邻友好"的外交政策与实用主义外交原则。对于域外大国,吉布提首先注重保持同法国的传统关系,同时采取开放态度,欢迎各国在吉布提设立军事基地、投资参建商业港口等,准确把握吉布提在大国之间的平衡关系。作为一个"非西方"小国,吉布提坚持在国际舞台上扮演一个动态参与者的角色,保持经济独立、政治"超脱"①,更有利于其维护国家安全。

其次,港口是吉布提制衡周边邻国、保障自身安全的重要抓手。吉布提与埃塞俄比亚关系友好,埃塞俄比亚与厄立特里亚交恶后,埃塞俄比亚所有货物均需通过吉布提港出海,亚吉铁路在陆上联通两国,使两国成为利益共同体。吉布提与厄立特里亚有领土争端,但主张通过外交途径解决,且吉布提积极开展斡旋外交,致力于推动埃塞俄比亚与厄立特里亚通过和谈方式解决争端。吉布提与索马里关系密切,索马里内战后,政局动荡,地区不安全因素上升。多国驻吉布提维和部队在执行维和任务的同时,也在一定程度上形成了对吉布提的军事保护。

最后,港口是吉布提缓解内部民族矛盾、维护政局稳定的重要抓手。吉布提国内索马里人占总人口的 60%,阿法尔人占 35%,②两大族群曾在冷战结束后爆发武装冲突,直到 2001 年才平息。面对复杂的内外安全局势,欧盟以及美国、日本等大国在此驻防,特别是法国不断强化对吉布提的安全协防义务,使吉布提可以在内外威胁中维护生存权。③港口除带来明显经济效益、降低国内失业率外,也对缓解吉布提生存资源匮乏造成的社会矛盾,维护社会安全与稳定具有重要意义。

综上所述,港口在吉布提国家中长期规划中始终占据重要位置。2014 年公

---

① David Styan, "Djibouti: Small State Strategy at a Crossroads," *Third World Thematics: A TWQ Journal*, Vol. 1, No. 1 (2016): 79-91.

② 参见 "The World Factbook, Djibouti," Central Intelligence Agency, https://www.cia.gov/library/publications/the-world-factbook/geos/dj.html.

③ 王磊:《吉布提:弹丸之地何以如此显要》,《世界知识》2015 年第 12 期。

布的"吉布提 2035 愿景"明确指出，未来将重点发展建设公路、港口、机场和电信基础设施，以使吉布提成为地区和国际交通枢纽。[①] 吉布提在重点支持国际自由港的同时，也积极引进外资，关注并增加其他港口建设，以一带多，努力形成港口集群效应，从而促进国家经济发展、维护政治稳定和国家安全。吉布提政府设想，若未来港口收入可增加国家税收，则将会仿照新加坡模式，将整个吉布提打造成一个"免税港"，吉布提港为"母港"，周边国家港为"配给港"，物流通道一直延伸到苏伊士运河。届时，港口收入将带动整个国家经济发展，东非物流中心将产生更大辐射效应。基于互惠互利原则，中国积极参与吉布提港口及相关产业建设，"吉布提 2035 愿景"与中国"一带一路"倡议正高度契合和对接起来。

二、中国参与吉布提港口建设的实践

近年来，中国与吉布提经贸合作关系愈加紧密，在吉布提投资的中资企业超过 30 家[②]，主要分为三类，一是基础设施建设类企业，主要参与港口、铁路等基础设施建设；二是信息通信类企业，如华为、中兴等；三是物流类企业，主要参与港口及自贸区等相关延伸产业。自 2013 年以来，中国在吉布提的港口和铁路建设上投入巨资，迅速将这个红海国家转变为重要的地区物流枢纽。

第一，建设多哈雷多功能港。

2013 年，招商局国际参与吉布提港口有限公司改制，以 1.85 亿美元收购吉布提港口有限公司 23.5% 的股份，成为该港第二大股东，吉布提政府持有 76.5% 的股份，该港口成为招商局港口以 PPP 模式参与的重要项目。吉布提港口有限公司的核心资产包括位于吉布提港的多功能港区、多哈雷集装箱码头、外堆场，以及多哈雷多功能港码头等资产。[③] 2014 年 8 月，吉布提港下属的多哈雷多功能港正式开建。该港由吉布提港及招商局港口共同投资，总金额达 5.8 亿美元，[④]其

---

① Minist des Affaires Étrangffai et de la CoopÉtrangn Internationale："Dans le cadre de Vision 2035，le République de Djibouti se concentre sur le développement des routes，des ports，des aéroports et des infrastructures de télécommunications afin de rendreDjibouti le hub du trafic régional etinternational，" Djibdiplomatie，http://www.djibdiplomatie.dj/index.php/20-les-grands-projets.

② 《对外投资合作国别（地区）指南：吉布提（2019 年版）》，中华人民共和国商务部，http://www.mofcom.gov.cn/dl/gbdqzn/upload/jibuti.pdf.

③ 《吉布提港有限公司》，招商局港口，http://www.cmport.com.hk/business/Detail.aspx?id=10000682。

④ 《吉布提 DMP 多哈雷多功能码头举行隆重开港仪式》，招商局港口，2017 年 5 月 25 日，http://www.cmport.com.hk/news/Detail.aspx?id=10007270。

中中国进出口银行以混合贷款形式提供融资 4.05 亿美元。中建集团和中国土木工程集团有限公司(以下简称"中土集团")两家公司共同承包建设新港,这是中资建筑企业迄今为止在东北非地区承接的最大规模的港口项目。该港口建成后,可以为中国海军舰艇提供停靠码头。2016 年 1 月,中国和吉布提签订合作备忘录,中国根据该备忘录租用吉布提后勤保障基地,租期为 10 年。①

多哈雷多功能港于 2014 年 8 月 7 日开工,至 2017 年 4 月 16 日建成试运行。该港水深 15.3 米,可停靠 10 万吨级船舶,设计年吞吐散杂货 708 万吨、集装箱 20 万标准箱。② 预计新港的吞吐能力将是旧港的 1.5 倍至 2 倍,物流能力实现质的飞跃。新港配备了上海振华重工的大型港口设备,船舶作业效率提高了约 3 倍,港口竞争力显著增强,成为东非地区最大的现代化多功能码头。多哈雷多功能港是亚吉铁路的终点和出海口,港口和铁路两个项目的连接进一步提升了吉布提的地缘政治和地缘经济地位。③ 2019 年,招商局港口参与建设的吉布提港实现集装箱吞吐量 92 万标准箱,散杂货吞吐量 568 万吨。④

此外,塔朱拉港获得阿拉伯基金会及沙特阿拉伯基金的金融支持,由宝业集团湖北有限公司中标施工,目前已经建成交付业主。吉布提盐码头项目总投资 6 400 万美元,由中国进出口银行提供优惠贷款,中国港湾承建,2013 年 4 月开建,也已建设完工。

第二,中国以亚吉铁路为重点参与吉布提港口有关的基础设施建设,扩大港口腹地支撑。

一百多年前法国在殖民时期修建的"老亚吉铁路"年久失修,往来埃塞俄比亚首都亚的斯亚贝巴和吉布提的交通主要依靠一条两车道公路⑤,高昂的运输成本、时间成本、人力成本等都阻碍了两地间物流贸易的发展。新亚吉铁路由中国交建承建,全长 704 千米,吉布提段长 89 千米⑥,投资总额为 15 亿美元,设计

---

① Jayanna Krupakar, "China's Naval Base(s) in the Indian Ocean—Signs of a Maritime Grand Strategy?" *Strategic Analysis*, Vol. 41, No. 3 (2017): 207 – 222.

②《吉布提多哈雷多功能港开港》,中华人民共和国商务部,2017 年 5 月 25 日,http://dj.mofcom.gov.cn/article/jmxw/201705/20170502582018.shtml。

③ 孙德刚、白鑫沂:《中国参与吉布提港口建设的现状与前景》,《当代世界》2018 年第 4 期。

④ "演示资料",招商局港口,http://www.cmport.com.hk/news/Demo.aspx?p=6。

⑤ 陆娅楠:《亚吉铁路为东非带来发展新机遇》,《人民日报》2016 年 10 月 6 日,第 3 版。

⑥《吉-埃铁路铺通仪式在吉布提纳贾德车站隆重举行》,中华人民共和国商务部,2015 年 6 月 12 日,http://dj.mofcom.gov.cn/article/jmxw/201506/20150601011674.shtml。

时速 120 千米,全程耗时约 10 小时,以增强埃塞俄比亚出口钾矿的能力。[①] 该铁路于 2013 年 9 月正式开建,2015 年 6 月全线铺通。建成后,亚吉铁路沿线共设 19 座车站,配备了 1 171 辆货车和客车,货车的单次运输能力超过 3 500 吨,每列客车可运载 113～168 名乘客。[②] 亚吉铁路总造价约为 40 亿美元,项目融资方为中国进出口银行,埃塞俄比亚段铁路 70％的资金和吉布提段铁路 85％的资金使用商业贷款。[③] 中土集团为吉布提段铁路融资 15％,拥有相应股份并获得 6 年的运营管理权,还为该路段铁路提供 2 年的技术服务支持,以 BOT 模式参与项目。中国企业在海外成功建立了铁路项目上的首个集设计规划、投资建设、运营管理为一体的全过程控制体系。[④]亚吉铁路是非洲第一条跨国电气化铁路,成为"一带一路"建设的标志性成果之一。

自从埃塞俄比亚与厄立特里亚因领土争端交恶后,吉布提港成为埃塞俄比亚唯一的出海口,埃塞俄比亚 90％以上的货物出口依赖吉布提港口,而吉布提港将近 85％的运输量来源于埃塞俄比亚的货物过境转运。[⑤] 随着吉布提多哈雷多功能港的落成,吉布提老港与新港的总吞吐量还在继续增长,埃塞俄比亚与吉布提之间高度密切的经贸往来决定了两国间交通运输基础设施的极端重要性。此外,中国企业在埃塞俄比亚设有糖业、盐业、制造业等产业项目,当地产品也均需要通过吉布提港销往海外。因此,亚吉铁路的修建对于吉布提打造东非之角地区物流中心具有十分重要的现实意义,铁路与港口实现相互促进、联动发展。

第三,中国还参与了一系列提升港口竞争力的相关建设项目,包括吉布提国际自由贸易区、阿萨尔盐湖盐业出口码头、丝路国际银行、埃塞俄比亚—吉布提跨境供水项目、埃塞俄比亚—吉布提跨境天然气输送项目等。

吉布提国际自贸区由吉布提港口与自贸区管理局和招商局集团等中资企业

---

① Courage Mlambo, Audrey Kushamba and More Blessing Simawu, "China-Africa Relations: What Lies Beneath?" *The Chinese Economy*, Vol. 49, No. 4 (2016): 257 – 276.

②《亚吉铁路即将投入运营》,搜狐网,2016 年 7 月 4 日,https://www.sohu.com/a/101193870_263709。

③ 严冰:《"新时期的坦赞铁路"亚吉铁路今天通车》,人民网,2016 年 10 月 5 日,http://world.people.com.cn/n1/2016/1005/c1002-28757227.html。

④ 孙德刚、白鑫沂:《中国参与吉布提港口建设的现状与前景》,《当代世界》2018 年第 4 期。

⑤ Mehdi Benyagoub, "Finding New Paths for Growth in Djibouti," The World Bank, March, 2013, https://openknowledge.worldbank.org/bitstream/handle/10986/20570/758610BRI0QN850owledge0notes0series.pdf?sequence=1&isAllowed=y.

共同投资运营。该自贸区位于吉布提港和机场附近,面积约为 48.2 平方千米,预留发展区 30.9 平方千米,占吉布提可利用土地面积的 1/10,包括 614 平方米的仓库和 1 340 平方米的综合办公室。① 自贸区一期面积 6 平方千米,其中首发区 2.4 平方千米,主要包括物流园区和出口加工区。② 该项目共投资 3.4 亿美元,由中建港务建设有限公司和中交一公局集团有限公司承建,2017 年 1 月开工,2018 年 7 月 5 日正式开园,已有 21 家中外企业签署入园意向书。③ 招商局集团总结了中国深圳蛇口和福建漳州的综合开发经验,提出了在吉布提参照“前港—中区—后城”的成熟商业模式进行建设,有效复制“蛇口模式”,推动吉布提“港口—工业区—城市”三步发展战略平稳发展,在很大程度上有助于实现其打造“东非国际航运中心”的发展愿景。2019 年初吉布提国际自贸区和保税仓库正式启用,截至 2019 年末入园企业达到 78 家,合资和全资保税仓库利用率分别达到 86% 和 30%。④

阿萨尔盐湖盐业出口码头由中国政府提供优惠贷款,中国港湾负责项目建设,主要用于出口阿萨尔盐湖出产的盐化工产品。该码头项目距吉布提市区约 120 千米,2013 年 11 月开建,2017 年 6 月正式开港。2015 年中国交建海外事业部和中国港湾联合购买了吉布提盐业公司 65% 的股份,成立中国交建吉布提盐业投资有限公司,并获得吉布提阿萨尔盐湖盐业开发 50 年特许经营权,在盐湖周边建设盐化工工业园,一期投资 1.62 亿美元,正式开采工业盐。⑤

2016 年,丝路国际银行正式落户吉布提,银行由亿赞普集团、招商局集团、丝路亿商信息技术有限公司等中资企业与吉布提国家财政部共同发起成立,其中亿赞普集团与吉布提财政部各占股 25%。⑥ 丝路国际银行是中国在海外成立的首个商业银行,也是 2015 年中非合作论坛约翰内斯堡峰会合作成果之一。其

① Djibouti Ports & Free Zones Authority, http://dpfza.gov.dj/?q=facilities/dfz.
② 李志伟、李逸达:《建新港,开发自贸区,中企提升吉布提发展速度“吉布提的未来正与中国一同书写”》,《人民日报》2017 年 5 月 10 日,第 3 版。
③《对外投资合作国别(地区)指南:吉布提(2019 年版)》,中华人民共和国商务部,http://www.mofcom.gov.cn/dl/gbdqzn/upload/jibuti.pdf.
④ “演示资料”,招商局港口,http://www.cmport.com.hk/news/Demo.aspx?p=6.
⑤《阿萨尔盐湖盐业出口码头开港》,中华人民共和国商务部,2017 年 6 月 26 日,http://dj.mofcom.gov.cn/article/jmxw/201706/20170602599788.shtml.
⑥ 顾阳:《“一带一路”上首个商业银行在非洲大陆成立——丝路国际银行“落子”吉布提》,《经济日报》2016 年 12 月 8 日,第 9 版。

先进的信息技术和金融管理经验将帮助吉布提加强金融基础设施建设，保障金融市场稳定，推动经济发展，助力其逐步形成非洲区域清算环，将地缘区位优势转化为经济发展的重要动力，推动吉布提实现建设"东非金融中心"的愿景。

埃塞俄比亚—吉布提跨境供水项目由中地海外集团有限公司承包建设，资金主要来源于中国进出口银行的优惠贷款，于 2015 年 3 月开工建设，2017 年 6 月举行了通水仪式。长期以来，缺水问题对吉布提人民生活和社会发展带来严重影响，该跨境供水项目是一个当地民众急需的重大民生工程。该项目在埃塞俄比亚境内打深井 28 口，管线全长 358.5 千米，日供水量 10 万立方米，受益人口 75 万[①]，预计可解决吉布提 80％以上人口的用水问题。埃塞俄比亚—吉布提跨境天然气输送项目于 2016 年 7 月正式开工，中国协鑫（集团）控股有限公司为该项目提供资金支持，预计总投资达 40 亿美元。项目天然气管道总长 700 千米，建成后每年可向吉布提输送 120 亿立方米天然气，并向中国出口 1 000 万立方米液化天然气。[②]

第四，中国参与吉布提港口有关的基础设施建设以后勤保障设施为优先。

2016 年 2 月，中国和吉布提经过友好协商，就中国在吉布提建设保障设施一事达成一致，相关设施的基础工程建设随即启动。[③] 中国在吉布提建设的是休整补给保障设施，该设施将更好地保障中国军队执行国际维和、亚丁湾和索马里海域护航、人道主义救援等任务。从现实需要来看，中国是世界上派出维和人员最多的大国，也是联合国维和行动第二大出资国，自 2008 年起至 2019 年 12 月，中国共派出了 34 批海军护航编队参与亚丁湾、索马里海域国际反海盗海军护航任务。海军舰队护航过程中需要定期进行油料及物资补给，人员也需要靠岸休整，缓解身心疲劳，对后勤保障基地的需求很高。中国海军护航编队以往一般停靠阿曼和也门等国港口补给，然而，如果停靠国发生政局动荡或冲突，则舰队难以在该国进行正常补给，如近年来的也门内乱就是如此。即使政局平稳，靠岸补给也需提前与沿岸国家政府进行外交磋商，补给接口或油料型号不匹配等技术问题也时有发

① 《埃塞俄比亚-吉布提跨境供水项目开工典礼在吉布提隆重举行》，中华人民共和国商务部，2015 年 3 月 23 日，http://dj.mofcom.gov.cn/article/zxhz/201504/20150400939293.shtml。

② 《中国、埃塞俄比亚和吉布提三国将联合启动天然气输送项目》，中国驻非盟使团合作交流处，2016 年 7 月 28 日，http://africanunion.mofcom.gov.cn/article/jmxw/201607/20160701367960.shtml。

③ 《国防部：中国在吉布提保障设施基础工程建设已启动》，中国新闻网，2016 年 2 月 25 日，https://www.chinanews.com.cn/mil/2016/02-25/7772972.shtml。

生。因此,中国需要在此区域建立一个更为高效、稳定、安全的后勤保障设施。

吉布提连接亚、非、欧市场,是"21世纪海上丝绸之路"沿线的重要支点国家。中吉两国友谊深厚,中国企业已在吉布提港口、机场、铁路等基础设施建设领域投资高达数十亿美元。因此,中国在吉布提建立的后勤保障设施,一方面,有利于海军护航编队进行高效安全的休整补给,提升维和护航的反应力和行动力;另一方面,有利于保护中国在吉布提及周边地区的海外利益,推动中国在非洲的经济合作和当地经济的发展。中国在吉布提修建海军补给设施是对非洲安全介入的升级,堪称继湄公河护航、亚丁湾护航之后又一里程碑式的事件。①

三、中国参与吉布提港口建设的优势与挑战

近年来中国在吉布提的关键产业——港口及相关领域的建设稳步提升,为吉布提带来了巨大的实质性收益,使这个最不发达国家逐渐实现了"弯道超车",经济社会发展活力持续增强。与此同时,中国也从港口等项目建设中获得了经济收益、政治认同、外交主动等。② 但是,随着投资不断加大和国际环境的变化,中国参与吉布提港口及相关产业建设也面临诸多风险和挑战。

(一)中国参与吉布提港口建设的优势条件

从国际层面来看,吉布提特殊的地缘区位为中国参与吉布提港口建设赋予了必要性和可行性。吉布提位于非洲之角,红海经此向东通向阿拉伯海及印度洋,向北通过苏伊士运河达地中海,经苏伊士运河驶向阿拉伯海、印度洋的船只必途经吉布提,且绝大多数需在吉布提港靠岸补给。吉布提特殊的地缘区位为其创造了以港口物流业为支柱产业的经济环境,中国参与吉布提港口及相关产业的建设投资精准、收益稳定、前景良好。多哈雷多功能港、亚吉铁路等基础设施的相继落成已使中吉双方实现了互惠互利、合作共赢的目的。随着中资企业在吉布提的数量和业务的不断拓展,以及中国派往亚丁湾、索马里海域护航编队的补给需求的扩大等,中国深入参与吉布提港口及相关产业建设具有重要而深远的意义,中国参与吉布提港口建设已与吉布提经济发展和中国海外利益保护息息相关。③

从吉布提国内情况来看,相对稳定的政局和自由化的贸易政策为中国在吉

---

① 王磊:《从吉布提看中美在非洲竞合》,《世界知识》2016年第13期。
② 孙德刚、白鑫沂:《中国参与吉布提港口建设的现状与前景》,《当代世界》2018年第4期。
③ 同上。

布提投资提供了基础。吉布提相对于地缘区位相似的索马里和厄立特里亚而言，政局十分稳定，现任总统伊斯梅尔·奥马尔·盖莱三次赢得总统选举胜利，已连续执政近 20 年。2002 年 9 月起，吉布提全面实行多党制，总体上政局稳定、政府理性、政治声音更为温和开放。同时，吉布提实行自由化贸易政策，保持相对宽松的投资环境，允许资本自由流动并向外资全面开放。货币政策上，吉布提法郎与美元保持固定汇率（以 2022 年 8 月的汇率计算，1 美元兑换 178.5 吉布提法郎），是非洲之角最稳定的汇率，外汇可自由兑换、汇出，物价总水平和通胀率指标相对平稳，对外国股份份额和利润汇回没有限制。[1] 吉布提在外资投资方式和投资领域上也没有过多限制，除水、电和电信三个行业实行国有企业独家垄断经营外，其余均实行开放政策，对外资的参股比例、开发和经营方式以及优惠条件等均可进行友好协商。[2]

从中吉两国关系来看，传统友好的外交关系与现代经济建设过程中塑造的人文环境为中国进一步参与吉布提港口建设提供了良好的社会氛围。自 1979 年起，中国就向吉布提提供援助，为吉布提援建了大量建筑、技术和基础设施项目，提供了数十批物资和人道主义援助。此外，中国自 1981 年起向吉布提派遣医疗队，自 1986 年起向吉布提提供政府奖学金生名额，几十年来推动了两国友好关系的发展。在吉中企在投资建设过程中，积极与吉布提当地人民开展友好交流活动，为当地雇员提供无偿技术培训等。2015 年，中国在也门内乱时的撤侨军舰在吉布提港停靠中转，500 多名侨民安全地从吉布提转道埃塞俄比亚回国。中国与吉布提可谓经历了"同患难、共幸福"的历史阶段，中吉民心相通，中国参与吉布提港口及相关产业建设具备良好的社会环境基础。[3]

（二）中国参与吉布提港口建设的风险挑战

吉布提地理位置优越，拥有天然港口，长期以来就是地区航运中心，经济体量小，结构转型较为容易，但也存在国土狭小，资源与资金匮乏，劳动力不足，外部影响大等缺点。[4] 吉布提所在的东非之角向来局势动荡不安，国际恐怖主义

---

① 张威、祁欣：《吉布提投资环境与重点领域：中国企业的决策选择》，《国际经济合作》2014 年第 7 期。

② 葛华：《"外交官话丝路"之吉布提》，国际商报环球资讯，2017 年 5 月 10 日，https://mp.weixin.qq.com/s?__biz=MzI2NjU1MzA0Mw%3D%3D&idx=3&mid=2247484292&sn=7f8cae21cf40efda6e4659ff606dfaa1。

③ 孙德刚、白鑫沂：《中国参与吉布提港口建设的现状与前景》，《当代世界》2018 年第 4 期。

④ SUN Wei：《吉布提与海上丝绸之路》，《华东师范大学学报（自然科学版）》2020 年第 S1 期。

威胁持续上升,经济环境脆弱,大国纷纷介入带来地缘政治博弈加剧,中国在吉布提的港口建设面临多重风险与挑战。

1. 周边国家局势及国际恐怖主义带来的安全风险

吉布提处于跨国伊斯兰激进势力和反西方势力的中心位置,苏丹、也门、索马里等环绕该国,形成了"红海恐怖三角"。① 吉布提政局虽稳定,但其邻国局势动荡,"索马里青年党"等反政府武装组织也影响到吉布提的稳定。吉布提积极配合美国、法国等的反恐行动,因而也成了恐怖分子的袭击目标。2014 年 5 月 24 日,吉布提市中心一家西方人常光顾的餐馆遭遇炸弹袭击事件,造成 2 人死亡、10 余人受伤,"索马里青年党"宣称对此袭击事件负责。同日,邻国索马里首都摩加迪沙的议会大楼也遭到了"索马里青年党"的袭击,并造成至少 10 人死亡。恐怖袭击目标具有不确定性,中国参与建设的港口及相关项目也因此处于危险之中。2015 年起也门战乱扩大,至今仍处在割据对抗之中。吉布提曾作为也门内乱时外国公民撤离的重要中转站,同时也成为成千上万也门难民的避难所。② 因此,这对吉布提的社会安全稳定构成威胁,增加了中国在吉投资建设的风险。随着在吉中资企业数量的与日俱增,参与建设港口及相关产业项目也逐渐深入,中国海外利益的保护日益成为中国需要考虑的重大问题。③

2. 港口投资建设面临的多重经济风险

吉布提资源匮乏,气候环境恶劣,产业结构单一,经济总量小,这是中国参与吉布提港口建设的主要制约因素。吉布提农业基础薄弱,95% 以上的农产品和工业品依赖进口,建设资金也主要依靠外来援助,工业生产所必需的交通运输、环保水利、电气动力、邮电通信等相关基础设施陈旧落后,投资建设的项目成本很高。此外,吉布提是世界上失业率最高的国家之一,失业人口占总人口的半数以上。政府对外来就业管控严格,外籍雇员就业许可审批手续复杂烦琐,费用昂贵。而相关管理部门的行政效率常常低下,官僚主义作风明显。因此,用工成本问题也给中国企业在吉投资带来了困扰。吉布提国家财政收入少,外汇储备有限,政府负债率高,还贷能力堪忧,投融资风险不容乐观。中国参与吉布提港口

① 王磊:《吉布提:弹丸之地何以如此显要》,《世界知识》2015 年第 12 期。

② David Styan, "Djibouti: Small State Strategy at a Crossroads," *Third World Thematics: A TWQ Journal*, Vol. 1, No. 1 (2016): 79–91.

③ 孙德刚、白鑫沂:《中国参与吉布提港口建设的现状与前景》,《当代世界》2018 年第 4 期。

及相关产业建设仍存在诸多挑战，如中吉贸易结构问题、在吉建设项目可持续发展问题以及国际舆论压力等问题。在中吉双方贸易结构中，几乎全为中国出口、吉布提进口，吉布提本身的出口量极低，进出口贸易长期严重失衡或将带来不利影响。此外，吉布提虽是世界上最不发达的国家和地区之一，却是《京都议定书》和《巴黎协定》等国际气候变化协定的签字国，对环境要求十分严格，这也给中国企业在吉投资提出了更高的要求。[①]

3. 港口建设的政治化风险十分突出

中国参与吉布提港口建设尤其是后勤保障设施的建设，已引起域外如美国、法国、日本、印度等长期在此角力的国家对中国的警惕和忌惮。在此背景下，中国的吉布提港口项目遭遇持续的质疑、监视和污名化，面临突出的政治化、安全化风险。吉布提历来都是"兵家必争之地"，各大国争相在此建设军事基地。[②]法国作为前宗主国，在吉布提拥有赫龙海军基地、阿尔塔训练中心等，常年驻军3 800～4 500人；美国在此部署军种齐全，包括雷蒙尼尔军事基地、吉布提安布利国际机场、"非洲之角联合特遣部队"等；日本在安布利国际机场附近拥有海上自卫队基地等。[③]法国担心中国稀释其在吉布提的传统影响力；美国忌惮中国与其开展全球范围内的影响力竞争[④]；印度担心中国在印度洋构筑包围印度的"珍珠链"，[⑤]包括中国在南亚、东非参与建设的一系列港口；日本加大与中国在海外经济和安全各领域的竞争。大国云集在此博弈，中国作为后来者进入势必被视为"动奶酪者"，因此进一步增加了中国在吉布提投资建设的难度。以西方媒体为主导的国际舆论常常抛出所谓"中国威胁论""中国在非洲实行新殖民主义"等恶意言辞，严重影响中国在非洲投资的形象，不利的国际舆论环境对中国在吉布提投资造成干扰。中国既要借助建设合作项目加强与当地民众的深入交

---

① 孙德刚、白鑫沂：《中国参与吉布提港口建设的现状与前景》，《当代世界》2018 年第 4 期。

② Lange Schermerhorn, "Djibouti: A Special Role in the War on Terrorism," in Robert Rotberg, ed., *Battling Terrorism in the Horn of Africa* (Washington D.C.: Brookings Institution and World Peace Foundation, 2005).

③ Ra Mason, "Djibouti and Beyond: Japan's First Post-War Overseas Base and the Recalibration of Risk in Securing Enhanced Military Capabilities," *Asian Security*, Vol. 14, No. 3 (2018): 339–357.

④ Peter Woodward, *US Foreign Policy and the Horn of Africa* (Aldershot and Burlington: Ashgate, 2006).

⑤ Jonathan Holslag, "The Reluctant Pretender: China's Evolving Presence in the Indian Ocean," *Journal of the Indian Ocean Region*, Vol. 9, No. 1 (2013): 42–52.

流,努力做到"民心相通",还需与吉布提等非洲国家媒体加强合作交流,缓解舆论压力,塑造中国形象。

四、结语

吉布提因其靠近埃塞俄比亚和联通两国的关键基础设施而获得了额外的区位优势,招商局港口通过复制深圳"蛇口模式",建立了港口、铁路和自由区基础设施,推动吉布提实现了快速的经济转型。[①] 中国参与吉布提港口建设与该国乃至整个非洲地区基础设施建设、航运和服务贸易相结合,将对西亚、非洲、环印度洋以及红海地区产生辐射效应,以点带面推动区域经济一体化,是中非合作与南南合作的典范,成为"21世纪海上丝绸之路"在东非推广的重要试验区。中国应继续参与吉布提港口及相关基础设施建设,助力吉布提港打造成"东非的迪拜"或"东非的蛇口",但考虑到吉布提国内过高的公用事业成本、干旱的气候和高温、缺乏劳动力、市场空间狭小等不足,因此在更大程度上吉布提的港口充当了中国通往埃塞俄比亚的桥梁,发展转口经济。未来,中国应增强吉布提港口在埃塞俄比亚等周边地区的辐射效应,在中国与非洲、阿拉伯国家合作关系中发挥贸易枢纽和"战略桥头堡"作用。

第四节　中国在肯尼亚的港口建设

肯尼亚地处东非中心地带,沿海地带属于非洲东部最重要的海岸线和世界上最重要的贸易路线之一,有着独特的地理优势和重要的地缘战略价值。肯尼亚是东非大国和撒哈拉以南非洲经济基础较好的国家之一,近年来经济发展较快,但人均收入还很低。为了振兴经济,近年来肯尼亚不断加大国内基础设施的建设,旨在通过完善基础设施助推国民经济发展,增强地区竞争力。中国和肯尼亚的交往历史悠久,早在郑和下西洋时中国人就曾抵达过非洲东岸部分地区,其中就包括肯尼亚的蒙巴萨,《郑和航海图》将这里称为"慢八撒"。近年来,在蒙巴

[①] David Styan, "China's Maritime Silk Road and Small States: Lessons from the Case of Djibouti," *Journal of Contemporary China*, Vol. 29, No. 122 (2020): 191-206.

萨不断出土的中国钱币、瓷器等文物，正是中肯关系历史的见证。近年来中非合作不断升温，中肯关系也得到迅速发展。中国利用自身基础设施建设优势，将参与肯尼亚港口建设与东非铁路发展等联系起来，成为推动非洲发展和中非合作的又一范例。

一、肯尼亚主要港口及其在国家与地区发展中的地位

（一）肯尼亚主要港口

与世界其他地区相比，非洲国家的港口吞吐量普遍较小。由于港区管理经验不足，技术落后，拥堵现象严重，港口吞吐量小在东非地区尤为明显。近年来，肯尼亚努力提升国内大港的整体质量和数量，力争发挥港口在国家经济发展中的带动作用。肯尼亚最为重要的两个港口是蒙巴萨港和拉姆港。根据联合国贸发会议最新发布的全球班轮航运连通性指数，肯尼亚的指数一直在低位徘徊，从 2006 年（2006 年全球最大值为 100）的 12.75 缓慢上升至 2017 年的 16.05，2018 年上升至 21.40。[①]

蒙巴萨港是非洲最古老的港口之一，也是肯尼亚目前最重要的国际港口。蒙巴萨港位于肯尼亚东南沿海蒙巴萨岛上。从历史上来看，蒙巴萨一直是当地对外交往特别是通商往来的重要窗口。蒙巴萨现代港口的开发始于 1926 年，当时在基林迪尼港（位于蒙巴萨港区）建成了 2 个深水泊位，20 世纪 40—50 年代，不断有新的泊位和码头建成，港口区域不断扩大。在肯尼亚独立的 1963 年，蒙巴萨港建成了油码头，1975 年开启了集装箱运输，到 1980 年已拥有 3 个集装箱泊位。[②] 蒙巴萨港逐步发展为东非第一大港口，也是非洲最现代化的港口之一，在东非地区具有十分重要的地位，是东中非内陆国家货物进出口的主要中转港。由蒙巴萨港往北直到红海，除了吉布提港，几乎没有特别优质的大港，往南只有南非的德班港可与之媲美，因此蒙巴萨港的地位十分独特，优势也很明显。蒙巴萨岛可通过铁路、公路及输油管道等连接大陆乃至首都内罗毕等地区，还能进一步通向乌干达、坦桑尼亚、布隆迪、卢旺达、刚果（金）等国家，并成为这些国家的重要出海口。

---

① "Liner Shipping Connectivity Index, Quarterly," UNCTAD, https://unctadstat.unctad.org/wds/TableViewer/tableView.aspx?ReportId=92.

② "Port of Mombasa," Africa Ports, https://africaports.co.za/mombasa/.

除了优越的地理条件之外，蒙巴萨港的设施设备水平在非洲也是名列前茅。它在 1963 年时就有 13 个深水泊位，如今有 21 个深水泊位、2 个大型输油码头，可停泊 2 万吨级货轮和 8 万载重吨的油轮，拥有大型干船坞和较好的船舶维修能力，港口设备齐全。港口海岸线长约 2 400 米，吃水 9.4 米以上，其中最大水深为 13.4 米。港口修建有专门直通首都内罗毕、第三大城市克苏木以及乌干达首都坎帕拉的铁路，同时公路运输也可以抵达卢旺达、布隆迪等国家。蒙巴萨港有17 条世界直达航线，海运线路可以通往欧洲、亚洲和美洲的港口，与全球 80 个港口有业务往来。21 世纪以来，蒙巴萨港的货物吞吐量持续快速增长。2013—2016 年，蒙巴萨港货物吞吐量分别为 2 230 万吨、2 490 万吨、2 673 万吨和 2 736万吨；2014—2015 财年，该港集装箱吞吐量首次超过 100 万标准箱，为 107.764 4万标准箱。[①] 2018 年，蒙巴萨港货物吞吐量达到 3 090 万吨，同比上升 2%；集装箱吞吐量为 130 万标准箱，同比上升 8.3%。[②]

2013 年 8 月，为进一步挖掘港口发展潜力，肯尼亚启动了蒙巴萨港的疏浚工程，目标是让该港口地区能够接纳超巴拿马型船舶，同时恢复现有港口的设计水深，总统乌胡鲁·肯雅塔还特意出席了开工仪式。该项目主要目标是将港口水深增加到 15 米，包括部分码头间的区域。其中新建的 19 号泊位，具备每年额外装卸 20 万标准箱的能力，能有效提高港口的运行效率，并使港口能够在任何时候容纳最大长度 250 米的 3 艘巴拿马型货轮。肯尼亚"2030 年远景规划"提出，未来将扩建蒙巴萨港并打造为地区海运中心，将该港年吞吐量提升至 5 000万吨。

拉姆港是近年来肯尼亚政府正在紧锣密鼓修建的一个新国际化港口，它位于肯尼亚北部沿海地区拉姆群岛的拉姆岛上，与南方海岸的蒙巴萨相距 341 千米。2005 年左右，肯尼亚政府决定在拉姆岛修建现代化的多功能码头，以满足肯尼亚与南苏丹、埃塞俄比亚贸易往来的不断增长以及东非国家出口能源资源的需要。南苏丹独立后，没有出海口，石油资源只能通过苏丹或其他周边国家输出，而埃塞俄比亚以前主要靠吉布提港开展对外贸易，也希望能够有更多的选择。

---

① "Port of Mombasa," Africa Ports, https://africaports.co.za/mombasa/.

② 《对外投资合作国别（地区）指南：肯尼亚（2019 年版）》，中华人民共和国商务部，http://www.mofcom.gov.cn/dl/gbdqzn/upload/kenniya.pdf。

2011 年,肯尼亚政府围绕拉姆港启动了更宏大的开发计划,即"拉姆港—南苏丹—埃塞俄比亚运输走廊"(LAPSSET,以下简称"拉姆走廊")项目,第一步就是把拉姆港打造成为可以与蒙巴萨港相媲美的深水港。肯尼亚政府计划投资 260 亿美元在拉姆港修建 32 个泊位,最大水深为 17.5 米,年吞吐能力为 3 000 万吨,能够容纳超巴拿马型船舶。项目第一阶段首先是建设 3 个泊位,按照设计,它们能容纳 3 万载重吨和 10 万载重吨的船舶,分别处理一般货物、大型货物和集装箱运输。建设拉姆港的目的是增强肯尼亚在东非地区乃至全球海运行业中的竞争力,促进国际贸易发展,并将东非和中非国家与国际市场更紧密地连接在一起。同时,肯尼亚政府也希望吸引来自南苏丹和埃塞俄比亚的投资,共同兴建拉姆港及周边地区。肯尼亚港务局预计,港口建成之后货物装卸量能在 10 年内达到 2 390 万吨,集装箱吞吐量达到 40 万标准箱,主要服务于肯尼亚、埃塞俄比亚和南苏丹市场。但目前只完成了第一个泊位,以及第二和第三个泊位 70％的建设工程。[①]

除了上述两个大港外,肯尼亚还有马林迪、万加等中小型的海港以及西部湖港基苏木等。其中,马林迪港位于马林迪海湾,地处蒙巴萨东北 120 千米处,每天处理集装箱能力约 60 标准箱,年吞吐量约为 20 万标准箱。总体而言,这些港口规模较小,设备落后,在地区经济发展中发挥的作用还不太显著。

(二)肯尼亚港口的地缘经济地位

21 世纪以来,为了抓住宝贵的发展机遇,肯尼亚确立了雄心勃勃的国家发展战略,具有战略性地位的港口成为改善国民经济、提升地区影响力的重要杠杆。

1."2030 年远景规划"视野下的肯尼亚港口建设

21 世纪初,肯尼亚表现出良好的经济发展势头,外向型特点比较明显,是一个具有发展潜力的发展中经济体,特别是在非洲地区表现突出。从 2002 年到 2007 年,肯尼亚政府采取了颇有成效的宏观经济政策,对经济体制和产业结构进行了调整改革,GDP 增长率从 0.6％上升到 7.1％。[②] 如此大的飞跃极大地鼓舞了肯尼亚的信心,使之对国家未来充满雄心壮志。2006 年 10 月,肯尼亚总统姆瓦伊·齐贝吉发布了《肯尼亚远景 2030》国家发展规划,总体目标是在未来

---

① "Lamu Port," LAPSSET, http://www.lapsset.go.ke/projects/lamu-port/.

② 《肯尼亚总统对于 2030 年远景规划充满信心》,中华人民共和国商务处,2009 年 10 月 15 日,http://ke.mofcom.gov.cn/aarticle/jmxw/200910/20091006572538.html。

25 年中基本保持 GDP 年均增长率为 10%,让肯尼亚到 2030 年转型为"新兴工业化、中等收入国家,在干净安全的自然环境下为国民提供高质量的生活"。① 肯尼亚中期和远期发展规划均将港口等基础设施建设列为优先发展领域,将之作为实现经济发展的基本支撑。

2008 年肯尼亚政府正式启动"2030 年远景规划",聚焦 10 个核心领域的改革与发展,首位即基础设施建设,并列出了 124 个转型旗舰项目。其中,蒙巴萨港、拉姆港以及配套的铁路、公路等基础设施建设都是重中之重,原因就在于国内基础设施水平远远落后于经济发展的需求,"港口设备、内陆航道、电信等都存在设施老化而收费提高的情况,基础设施的落后使许多投资者望而却步,从而严重限制了工业发展"。② 肯尼亚据此制定了 2008 年至 2012 年第一个五年中期发展规划,并取得阶段性进展,随后又发布了 2013 年至 2017 年第二个五年中期发展规划。肯尼亚中期和远期发展规划均将能源、公路、铁路、港口和通信等基础设施建设列为优先发展领域,希望在改善基础设施的基础上再重点发展旅游等其他产业。③

然而,自 2007 年 12 月底肯尼亚发生大选危机之后,肯尼亚经济相继受到世界粮食危机、全球金融危机及非洲之角大旱等因素影响,GDP 增长率明显低于10% 的预期目标,2013 年至 2015 年的 GDP 增长率分别为 4.7%、5.3% 和 5.6%。2015 年肯尼亚 GDP 为 62 244 亿肯尼亚先令(按 2015 年平均汇率 1 美元兑换 98.18 肯尼亚先令折算,约 634 亿美元)。④ 肯尼亚的经济发展遭遇减速,财政赤字扩大,出口大幅下跌,实现"2030 年远景"目标任重道远。为复苏经济,肯尼亚大力吸引外部投资,加大基础设施建设力度,经济情况逐步有所好转,但是对外贸易逆差却一直较为严重。肯尼亚政府更加重视发展基础设施建设,希望借此推进工业化进程和经济转型。

2. 两港、两个自由贸易区与两条走廊发展规划

肯尼亚的港口建设可以在发展经济、拓展贸易、创造就业等方面发挥战略

---

① "About Vision 2030," Kenya Vision 2030, http://vision2030.go.ke/about-vision-2030/.

② 周倩:《当代肯尼亚国家发展进程》,世界知识出版社,2012,第 237 页。

③ See Kenya Vision 2030, http://vision2030.go.ke/.

④《肯尼亚经济》,中华人民共和国商务处,2015 年 4 月 30 日,http://ke.mofcom.gov.cn/article/zxhz/hzjj/201504/20150400959015.shtml。

性、关键性作用。但是肯尼亚在东非地区也面临竞争，因为周边国家也都在加大港口建设投入。例如，南方邻国坦桑尼亚的达累斯萨拉姆港是东非的另一个重要港口，自 2000 年以来货运量年均增长速度快，坦桑尼亚政府也在该港兴建新的货运集装箱码头，引入了先进的设备和管理经营模式。在北方，吉布提政府也加大对吉布提港和多哈雷多功能港的巨额投资，建成新的深水锚地，提高港口年吞吐能力，将其打造成非洲之角地区的航运枢纽。面对激烈的地区竞争，肯尼亚采取的对策是依托两大港口建立自由贸易区，吸引西方国家和新兴大国的投资，并打造两条带动地区经济一体化发展的经济走廊。①

　　一是蒙巴萨自由贸易区和"北部经济走廊"。2014 年 2 月 13 日，肯尼亚第一个自由贸易区被批准在蒙巴萨设立，占地 2 000 平方千米，建立自由贸易区将加强和提升东部、中部与南部非洲地区间的区域内贸易。② 2016 年肯尼亚和乌干达规划了"蒙巴萨—乌干达交通走廊"，发布了"北部经济走廊总体规划"，为连接东非地区绘制了蓝图。③"北部经济走廊总体规划"以蒙巴萨港为东部起点，将通过建设公路、铁路、水路和管道等基础设施，通向首都内罗毕和北部裂谷地区，连接肯尼亚、乌干达、布隆迪、南苏丹和刚果（金）等国家，提升东非、中非国家之间的交通运输便利化程度，降低运输成本，其中发挥龙头作用的就是蒙巴萨港。蒙巴萨港是肯尼亚进出口货物最重要的门户，也是肯尼亚对外贸易的战略性港口，还是东非地区的工商业中心。蒙巴萨港在地区经济网络中发挥着枢纽作用，其重要地缘影响在于它对周边国家和地区的辐射与带动作用。乌干达、布隆迪、卢旺达等肯尼亚周边国家缺少出海口，进出口商品货物大多取道蒙巴萨港。

　　蒙巴萨还拥有造船、纺织、炼油、农产品加工等多项优势产业，为港口发展提供了产业支撑，每年的总货物输送能力达 1 600 万吨。肯尼亚政府已经把整个港口体系建设作为国家优先关注的重要议程。按照肯尼亚政府的设计，到了 2030 年，港口货物周转量将达到每年 3 000 万吨。肯尼亚政府已经着手加强蒙巴萨港区的基林迪尼港口建设，疏浚水道，增加吃水深度，并计划在港口新增火车站，提高运输能力。届时该港口的货物装卸能力将得到大幅提高，进一步带动内地经济发展。

---

① 胡欣：《"一带一路"倡议与肯尼亚港口建设的对接》，《当代世界》2018 年第 4 期。
② 王新俊：《肯尼亚将建首个自贸区》，《国际商报》2014 年 2 月 24 日，第 C2 版。
③ 胡欣：《"一带一路"倡议与肯尼亚港口建设的对接》，《当代世界》2018 年第 4 期。

二是拉姆自由贸易区与"拉姆走廊"。肯尼亚政府计划在拉姆地区也建立一个自由贸易区,占地 700 平方千米。与此同时,还将以拉姆港为核心建设"拉姆走廊",①预计总投资将达到 240 亿美元。肯尼亚政府高度重视"拉姆走廊"工程建设,希望借此加强肯尼亚对外贸易,提高地区竞争力;降低对蒙巴萨港口的过度依赖;并通过拉姆港及走廊开发带动落后的北部边界地区发展。2016 年,肯尼亚总统肯雅塔强调,拉姆港项目是"拉姆走廊"的关键环节,可以带动地区经济发展,解决当地群众就业问题,对拉姆地区未来发展具有重要意义。② 这个项目首先要在拉姆港建成先进完备的港口设施,港口将通过铁路、公路和输油管道同南苏丹、埃塞俄比亚连接起来。这条运输走廊蕴含的潜力是相当可观的,可以给贫瘠落后的肯尼亚北部地区带来巨大的经济效益,还能刺激该地区的商业活动,促进与南苏丹、埃塞俄比亚及大湖地区国家的贸易关系。

　　"拉姆走廊"项目包含大量的基础设施建设,主要包括七个方面的内容,其中首要的是修建现代化的拉姆港,并修建通往肯尼亚内陆和周边国家的铁路、公路、输油管道,建设完善 3 个机场,发展 3 个度假城市等(见表 4-6)。③ 从中可以看出,"拉姆走廊"项目的规划目标十分宏伟,肯尼亚计划将之打造成为"大赤道地带"的起点,届时从拉姆港出发,经南苏丹首都朱巴,中非首都班吉,再到喀麦隆的杜阿拉④,一条几乎与赤道并行的经济走廊将贯通非洲大陆东西海港,形成新的互联互通网络。预计项目完成后,能够使肯尼亚经济增长率提升 3%。⑤

表 4-6　"拉姆走廊"项目主要内容和费用

项　　目	规　　模	经费投入/亿美元	经济内部收益率/%
拉姆港	32 个泊位	30.9	23.4
铁路	1 710 千米	70.9	17.8

---

　　① "Lamu Port — South Susan — Ethpiopia Transport Corridor," FIATA, 2013, https://fiata.com/uploads/media/RAME_Field_Meeting_2013_LAMU_Presentation.pdf.

　　②《肯尼亚总统肯雅塔考察中国交建拉姆港项目》,中国路面机械网,2016 年 1 月 12 日,http://news.lmjx.net/2016/201601/2016011217080035.shtml.

　　③ 胡欣:《"一带一路"倡议与肯尼亚港口建设的对接》,《当代世界》2018 年第 4 期。

　　④ 位于大西洋岸边,是喀麦隆最大城市和最大港口所在地。

　　⑤ See "LAPSSET Corridor Development Authority," http://www.lapsset.go.ke/.

续　表

项　目	规　模	经费投入/亿美元	经济内部收益率/%
公路	880 千米	13.9	12.9
原油输油管道	2 240 千米	39.4	21.6
石油精炼厂	（产量）12 万桶/日	28	13.9
机场	3 个	5.1	20.7
度假城市	3 个	12.1	20.8

资料来源："Lamu Port and Lamu‐Southern Sudan‐Ethiopia Transport Corridor," Wikipedia, March 11, 2016, https://en. wikipedia. org/wiki/Lamu _ Port _ and _ Lamu‐Southern _ Sudan‐Ethiopia _ Transport _ Corridor。

二、中国参与肯尼亚港口建设的背景和实践

（一）中非合作框架下的中肯关系

肯尼亚是东非的贸易中转中心之一，是东南非共同市场和东非共同体重要成员国，地区成员国之间商品的关税税率较为优惠，其港口对邻国拥有很强的贸易辐射能力。2000 年 10 月，肯尼亚与东南非共同市场的 8 个成员国首批签订了自由贸易区协定，2009 年升级为关税同盟。2010 年 7 月 1 日，东非共同市场正式启动，投资吸引力进一步提升。联合国贸发会议发布的 2019 年《世界投资报告》显示，2018 年肯尼亚吸引外资流量为 16.26 亿美元，截至 2018 年末吸引外资存量达 144.21 亿美元。[①]

从中非合作与中国在非洲的投资来看，肯尼亚是一个重要的合作伙伴，两国的经济互补性和合作需求很强。肯尼亚希望振兴国民经济，需要加快工业化进程，对外来投资、技术等有着迫切需求。中国拥有卓越的基础设施建设能力、高性价比的技术输出能力，同时又对肯尼亚及周边国家的矿产、石油资源和市场有较大需求，这让双方能找到广阔的合作空间。肯尼亚有望成为中国与东非乃至整个非洲合作的主要桥梁和伙伴之一。

---

① "World Investment Report 2019," UNCTAD, June 12，2019，https://worldinvestmentreport. unctad.org/world-investment-report-2019/.

2013年,习近平主席首次出访非洲,并提出了"真、实、亲、诚"的对非工作方针。2013年8月,在肯尼亚总统肯雅塔访华期间,两国宣布建立平等互信、互利共赢的全面合作伙伴关系。当年,中国已成为肯尼亚的第一大直接投资来源国和第二大贸易伙伴。[①] 2014年5月,李克强总理访问了非盟总部和包括肯尼亚在内的非洲四国。在这次出访中,李克强总理提出了以"461"为核心的中非合作框架。[②] 在新的框架中,中非"六大合作工程"和"三大交通网络"(高速铁路网络、高速公路网络、区域航空网络)是合作的重点[③],其中很多合作项目直接或间接与肯尼亚相关。比如,中方向非增加100亿美元贷款额度,中肯签署蒙巴萨—内罗毕铁路项目(蒙内铁路)的共同融资协议,中方在肯尼亚建设中非联合研究中心等。肯雅塔总统认为,中肯将进一步加深传统友谊,推动双方新时期合作,随着中国在肯尼亚经济社会发展中的重要性与日俱增,肯方对肯中关系未来充满信心。

近年来,中肯建立了全面战略合作伙伴关系,首脑会晤日益频繁。2017年5月、2018年9月和2019年4月,肯尼亚总统肯雅塔三次访问中国,出席"一带一路"国际合作高峰论坛和中非合作论坛峰会等,高度评价和承诺积极参与"一带一路"倡议。在此背景下,肯尼亚加入了亚投行,中肯贸易联委会升级为贸易、投资和经济技术合作联合委员会(以下简称"经贸联委会"),2019年5月于内罗毕召开的首届中肯经贸联委会会议上,双方同意将加强中方"一带一路"倡议、中非"八大行动"、肯方"2030年远景规划"和"四大发展计划"的对接,共同推动两国在贸易、投资、基础设施等领域的务实合作。[④] 中肯合作既是中非合作大框架下的重要组成部分,也成为带动中非合作的重要龙头之一。

(二) 中国与肯尼亚港口及相关基础设施建设

肯尼亚之所以选择中国作为港口等基础设施建设的合作方,主要出于四个方面的考虑。首先,中国政府为中非合作提供了资金援助,中方的融资能够有效

① 《背景资料:肯尼亚共和国》,新华网,2014年5月10日,http://www.xinhuanet.com/world/2014-05/10/c_126482880.htm。

② "461"中非合作框架,即坚持平等相待、团结互信、包容发展、创新合作等四项原则,推进产业合作、金融合作、减贫合作、生态环保合作、人文交流合作、和平安全合作等六大工程,完善中非合作论坛这一重要平台,打造中非合作升级版,携手共创中非关系发展更加美好的未来。

③ 《李克强称赞非洲联合自强新成就 堪称"三个一极"》,中国新闻网,2014年5月5日,http://www.chinanews.com/gn/2014/05-05/6135243.shtml。

④ 《首届中国-肯尼亚经贸联委会在内罗毕召开》,中华人民共和国商务部,2019年6月6日,http://ke.mofcom.gov.cn/article/ddgk/zwdili/201906/20190602870992.shtml。

弥补肯尼亚经费的不足。其次,中国政府始终坚持以平等互利原则来发展中非合作,中国在肯尼亚投资建设从不附带政治条件,也从不对肯尼亚的国内事务进行干涉。[①] 再次,中国发展模式对非洲国家具有很大吸引力,如何从一个落后国家成为具有潜力的发展中国家,肯尼亚可以从中国学习到很多成功经验。最后,中国企业的建设能力在国际上享有良好声誉,能够确保港口建设按时保质地顺利完成。因此,中国企业参与了肯尼亚国内很多基础设施项目,蒙巴萨港、拉姆港、蒙内铁路等项目是其中的主要代表。

蒙巴萨港第 19 号泊位由中国路桥承建;该工程是蒙巴萨港 20 多年来开展的首个大型扩建项目,受到肯尼亚和周边国家的重视与期待。2013 年,肯尼亚、乌干达、卢旺达三国总统及其他一些东非地区政要出席了工程启动仪式,足见地区国家对该项目的重视程度。19 号泊位完工后,蒙巴萨港每年增加了 25 万标准箱的集装箱装卸能力,并可同时容纳 3 艘最大的巴拿马型货轮,进一步巩固其东非第一大港的地位。[②] 港口运营能力的提升将给港口带来更多的商机,创造更多的就业机会。更重要的是,蒙内铁路也是非洲国家第一条按中国标准修建的现代化新型铁路。这条铁路不仅能缩短蒙巴萨港到首都内罗毕的运输时间,还能与今后中国在该地区承建的其他铁路进行对接,打造更为广阔的东非铁路货运网和铁路交通网。中国正在成为肯尼亚日益重要的贸易伙伴,而蒙巴萨港是中国"一带一路"建设的特色项目。[③]

拉姆港项目也是肯尼亚"2030 年远景规划"的重点大型项目之一,中国企业在拉姆港建设中扮演了更加重要的角色。2014 年,中国交建通过投标在肯尼亚赢得拉姆港泊位建设合同,金额 4.79 亿美元,合同包括首期项目 3 个泊位及相关配套设施建设,主码头总长 1 200 米。拉姆港总体规划 32 个泊位,其中首期工程——拉姆港 1~3 号泊位由中国路桥总承包,中国交建四航局、中交天津航道局有限公司等负责实施。第一个泊位的建设工作已从 2016 年 10 月开始,所有 3 个泊位在 2020 年前建设完毕并开放使用。据统计,包括埃塞俄比亚在内的部分东非国家也为该港口的建设投入了 1.2 亿美元,并将继续拿出 1 亿美元投资其中。拉姆港首批 3 个泊位建成后,年标准集装箱吞吐量为 120 万个,港口全

① 胡欣:《"一带一路"倡议与肯尼亚港口建设的对接》,《当代世界》2018 年第 4 期。

② 同上。

③ "Port of Mombasa," Africa Ports, https://africaports.co.za/mombasa/.

部建设完毕后将达到 2 000 万个,有望成为名副其实的东非第一大港。2016 年,肯尼亚总统肯雅塔在视察拉姆港建设进度时强调,拉姆港项目是"拉姆走廊"的关键性项目,项目的建设为肯尼亚培养了更多的技术人员,改善了当地劳动力结构,推动了当地经济发展,对拉姆地区未来发展具有重要意义,并将为南苏丹、乌干达等周边国家提供新的出海口。

此外,蒙内铁路的开通与港口的建设形成相互促进的关系。蒙内铁路是连接蒙巴萨港和首都内罗毕的首条现代化标准铁路,蒙内铁路投入运营对肯尼亚客、货物流条件均带来较大改善。2016 年 4 月 20 日,中国交建下属的中国路桥与中交隧道工程局有限公司建立联营体,承担蒙内铁路的运营工作。2017 年 5 月 31 日蒙内铁路正式通车,是"一带一路"倡议的重要早期收获和中非友好合作的重大标志成果,为肯尼亚经济社会发展和中肯合作注入了强劲动力。蒙内铁路累计为肯尼亚创造近 5 万个工作岗位,培训了 5 000 多名当地专业技术工人和运营管理人员,资助了 100 名肯尼亚大学生在中国攻读铁路相关专业;在沿线共计开展了 260 多次公益活动,为当地打井供水、捐资助学、参与环保事业,受到当地民众的欢迎。[1] 2018 年,中国电力技术装备有限公司还承包建设肯尼亚蒙巴萨—内罗毕沿线经济带及铁路供电项目。蒙内铁路将蒙巴萨港和内罗毕内陆集装箱港成功连接,集装箱货物在两地间快速转移,周转率大幅提升,更好地满足了进出口需求,助力肯尼亚经济发展。[2] 此外,由中国路桥总承包的蒙内铁路延伸线内马铁路一期工程于 2019 年 9 月正式启动联调联试,标志着该工程进入投入运营倒计时。内马铁路建成后将与蒙内铁路和乌干达境内铁路接轨,有效降低跨境物流运输成本,推动东非地区互联互通和一体化进程。[3]

此外,肯尼亚还计划融资 1.3 亿美元新建基苏木港,中国交建与肯方签署了基苏木港扩建项目的商业合同。2018 年,中国路桥承包蒙巴萨港新建 KOT 工程项目。中国企业正在积极参与肯尼亚国内自由贸易区建设。肯尼亚蒙巴萨经济特区占地 3 000 英亩(1 英亩=4 046.865 平方米),兼具港口装卸、保税物流、

---

① 《蒙内铁路安全、顺利运营一周年,成为"一带一路"东非亮点》,中华人民共和国商务处,2018 年 6 月 4 日,http://ke.mofcom.gov.cn/article/ddgk/zwjingji/201806/20180602751757.shtml。

② 《蒙内铁路助力肯尼亚发展势头更劲》,中国交建,2018 年 10 月 8 日,http://www.ccccltd.cn/news/jcxw/sdbd/201810/t20181008_94537.html。

③ 《肯尼亚内马铁路开始联调联试》,中国交建,2019 年 9 月 4 日,http://www.ccccltd.cn/news/jcxw/jx/201909/t20190904_97691.html。

进出口贸易、加工制造等多种功能,拟分两期开发,项目总金额约 15 亿美元。中国交建正与肯尼亚进行蒙巴萨经济特区商务合同的谈判。[①]

三、中国在肯尼亚参与港口建设面临的挑战

近年来,中国已经与非洲国家开展了全方位合作,在非洲地区的影响力越来越大。中方参与肯尼亚港口建设在该地区树立了一根新标杆,为未来的中非合作起到了示范作用。然而,中国在肯尼亚参与的港口建设项目也面临诸多挑战与潜在威胁。

1. 肯尼亚政府治理能力不足带来的经济与管理风险

虽然肯尼亚政府在发展国民经济上制定了整体战略规划和多项计划,但是整体治理能力和管理水平还存在明显不足,例如工作效率、规划能力、实施水平等。这给港口建设带来众多负面影响,不但会导致建设时间无法保证,还可能额外增加成本。"拉姆走廊"项目早在 1975 年就已被提出,但是直到推出《肯尼亚远景 2030》时才得以落地。但几年过去,预计建设费用从 2009 年的 160 亿美元上升至后来的 230 亿美元。[②] 该项目究竟什么时候能建成始终不清晰,有的子项目已经启动建设,有些项目却仍没有着落。在 2013—2018 年,预计肯尼亚政府在该项目上耗费了 GDP 的 6%,如此高的投入也蕴藏着潜在的高风险。一旦国家内部治理出现动荡或经济发生大倒退,港口建设能否如期获取收益将面临很大的不确定性。加之肯尼亚国内贪污腐败现象较为普遍,政府工作效率也不高,这都将成为制约港口建设项目进展的不利因素。2018 年以来,由于肯尼亚无法偿还中国贷款的危机不断出现,因此外界存在中国将接管蒙巴萨港的猜测和担忧,并引发国际炒作。[③]

2. 经济民族主义与政局变动带来的政治风险

经济民族主义带来的风险在肯尼亚也有鲜明的体现,成为中国在肯尼亚投

---

① 《对外投资合作国别(地区)指南:肯尼亚(2019 年版)》,中华人民共和国商务部,http://www.mofcom.gov.cn/dl/gbdqzn/upload/kenniya.pdf.

② See "LAPSSET Corridor Development Authority," http://www.lapsset.go.ke/.

③ "Report: Kenya Risks Losing Port of Mombasa to China," *The Maritime Executive*, December 20, 2018, https://www.maritime-executive.com/article/kenya-risks-losing-port-of-mombasa-to-china; "Alarm Kenya over Risk Chinese Takeover Mombasa Port," *Global Construction Review*, January 8, 2019, http://www.globalconstructionreview.com/news/alarm-kenya-over-risk-chinese-takeover-mombasa-por/.

资的重大潜在挑战。中肯贸易发展很快但十分不平衡,存在经济摩擦风险。2020年,中肯双边贸易额达55.62亿美元,其中中国向肯尼亚出口54.11亿美元,从肯尼亚进口1.51亿美元。随着中肯贸易的持续扩大,中国已连续数年成为肯尼亚最大贸易伙伴。① 值得注意的是,肯尼亚国内也有不少人对中肯贸易关系发展特别是中国制造产品的涌入表示不满,因为"考虑到中国产品对东非地区市场的快速渗透,肯尼亚工业化的前景岌岌可危。肯尼亚应在本国贸易区内采取保护措施,以应对中国廉价进口商品的威胁"②。中国在肯尼亚的港口建设项目虽然得到肯总统和政府的大力支持,但是如果肯尼亚国内政治出现重大变动,不排除存在对港口建设造成负面影响的可能性。肯尼亚国内还有人指责中国修建的港口会引发环境破坏、减少当地人就业机会等问题。由此可见,要警惕肯尼亚国内对中肯合作的态度转向保守甚至趋向极端,从而影响港口建设。

3. 大国竞争带来的地缘政治风险

美国、英国、日本等西方国家都对肯尼亚比较重视,也试图通过加大投资来抵消中国的影响,大国在肯尼亚的竞争也显现端倪。随着中国不断加大对非洲的贸易往来和对非投资,中非贸易总量已达到美非贸易额的2倍以上,美国认为这很可能会让其"失去"非洲。2015年,美国总统奥巴马访问了肯尼亚和埃塞俄比亚,这是美国总统历史上首次访问这两个非洲国家,美国国内很多人也提出要在非洲与中国展开影响力竞争。英国是肯尼亚的原宗主国,两国在政治、经济和军事上保持着传统的密切关系。英国也是肯尼亚的主要双边援助国和投资来源国之一,对肯投资总额超过10亿英镑。③ 日本在肯尼亚的行动更迅速,特别在港口建设中的影响不容小觑。日本是蒙巴萨港最重要的外国投资方之一,由日本国际协力机构提供贷款扩建该港口,2007年和2015年日本对第一和第二阶段工程分别资助2.7亿美元和2.75亿美元。④ 日本驻肯尼亚大使寺田达志说:

① 《对外投资合作国别(地区)指南:肯尼亚(2021年版)》,中华人民共和国商务部,http://www.mofcom.gov.cn/dl/gbdqzn/upload/kenniya.pdf。

② Joseph Onjala, "The Impact of China - Africa Trade Relations: The Case of Kenya," *Policy Brief*, No. 5 (2010), https://www.africaportal.org/publications/the-impact-of-china-africa-trade-relations-the-case-of-kenya/.

③ 参见《肯尼亚国家概况》,中华人民共和国外交部,2019年7月,https://www.fmprc.gov.cn/web/gjhdq_676201/gj_676203/fz_677316/1206_677946/1206x0_677948/。

④ 胡欣:《"一带一路"倡议与肯尼亚港口建设的对接》,《当代世界》2018年第4期。

"蒙巴萨港是快速增长的东非经济的大门,这个计划完成后将不仅让肯尼亚受益,还会给整个地区带来好处。"①2016 年 8 月 27 日至 28 日,在肯尼亚举行第六届东京非洲发展国际会议期间,肯尼亚还和日本签订了关于促进投资的相关协定。2018 年,日本宣布再向肯尼亚多个建设项目投资 4 亿美元,包括蒙巴萨港和首都内罗毕的道路建设。②

肯尼亚不愿看到本国经济过度依赖某个国家而失去政策主动性,因此希望拓展更多合作伙伴。在此背景下,中国在肯尼亚的港口建设项目不仅必须妥善应对被煽动和操纵的民众情绪,同时还要面临西方的竞争压力。近年来,肯尼亚和坦桑尼亚在多领域竞争激烈,双方均大力开展港口扩建、铁路网和公路网建设,争夺区域交通枢纽地位的竞争愈发激烈,两国关系较为微妙。③ 这对于同时参与肯坦两国港口等基础设施建设开发的中国来说,也意味着存在一定的潜在风险。

4. 暴力犯罪、恐怖主义威胁带来的安全风险

肯尼亚地处东非,一直受到伊斯兰极端主义的渗透与威胁,其中主要就是邻国的"索马里青年党"。2011 年开始,肯尼亚与索马里达成协议,开展跨国军事打击行动,对"索马里青年党"进行清剿,虽然后者遭受沉重打击,但也对肯尼亚更加仇恨,发动了一连串的报复袭击。④ "索马里青年党"很可能利用联通海上通道的港口进行渗透和破坏,这给港口地区带来直接威胁,且在北部的拉姆港地区是现实存在的。拉姆港位于肯尼亚东北部边境,靠近索马里,当地资源缺乏,交通闭塞。2011 年"索马里青年党"在拉姆地区实施了绑架;2014 年又在拉姆附近发动过两次袭击;2015 年对拉姆发动大规模进攻。⑤ 除此之外,肯尼亚国内的

---

① "Japan Inks 275 Mln USD Loan Deal to Help Kenya Expand Port," Xinhuanet, January 17, 2015, http://news.xinhuanet.com/english/2015-01/17/c_133925467.htm.

② "Japan to Invest USD 400 Million to Support Big Four Agenda," Knowledge by Lanes, April, 2018, https://www.knowledgebylanes.co.ke/japan-to-invest-40-bln-shillings-in-kenya-to-support-its-big-four-agenda/.

③《对外投资合作国别(地区)指南:肯尼亚(2019 年版)》,中华人民共和国商务部,http://www.mofcom.gov.cn/dl/gbdqzn/upload/kenniya.pdf.

④ Juan Cole, "Obama in Kenya: Why the Horn of Africa Matters to Geopolitics," Common Dreams, July 25, 2015, https://www.commondreams.org/views/2015/07/25/obama-kenya-why-horn-africa-matters-geopolitics.

⑤ 胡欣:《"一带一路"倡议与肯尼亚港口建设的对接》,《当代世界》2018 年第 4 期。

暴力活动或犯罪活动也时有发生,部分犯罪分子往往选择袭击中资企业和华人群体。这些安全威胁可能影响中国的投资和项目建设,导致中国资本的重大损失。

此外,中资企业在肯尼亚还面临劳工和法律纠纷与社会问题的干扰。肯尼亚当地劳动力成本较低,但是当地雇员中出工不出力、不遵守工作纪律、业务水平不高等现象较为普遍。由于语言、文化、价值观、劳动法律法规等方面的差异,时常产生劳动纠纷,还有部分肯尼亚当地人为寻求不合法的补偿,煽动本地劳工停工、罢工甚至闹事,这也给外部势力煽动反华情绪提供了机会,进而可能影响中国在当地的投资与建设项目。

四、结语

21 世纪以来,非洲在国际政治经济中开始占据更为醒目的位置,被外部世界视为充满机遇和正在崛起的大陆。由于基础设施薄弱几乎是所有非洲国家共同的短板,于是非洲掀起了多轮基础设施建设浪潮,特别是很多沿海国家都看到了港口建设对经济的重大推动作用,纷纷加大了对港口的投资和开发。和吉布提港口类似,中国参与建设的肯尼亚港口可以发挥海陆联通、以点带面效应,推动东非地区国家间的互联互通,并成为整个非洲基础设施建设的重要组成部分,在中非合作中可以发挥示范作用。未来,中国应以蒙巴萨港及蒙内铁路为中心继续参与肯尼亚和东非国家的相关基础设施建设,构建东非地区互联互通网络,提升肯尼亚港口在周边地区的辐射效应,在日益扩大的中非合作关系中发挥枢纽和节点作用。为了在中国和肯尼亚之间建立更强有力的经济合作模式,需要采取一系列措施,如减少贸易逆差、增加硬基础设施和软基础设施的支持,以实现两国的共同繁荣。①

---

① Maobe Asenath, "Trade: Hard or Soft Infrastructure? China's Maritime Silk Road Initiative and What It Means for Kenya," *Journal of East China Normal University* (*Natural Science*), No. S1 (2020): 179.

第五章
南北呼应：中国在地中海
地区的港口建设

　　"21世纪海上丝绸之路"的一端连接着东亚经济圈，另一端连接着欧洲经济圈，中间是市场潜力巨大的新兴经济体，其中地中海地区是重要一环，既是海上丝路向西延伸的关键通道，也联通了欧洲终端市场。地中海地区位于欧亚非三大洲的结合部，沟通印度洋和大西洋，拥有四通八达、多方辐射的独特区位优势，苏伊士运河、直布罗陀海峡、土耳其海峡是全球海运和亚欧非之间贸易的关键通道之一，在世界海洋运输格局中占有重要地位，凭借着在贸易和商品运输方面的重要性而受到高度重视。地中海地区也是"一带一路"海陆交汇节点之一，拥有众多地位关键的优良港口，地中海地区国家与中国之间一直保持良好合作关系，经贸往来日益扩大，也成为新时期中国参与海上丝路沿线港口建设的重要对象与合作伙伴。在地中海地区，中国参与建设和运营的港口主要涉及希腊、意大利、西班牙、埃及、以色列、土耳其、摩洛哥、阿尔及利亚等国。然而，地中海地区国家之间差异巨大，部分国家局势动荡，地区冲突频繁，巴以问题、叙利亚内战、利比亚内战、难民危机、"伊斯兰国"极端组织、东地中海划界与天然气开发纷争、阿尔及利亚与摩洛哥冲突等问题牵动着大国地缘政治的敏感神经，也对中国参与该地区的港口建设实践带来了多重风险与挑战。

第一节　中国参与地中海地区的港口建设

从经济社会发展水平来看,地中海地区南北两地的南欧与中东、北非国家差异巨大,但相互之间经济上的联系十分紧密。相对于南欧国家,北非国家发展水平落后很多,其大多数港口的规模和吞吐量较小,但也拥有自身的独特地缘优势和发展潜力。中国已经通过承建、股权收购、特许经营等不同方式参与了埃及、希腊、以色列、土耳其、意大利、西班牙、摩洛哥、阿尔及利亚等国的港口建设与开发。其中重点对象国是希腊、埃及、摩洛哥、西班牙等国,在地中海地区形成"南北呼应"的局面。

一、中国在东地中海地区的港口建设

东地中海地区主要包括 8 个国家,分别是希腊、土耳其、叙利亚、黎巴嫩、以色列、埃及、塞浦路斯和巴勒斯坦。虽然东地中海八国都是沿海国家,拥有数量不一的港口,但由于受到港口发展基础、地区战乱、国家分裂、主权争议等因素的影响,巴勒斯坦、叙利亚、黎巴嫩等国的港口发展受到很大制约,因此该地区主要港口及其开发建设集中于希腊、土耳其、埃及、以色列等国。

从国别来看,东地中海地区各国的港口集装箱吞吐能力、主要港口功能和航运联通能力存在较大差异,集装箱吞吐量大的国家为土耳其和埃及,然后是希腊、以色列。根据联合国贸发会议发布的数据,2016 年土耳其全国的集装箱港口货物吞吐量为 885.1 万标准箱,埃及为 677.6 万标准箱,希腊为 402.6 万标准箱,以色列为 245 万标准箱,黎巴嫩、叙利亚和塞浦路斯分别仅为 114.7 万标准箱、63.6 万标准箱和 30.8 万标准箱。[①] 近年来,东地中海地区国家有多个港口进入英国劳氏公司发布的世界港口 100 强榜单,其中 2016 年有 6 个,分别是土耳其、埃及各 2 个,希腊 1 个,以色列 1 个;2017 年有 5 个,土耳其和埃及各 2 个,希

---

① "Review of Maritime Transport 2016," UNCTAD, November, 2016, http://unctad. org/en/ PublicationsLibrary/rmt2016_en.pdf.

腊1个；2018年有4个，土耳其2个，埃及和希腊各1个（见表5-1）。其中，希腊比雷埃夫斯港的集装箱吞吐量最大，并处于稳步上升态势，2018年吞吐量超490万标准箱，全球排名第32位。[①] 东地中海港口开发的潜力巨大，多个国家都拥有打造欧亚非交通枢纽的抱负与规划，并且均十分希望与中国的"一带一路"倡议进行对接，这为中国参与东地中海地区港口建设提供了新机遇。

表5-1　东地中海地区主要集装箱港口

国家	港　口	2016 年		2017 年		2018 年	
		全球排名	吞吐量/万标准箱	全球排名	吞吐量/万标准箱	全球排名	吞吐量/万标准箱
希腊	比雷埃夫斯港	38	373.66	37	414.5	32	490.77
埃及	塞得港	49	303.59	56	296.83	57	305
	亚历山大港	87	163.36	94	161.3	—	—
土耳其	阿姆巴利港	54	279.8	51	313.16	54	319.41
	梅尔辛港	96	145.3	96	159.2	97	172.2
以色列	阿什杜德港	98	144.3	—	—	—	—

资料来源："One Hundred Ports 2017," Lloyd's List, August 2, 2017, https://lloydslist.maritimeintelligence.informa.com/one-hundred-container-ports-2017/; "One Hundred Ports 2018," Lloyd's List, August 31, 2018, https://lloydslist.maritimeintelligence.informa.com/one-hundred-container-ports-2018; "One Hundred Ports 2019," Lloyd's List, July 29, 2019, https://lloydslist.maritimeintelligence.informa.com/one-hundred-container-ports-2019。

　　近年来，中国逐步加大了对东地中海国家港口的投资开发力度，目前已经通过不同方式参与了埃及、希腊、以色列、土耳其的港口建设与开发，上述地区也成为中国开展海外港口投资开发的重要地区（见表5-2）。其中，埃及和希腊一南一北在东地中海地区的海港和航运布局中的地位更为突出，希腊比雷埃夫斯港和埃及塞得港等成为中国重点参与建设的对象。中国正在东地中海地区提升经

[①] "One Hundred Ports 2019," Lloyd's List, July 29, 2019, https://lloydslist.maritimeintelligence.informa.com/one-hundred-container-ports-2019.

济存在,对该地区基础设施建设参与程度的迅速提高可能对这一重要的战略区域的贸易路线产生重大影响。[①]

表 5-2　中国参与东地中海地区的港口建设项目

时间	国家	中国企业	当地港口	主 要 内 容
2007 年	埃及	中海码头、中国港湾	达米埃塔港	建设国际集装箱码头
2012 年	埃及	中远集团	塞得港	建设塞得港/苏伊士运河沿岸港口,获得 20% 的股份
2015 年	埃及	中国港湾	艾因苏赫纳港	承建码头项目
2008 年、2016 年	希腊	中远海运集团	比雷埃夫斯港	建设比雷埃夫斯港 1 号、2 号、3 号码头,以 3.685 亿欧元收购了比雷埃夫斯港 67% 的股权,获 35 年(2 号和 3 号)码头特许经营权,后又获得该港 100% 的股权
2014 年	以色列	中国港湾	阿什杜德南部港口	合同金额约 9.5 亿美元,扩建码头
2015 年	以色列	上港集团	海法新港	建设海法新港,并获得 25 年码头经营权
2015 年	土耳其	中远集团、招商局国际、中投公司	阿姆巴利港昆波特码头	以 9.4 亿美元收购昆波特码头 65% 的股权
2018 年	黎巴嫩	中远海运集团	的黎波里港	尚处于前期准备阶段

在埃及,达米埃塔港、塞得港及苏伊士运河沿线开发等是中国企业投资的重要对象。早在 2007 年,中海码头发展有限公司(以下简称"中海码头")、中国港湾等公司就共同参与投资了埃及达米埃塔国际集装箱码头的建设。2008 年 9 月,中国港湾分别获得了埃及塞得港集装箱码头二期工程项目和达米埃塔港

---

① Frans Paul van der Putten,"Infrastructure and Geopolitics：China's Emerging Presence in the Eastern Mediterranean," *Journal of Balkan and Near Eastern Studies*, Vol. 18, No. 4 (2016)：337 - 351.

口疏浚项目,合同金额分别为 2.2 亿美元和 1.6 亿美元。2012 年,中远太平洋参与了埃及塞得港/苏伊士运河沿岸港口建设项目。2015 年,中国港湾作为主要承包商和运营商参与阿联酋苏瓦迪集团投资的艾因苏赫纳、达米埃塔两个港口的开发建设项目。中国港湾也一直在跟踪亚历山大港与达米埃塔港两个开发项目,其中亚历山大港作为中埃产能合作框架下的重点项目受到两国政府的高度重视。此外,中远集团在塞得港建设中获得了 20% 的股份;和记港口控股公司还参与了亚历山大港两处码头的建设。[①] 中国企业还承建了苏伊士运河沿岸港口和苏伊士经贸合作区。

在希腊,中远集团于 2008 年取得希腊最大港比雷埃夫斯港 2 号、3 号集装箱码头的 35 年特许经营权,逐步将比雷埃夫斯港打造成为进入欧洲的门户港口。2014 年李克强总理与希腊总统会谈,双方承诺将比雷埃夫斯港打造成为中希合作的亮点,中国与希腊签署 19 项、总值达 46 亿美元的经贸合作协议。[②] 李克强总理指出,比雷埃夫斯港是地中海的明珠。中国与欧洲贸易中 80% 经过水路,从苏伊士运河经比雷埃夫斯到中东欧国家,运输时间比原来缩短了 7~11 天,交通运输成本也大大减少。[③] 2014 年,中远集团宣布再投入 4 亿欧元,将该港口打造成地中海最大、吞吐量增长最快的港口之一。2015 年,比雷埃夫斯港建设项目受到希腊国内政治的影响而经历波折;2016 年,中远海运集团和希腊发展基金正式签署比雷埃夫斯港股权转让协议和股东协议,以 3.685 亿欧元收购了比雷埃夫斯港 67% 的股权,并获得希腊政府批准。而算上未来的其他投入和上缴希腊政府的费用,获得比雷埃夫斯港经营权的总成本将上升至 15 亿欧元左右。2016 年,中兴通讯股份有限公司与中远海运集团签约,计划正式启动中兴希腊物流中心,将使用中远海运集团在比雷埃夫斯港的货运码头作为其产品对欧盟 12 国的物流中心。中远海运集团比雷埃夫斯港公司正在根据协议有序推进各大业务板块投资计划,这为希腊的相关产业发展注入强劲动力。比雷埃夫斯港被称为"欧洲南大门",中远海运集团参与建设比雷埃夫斯港对于促进南

---

① Oded Eran, "China has Laid Anchor in Israel's Ports," *Strategic Assessment*, Vol. 19, No. 1 (Apr. 2016): 51-59.

②《李克强到访希腊,中希签署经贸海洋等领域多项合作协议》,凤凰网,2014 年 6 月 20 日,http://news.ifeng.com/a/20140620/40824169_0.shtml.

③ Oded Eran, "China has Laid Anchor in Israel's Ports," *Strategic Assessment*, Vol. 19, No. 1 (Apr. 2016): 51-59.

欧与中东欧国家的互联互通具有十分重要的意义。比雷埃夫斯港将塞尔维亚、克罗地亚、匈牙利、保加利亚、罗马尼亚和马其顿等中东欧国家的基础设施连为一体，并通过该港口与外部世界建立经贸联系，促进中东欧国家和亚非国家的经贸往来。中国政府将希腊比雷埃夫斯港视为中国向东南欧和中欧地区出口的主要接入点，以及跨地中海海上运输的主要枢纽港。①

在以色列，2014 年中国港湾签署了承建以色列阿什杜德南部港口项目的合同；2015 年，上港集团获得了以色列海法新港的建设权和自 2021 年起 25 年的码头经营权，工程完工后将大大提升这两个港口的集装箱吞吐能力及其在地区内的地位。在土耳其，2015 年，招商局国际等组成的合资公司收购了土耳其阿姆巴利港昆波特码头 65% 的股权；2016 年 2 月，中远海运集团和招商局国际正式获得该码头的相应股权并主持建设运营。

此外，2018 年 12 月以来，中远海运集团也对投资黎巴嫩的黎波里港的可行性进行了研究。据的黎波里港务局主任艾哈迈德·塔梅尔（Ahmad Tamer）透露，该港口从伊斯兰开发银行贷款 8 600 万美元用于港口开发。中远海运集团对开发的黎波里港也表现出浓厚兴趣，且此港口开发对于中国参与叙利亚战后重建意义重大。②

二、中国在西地中海地区的港口建设

西地中海地区主要包括南欧的意大利、法国、西班牙、马耳他和北非马格里布地区的利比亚、突尼斯、摩洛哥、阿尔及利亚和毛里塔尼亚等国家，既有位于欧洲的发达国家，也有北非地区的阿拉伯国家，其中位于北非马格里布地区的阿拉伯国家构成一个独特的次地区。上述地区的部分国家如西班牙、法国和摩洛哥同时跨地中海和大西洋，也可称之为"地中海—大西洋国家"。近年来，中国也逐步加大了对西地中海国家港口的投资开发力度，在南欧四国，中国主要参与了意大利和西班牙的港口建设与投资；在北非马格里布地区，中国主要参与了阿尔及利亚、摩洛哥两国的港口建设，并以意大利、西班牙和摩洛哥为主要对象寻求重点突破。

---

① Frans Paul van der Putten, "Infrastructure and Geopolitics: China's Emerging Presence in the Eastern Mediterranean," *Journal of Balkan and Near Eastern Studies*, Vol. 18, No. 4 (2016): 337 – 351.

② Roshan De Stone and David L. Suber, "China Eyes Lebanese Port to Launch Investments in Syria," Al-Monintor, March 29, 2019.

西地中海地区的主要港口大多位于南欧国家,北非马格里布地区国家的部分港口发展也很快。近年来,西地中海地区有7个港口名列英国劳氏公司发布的世界集装箱港口100强榜单,其中西班牙3个,意大利2个,马耳他和摩洛哥各1个(见表5-3)。南欧国家港口集群化发展的特征明显,其中西班牙港口的吞吐量最大,排名也处于全球前列。相对来说,北非马格里布地区国家的港口发展水平较为滞后,但引人瞩目的是摩洛哥的丹吉尔地中海港已经进入全球集装箱港口前50名,早已超过埃及塞得港成为北非地区吞吐量最大的港口。

表5-3 西地中海地区主要集装箱港口

国家	港 口	2016 年		2017 年		2018 年	
		全球排名	吞吐量/万标准箱	全球排名	吞吐量/万标准箱	全球排名	吞吐量/万标准箱
西班牙	阿尔赫西拉斯港	28	476.1	34	439	33	477.3
	瓦伦西亚港	29	272.2	29	483.2	29	512.9
	巴塞罗那港	74	223.7	55	296.9	48	342.3
意大利	焦亚陶罗港	56	279.7	74	244.9	79	232.8
	热那亚港	72	229.8	68	262.2	71	267.4
马耳他	马尔萨什洛克港	47	308.4	50	315	52	331.3
摩洛哥	丹吉尔地中海港	51	296.4	46	331.2	47	347.2

资料来源:"One Hundred Ports 2017," Lloyd's List, August 2, 2017, https://lloydslist.maritimeintelligence. informa.com/one-hundred-container-ports-2017/; "One Hundred Ports 2018," Lloyd's List, August 31, 2018, https://lloydslist. maritimeintelligence. informa. com/one-hundred-container-ports-2018; " One Hundred Ports 2019," Lloyd's List, July 29, 2019, https://lloydslist.maritimeintelligence. informa.com/ one-hundred-container-ports-2019。

除了摩洛哥的丹吉尔地中海港之外,北非马格里布地区国家的港口规模都比较小,这一地区的主要港口还有阿尔及利亚的阿尔及尔港、贝贾亚港和奥兰港,利比亚的班加西港和的黎波里港,摩洛哥的卡萨布兰卡港,突尼斯的雷达斯港,毛里塔尼亚的努瓦克肖特港等。

地中海地区的港口建设吸引了众多世界港口企业的目光,除了马士基集团等西方港口巨头的投资之外,海湾国家也在加大对地中海地区国家的港口投资与建设。例如,沙特阿拉伯、阿联酋、卡塔尔等计划联合开发摩洛哥卡萨布兰卡港,阿联酋迪拜环球港务集团拟开发塞浦路斯利马索尔港,阿联酋还参与建设了利比亚东部班加西港、法国南部塞特港。① 近年来,中国也在逐步加大对西地中海国家港口的投资开发力度,在南欧四国,中国主要参与了意大利和西班牙的港口建设与投资;在北非马格里布地区,中国主要参与了阿尔及利亚、摩洛哥两国的港口建设(见表5-4)。

表5-4 中国参与西地中海地区的港口建设项目

时间	国家	中国企业	当地港口	主 要 内 容
2016 年	意大利	中远海运港口、青岛港集团	瓦多港	收购瓦多港码头 40% 的股权,建设新的自动化码头并参与运营
2017 年	意大利	中国交建	威尼斯港	投资 319 万美元,合作开发建设威尼斯深水港
2017 年	西班牙	中远海运集团	通过诺阿图姆公司参与运营瓦伦西亚、毕尔巴鄂等港口	中远海运集团以超过 2 亿欧元的价格收购诺阿图姆公司 51% 的股权
2016 年	阿尔及利亚	中建集团、中国港湾、上港集团	哈姆达尼耶港	中建集团、中国港湾与阿尔及利亚港务集团三方共同投资兴建哈姆达尼耶港,中方持股 49%
2008 年	摩洛哥	招商局港口	丹吉尔地中海港和卡萨布兰卡港	获得丹吉尔地中海港一个码头 40% 的股权

① Eleonora Ardemagni, "Gulf Powers: Maritime Rivalry in the Western Indian Ocean," Italian Institute for International Political Studies, Analysis No. 321 (2018): 1 - 15.

意大利是第一个与中国签署"一带一路"合作谅解备忘录的西方大国。2016年10月，中远海运港口与马士基集装箱码头公司达成股权收购协议，联合青岛港集团收购了意大利瓦多港码头40％的股权，并参与瓦多集装箱码头的建设和运营。该码头施工进展顺利，2019年12月12日正式开港投入运营。瓦多集装箱码头建成后年吞吐能力为86万标准箱，可停靠世界最大集装箱船舶，成为意大利第一个半自动化集装箱码头。意大利方面认为，"一带一路"为意大利港口发展带来了新机遇。[①] 此外，中国交建尝试与意大利威尼斯港和的里雅斯特港协商，投资建设新的离岸港口和码头，辐射欧洲腹地，打造中欧之间海陆新通道。这些港口不仅可以覆盖意大利北部地区，也可以通过铁路将货物运往意大利北部和德国、瑞士等国，还是贯穿欧洲南北的"波罗的海—亚得里亚海走廊"的重要组成部分，甚至可用海运方式辐射阿尔及利亚、突尼斯、摩洛哥等北非国家。

在西班牙，2017年6月，中远海运集团签署协议收购西班牙诺阿图姆港口控股公司51％的股权，收购价格为2.034 9亿欧元。[②] 当年11月收购完成后，诺阿图姆港口控股公司成为中远海运港口的控股子公司。诺阿图姆港口控股公司经营着西班牙瓦伦西亚港、毕尔巴鄂港、萨拉戈萨港、拉斯帕尔马斯港、萨贡托港和马德里货运站等多个港口、集装箱码头、散货码头和铁路场站等业务。其中，瓦伦西亚港是西班牙第一大集装箱港，毕尔巴鄂港是仅次于巴塞罗那和瓦伦西亚的西班牙第三大港。此次并购使中远海运集团得以参与西班牙众多大港的运营，是完善全球布局的重要举措；继东地中海的比雷埃夫斯港之后，收购运营西班牙上述港口加快了中远海运集团进军西地中海的步伐。西班牙港口也由此搭上了中国"21世纪海上丝绸之路"的快车，获得中远海运集团集装箱船队的支持，迎来了新的发展机遇。2019年，诺阿图姆港口控股公司更名为中远海运港口（西班牙）有限公司。

此外，中国招商局港口通过参股方式获得了法国马赛—福斯港码头和马耳他马尔萨什洛克港码头的部分股权。如前所述，招商局港口通过收购法国达飞海运集团下属的 Terminal Link 公司49％的股权，获得了包括法国敦刻尔克港、勒阿佛尔港、南特港、马赛—福斯港等港口在内的部分股权和运营权，并极大地

---

① 叶琦、韩硕：《"一带一路"为意大利港口发展带来新机遇》，《人民日报》2019年3月21日，第17版。

② 《中远海运收购西班牙 Noatum 港口控股公司51％股份》，航运界，2017年6月13日，http://www.ship.sh/news_detail.php?nid=25708。

拓展了招商局港口的国际化经营水平。

阿尔及利亚是最早积极响应"一带一路"倡议的国家之一,中国把阿尔及利亚视为北非地区的战略支点国家,阿尔及利亚也视中国为重要的战略伙伴,港口建设项目成为双方合作的重要内容。中国重点参与了阿尔及利亚哈姆达尼耶港的建设开发。2016 年 1 月,中建集团、中国港湾与阿尔及尔港务集团签署协议,计划共同投资兴建哈姆达尼耶港,并组建合资公司负责港口的设计、建设、运营及港内的基础设施管理,中方持股 49%。[①] 哈姆达尼耶港位于距离阿尔及利亚首都阿尔及尔 70 千米处的舍尔沙勒,该项目总投资约 33 亿美元,建成后将拥有 23 个码头,港口年吞吐量将达到 630 万标准箱,以及 2 570 万吨散货,是阿尔及利亚以及地中海沿岸的主要货物集散地,成为非洲、欧洲乃至美洲地区货物的中转枢纽。[②] 哈姆达尼耶港建成后,上港集团将负责其国际营运管理。预计到 2050 年,港口货物吞吐量将达到 3 500 万吨。[③] 此外,中国交建三航局建设了阿尔及利亚国家重点项目奥兰民用港口集装箱码头扩建工程和矿业码头工程。外界认为,通过在阿尔及利亚建设大型港口,中国将巩固在地中海地区的经济存在,扩大中国在北非乃至整个地中海地区的经济竞争力。对中国来说,阿尔及利亚的新港口是通过苏伊士运河之后到大西洋航线上的关键节点,哈姆达尼耶港可能成为中阿双边关系中的又一颗"明珠"。[④]

在摩洛哥,招商局港口通过股权收购等方式参与摩洛哥丹吉尔地中海港和卡萨布兰卡港的运营。招商局港口已将丹吉尔地中海港作为其海外投资的重点项目,丹吉尔地中海港共有两处集装箱码头(TC1 和 TC2),招商局港口旗下公司持有 TC2 码头 40% 的股权。该码头年吞吐能力为 160 万标准箱,2017 年箱量接近吞吐能力的 90%。[⑤] 2017 年 3 月,中国海特集团与摩洛哥方面达成协议,

① 李怡清:《在阿尔及利亚发现中国:中企塔吊常见,阿语版〈甄嬛传〉热播》,澎湃新闻,2017 年 6 月 23 日,http://www.thepaper.cn/newsDetail_forward_1715754。

②《中国公司与阿尔及利亚签约共同兴建阿最大港口》,新华网,2016 年 1 月 18 日,http://news. xinhuanet.com/world/2016-01/18/c_1117807342.htm。

③ "Algeria and China to Build US $3.3bn Port," *Africa Review*, January 19, 2016, http://www. africanreview.com/construction-a-mining/buildings/algeria-and-china-to-build-us-3-3bn-port。

④《外媒:中国帮阿尔及利亚建港口 巩固地中海存在》,中国新闻网,2016 年 2 月 2 日,http://www. chinanews.com/mil/2016-02-02/7744129.shtml。

⑤《李建红调研摩洛哥丹吉尔码头》,招商局集团,2017 年 8 月 5 日,http://www.cmhk.com/main/ a/2017/h05/a34070_34168.shtml。

计划在丹吉尔建设一个工业园区。摩洛哥在丹吉尔建设了保税区和深水港,加上工业园区将对中国在非洲的投资起到重大推动作用。

三、中国参与地中海地区港口建设的特点及挑战

中国参与地中海地区港口建设的力度正在不断扩大,并在功能、作用和挑战方面呈现出自身特点。而面临的非经济挑战主要位于北非马格里布地区,包括地区国家之间的政治纷争、地区极端主义和恐怖主义的威胁以及港口政治风险挑战等。

第一,地中海地区在海上丝路建设中的地位不断提升,部分港口体现出日益重要的战略价值,成为中国海外港口建设的新领域。

"一带一路"就是通过建设基础设施网络建立和畅通前往欧洲市场的道路,让商品和资金等要素更为便捷地流动起来。地中海地区港口是亚洲通往欧洲和大西洋贸易航线的关键环节,是联系欧亚非海岸的海上联通要道,地位十分重要。中国以位于地中海地区南北两岸的欧洲与中东关键国家为核心积极参与该地区港口建设,形成"南北呼应",串联起海上丝路建设的关键一环。东地中海地区港口在"一带一路"沿线占有特殊的枢纽地位,该地区的部分港口正体现出日益重要的战略价值,如苏伊士运河沿岸港口的不可替代性,希腊比雷埃夫斯港的欧洲门户、物流中心的独特价值等。从国别来看,中国在东地中海地区参与港口开发的重点对象国是希腊和埃及,参与两国的港口投资建设也更早;以色列、土耳其等其他国家处于次要或辅助地位。从重点港口的选择来看,希腊比雷埃夫斯港的地位最受中国企业的重视,投资力度最大,并逐步发展成为地区枢纽港口。再者是埃及的塞得、达米埃塔等港口,投资时间长,重视度也很高,但受到埃及经济、政治等多项不利因素的制约,埃及的核心港口并不突出。此外,中国还投资了以色列的阿什杜德、土耳其的伊斯坦布尔等港口,但还无法与对希腊和埃及港口建设的投入相提并论。

在西地中海地区,意大利的瓦多港、威尼斯港等港口拥有联通瑞士、德国等中欧国家的潜力,未来意大利的有关港口有望与希腊的比雷埃夫斯港一样,成为中欧之间的海陆新通道。意大利北部的的里雅斯特港位置便利,可以很容易地通过该港将海上来的货物运抵中欧和东欧的相关港口,有潜力成为联通欧洲的重要节点。东亚得里亚海港口网络管理局领导人表示,中国投资者将为该港新

码头建设以及港口周围工业区的现代化和扩展项目提供必要资金,连接此地的铁路系统将可为整个欧洲提供中国商品。① 在北非马格里布地区,摩洛哥丹吉尔地中海港就位于直布罗陀海峡南岸,是摩洛哥和北非马格里布地区最大的集装箱港口,近年来经历了多次大规模扩建,并建立了临港工业园区,发展速度很快,区域辐射能力也日益增强。

总体来看,地中海北岸的欧洲国家是中国的重要经济伙伴和"21世纪海上丝绸之路"的终端之一,在中国对外贸易和港航企业发展中的地位日益突出,希腊的比雷埃夫斯港、意大利北部港口具有成为中欧陆海新通道节点的潜力,西班牙的港口(阿尔赫西拉斯港和瓦伦西亚港)拥有地区枢纽港地位,而法国知名港航企业(达飞海运集团)也成为中国企业的重要合作伙伴和走向世界的借助力量。相对来说,南岸的中东、北非国家经济发展水平和贸易规模要逊色得多,港口建设也较为滞后,埃及港口地位最为关键,土耳其、摩洛哥等国港口的地位也日益上升。中国在东地中海地区以埃及和希腊为核心形成"南北呼应",在西地中海地区以摩洛哥、意大利和西班牙为重点参与港口建设和开发,力争发挥三国在不同方向上的市场潜力和带动效应,分别突破欧洲和非洲市场,为海上丝路联通欧洲、非洲奠定重要基础。

第二,港口建设合作正在成为推动中国与地中海地区国家关系的重要动力。

地中海国家是中国的重要经济合作伙伴,经贸往来密切,中国在当地的投资项目也日益增多,产能合作逐步展开,对港口建设的需求正在凸显。据中国商务部统计,2018年中国与东地中海国家的贸易总额约为604.4亿美元;中国直接投资流量为11.5亿美元,年末直接投资存量为85.5亿美元;当年新签工程承包合同金额约111亿美元,完成营业额约40亿美元,在当地劳务人员超过1.2万人。② 从国别数据来看,土耳其、埃及和以色列是中国在该地区最为重要的贸易伙伴和投资对象国。地区国家争相建设成为国际航运枢纽的目标与"21世纪海上丝绸之路"的愿景高度契合,各国欢迎中国扩大在当地的港口建设投资力度,

① Annalisa Girardi, "How China Is Reviving the Silk Road by Buying Ports in the Mediterranean," *Forbes*, December 4, 2018, https://www.forbes.com/sites/annalisagirardi/2018/12/04/how-china-is-reviving-the-silk-road-by-buying-ports-in-the-mediterranean/#5b344d9a476a.

② 参见《对外投资合作国别(地区)指南 2019年版》,中华人民共和国商务部,http://fec.mofcom.gov.cn/article/gbdqzn/index.shtml。

港口合作也成为双边合作的重要内容与亮点之一。

西地中海北岸的欧洲国家本就是中国的重要经贸伙伴，是海上丝路建设的终端之一。2018 年，中国与法国、意大利、西班牙三国的贸易额分别为 629 亿美元、542 亿美元和 337 亿美元，三国分别是中国在欧盟的第四、第五和第六大贸易伙伴。① 中国参与三国的港口开发合作进一步拉近和改善了中国与意大利、西班牙和法国等南欧国家的经济与政治关系，如意大利对中国企业参与本国港口开发充满期待，也是西方大国中第一个宣布加入"一带一路"倡议的国家。中远海运集团对西班牙多个港口的投资带来当地港口货物吞吐量的快速增长，对于西班牙港口和物流行业的发展发挥着重要作用，也使西班牙对中国"一带一路"倡议的态度变得更为积极。西班牙港口负责人对中远海运集团的港口投资给予了高度评价，认为这将使中国企业和西班牙经济实现双赢。瓦伦西亚港负责人表示，很高兴看到中远海运集团对该港口进行投资，预计中远海运集团的投资将吸引更多的大企业进驻瓦伦西亚；毕尔巴鄂港负责人表示，中国的这项重要投资带来物流系统效率的显著提高以及目的地港口的增加，通过与中远海运集团的合作该港口将进一步扩展其网络，继而覆盖全球各地的其他港口。②

中国与北非马格里布地区国家一直保持着良好的政治关系，经贸往来日益密切，中国在当地的投资和工程承包规模不断扩大，产能合作逐步展开，对港口建设的合作需求不断上升。据中国商务部统计，2018 年中国与北非马格里布地区五国的贸易总额为 232 亿美元；直接投资流量为 3.3 亿美元，年末直接投资存量为 31 亿美元；当年新签工程承包合同金额 66 亿美元，完成营业额 85 亿美元，在当地劳务人员超过 6.2 万人。③ 从国别数据来看，阿尔及利亚是中国在北非马格里布地区最为重要的贸易伙伴和投资对象国。与此同时，该地区国家特别是阿尔及利亚和摩洛哥都希望借助港口开发提升自身的区位优势和经贸便利度，这为中国参与这一地区的港口开发提供了重要契机，而这两国也成为中国在西地中海南部即北非马格里布地区主要的港口投资对象国。

① 参见《对外投资合作国别(地区)指南：法国/意大利/西班牙(2019 年版)》，中华人民共和国商务部，http://fec.mofcom.gov.cn/article/gbdqzn/index.shtml。

② Luo Wangshu, "Spanish Investment A Win-Win Venture," *China Daily*, August 20, 2018, http://www.chinadaily.com.cn/a/201808/20/WS5b7a0640a310add14f386947.html。

③ 参见《对外投资合作国别(地区)指南(2019 年版)》，中华人民共和国商务部，http://fec.mofcom.gov.cn/article/gbdqzn/index.shtml。

第三,中国在地中海地区的港口建设面临众多经济与非经济挑战。

一是该地区部分国家营商环境不佳,中国企业在港口开发进程中面临着较高的融资、政策与经营性风险,以及周边国家区位重叠和竞争问题。该地区不少国家均希望建设地区枢纽港口,吸引中国等外部投资进入。北非地区国家社会发展水平不高,营商环境不佳,腐败现象较为严重,政府部门办事效率不高,资金跨国流动受到限制,经济政策多变而缺乏稳定性,法律体系不够健全,地方保护主义严重,港口设施方面也存在很多衔接不畅和配套设施建设滞后的问题。相对而言,北非港口的基础设施有待完善和升级,在泊位水深、配套设施等方面与南欧及全球主要港口之间还存在明显差距。[①] 这些问题的长期存在导致该地区的对外贸易呈现出周期长、进口成本高、风险大的特点,严重影响经贸往来的顺利进行和投资环境的稳定,也可能会对中国在建港口的未来发展造成不利影响。

二是部分国家局势动荡,并深受恐怖主义威胁,安全环境堪忧。例如,埃及、阿尔及利亚等国国内政治与安全形势复杂,境内极端主义和恐怖主义组织活跃,邻近苏伊士运河的西奈地区恐怖活动不断。北非马格里布地区国家也一直面临着较为猖獗的极端主义和恐怖主义挑战。"基地"组织马格里布分支在阿尔及利亚十分活跃,极端组织"伊斯兰国"分支在埃及、利比亚等地也一度十分猖獗,萨赫勒地区恐怖主义呈现泛滥外溢之势,使中国在北非地区的人员和投资项目面临较高的威胁。此外,部分国家社会稳定存在隐患,面临社会骚乱、罢工等威胁。广泛存在的恐怖主义和安全危机等给东地中海地区国家局势往往带来影响,也对中国在当地的贸易、投资、工程承包等合作项目构成不同程度的挑战。

三是地中海地区热点问题频发,地缘政治争夺激烈,国家间关系复杂。近年来地区国家阵营化对抗、海上划界纠纷愈演愈烈,叙利亚、利比亚、巴以冲突此起彼伏,难民问题不时引发紧张态势,这也使中国在该地区的港口建设面临较为突出的地缘政治风险。其中,近年来东地中海地区发现了大量天然气资源,划界纠纷愈演愈烈,土耳其强势在塞浦路斯周边海域进行勘探开发,并与利比亚私下签订海上划界协议,引发希腊、以色列、塞浦路斯和埃及的反对,夹杂着油气资源和地区主导权争夺的地缘政治竞争日益激烈,加之欧美大国也牵涉其中,成为影响

---

① 王小军等:《21世纪海上丝绸之路港口需求与开发模式创新研究》,大连海事大学出版社,2019,第32页。

地区国家关系的重大问题。近年来，东地中海地区的天然气发现及纷争进一步凸显了该地区的重要地缘政治地位。[1] 阿尔及利亚和摩洛哥之间就西撒哈拉问题长期存在争端，甚至因此而断交，并导致北非马格里布区域合作一直停滞不前。

四是中国在北非马格里布的港口建设也面临来自欧洲的政治舆论压力。北非地区历史上是欧洲国家的殖民地，一向被欧盟视为自己的势力范围，欧盟对于外部大国的影响力上升抱有警惕态度。在此背景下，欧美大国对中国与北非的关系高度关注，对于双方的重大基础设施建设，尤其是具有战略意义的港口合作项目施加负面影响，甚至阻挠中国企业参与当地的港口设施建设。法国作为前宗主国对于马格里布地区国家有着特殊的关注，中国扩大在该地区的港口建设自然引起其警惕，各种无端揣测舆论也随之而来，存在一定的政治风险。例如有西班牙媒体认为，中国通过兴建阿尔及利亚的大型港口将巩固其在地中海地区的存在。[2] 随着中国在地中海地区基础设施建设领域参与力度的不断加大和影响力的提升，与美欧之间的冲突风险也在上升，这可能会影响美国与以色列、埃及、希腊、土耳其和摩洛哥等地区合作伙伴之间的关系。随着这些国家与中国经济联系的日益紧密，它们倾向于避免在中美之间选边站，这事实上限制了美国在该地区的战略选择。[3] 美国也由此加大了对中国的防范力度和对盟友的约束，如对中国与以色列的合作进行施压等。

四、中国参与地中海地区港口建设的建议

未来中国参与地中海地区的港口建设，应根据南北两部分国家的不同特点采取差异化的策略，进一步寻求"南北呼应"与重点突破。

第一，针对周边区位重叠问题，加强规划和协调，分清主次，错位发展。

与邻国的区位重叠和相互竞争是地中海地区国家港口建设中面临的突出问题。在海上丝路沿线特别是东地中海地区，土耳其、希腊、埃及、以色列、塞浦路斯等国在港口开发建设上存在直接的竞争关系。地区国家港口建设的布局应进

---

[1] Andreas Stergiou, "Energy Security in the Eastern Mediterranean," *International Journal of Global Energy Issues*, Vol. 40, No. 5 (2017)：320 – 334.

[2]《外媒：中国帮阿尔及利亚建港口 巩固地中海存在》，中国新闻网，2016 年 2 月 2 日，http://www.chinanews.com/mil/2016/02-02/7744129.shtml。

[3] Frans Paul van der Putten, "Infrastructure and Geopolitics：China's Emerging Presence in the Eastern Mediterranean," *Journal of Balkan and Near Eastern Studies*, Vol. 18, No. 4(2016)：337 – 351.

行协调配合,实现错位发展,这应成为中国参与东地中海地区港口建设的重要原则。地中海地区是海上丝路沿线的重要环节,是通过苏伊士运河之后联通欧洲与北非的必经之地,区域内国家与港口众多,做好整体线路布局、选好重点港口是关键。对于欧亚之间的海上贸易来说,埃及因拥有苏伊士沿河这一必经之地在港口开发领域具有独特的地缘经济优势。希腊因其是欧盟成员国及其近年来连接东南欧与中欧地区的中欧陆海快捷通道优势受到中国的重视,地缘经济优势与港口地位大为提升。希腊最大港口比雷埃夫斯港被称为"欧洲南大门",在中国的大力参与建设下,比雷埃夫斯港已经发展成为东地中海地区最大的集装箱港口,并成为中国产品进入欧洲市场的门户。

总体来看,在地中海北岸,中国应充分发挥希腊、西班牙港口的地区枢纽港地位,开拓意大利北部港口的海陆联通潜力,借助法国港航企业增强在欧洲和世界港口与码头运营业中的影响力。在南岸的北非地区,应以埃及、摩洛哥为重点,建立联通和辐射非洲与欧洲的地区性枢纽港。由此,希腊、西班牙、埃及、摩洛哥将成为中国开展港口合作的主要对象,比雷埃夫斯港、瓦伦西亚港和塞得港、丹吉尔地中海港为开发重点,土耳其、以色列、意大利、阿尔及利亚等国港口为辅助,有效克服区位重叠与相互竞争的问题,在联通欧洲市场主航线的核心目标下,加强地区国家港口联通欧洲市场和沟通周边国家的能力建设。

第二,针对港口配套基础设施建设滞后和"一带一路"海陆联通交汇等需求,注重"以陆促海"。

港口配套基础设施建设滞后成为阻碍中国参与地中海地区港口开发的重要因素。近年来该地区国家的港口发展均很快,吞吐量也逐年大幅增加,但受到配套基础设施建设滞后和政策环境两个方面的明显制约。一方面,该地区很多港口本身的建设开发较为滞后,还缺乏更大规模、更为便捷的港口服务设施,同时有关投资、海关管理的政策、手续与办事效率等软环境建设也亟待加强,如此会增加港口运营成本和经营风险,埃及等国的港口即存在此类突出问题。另一方面,该地区很多港口的配套与延伸基础设施还跟不上,特别需要重视修建公路、铁路等配套基础设施使港口适合多式联运,进一步发挥其海陆交通枢纽的优势。例如,希腊的比雷埃夫斯港背后可以联通巴尔干直至中欧;土耳其的伊斯坦布尔等港口可以联通欧亚地区,但目前还受到陆上基础设施不足、集装箱运输的容量与能力较为落后、联通周边国家与世界主要港口的便捷性和国际性不甚理想等问题的影响,未能发挥出其欧亚海陆枢纽的应有作用。因此,未来中国应从合作开展配套基础设施建设入手逐步加大对地中海地区港口开发的参与力度,注重"以陆促海"。地中海国家具有海陆交汇的地缘特点,中国可在参与公路、铁路基础设施建设的过程中,有意识地推动中心城市、商品主产地与主要港口的连接,参与港口的物流、联运等配套设施建设,为进一步提升港口潜力和未来加大参与开发奠定基础。这也是中国投资推动"一带一路"建设的优势所在和有力切入点。

第三,地缘政治博弈与多元化安全风险也应受到充分重视和防范。

一方面,地中海周边的中东地区为风险高发地带,面临冲突和热点问题频仍、国家间互信度低、安全风险高以及保障机制不健全等风险与威胁。巴以冲突、叙利亚内战、希土冲突、东地中海油气开发争端等新老热点问题层出不穷,地缘政治环境复杂。随着东地中海地区天然气资源的大规模发现和进入开发阶段,黎巴嫩和以色列等国对海洋划界一直存在争议,甚至屡次爆发外交冲突,[①]2019年土耳其强势介入东地中海地区油气勘探和划界争端,严重激化了地区地缘政治冲突。以色列计划修建"红海—地中海铁路",由于其具有替代苏伊士运河的潜在功能也引发了埃及的抵制和不满。

另一方面,这一地区国家大多地缘位置重要,与外部大国联系紧密或关系复杂,大国间的相互博弈也趋向激烈。近年来,地中海地区吸引了包括美国、俄罗斯和欧盟诸国日益增长的兴趣,其中欧盟对东地中海的能源开发尤其感兴趣,欧洲大国英国、德国、法国和意大利也一直在积极介入该地区的事务。美欧在地中海地区的战略利益使之十分关注该地区的港口使用与建设情况,对中国海上丝路框架下的建设项目日益警惕。中国参与具有战略意义的当地港口开发,虽然主要局限于经济合作领域,但依然可能引起外部大国的关注和警惕,甚至带来意料之外的干扰或阻碍。在西方看来,中国在地中海地区海上存在的扩大已经带来了严重的经济挑战与地缘政治后果。例如,中国投资的比雷埃夫斯港正在成为中国商品进入欧洲的主要节点,中国的交通基础设施投资开始对鹿特丹、安特卫普和汉堡等欧洲港口与物流枢纽的地位产生重大影响;越来越多的地中海国家倾向于支持中国的立场并愿意与中国开展深入合作,特别是那些受益于中国投资的地区国家。在此背景下,中国在地中海地区的港口与基础设施投资正面临着日益

---

① 陈腾瀚:《中国主要海上能源通道风险刍议》,《油气储运》2019年第11期。

增大的地缘政治压力与政治化风险。这也要求中国企业投资东地中海地区港口应做好充分的调研和预判,稳步参与开发建设,重视外部大国因素的潜在影响。

未来,中国在地中海地区应继续以希腊、埃及、西班牙、摩洛哥为重点参与港口建设开发,继续提升比雷埃夫斯港、瓦伦西亚港的枢纽地位,尽早在埃及形成核心港口,适当重视土耳其、以色列、意大利的港口地位,形成主次分明、功能互补的协作型港口开发体系,为中国在地中海地区的港口和贸易布局服务。港口是中国"一带一路"倡议的重要载体,港口基础设施项目的成功合作将强化中国作为负责任的利益攸关方的角色,并在维护地区和平、稳定和安全方面赋予中国更重要的影响力。中国在地中海地区进行港口基础设施建设的驱动力并非地缘政治目的,而是推动经济合作和发展。"一带一路"倡议为该地区国家提供了发展与合作的重要平台,港口基础设施建设也将成为中国在地中海地区"以发展促和平"理念的绝佳实践载体。

第二节　中国在埃及的港口建设

埃及是中东和非洲重要大国,坐拥苏伊士运河,独特的地缘位置使埃及成为环地中海国家海上运输的关键走廊,在西亚和非洲的国际影响力与地区辐射能力较为突出。特别是苏伊士运河具有独一无二的连接两洋三洲的关键通道地位,在国际海洋运输和国际贸易格局中具有鲜明的不可替代性。这使埃及成为"21世纪海上丝绸之路"建设中的节点国家之一,中国参与埃及港口等基础设施建设对于推进海上丝路建设具有重大意义。

苏伊士运河在中国对外贸易中占有重要地位,特别是在中欧贸易中十分关键。2015年,扩建后的新苏伊士运河开通,大幅减少了通行时间,降低了燃油成本,对中国海运企业来说无疑是重大利好。埃及总统塞西提出的"经济振兴计划"与中国的"一带一路"倡议相互呼应对接,促进了中埃两国之间的互联互通。[①] 随着苏伊士运河经济区建设和"2030年远景规划"的出台,埃及港口建设迎来了新的发展期。中国参与埃及港口建设既是中国参与经济全球化和推进国际政治多极

---

① 刘磊、贺鉴:《"一带一路"倡议下的中非海上安全合作》,《国际安全研究》2017年第1期。

化不断深入发展的反映,也是中国与埃及双边利益互动的重要成果。[①]

一、埃及港口及其在经济发展中的重要地位

埃及处于亚非欧三洲交通要冲,濒临地中海和红海,海岸线长约 2 900 千米,共拥有港口 62 个,主要商业港口 15 个,主要港口包括塞得港、亚历山大港、达米埃塔港、艾因苏赫纳港、苏伊士港等,年货物处理能力达 2.34 亿吨,约 1 000万标准箱,拥有总泊位 179 个。[②] 其中,亚历山大港是埃及最大港口和北非地区第二大集装箱港口,塞得港正在成为埃及最大的集装箱转运港。苏伊士运河是沟通亚洲、非洲和欧洲的国际航道,每年航运量约占世界的 14%,全球贸易货物的 8%通过苏伊士运河。[③]

古希腊历史学家希罗多德称埃及为"尼罗河的赠礼"。近代苏伊士运河的成功开凿以及当代阿斯旺大坝的建成,使红海港口运输系统与地中海运输系统以及尼罗河运输系统实现了历史性对接,最终形成了当前埃及以海港为核心、河港为辅助、苏伊士运河为战略通道的水路交通框架,为埃及港口的可持续发展奠定了坚实的基础。1953 年以来,包括港口在内的交通部门被视为支撑生产基础的重要经济部门之一。埃及政府通过总统令、总理令、交通部长令以及各类规划等政策与法律形式积极推进港口和码头的建设,如埃及 1996 年第 1 号法律规定设置专门港口[④],使埃及港口的功能得到相对明晰的分类管理。

1997 年,埃及公布第四个经济与社会发展五年计划,对港口建设与功能定位做了三方面的调整和规定:一是海港的"中间"功能,即现存海港要成为促进新的工商业发展与连接公路和铁路网的桥梁;二是海港吞吐能力要满足不断增加的埃及贸易量的需求;三是通过不同方式启动开发建设,鼓励私人资本参与交通基础设施建设。[⑤] 该计划对埃及的港口建设产生重要影响,当前埃及的港口

---

① 赵军:《中国参与埃及港口建设:机遇、风险及政策建议》,《当代世界》2018 年第 7 期。

②《对外投资合作国别(地区)指南:埃及(2019 年版)》,中华人民共和国商务部,http://fec.mofcom.gov.cn/article/gbdqzn/。

③ 赵军:《中国参与埃及港口建设:机遇、风险及政策建议》,《当代世界》2018 年第 7 期。

④ 1999 年埃及交通部第 81 号决议执行港口专门法的相关规定,明确建立专门港口,主要是指建立在埃及海岸或用于接收目的的埃及海上经济专属区;渔船、油轮、矿产船或游船;专门港口也指这些港口的具体性质或专门的海洋平台和泊位。

⑤ "Development Plans of Major Egyptian Ports," JICA Report, http://open_jicareport.jica.go.jp/pdf/11657244_03.pdf.

扩建与设施改善以及投资方式的变化仍可视为是该计划的具体落实。值得一提的是,埃及交通部海洋运输管理总局仅做总体规划,各大港口的建设和发展主要依靠各港务局在总体规划基础上自行设计的发展规划进行,1997 年各港务局先后出台的发展规划就有《亚历山大港设施规划》《达克黑拉港十年规划》《达米埃塔港十年发展规划》《(东)塞得港五年发展规划》和《北艾因苏赫纳港发展规划》等。

　　苏伊士运河是埃及海上物流的通道和军事斗争的咽喉要地,维系着民族的尊严与情感,在某种程度上关系到国家的前途和命运。[①] 同时,苏伊士运河收入也是埃及稳定的财政收入和外汇来源。吸引外资和开发运河经济区是目前埃及政府经济改革的主要目标。[②] 2014 年,埃及总统塞西宣布启动新苏伊士运河扩建项目,在苏伊士运河中段开凿一条 72 千米长的新运河,以期减少船舶通行时间、增加通航量,并使通行费收入从原来的每年约 50 亿美元增长至 130 亿美元。2015 年 3 月 15 日,埃及苏伊士运河管理局宣布,埃及将以修建新苏伊士运河为基础,设立苏伊士运河经济区,旨在通过全面发挥苏伊士运河的通航能力,将经济区打造成埃及的商业枢纽。2015 年 7 月 25 日,新苏伊士运河首度通航。[③] 随后,埃及总统塞西发布总统令,启动建设苏伊士运河经济区。目前苏伊士运河经济区重点规划了 32 个项目,总投资约 228.55 亿美元。[④] 然而,苏伊士运河发展计划进展却并不顺利。自 2016 年提高港口处理费的决定实施以来,主要由亚洲航运公司组成的航运联盟(THE Alliance)将业务从埃及塞得东港转移到了希腊的比雷埃夫斯港和以色列的阿什杜德港。埃及政府正在努力发展北部运河项目,弥补这一政府决策造成的损失。[⑤] 新苏伊士运河的扩建和苏伊士运河经济区的建设,对埃及而言远不止是经济意义,更具有政治意义。经历了"阿拉伯之春"以来的反复政治动荡,埃及领导人急需通过切实的政绩来稳定人心、巩固统治,而对埃及民众而言,最能激发爱国热情和民族自豪感的便是苏伊士运河的独

　　① 李兵:《国际战略通道研究》,博士学位论文,中共中央党校,2005,第 106 页。

　　② "Egypt Investment Efforts Should Pay Off," *Oxford Analytica Daily Brief Service*, September 22, 2017, https://search.proquest.com/docview/1941375935?accountid=14765.

　　③《新苏伊士运河首度通航》,环球网,2015 年 7 月 25 日, https://china.huanqiu.com/article/9CaKrnJNQO8.

　　④《重点/特色产业》,中华人民共和国商务部,2017 年 1 月 10 日, http://eg.mofcom.gov.cn/article/ddgk/zwjingji/201701/20170102499002.shtml.

　　⑤ "Egypt Investment Efforts Should Pay Off," *Oxford Analytica Daily Brief Service*, September 22, 2017, https://search.proquest.com/docview/1941375935?accountid=14765.

一无二的地位。

因受 2010 年国际海事组织黑名单事件①及 2011 年埃及政治变局影响，埃及港口建设一度停滞不前，直至塞西执政及国内政局稳定后，地中海和红海海港以及连接两大海洋的苏伊士运河各港区才迎来前所未有的大发展。2015 年 7 月，埃及政府耗资 80 亿美元实施的苏伊士运河扩建工程结束后，埃及政府着手沿苏伊士运河建设"苏伊士运河走廊经济带"，包括修建港口等配套基础设施。从总体上来看，"苏伊士运河走廊经济带"是以运河周边的"六港两区"②为依托，带动沿线地区产业发展，助力埃及经贸和物流中心建设。其中，塞得东港新区计划是埃及当前海港建设的重要组成部分，也是埃及港口建设的标志性工程。

2016 年 2 月，埃及政府出台的《可持续发展战略：2030 年远景规划》将"苏伊士运河轴心发展计划"置于首位，"海洋运输发展"成为单列规划项目，③这为埃及港口建设与发展带来新的可能与动力。2016 年，埃及交通部宣布，2017 年埃及将在亚历山大港、达米埃塔港和红海港投资 15 个项目以改善船舶通行条件。其中，亚历山大港有 5 个项目：中国建设并管理一个多用途带有 55～62 个泊位的码头；在亚历山大新港达克黑拉建设一个拥有 100 个泊位的集装箱码头，一个码头用于谷物的清洁，为 91～92 号泊位石油发展提供空间，以及与希斯科运输公司签订第五项目合同。埃及还计划在达米埃塔港建设一个新港口用于接受液体运输船，以及解决该港（地中海气田）天然气的储备问题。同时，还要建造一个用于解决糖和谷物运输的码头，两个国际物流中心。此外，在红海还要建设一个观光码头，在苏伊士港建设一个货物运输码头，在塞法杰港建设一个集装箱码头和一个多用途码头。④ 近年来，埃及港口建设不断发展，吞吐能力逐年增

---

① 2010 年埃及被国际海事组织列入海运最危险国家黑名单，在 83 个黑名单国家中，排名第 62 位。埃及从原来的灰名单滑至黑名单，主要原因是在船舶和渡轮的审计、维护程序、针对船舶质量和运营的法规制定等方面存在普遍腐败现象，这一事件暴露了埃及港口基础设施状况及管理混乱，影响了港口建设相关计划的实施。

② 即西塞得港、东塞得港、阿里什港、阿达贝亚港、艾因苏赫纳港、艾勒图尔港和伊斯梅利亚科技园区、苏伊士湾西北工业区。

③ "Sustainable Development Strategy: Egypt Vision 2030," 2030 Egypt Vision, September 1, 2017, http://sdsegypt2030.com/category/reports-en/?lang＝en.

④ Maritime Transport Sector, "Transport Ministry: Maritime Fleet Participates with 8％ of Egyptian Trade Volume," http://www.emdb.gov.eg/en/content/1131-Transport-ministry％3A-maritime-fleet-participates-with-8％25-of-Egyptian.

加,长期困扰埃及港口的压港问题已基本得到解决。埃及还拟加大港口建设,将货物吞吐能力由 2.3 亿吨增至 2030 年的 3.7 亿吨,其中重点建设的港口是塞得港和亚历山大港。围绕港口建设,埃及还规划了大量相应的基础设施建设。埃及交通部计划新挖 3 条隧道,连通塞得港和苏伊士运河东岸,为苏伊士湾西北工业区提供更大的交通便利。另外,交通部还有 17 个海运项目亟待外国投资,总金额为 16 亿美元。其中,亚历山大新港达克黑拉的集装箱码头(CT3)项目可将目前的集装箱吞吐能力从 100 万标准箱提高至 250 万标准箱,码头总长度为 1 千米,投资金额 2.8 亿美元。①

目前,埃及全国拥有具公开代码(不含军港)的各类港口和码头 80 余个,其中包括 59 处海港。埃及的海港分为商业港口和专业港口两类,商业港口共 15 个(见表 5-5),专业港口共 44 个。② 据统计,埃及 15 个商业港年货物处理能力为 2.34 亿吨,集装箱 1 000 万标准箱。根据埃及交通部 2016 年统计数据,埃及全年货物吞吐量约为 1.3 亿吨,集装箱吞吐量约为 800 万标准箱。③ 在英国劳氏公司 2016 年发布的世界集装箱港口 100 强榜单中,埃及塞得港排名第 49 位,集装箱吞吐量为 303.59 万标准箱;亚历山大港排名第 87 位,集装箱吞吐量为 163.36 万标准箱。2017 年的数据中,塞得港排名降为第 56 位,集装箱吞吐量为 296.83 万标准箱,下降了 2.2%;亚历山大港排名为第 94 位,集装箱吞吐量为 161.3 万标准箱,下降了 1.3%。④

埃及的专业港口分为石油港、矿产港、客运港和渔港。⑤ 据埃及交通部海洋运输管理总局统计,埃及海洋运输量约占埃及贸易运输总量的 8%。2016 年,埃及海运总进口量为 9 865.5 万吨,海运总出口量为 4 207.6 万吨,进口 298.69 万

---

① 《对外投资合作国别(地区)指南:埃及(2019 年版)》,中华人民共和国商务部,http://fec. mofcom.gov.cn/article/gbdqzn/。

② Martime Transport Sector, "Specilized Ports," http://www.emdb.gov.eg/en/sections/11/1-11-Specialized-Ports.

③ 黄雁飞、袁金虎、杨林虎:《"一带一路"战略下中埃港口建设项目产能合作模式探索》,《珠江水运》2017 年第 8 期。

④ "One Hundred Ports 2016," Lloyd's List, https://lloydslist.maritimeintelligence.informa.com/one-hundred-container-ports-2016;"One Hundred Ports 2017," Lloyd's List, August 2, 2017, https://lloydslist.maritimeintelligence.informa.com/one-hundred-container-ports-2017/.

⑤ 根据埃及交通部海洋运输管理总局资料整理,参见 Maritime Transport Sector, http://www.emdb.gov.eg/en/sections/11/1-11-Specialized-Ports。

表5-5　埃及主要商业港口基本信息

港口	面积		最大吞吐量		2012年吞吐能力		集装箱码头			码头和泊位总数（包括集装箱码头）		货仓总面积/万平方米
	总面积/平方千米	陆地面积/平方千米	货物/百万吨	集装箱/百万标准箱	货物/百万吨	集装箱/百万标准箱	数量/个	长度/米	牵引/米	数量/个	长度/米	
亚历山大港	8.40	1.60	36.80	0.5	20.9	0.6	6	914.4	12.8	59	7 624.7	54.478 5
达克黑拉港	6.20	3.50	22.10	0.5	24.3	0.8	6	1 520	12.0	20	4 586.0	163.938
达米埃塔港	11.80	8.50	19.75	1.2	23.9	0.7	4	1 050	14.5	19	5 100.0	111.538
塞得港	3.00	1.30	12.78	0.8	5.03	0.5	3	350	13.2	32	4 452.0	24.325 3
阿里什港	0.23	0.05	1.20	—	0.9	—	—	—	—	2	364.0	3.4
东塞得港	72.10	70.60	12.00	2.7	28.6	3.0	4	2 400	15.0	4	2 400.0	180
苏伊士港	2.30		6.60	—	0.5	—	—	—	—	14	2 070.0	1.861 5
石油港	162.40	1.16	4.14	—	1.4	—	—	—	—	7	828.0	—
阿达比亚港	0.85	0.85	7.93	—	6.1	0.1	—	—	—	9	1 840.0	3.7

续　表

港口	面积		最大吞吐量		2012年吞吐能力		集装箱码头			码头和泊位总数（包括集装箱码头）		货仓总面积/万平方米
	总面积/平方千米	陆地面积/平方千米	货物/百万吨	集装箱/百万标准箱	货物/百万吨	集装箱/百万标准箱	数量/个	长度/米	牵引/米	数量/个	长度/米	
苏克纳港	87.80	22.30	8.50	0.4	5.6	0.5	1	750	17	7	2 350.0	1.114
胡尔加达港	9.90	0.04	—	—	—	—	—	—	—	1	330.0	—
萨法杰尔港	57.00	0.6	6.37	—	2.5	—	—	—	—	6	1 327.4	20.015 9
艾勒图尔港	1.65	0.43	0.38	—	—	—	—	—	—	1	75.0	38.56
努维巴港	9.90	0.40	1.90	—	0.9	—	—	—	—	3	385.0	16.85
沙姆沙伊赫港	88.13	0.20	—	—	—	—	—	—	—	2	686.0	8.685 7
总量（数）	518.51	113.83	140.45	6.1	120.63	6.2	24	6 984.4	84.5	186	34 418.1	628.466 9

资料来源：Maritime Transport Sector, "The Egyptian Port's Capacity," http://www.emdb.gov.eg/en/content/275/1-83-The-Egyptian-Ports-Capacity。

标准集装箱，出口 300.15 万标准集装箱。港口接纳游客 44.69 万人，从港口出境 42.6 万人。埃及轮船数量已从 1995 年的 132 艘增加到 2016 年的 151 艘，其中有 45 艘在全球航行，69 艘在埃及当地沿海航行，其余的因不同原因失去作业功能。2016 年，埃及港口共接待 14 698 艘货船，其中亚历山大港排名第一，为 4 400 艘，塞得港 4 200 艘，红海港 305 艘。① 埃及海运与苏伊士运河航运基本情况如表 5-6 所示。

表 5-6 埃及海运与苏伊士运河航运基本情况

海 运	年　份								
	2007 年	2008 年	2009 年	2010 年	2011 年	2012 年	2013 年	2014 年	2015 年
轮船/艘	19 625	20 301	20 278	20 343	171 (船队)	153 (船队)	146 (船队)	152 (船队)	151 (船队)
集装箱/百万标准箱	5 075	6 082	6 177	6 700	—	—	—	—	—
货物	112.2 百万吨	116.2 百万吨	123.3 百万吨	135.4 百万吨	1 474 千吨	1 672 千吨	1 531 千吨	1 526 千吨	1 519 千吨
客运量/千人	3 270	3 008	2 842	2 939	—	—	—	—	—
苏伊士运河过往船舶装货量/百万吨	848	910	734	897	939	912	931	992	987
过往船舶数量/艘	—	—	—	18 050	17 644	16 664	16 744	17 544	17 252
收入/百万美元	—	—	—	5 053	5 208	5 032	5 369	5 362	—

资料来源："Egypt's Economic Profile and Statistics 2007-2017," The Egyptian Center for Economic Studies, http://www.eces.org.eg/Publications.aspx?subSec=7.

---

① Maritime Transport Sector, "General Statistics," http://www.mts.gov.eg/en.

与海港建设和发展相比,尼罗河水系的内河港口和码头运营呈现不断萎缩趋势。2002 年埃及总运输量为 2.7 亿吨,河运还有 800 万吨,到了 2012 年,埃及总运输量增长为 5.5 亿吨,(国内)河运下降到 200 万吨。① 为此,埃及政府启动"地中海支持尼罗河"的港口计划投资项目,旨在提升基纳、索哈格、米特加姆尔和艾斯尤特 4 个内河港口的运输能力,以期未来 5 年大幅度增加内河运输量,减少公路拥挤、污染和燃料补贴。2014 年 9 月 18 日,埃及和经济合作与发展组织(以下简称"经合组织")就埃及内河运输问题举行对话,以期吸引内河港口项目投资。如今看来,内河航运颓势并未得到根本改变,除了旅游观光码头有所发展外,随着铁路网的升级和发展,不少商业河港萎缩之势更难扭转。

总体上看,埃及主要港口水深偏浅,缺乏有效管理和资金投入,设施老旧,效率低下,集装箱吞吐能力已基本达到饱和。此外,埃及在籍船舶的运输能力明显不足,具有远洋航运能力的船舶有限。根据联合国贸发会议最新发布的全球班轮航运连通性指数,埃及的指数相对较高,从 2006 年(2006 年全球最大值为 100)的 46.6 上升至 2018 年的 62.38。② 埃及具有独一无二的区位优势,人力资源丰富,工业基础较好,市场潜力巨大,且能够联通非洲与中东市场。埃及政府较为重视港口和物流能力建设,大力推动"苏伊士运河走廊经济带"项目,建设环球物流中心,扩展已有港口和新建港口,拟借此实现工业化能力的提升。埃及拟加大港口建设,将货物吞吐能力提升至 2030 年的 3.7 亿吨,重点建设亚历山大港、塞得港和达米埃塔港。2017 年 5 月,埃及宣布斥资 200 亿埃及镑建设 4 个港口项目,提升亚历山大港的物流能力,扩大达米埃塔港的业务功能和运力等。

埃及港口在国民经济发展和维护国家安全方面发挥着重要作用,具体表现在以下几个方面。

第一,港口建设有利于维护国家经济安全。埃及港口是该国进出口的主要渠道,苏伊士运河则是该国的最重要国际战略通道。另外,埃及港口收入占 GDP 比重较大,也是埃及财政收入的重要来源之一。一般情况下,仅苏伊士运河水系港口的相关收入就占埃及 GDP 比重的 2%,而吸引的外国直接投资量占比更是

① 《埃及将新建 4 个港口》,环球网,2014 年 11 月 23 日,https://china. huanqiu. com/article/9CaKrnJFRWv。

② "Liner Shipping Connectivity Index, Quarterly," UNCTAD, https://unctadstat.unctad.org/wds/TableViewer/tableView.aspx?ReportId=92.

高达 8%。① 可以说,埃及的经济安全取决于埃及水道交通运输的优劣。

第二,港口建设开发在相当程度上促进了埃及参与全球化和市场化的进程。② 埃及是第三世界国家中较早融入全球化进程的国家。当前,经济全球化是世界发展的大趋势,埃及要促进经济发展,也需要扩大开放,积极参与经济全球化进程。港口建设与开发推动了外资流入及其与国际港口企业的合作,为埃及经济发展带来了更大的机遇。依托自身关键的地缘位置和港口建设,埃及可以在联通亚洲、欧洲和非洲经贸往来中扮演更重要的角色,并从中获得更大的发展机遇。

第三,港口建设带动国内其他产业和经济发展。由前述可知,埃及商品的出口很大程度上依赖港口运输,港口在埃及经济发展中扮演着重要角色。港口建设可以带动国内相关基础设施建设以及交通、物流、金融等行业的发展,推动埃及进一步参与和融入国际分工体系,打造区域和国际物流中心,获得更多的发展机会。

二、中国与埃及的港口建设

(一)中国参与埃及港口建设的基础与意义

从政治关系来看,中埃保持长期友好关系,双边高层互访频繁,埃及是对"一带一路"倡议反应最为积极的国家之一。埃及政府将"一带一路"倡议视为重要发展机遇,埃及总统塞西多次表态,积极参与"一带一路"建设。2014 年中埃建立了全面战略伙伴关系,2015 年中埃双方正式签署产能合作框架协议,2016 年 1 月习近平主席访问埃及,签署了关于加强两国全面战略伙伴关系的五年实施纲要以及关于共同推进"一带一路"建设的谅解备忘录等 21 项合作协议与项目合同,港口等基础设施建设成为双方合作的优先领域。两国领导人表示,中埃将利用基础设施建设和产能合作两大抓手,将埃及打造成"一带一路"沿线支点国家。2017 年 5 月,习近平主席在"一带一路"国际合作高峰论坛上提出了构建国际海运网络的倡议,埃及积极响应这一倡议。2018 年 9 月,塞西总统访华期间,两国政府和机构签署了一系列合作协议,展现了两国经贸合作的广阔前景。埃

① "Egypt's Economic Profile and Statistics," The Egyptian Center for Economic Studies, http://www.eces.org.eg/MediaFiles/Uploaded_Files/e7b0ad3f.pdf.

② 赵军:《中国参与埃及港口建设:机遇、风险及政策建议》,《当代世界》2018 年第 7 期。

及发展经济的强烈诉求与中国经济调整的需要高度契合,"一带一路"倡议中的发展战略与"苏伊士运河走廊经济带"规划也有高度的契合点,这为两国加强港口等领域合作奠定了牢固基础,发展前景十分广阔。

从中埃经济关系来看,埃及是中国在西亚、北非地区重要的经贸合作伙伴,双方在各领域开展了全方位合作,中国成为埃及最大的贸易伙伴和第一大进口来源国。2018年中埃贸易额约138亿美元,中国保持大额顺差。2018年中国对埃及直接投资额达2.22亿美元,2018年底中国对埃及直接投资存量约为10.79亿美元,中国在埃及投资企业达到1 560家,中方员工约为3 000人。中国企业对埃及的直接和间接投资额累计超过了70亿美元,包括在石油领域的并购和股权投资等。① 中国石油、中国石化、国家电网有限公司、泰达公司、巨石集团、中国港湾、华为、新希望集团有限公司等中国企业都在埃及有大额投资项目。2015年中埃签订了产能合作框架协议,产能合作成为中埃投资合作的重要领域,确定了18个可以优先落实的项目,涉及能源、交通、基础设施等领域。② 中国与埃及联合设立了苏伊士经贸合作区,中方积极参与"苏伊士运河走廊经济带"开发计划,持续推进苏伊士经贸合作区建设及产能、基础设施建设等领域合作。苏伊士经贸合作区已吸引了30多家生产性企业入驻,成为创新中埃经济合作模式、深化双边经济关系和推进"一带一路"建设的重要载体。苏伊士经贸合作区每年吸引的中国投资约占中国对埃及投资额的70%以上。③ 埃及也是中国重要的工程承包市场,2018年中国企业在埃及新签的承包合同金额为89.49亿美元,完成营业额20.46亿美元,在埃及劳务人员超过1 190人。④ 中埃两国签署有双边本币互换协议,金融合作也不断加强。参与埃及港口建设和投资是中国深化双边合作的重要政治经济依托,推动了埃及港口和产业园区基础设施建设,对于中埃两国均具有重大的现实意义。⑤

---

① 《对外投资合作国别(地区)指南:埃及(2019年版)》,中华人民共和国商务部,http://fec.mofcom.gov.cn/article/gbdqzn/。

② 《埃及盼外资投入港口运输建设》,《国际商报》2017年5月22日,第C3版。

③ 马霞、宋彩岑:《中国埃及苏伊士经贸合作区:"一带一路"上的新绿洲》,《西亚非洲》2016年第2期。

④ 《对外投资合作国别(地区)指南:埃及(2019年版)》,中华人民共和国商务部,http://fec.mofcom.gov.cn/article/gbdqzn/。

⑤ 赵军:《中国参与埃及港口建设:机遇、风险及政策建议》,《当代世界》2018年第7期。

突出的地缘区位、丰富的人力资源、自然资源和国内市场增强了埃及的投资优势和吸引力。2018 年埃及吸引外资流量 167.98 亿美元,截至 2018 年末吸引外资存量 116.38 亿美元。① 中国参与埃及港口建设是中国港口企业走出去和埃及港口吸引力的综合反映,更是中国与埃及之间双边利益互动与融合的结果。塞西总统将港口建设和航运经济作为恢复和发展国民经济的重要内容后,埃及港口建设进入新的发展时期,也为中国参与埃及的港口建设提供了新的机遇。中国参与埃及港口建设是中埃深度合作的重要内容,在中国对阿拉伯国家关系中也具有重要意义。

第一,参与埃及港口建设是新时期中国全球与地区外交的要求和体现。这不仅表明了中国进一步对外开放和承认、接受、融入当前国际体系的决心和诚意;也是中国推进"一带一路"倡议的重要组成部分,是新时期国际港口合作的具体表现。参与港口建设突出反映了中国加强与埃及、非洲及阿拉伯国家关系的诚意,是中国贯彻执行《中国对非洲政策文件》和《中国对阿拉伯国家政策文件》以及《中华人民共和国和阿拉伯埃及共和国关于加强两国全面战略伙伴关系的五年实施纲要》的内容与体现,有利于推进中埃双边关系及中国与阿拉伯国家、非洲国家的合作。

第二,参与埃及港口建设是中国参与国际竞争的重要政治经济依托,可以塑造有利的国际环境。从经济方面看,不断发展崛起的中国为更好地应对国际经济竞争,需要打造更为多元的投资平台与渠道;从政治方面看,中国积极参与埃及港口投资与建设,反映了对面临发展困境的埃及的大力支持,中国参与埃及港口建设有利于相互支持对方核心利益。中国在埃及参与的港口建设将使其他大国在埃及港口建设中的优势逐渐消失,中国与埃及的合作前景远比其他国家广阔。近年来,印度的"西进"政策和欧美在埃及斡旋的失败或受挫即是明证。此外,中国参与海港建设将加强埃及和地区国家的一个中国原则和立场。

第三,参与埃及港口建设将有助于中国进行海外港口建设的理论与实践的创新,对埃及内部有关基础设施建设具有示范意义。海洋时代的兴起及其在当代的发展是第二次世界大战后世界政治中的重要现象。英、法、俄、美在海外参

---

① "World Investment Report 2019," UNCTAD, June 12, 2019, https://worldinvestmentreport. unctad.org/world-investment-report-2019/.

与或建立港口是当代国家政治和世界政治格局的重要内容。中国参与埃及港口的建设对中国落实"一带一路"倡议具有积极的实践意义。当然,在港口建设问题上,埃及与中国的理念有一定差别,中国参与埃及港口建设还将面临诸多挑战。参与港口建设将有利于中国深度参与埃及国内基础设施开发,在地区内带来示范效应,同时促进更多国内资本走向中东、非洲参与海外港口建设进程。

(二)中国参与埃及港口建设的实践

埃及的重要地位和中埃友好关系提升了埃及港口对中国的吸引力,而中国大规模参与地中海地区港口特别是希腊比雷埃夫斯港的开发,进一步提升了埃及苏伊士运河的重要性,中国港口企业正在加大对苏伊士运河沿岸港口建设的关注和参与力度。

早在 2007 年中海码头、中国港湾等公司就共同参与投资了埃及达米埃塔国际集装箱码头的建设。2007 年 11 月 26 日,中海码头就参与投资埃及达米埃塔国际集装箱码头有限公司在当地正式签署合资文件;中远海运集团、中海集团物流有限公司、中海欧洲控股有限公司也派代表出席了仪式,中海码头董事总经理方萌与来自达米埃塔港务局、科威特 KGL 国际码头公司、法国达飞海运集团旗下 Terminal Link 公司、美国通用财务公司、阿拉伯联合航运公司、科威特 AREF 投资公司共 7 家公司的代表签署了合资协议。[①] 2008 年 9 月,中国港湾获得了埃及塞得东港集装箱码头二期工程项目和达米埃塔港口疏浚项目,合同金额分别为 2.2 亿美元和 1.6 亿美元。塞得东港二期码头由 4 个 15 万吨级集装箱船泊位组成,岸线长 1 200 米,该项目是中国港湾在埃及获得的第一个港口工程建设项目。[②]

2012 年,中远太平洋参与了埃及塞得港/苏伊士运河沿岸港口建设项目。同年 7 月,中国港湾与埃及方面签署特许经营协议,以 BOT 模式建设红海阿达比亚港干散货码头项目,持有 5% 的干股,并成为 EPC 总承包商。[③] 2015 年,埃及交通部与阿联酋苏瓦迪集团在埃及沙姆沙伊赫召开经济发展大会期间签署了一项价值 60 亿美元的合同。根据合同,苏瓦迪集团将负责投资埃及艾因苏赫纳

① 《中海码头参股投资埃及达米埃塔港集装箱码头》,国务院国有资产监督管理委员会,2007 年 11 月 28 日,http://www.sasac.gov.cn/n2588025/n2588124/c4156646/content.html?ivk_sa=1024320u。

② 徐忠稳:《中港公司看好埃及港口建设前景》,新华网,2008 年 9 月 11 日,http://news.xinhuanet.com/world/2008-09/11/content_9914894.htm。

③ 《埃及总理出席我首个 BOT 项目签约仪式》,中华人民共和国商务部,2012 年 7 月 17 日,http://www.mofcom.gov.cn/aarticle/i/jyjl/k/201207/20120708236300.html。

港和达米埃塔港的进一步开发；中国港湾将作为主要承包商和运营商参与两个港口的建设。[①] 2016 年 1 月，中埃关于加强两国全面战略伙伴关系的五年实施纲要明确提出，中方支持埃方的港口等基础设施建设，[②]中国企业参与埃及港口建设有了新的进展。2016 年 3 月，中国港湾正式成为艾因苏赫纳港和达米埃塔港扩建工程[③]的主要承包商和运营商参与建设，这是中国企业参与埃及海港建设的重大突破。艾因苏赫纳港第二集装箱码头项目由中国港湾总承包，中交二航局参与建设，该工程主要为建设 4 个集装箱码头泊位，码头岸线总长为 1 350 米，包括码头结构、疏浚与开挖、地基处理、护岸、码头办公室、变电所及道堆和其他水电等配套设施，总金额 1.18 亿美元，2019 年 5 月通过验收。[④] 项目建成后将大幅提升艾因苏赫纳港货物吞吐能力，对改善本地区物流交通条件和提升苏伊士运河经济区承载能力、助力当地经济社会发展具有重要意义。

三、中国参与埃及港口建设的风险认知及对策

对于欧亚之间的海上贸易来说，埃及因拥有苏伊士沿河这一必经之地在港口开发领域具有独特的地缘经济优势。我们在取得积极进展的同时也必须清醒地认识到，中国在埃及港口建设中的参与度还相对较低，均是工程建设或股权收益投资，尚没有控股港口或主导运营的港口项目，且充满诸多变数和未知风险。因此，尽管当前中埃两国关系良好，各层面互动积极，仍需要保持足够的谨慎并做出相对理性的判断。

一方面，对埃及政府允许中国企业参与其港口建设的动机应有充分的战略认知。埃及的直接目的是搭乘中国"一带一路"倡议的经济便车，提升本国实力。毋庸置疑，中国已经成为世界经济发展的助推器。对于埃及来说，中国参与其港口建设有利于促进双方之间的贸易和投资，可以获取直接经济效益。总体来看，包括以下三个方面。首先，有助于埃及借助中国投资改善本国投资环境。埃及自 2011 年发生剧变后，吸引外资的能力明显下降，每年吸引的直接投资额不足

---

① 殷缶、梅深：《中国和阿联酋联合承接埃及港口建设开发》，《水道港口》2015 年第 2 期。

② 《中华人民共和国和阿拉伯埃及共和国关于加强两国全面战略伙伴关系的五年实施纲要》，《人民日报》2016 年 1 月 21 日，第 6 版。

③ 该工程由埃及政府与阿联酋苏瓦迪集团在 2016 年 3 月签署合同，合同金额 60 亿美元。

④ 《对外投资合作国别（地区）指南：埃及（2019 版）》，中华人民共和国商务部，http://fec.mofcom.gov.cn/article/gbdqzn/。

百亿美元,这对埃及的经济发展极为不利。中国对埃及的投资将在一定程度上改善埃及经济发展的外部环境,有利于埃及吸引更多的外部投资。其次,有助于埃及实现规模经济效益。中国与埃及经济发展水平不同,产业结构具有互补性。港口建设将拓展中埃两国的市场规模和经济发展空间,此外,大规模基础设施项目建设也有助于降低埃及的高失业率。最后,中国参与港口建设是埃及平衡外交思想的灵活再现。从穆巴拉克时期开始,埃及就一直在追求大国战略平衡,其目的就是希望借此达到多种力量和谐并存,最大限度地保障本国利益。秉持这样一种外交策略,埃及允许中国联合阿联酋共同参与其港口建设的同时也保持自己在地区和国际格局中的重要影响力。[1]

另一方面,中方企业对在埃及投资存在的风险应有足够认知,政治、经济与安全风险都不容忽视。首先,埃及国内形势依然不稳,政局变动将决定着其对中国友好政策能否持续。塞西总统上台之初,大力稳定国内局势,受到民众欢迎。但埃及经济持续低迷,失业率居高不下,政府经济和财政压力巨大,融资和偿债能力不高。在港口等基础设施建设领域的政治干预也较多,埃及政府通常将利润高和风险低的建设项目指定给国内企业或军方,而难度系数大、利润有限的项目才公开向外资开放竞标,如埃及将投资庞大的苏伊士运河疏浚工程以涉及军事秘密为借口,拒绝外企参与。

其次,从营商环境来看,埃及地理位置优越,国土面积广阔,人口规模庞大,发展潜力很大,但发展水平不高。2017 年埃及 GDP 约为 2 353 亿美元,人均 GDP 仅有约 3 000 美元。[2] 埃及经济发展水平和工资水平不高,国内生产效率较低,管理培训等经营成本较高,近年又面临突出的货币贬值和通货膨胀问题,国内营商环境不佳,外汇限制较多,融资困难,腐败问题严重,安全问题突出,投资吸引力较弱。埃及的经济竞争力和营商环境排名均较为靠后,2018 年埃及全球竞争力排名为第 94 位,在非洲地区的排名为第 4 位;[3]营商环境全球排名仅为第 128 位。[4] 世界银行发布的《联接以竞争:全球经济中的贸易物流》物流绩效指数报

---

① 赵军:《中国参与埃及港口建设:机遇、风险及政策建议》,《当代世界》2018 年第 7 期。

② "Egypt, Arab Rep.," The World Bank, https://data.worldbank.org/country/egypt-arab-rep.

③ "The Global Competitiveness Report 2018," WEF, October 16, 2018, https://www.weforum.org/reports/the-global-competitiveness-report-2018.

④ "Doing Business 2018," The World Bank, October 31, 2017, http://www.doingbusiness.org/en/reports/global-reports/doing-business-2018.

告显示,2016年埃及物流绩效指数排名为第49位。此外,埃及基础设施条件较差,甚至面临电力短缺等严重问题,货币金融风险突出,加上政策限制或多变等因素,企业投资经营成本较高,经济风险较大。

最后,埃及国内安全形势并未有根本好转,境内恐怖组织众多,特别是2013年埃及过渡政府将"穆斯林兄弟会"定性为恐怖组织后,埃及国内恐怖活动不断,甚至发生预谋刺杀塞西总统事件,恐怖组织发展速度曾一度超过了埃及政府打击恐怖主义的能力建设速度,因而该国政局稳定蕴含较大风险。由恐怖主义引起的局势动荡始终是影响当地投资环境和中国建设项目安全的潜在因素。当前为埃及的政治稳定提供必要的经济援助和其他政治支持,也使中国面临双重安全风险。一方面,当地恐怖组织可能通过袭击中国投资项目和华人来报复中国政府对埃及政府的支持;另一方面,部分极端组织以反政府势力的形象示人,西方国家及其反华势力会借民主、人权、人道主义等诟病中国的地区政策,①从舆论上影响中国企业在当地的商业活动。无论是2011年"阿拉伯之春"导致的海港关闭、货物滞留,还是2013年穆尔西下台时中国企业的货船遭到火箭弹袭击,都说明了中国海运依赖苏伊士运河的现状存在着极大的风险。②

四、结语

鉴于独一无二的区位优势特别是扼守苏伊士运河这一海上交通咽喉,以及中埃之间稳固的友好关系,埃及无疑是"一带一路"建设的重要节点国家之一,中国参与埃及港口建设的重要性与需求度都很高。未来,中国应加强对埃及港口建设的参与深度,争取获得有关节点港口的控股权或运营权,进一步明确中国深度参与建设的核心港口,打造地中海东南岸的枢纽型港口。同时,依托中埃全面战略伙伴关系和一系列高水平合作协议,提升港口建设与产业园区的融合,扩大港口的腹地经济和区域辐射能力,并提升港口投资的效率,有效防范非经济风险。

---

① 刘青建、方锦程：《非洲萨赫勒地带恐怖主义扩散：对中国在该地区利益的威胁及维护》,《当代世界》2014年第3期。

② Emma Scott, "China's Silk Road Strategy: A Foothold in the Suez, But Looking to Israel," *China Brief*, October 10, 2014, https://jamestown.org/wp-content/uploads/2014/10/China_Brief_Vol_14_Issue_19_5.pdf.

第三节　中国在以色列的港口建设

位于地中海东南岸的以色列也是"一带一路"交汇地带的国家之一,近年来该国的对外政策也表现出了明显的"向东看"倾向。以色列作为"一带一路"的重要支点国家①,主动与"一带一路"倡议进行对接,加入并成为亚洲基础设施投资银行的创始成员国,积极寻求与中国及"一带一路"沿线其他国家开展双边和多边的合作。② 基础设施建设项目对于中以合作发挥着重要的支撑和连接作用,以港口为代表的基础设施建设合作将成为中以在"一带一路"框架下合作和互联互通的象征。

一、以色列港口发展及其重要地位

港口对于以色列经济十分重要,在与其陆上邻国关系特殊的背景下,以色列的对外经贸往来主要依靠港口运输实现。③ 港口在以色列发挥着将国家内部运输网络与国际贸易联系起来的关键作用,该国98%的进出口货物经由港口运输,可以说港口基础设施是以色列经济支柱的重要组成部分。④

以色列有3个主要港口,即地中海沿岸的海法港、阿什杜德港和红海亚喀巴湾的埃拉特港。以色列交通基础设施和道路安全部称,在过去的10年中,以色列交通运输已经进入高速发展阶段,包括陆路、海路和空中运输在内的所有交通基础设施领域的投资都有所增加。⑤ 在世界经济论坛发布的历年《全球竞争力报告》中,2016—2017年以色列港口基础设施在世界排名第50位,2017—2018

---

① 刘中民:《在中东推进"一带一路"建设的政治和安全风险及应对》,《国际观察》2018年第2期。

② 魏凯丽、梅隆·梅迪兹尼:《2015年中国与以色列的关系:以色列学者的视角》,载于张倩红主编:《以色列发展报告(2016)》,社会科学文献出版社,2016,第293页。

③ "Israel Freight Transport & Shipping Report - Q1 2018," in *BMI Country Industry Reports* (London: Fitch Solutions Group Limited, 2018), p. 28.

④ "About IPC," Israel Ports Development & Assets Company Ltd., http://www.israports.org.il/en/IsraelPortCompany/Pages/default.aspx.

⑤ "The Israel Transportation Infrastructure," Ministry of Transport and Road Safety, http://en.mot.gov.il/about-mot-cbl/1-mot-framework.

年升至第 43 位。① 根据以色列中央统计局数据，2017 年以色列港口货运量共计
5 793.6 万吨，其中海法港货运量为 2 925.1 万吨，阿什杜德港货运量为 2 358.5 万
吨，埃拉特港货运量为 217.2 万吨；同年以色列港口客运总量达 176 347 人次。
阿什杜德港曾在 2017 年进入英国劳氏公司发布的世界集装箱港口 100 强榜单，
排名第 98 位，集装箱吞吐量为 144.3 万标准箱。② 根据联合国贸发会议发布的
全球班轮航运连通性指数，以色列的指数从 2004 年以来稳步上升，2018 年为
40.62（全球最大值为 100）。③

21 世纪以来，以色列港口行业的管理经历了大规模改革。2005 年，以色列
政府撤销了负责管理、开发和经营海法、阿什杜德和埃拉特 3 个主要商业港口的
以色列港务局，并以四家国有公司取而代之：以色列港口发展及资产有限公司
（IPC，以下简称"以色列港口公司"）、海法港口公司、阿什杜德港口公司和埃拉
特港口公司。其中以色列港口公司主管各港口财产，负责以色列 3 个商业海港
的发展，以及为港口提供增强贸易效率与竞争力的基础设施。该公司管理的资
产中包括以色列造船厂、海法港和阿什杜德港粮食码头以及石油能源基础设施
公司的油码头等。④ 此外，该公司还负责与港口贸易相关土地的管理和开发，并
参与研发与港口有关的技术，通过国家海事信息系统管理和控制所有港口的贸
易流动。⑤ 另外三家国有公司则分别管理海法港、阿什杜德港和埃拉特港这 3 个
最主要的商业海港。⑥

① See Klaus Schwab, "The Global Competitiveness Report 2016 - 2017," World Economic Forum,
September 28, 2016, https://www3. weforum. org/docs/GCR2016-2017/05FullReport/TheGlobalCom
petitivenessReport2016-2017_FINAL. pdf；Klaus Schwab, "The Global Competitiveness Report 2017 -
2018," World Economic Forum, September 26, 2017, https://www3. weforum. org/docs/GCR2017-2018/
05FullReport/TheGlobalCompetitivenessReport2017%E2%80%932018.pdf.

② "One Hundred Ports 2017," Lloyd's List, August 2, 2017, https://lloydslist. maritimeintelligence.
informa. com/one-hundred-container-ports-2017/.

③ "Liner Shipping Connectivity Index, Quarterly," UNCTAD, https://unctadstat. unctad. org/wds/
TableViewer/tableView.aspx?ReportId=92.

④ "Property Management," Israel Ports Development & Assets Company Ltd., http://www.
israports. org.il/en/PropertyManagement/Pages/default.aspx.

⑤ "About IPC," Israel Ports Development & Assets Company Ltd., http://www. israports. org. il/
en/IsraelPortCompany/Pages/default.aspx.

⑥ Yoram Golan, "Israel Ports — Development Despite Terror Threats," AIMU/MICA Global
Network Conference, Atlantic City, June 29 - 30, 2009, http://static1.1.sqspcdn. com/static/f/1340097/
17628107/1334209145167/YoramGolan. pdf?token=qckJX7WV7CDAzrPgdHkYHgiqpD4%3D.

海法港是以色列最大港口,2017 年海法港的散货、粮食与石油等码头的货物吞吐量达到近 2 920 万吨,是东地中海地区最大的港口之一。海法港主要码头位于海法城北部海岸,东部是集装箱码头;海法港码头长度超过 6 700 米,最大水深为 15.5 米。海法港设有货物装卸设施、渔港、帆船俱乐部、造船厂、化学码头和内陆集装箱仓库,港口由两个防波堤保护。海法港码头的货物装卸采用了世界上最现代化的设备。港口靠近海法市中心,交通便捷,集装箱码头装卸的货物可以由卡车通过以色列高速公路、铁路系统以及航空系统运输至国内其他地区。① 除了货物运输外,海法港还设有邮轮客运枢纽站。②

阿什杜德港的规模仅次于海法港,最大水深同海法港一样,达 15.5 米。以色列港口公司在阿什杜德港腹地开发了工业园区,提供包括船舶代理处、海关代理处、运输公司、船舶修理公司、保税仓库、货物仓库、容器储存仓库、燃料库、冰库、酸槽等配套服务设施。③ 阿什杜德港货物装卸和码头协调采用 TOS 系统,提高作业效率、简化工作流程,这一系统的运行使阿什杜德港成为以色列第一个按照国际先进技术标准运营的港口。④ 与海法港一样,阿什杜德港也设有邮轮客运枢纽站。⑤

埃拉特港位于以色列的最南端,是以色列唯一面向红海的出海口,是"以色列通往远东的南部门户"⑥。埃拉特港的一个重要优势在于节省了船舶航行苏伊士运河的过境费,这大大减少了海上运输的成本。2005 年埃拉特港公司成立;2013 年埃拉特港完成私有化。埃拉特港规模较小,2016 年处理货物约 210 万吨,其中大部分为通过港口化肥码头出口的磷酸盐和钾盐,以及从远东进口的车辆。⑦

---

① "The Port Structure & Operations," Haifa Port, http://www.haifaport.co.il/template/default_e.aspx?PageId=171.

② "Israeli Port Industry Overview," Israel Ports Development & Assets Company Ltd., http://www.israports.org.il/en/PortIndustry/Pages/default.aspx.

③ "The Ports Hinterland," Ashdod Port, https://www.ashdodport.co.il/english/aboutashdodport/facilities/pages/backyard.aspx.

④ "Facilities-TOS System," Ashdod Port, https://www.ashdodport.co.il/english/aboutashdodport/facilities/pages/tos.aspx.

⑤ "Passengers Cruises," Ashdod Port, https://www.ashdodport.co.il/english/aboutashdodport/pages/passengers-cruises.aspx.

⑥ "Israeli Port Industry Overview," Israel Ports Development & Assets Company Ltd., http://www.israports.org.il/en/PortIndustry/Pages/default.aspx.

⑦ 同上。

同时，该港口正在努力加强与埃及和约旦港口的业务联系，以促进以色列经济与区域和平。

除上述 3 个主要港口之外，以色列在哈代拉和阿什凯隆还有 2 个能源港口，负责处理石油产品以及煤炭进口，并由以色列港口公司管理。①

随着以色列集装箱货流量的逐年增加，阿什杜德、海法和埃拉特这 3 个主要港口因基础设施不足以及周期性的工人抗议而经常发生严重拥堵。过去的 10 余年里，以色列港口公司对以色列的主要港口陆续完成了一系列升级建设，其中两个最重要的项目为阿什杜德港的伊坦码头和海法港的卡梅尔码头。②为了解决基础设施不足的问题，以色列港口公司逐步实施"地中海港口发展战略总体计划（2005—2055）"。2007 年，以色列港口公司计划在 3 个主要港口建设发展新的集装箱码头，以容纳苏伊士运河最大规格的 EEE 级集装箱货船，③在港口扩建方面包括防波堤、填海造陆、集装箱码头、集装箱装卸设施等港口设施以及配套区域基础设施的发展。其中海法港的项目包括长 1 600 米、深 17.3 米的码头岸墙以及可容纳 1.8 万标准集装箱级别船舶的集装箱码头装卸区。④以色列港口公司对海法港和阿什杜德港的设施扩建与现代化改造计划投资约 20 亿美元，并在这两个港口分别建造两个新的集装箱码头，以扩大进出口能力。⑤目前，阿什杜德港的主体扩建工程由中国港湾下属的泛地中海工程有限公司承建；上港集团承建海法港岸上配套设施。然而，提升红海沿岸埃拉特港承载量的改造项目尚未开始。

近年来，以色列不断提升国内各港口的联通能力，包括公路及铁路建设、管道建设和空中交通等方式。以色列公路货运流动主要是从地中海港口海法和阿什杜德到内陆城市经济中心，如特拉维夫、耶路撒冷和贝尔谢巴。但以色列公路交通设施面临的最突出问题是主要城市的交通拥堵，这反映出以色列交通基础

① "Israeli Port Industry Overview," Israel Ports Development & Assets Company Ltd.，http://www.israports.org.il/en/PortIndustry/Pages/default.aspx.

② "Israel Port Company," The Israel Ports Development & Assets Company Ltd.，http://www.israports.co.il/en/IsraelPortCompany/Pages/default.aspx.

③ "About IPC," Israel Ports Development & Assets Company Ltd.，http://www.israports.org.il/en/IsraelPortCompany/Pages/default.aspx.

④ "IMoT - Hamifratz port development - Israel," *World Market Intelligence News*，Mar 4 (2015)：1.

⑤ "Israel Freight Transport & Shipping Report - Q1 2018," in *BMI Country Industry Reports* (London：Fitch Solutions Group Limited, 2018)，p. 38.

设施领域亟须升级和发展。而从贝尔谢巴以南到埃拉特的公路运输也同样存在承载力较低的问题,限制了来往埃拉特港的货运速度。[①]

在铁路设施方面,虽然以色列的铁路增长很快,但目前并没有替代公路运输成为以色列主要货运供应链的能力,铁路货运网络主要用于将矿物和化学品从死海地区运往港口出口。铁路货运能力匮乏的部分原因是当前以色列铁路的质量和运输多样化的能力不足,直到今天从埃拉特到地中海沿岸的运输方式仍然只有公路和石油运输管道,无法快速、大规模地运输集装箱和货物。在航空运输方面,与港口货运相关的主要是特拉维夫的本古里安国际机场和海法机场。在以色列国内货运领域,公路在货运组合中占据主导地位。铁路货运在过去 5 年中比例有所上升,占 2018 年货运总量的 22.5%;航空运输仍然只占极小的比重。[②] 随着集装箱货物的增加,未来即将建设的“红海—地中海”高铁项目可能会成为此类货运的一个强有力的替代方案。[③]

2012 年 2 月,以色列内阁一致批准了从埃拉特港到地中海沿岸港口及特拉维夫的铁路建设计划。[④] 2015 年 2 月,以色列政府再次全体通过了包含“红海—地中海”高铁在内的铁路建设计划。计划中的“红海—地中海”高铁将从埃拉特出发,途经迪莫纳、贝尔谢巴等城市以及阿什杜德港,向北延伸至特拉维夫乃至海法。该线路是以色列规模最大、最昂贵的交通建设项目,花费约合 300 亿谢克尔(以当时汇率折合约 86 亿美元),据报道,亚投行在资金筹集中发挥了重要作用。[⑤] 目前,从埃拉特到特拉维夫的货运路程需要大约 5 小时,客运路程大约 7 小时,如果高铁建成后,运输时间将缩短为 2 小时。最初以色列政府计划建设连接埃拉特与北部发达城市的铁路线,目的是带动南部地区尤其是红海沿岸城

---

① Claude Giorno, "Boosting Competition on Israeli Markets," (Paris: Organization for Economic Cooperation and Development, 2016), p. 36.

② "Israel Freight Transport & Shipping Report – Q1 2018," in *BMI Country Industry Reports* (London: Fitch Solutions Group Limited, 2018), p. 33.

③ Salem Y. Lakhal and Souad H'Mida, "The Red-Med Railway Project a Serious Competitor to the Suez Canal for Cargo Containers?" *Independent Journal of Management & Production*, Vol. 8, No. 3 (2017): 898 – 917.

④ Moti Bassok and Daniel Schmil, "Israeli Cabinet Approves Construction of High-speed Train Line Between Tel Aviv and Eilat," *Haaretz*, February 5, 2012, http://www.haaretz.com/israel-news/israeli-cabinet-approves-construction-of-high-speed-train-line-between-tel-aviv-and-eilat-1.411212.

⑤ Dubi Ben-Gedalyahu, "China to be Israel's Biggest Infrastructure Partner," Globes, April 29, 2015, https://en.globes.co.il/en/article-china-becoming-israels-biggest-infrastructure-partner-1001031690.

市埃拉特的经济发展和人口增长。"红海—地中海"高铁建设无论对以色列还是世界交通运输来讲都有着重要的战略意义。

"红海—地中海"高铁可能开辟一条"陆上苏伊士运河"，这一线路的开通将极大提高以色列的地缘重要性。"红海—地中海"高铁一旦建成，将会把以色列最重要的 3 个港口阿什杜德、海法、埃拉特联系在一起，也将大幅度缩小从红海沿岸到地中海的运输时间，为客货运输提供便利。因此，尽管以色列交通部部长强调这条高铁线路的建设并不是为了同苏伊士运河竞争，[1]但它仍然为欧洲和亚洲之间的商品运输提供了苏伊士运河之外的另一个选择——货物可以在埃拉特港口卸下，通过铁路转运至地中海港口，然后再通过海运运至欧洲。[2] 从运输时间和运输规模看，这条高铁有可能与苏伊士运河形成竞争关系，但运输经济成本要比苏伊士运河高得多。

"红海—地中海"高铁如能建成，以色列将获得巨大的地缘战略价值。因此，这条铁路被称为"犹太国家历史上最伟大的基础设施项目"。[3] 如果将安全因素纳入其中，以色列的陆上运输线路为规避苏伊士运河关闭的风险提供了可能。[4]一旦苏伊士运河因为安全因素而关闭，连接埃拉特到地中海的铁路将是远胜于好望角线路的替代方案。在外部层面上，"红海—地中海"高铁的建成意味着以色列国家地缘政治重要性的提升、贸易合作与经济业务的拓展；在国家内部层面上则意味着交通运输基础设施的完善，分担了公路运输的压力，并带动铁路沿线尤其是南部内盖夫地区城市以及埃拉特的发展。此外，由于近年来以色列在地中海沿岸的海法港附近探测到了储量巨大的天然气田，若是"红海—地中海"高铁建成，将会极大地便利以色列对亚洲方向的天然气出口。[5]

---

① Zafrir Rinat, "Israel Approves Controversial Rail Route to Eilat," *Haaretz*, October 6, 2013, http://www.haaretz.com/israel-news/1.550777.

②《以色列部级委员会批准埃拉特铁路线路规划》，环球网，2013 年 10 月 7 日，https://china.huanqiu.com/article/9CaKrnJCxzR。

③ Amotz Asa-El, "Pivoting East: Israel's Developing Strategic Relationships in Asia," *The Jerusalem Post*, April 7, 2018, http://www.jpost.com/Jerusalem-Report/East-side-story-539690.

④ Salem Y. Lakhal and Souad H'Mida, "The Red-Med Railway Project a Serious Competitor to the Suez Canal for Cargo Containers?" *Independent Journal of Management & Production*, Vol. 8, No. 3 (2017): 898 - 917.

⑤ Mordechai Chaziza, "The Red-Med Railway: New Opportunities for China, Israel, and the Middle East," Begin-Sadat Center for Strategic Studies, December 11, 2016, https://besacenter.org/perspectives-papers/385-chaziza-the-red-med-railway-new-opportunities-for-china-israel-and-the-middle-east/.

二、中国与以色列的港口建设

中国最初只是作为承包商参与以色列基础设施的建设,但后来迅速成为运营商,并在以色列拥有"战略资产"。[①] 以色列非常希望在基础设施建设领域和中方加强合作,两国交通部门已经签署了合作备忘录。中国已经成为以色列最大的基础设施建设伙伴。[②]

（一）中国参与以色列港口建设的实践

当前中国正在参与的以色列基础设施建设项目中,最受瞩目的均集中在港口领域。近年来,中国企业参与了以色列最大的两个港口——海法港和阿什杜德港的建设。

2014 年 6 月,中国港湾下属的泛地中海工程有限公司赢得了阿什杜德港扩建项目的竞标,负责该港口的扩建工作和作业码头、防波堤、集装箱码头以及疏浚、填海造地、进场道路等附属工程建设;新建码头岸线共计长约 2 000 米,通过港池及航道的疏浚料吹填形成陆域 63 万平方米。合同竣工时间为 2022 年,总工期为 90 个月。2014 年 9 月 23 日,中国港湾正式获得阿什杜德南部港口建设项目,合同金额约 9.5 亿美元。以色列总理内塔尼亚胡在签约仪式上表示,阿什杜德南部港口是中以合作的标志性项目,此项目的开工建设对以色列经济发展和中以友好合作都具有非常重大的意义;以方欢迎更多中国企业赴以投资,积极参与以色列港口、铁路等基础设施项目建设。[③] 阿什杜德港历经了 3 次扩建,中国港湾承建的阿什杜德南部港口项目是该港口扩建工程的第三期,也是港口扩建规模最大的一次,主航道贯通以后,该港口作为欧亚之间的桥梁将迎来目前世界上最大的集装箱船,随着港口对外贸易的国际化程度提升,新港口的吞吐量预计可达 100 万标准箱。

阿什杜德港码头及防波堤项目工程特点为单位工程多、施工区域波浪条件恶劣、施工难度大、工程规模大、施工周期长达 90 个月。在该项目的实施中,泛

---

① 莱昂内尔·弗里德费尔德、马飞聂:《以色列与中国:从丝绸之路到创新高速》,彭德智译,人民出版社,2016,第 186 页。

② Dubi Ben-Gedalyahu, "China to be Israel's Biggest Infrastructure Partner," Globes, April 29, 2015, https://en.globes.co.il/en/article-china-becoming-israels-biggest-infrastructure-partner-1001031690.

③ 《中国港湾公司承建的阿什杜德南港口项目成功举行奠基仪式》,中华人民共和国商务部,2014 年 10 月 30 日,http://il.mofcom.gov.cn/article/jmxw/201410/20141000779121.shtml。

地中海工程有限公司采用了 BIM 建筑信息模型,对多个作业面的施工顺序进行虚拟演化,为管理人员的决策提供分析依据和数据支持,同时也达到了提升管理效率、节约项目寿命周期管理成本、降低复杂及重要工程点风险等目的。在阿什杜德港项目建设过程中,很多中国的优势性技术和设备得到了运用。2015 年 4 月 20 日,中交国际航运有限公司的"发展之路"号半潜船载运中交二航局大型工程设备驶入以色列阿什杜德港开展施工。此外,泛地中海工程有限公司还进行了很多技术及设备的创新,阿什杜德港储运码头部分的建设在 2016 年已完成,比合同节点提前 5 个月投入运营;截至 2018 年 5 月,该项目工程已经完成50%,其中每一个工期节点均提前 3 个月到半年时间完成。

　　2015 年 3 月,上港集团获得了以色列海法新港的特许经营权合同;当年5 月,以色列港口公司正式授予上港集团海法新港码头 25 年的特许经营权。① 以色列交通部部长卡茨说:"以色列将给予上港集团 25 年的经营权视为一项战略性举措,②上港集团参与海法港的建设表明了超级大国对以色列的信心。"③上港集团将投资约 20 亿美元用于港口设施建设与港口设备采购,新港于 2021 年投入营运,年吞吐能力达 186 万标准箱,成为以色列最大的海港。根据计划,上港集团负责该新港码头的后场设施建设、机械设备配置和日常经营管理。④该项目成为中国企业在"一带一路"沿线港口合作方面取得的重要突破。⑤ 港口建设有着极高的技术门槛,而以色列港口工程多采用欧洲标准,为外国企业在以色列承建港口增添了难度,相比之下,中国港口企业具有突出的竞争力。在谈到中国企业经营海法港的战略意义时,上港集团董事长陈戌源说:"投资海法港有利于推动上海港和'海上丝绸之路'港口之间的业务联系。海法港将成为上海港连接

---

　　①《中以'一带一路'合作添硕果》,新华网,2015 年 5 月 29 日,http://news. xinhuanet.com/fortune/2015-05/29/c_1115451333.htm。

　　②《以媒:"一带一路"为中东带来政治红利》,《参考消息》,2017 年 5 月 11 日,http://column.cankaoxiaoxi.com/2017/0511/1982081.shtml。

　　③ S. Samuel, C. Rajiv, "Israel-China Ties at 25: The Limited Partnership," *Strategic Analysis*. Vol. 41, No. 4 (2017): 413-431.

　　④ "Port Project Marks New Achievement in China-Israel Infrastructure Cooperation," Ministry of Commerce of China, June 3, 2015, http://english.mofcom.gov.cn/article/counselorsreport/europereport/201506/20150601000991.shtml。

　　⑤《上港集团赢得以色列海法新港竞标》,航运界,2015 年 3 月 25 日,http://www.ship.sh/news_detail.php?nid=15393。

欧洲的桥头堡,战略地位非常重要。"①

在"一带一路"倡议背景下,中国与以色列在基础设施建设方面的合作机会增加,而港口建设是其中的一个重点领域。阿什杜德港拉开了中以大型基础设施建设合作的序幕;海法新港建成后更是将与中国在希腊的港口建设项目形成对接,作为"21 世纪海上丝绸之路"的一个重要组成部分,发挥巨大作用。以色列学者认为,中国参与埃拉特到阿什杜德的港口建设,参与以色列"红海—地中海"高铁项目,可以跳过拥挤不堪的苏伊士运河,使出口商品能够快速进入地中海地区,并且从地中海地区的比雷埃夫斯港快速运输到欧洲大陆。②

(二)中国与"红海—地中海"高铁项目

早在 2011 年中国商务部部长陈德铭访问以色列时,以方就提出希望中国能够承建埃拉特到阿什杜德的铁路,以色列总理内塔尼亚胡明确提出"中国应该成为埃拉特铁路建设项目的合作伙伴,使之成为中国出口欧洲通道的另一个选择"③。2012 年,"红海—地中海"高铁计划获得以色列内阁批准后,以色列交通部部长发表声明称,在铁路建设方案中中国方案是首选,因为"中国公司在铁路建设和交通运输网络方面的专业技术是世界一流水平";内塔尼亚胡在随后的讲话中也表达了希望中国和印度共同参与建设这一项目。④

2012 年 7 月 3 日,中国交通运输部部长李盛霖与以色列交通部部长在北京签署了谅解备忘录,其中的主要项目就是中以合作建设连接地中海港口阿什杜德、海法与红海港口埃拉特的货运铁路。该项目预计耗资 50 多亿美元,中国企业有机会在建设中扮演关键角色,内塔尼亚胡也发表声明确认了该项目的特别优先地位。⑤ 以方表示正在考虑让中国企业承建这一项目,并且有可能通过政府

---

① 《上港集团正式获得以色列海法新港码头 25 年的特许经营权》,上海国际航运研究中心,2015 年 6 月 1 日,http://www.sisi-smu.org/viewarticle.asp?ArticleID=42665。

② Michael Tanchum, "China's One Belt, One Road reshapes Mideast," *The Jerusalem Post*, January 24, 2017.

③ 《陈德铭部长访问以色列在当地引起良好反响》,中华人民共和国商务部,2011 年 3 月 6 日,http://il.mofcom.gov.cn/article/jmxw/201103/20110307432388.shtml。

④ Herb Keinon, "Cabinet Approves Red-Med Rail Link," *The Jerusalem Post*, February 5, 2012, http://www.jpost.com/National-News/Cabinet-approves-Red-Med-rail-link。

⑤ Frida Ghitis, "World Citizen: 'Red-to-Med' Deal Highlights Growing Israel-China Ties," *World Politics Review*, July 12, 2012, https://www.worldpoliticsreview.com/articles/12153/world-citizen-red-to-med-deal-highlights-growing-israel-china-ties.

间协议来"绕过"招标法，直接授予特许经营权。① 负责承建阿什杜德南部港口的泛地中海工程有限公司也是未来建造跨内盖夫地区的"红海—地中海"高铁的候选建筑公司。以色列学者认为，泛地中海工程有限公司有很大希望成为"红海—地中海"高铁项目的建设方。② "红海—地中海"高铁项目被以色列学者称为"为中国设计的项目"。③ 虽然印度、西班牙等多个国家都对这一项目表示感兴趣，然而就该项目真正同以色列方面进入实质性协商的只有中国。④

以色列的区位优势并不突出，但阿什杜德港背后有连通红海与地中海的铁路项目，一定程度上具有代替苏伊士运河的战略意义。由于受到多种因素影响，发展前景难以预料，而且即使规划实现，其功能和价值也是较为有限的。目前来看，海上运输仍然比陆上运输更具优势，相较而言海运更加方便、运费较为便宜、货物装卸程序简便、运载量更大⑤，但埃拉特港的承载力仍然太小，目前还不具备集装箱装卸能力，即使扩建之后高铁也很难达到目前苏伊士运河的运载水平。从运输成本来计算，一艘 8 000 标准箱的集装箱船如果要从苏伊士运河通过，全程花费共约 62.8 万美元，而同样级别的货船经过埃拉特港卸载、铁路运输并在阿什杜德港再次装载，整体花费约 188 万美元，成本几乎达到苏伊士运河运输的 3 倍。⑥ 因此，以色列的高铁项目尚不具备经济可行性，也不会对苏伊士运河造成致命冲击。

三、中国参与以色列港口建设的机遇与挑战

以色列是中东地区唯一的发达国家，也是该地区政局最为稳定的国家之一。

---

① "China to Build Israel's Eilat Port Rail Line," Container Management，July 27, 2012, http://container-mag.com/2012/07/27/china-to-build-israel-s-eilat-port-rail-line/.

② David Shamah, "China Firm to Build New Ashdod 'Union Buster' Port," The Times of Israel, September 23, 2014, http://www.timesofisrael.com/china-firm-to-build-new-ashdod-union-buster-port/.

③ Max Schindler, "Builders Urge Caution in Using Chinese State Firms for Infrastructure," The Jerusalem Post, January 29, 2018, https://www.jpost.com/Jpost-Tech/Business-and-Innovation/Builders-urge-caution-in-using-Chinese-state-firms-for-infrastructure-540169.

④ 肖宪：《"一带一路"视角下的中国与以色列关系》，《西亚非洲》2016 年第 2 期。

⑤ Naser Al-Tamimi, "KSA's Important Role in the Chinese Belt and Road Initiative," Arab News, May 13, 2017, http://www.arabnews.com/node/1098871.

⑥ Salem Y. Lakhal and Souad H'Mida, "The Red-Med Railway Project a Serious Competitor to the Suez Canal for Cargo Containers?" Independent Journal of Management & Production，Vol. 8, No. 3 (2017)：898 – 917.

以色列经济发达,工业化程度较高,并以知识密集型产业为主,总体经济实力较强,科技水平先进,国内制度规范,经济发展保持稳定,劳动力素质较高,资本和金融市场发育成熟,竞争力居世界前列。以色列为经合组织成员,与欧盟、美国、加拿大、土耳其等签有自由贸易协定。2018 年,以色列全球竞争力位列第 20 位,[1]营商环境排全球第 54 位。[2] 2018 年以色列吸引外资流量 218.03 亿美元,截至 2018 年末吸引外资存量达 1 480.45 亿美元。[3]

（一）中以港口建设合作的机遇

近年来,"一带一路"倡议为中以合作提供了契机。以色列是"一带一路"在中东地区最值得经营的节点国家之一,关系到"一带一路"在中东乃至更广大区域的建设及顺利推进的成效。[4] 中国参与以色列基础设施项目建设为进一步深化双边关系打下了良好的基础。对于中以双方来说,中国对以色列基础设施项目的参与是一项互利双赢的合作。[5]

对于中国来说,中以在港口建设和轻轨工程等项目的合作,为中国基础设施建设走向海外打出了一张亮眼的质量名片。阿什杜德港项目更是中国在发达国家进行基础设施建设的一次突破,相当于取得了进入发达国家的"钥匙"。[6] 在"一带一路"框架下,作为中东国家中相对安全和稳定的合作对象,中国在以色列的重要基础设施建设项目也为"一带一路"在中东及北非地区交汇提供了可能性。而参与建设以色列地中海港口项目乃至未来的"红海—地中海"高铁项目,将为中国商品运往欧洲提供除苏伊士运河以外的替代运输线路。中国是苏伊士运河的主要使用者之一,中国航运企业和贸易商对苏伊士运河通行费的涨价预期与传闻非常敏感。[7] 如果未来可以选择"红海—地中海"的铁路运输,尽管要经历卸货、铁

---

① "The Global Competitiveness Report 2018," WEF, October 16, 2018, https://www.weforum.org/reports/the-global-competitveness-report-2018.

② "Doing Business 2018," The World Bank, October 31, 2017, http://www.doingbusiness.org/en/reports/global-reports/doing-business-2018.

③ "World Investment Report 2019," UNCTAD, June 12, 2019, https://worldinvestmentreport.unctad.org/world-investment-report-2019/.

④ 李玮:《以色列与"一带一路":角色与前景》,时事出版社,2018,第 196 页。

⑤ 肖宪:《"一带一路"视角下的中国与以色列关系》,《西亚非洲》2016 年第 2 期。

⑥《中国港出海》,央视财经频道,2017 年 2 月 12 日,http://tv.cntv.cn/video/C10316/b033ca56715 7418fa534746af5af2e85。

⑦ 王琳:《苏伊士运河通行费涨价 中国航运公司最敏感》,第一财经网,2016 年 6 月 20 日,http://www.yicai.com/news/5030296.html。

路运输与重新装载的烦琐过程，但是相较于保持贸易路线畅通无阻的目标而言，为了应对潜在的风险，减少对单一运输线路的依赖是中国规避风险的必然选择。[①]

近年来，以色列的对外政策体现出"向东看"的倾向，中以在经贸方面的合作往来日渐密切。而以色列基础设施亟待改进，港口基础设施建设市场有极大的发展潜力。当前，中国承建的以色列地中海沿岸港口与主要城市轨道交通设施，无论在工程质量还是施工效率上都显示出了极强的竞争力。新港口的交付使用将极大提高以色列进出口贸易货物的吞吐能力和工作效率，加速贸易流动，增强市场活力，促进以色列经济增长和产业发展。以色列国内物流运输网络急需改善，中国在以色列所承建的工程中展示出的作业水平为以色列推进基础设施发展与升级提供了一个良好的选择。以色列基础设施建设需要大量资金，预计每年需要投资40多亿美元。中国的"一带一路"倡议与以色列加强基础设施建设的诉求高度契合，中国在港口建设领域拥有技术、成本和效率优势，双方拥有基础设施建设合作的经验和日益密切的合作关系，这为中国与以色列加强港口开发合作提供了机遇。

1. 稳定发展的中以双边关系

2014年中以开启自贸区谈判；2015年以色列加入亚投行，表明中国成为以色列亚洲事务的优先方向。[②] 两国经济互补性强，经济合作领域主要集中于农业、军工、基础设施建设和高科技产业，双边贸易额逐年增长。2018年中以贸易额为139.2亿美元，中国是以色列的第二大贸易伙伴。2018年中国对以色列直接投资流量为4.1亿美元，截至2018年底，中国在以色列的直接投资存量达到46.2亿美元。[③] 中国企业在以色列科技领域的投资也在不断攀升。以色列领导人访华频繁，2017年3月，以色列总理内塔尼亚胡访华期间，两国签署了总金额约20亿美元的25项协议，并将中以双边关系正式提升为创新全面伙伴关系。[④]

---

① Frida Ghitis, "World Citizen: 'Red-to-Med' Deal Highlights Growing Israel-China Ties," *World Politics Review*, July 12, 2012, https://www.worldpoliticsreview.com/articles/12153/world-citizen-red-to-med-deal-highlights-growing-israel-china-ties.

② 崔守军：《互利合作驱动中国和以色列关系升级》，《中国社会科学报》2017年4月13日，第3版。

③ 《对外投资合作国别（地区）指南：以色列（2019年版）》，中华人民共和国商务部，http://www.mofcom.gov.cn/dl/gbdqzn/upload/yiselie.pdf.

④ 《内塔尼亚胡："一带一路"倡议哪里需要以色列 以色列都将全力投入》，新华网，2017年3月23日，http://news.xinhuanet.com/world/2017-03/23/c_129516429.htm.

对以色列政府及其企业来说,经济迅速增长的中国是其重要的贸易合作伙伴,除了因为中国的重要经济地位和不断提升的经济能力外,努力塑造对华友好关系也是一个重要考量。

2. 共建"一带一路"的机遇

当前中国推进"一带一路"倡议为中以合作提供了契机,以色列也积极实施"向东看政策",两国在战略对接与项目合作上存在着巨大空间。只要双方继续做大共同利益的蛋糕,两国关系的基础必将更加坚实。[1] 以色列总理内塔尼亚胡在接受采访时也表示,以方坚定支持中国的"一带一路"倡议。从以色列角度出发,一方面,中以在经济上存在很大的互补性,双边经贸合作对以色列经济发展有重要意义;另一方面,以色列希望中国能通过"一带一路"建设在中东发挥更大的桥梁作用,从而推动以色列和阿拉伯国家的关系。[2] 这体现了以色列期望通过中国提供的平台来实现与其他国家甚至周边阿拉伯邻国的合作。

3. 中国制造和建设的技术、成本与效率优势

传统上,以色列建筑和基础设施市场的投资承建商主要来自欧美,而当前中国企业已经表现出很强的竞争力和发展前景。中国在以色列进行的重要基础设施项目包括海法港、阿什杜德港与特拉维夫轻轨红线工程。中国企业在项目建设中展现了成熟的经验技术以及强大的投资开发能力,中国承建的项目进展令以色列感到十分满意。在以色列,本土工程公司承建的工程项目鲜有按期完成的,但中国在以色列承建的所有项目节点都按期完成,甚至多次有超前完成的情况。在港口建设方面,截至目前中国承建的阿什杜德港主体工程建设的所有工期节点都已按期完成,甚至有多个项目原本可以提前完工,但在以方的要求下放慢了进度。泛地中海工程有限公司项目部总经理乐砾表示,以色列交通部部长卡茨在访问项目工地后,对当地的媒体这样评价:"这个项目是以色列的七大奇迹之一。"[3]

---

① 詹永新:《中以关系:迈向更加辉煌的明天》,《以色列时报》,2017 年 1 月 24 日,http://cnblogs. timesofisrael.com/中以关系:迈向更加辉煌的明天/。

② 颜旭:《以色列交通部长:以色列愿做"一带一路"上的一个枢纽》,国际在线,2017 年 5 月 5 日,http://news.cri.cn/20170504/589cef96-a654-db92-dd21-8be893184931.html。

③《中国港出海》,央视财经频道,2017 年 2 月 12 日,http://tv.cntv.cn/video/C10316/b033ca56715 7418fa534746af5af2e85。

（二）中国参与以色列港口建设面临的挑战

以色列的地理区位并不具有突出优势，国小人少，缺乏腹地纵深，自然资源贫乏，国内市场容量与潜力有限，对外贸易主要依赖发达国家市场。由于水电资源价格、人均工资水平较高，以色列的企业经营成本也较高。此外，以色列的经济与外交受到严峻的安全问题与外交环境等因素的显著制约。中国在以色列开展基础设施建设必须要考虑到其中可能遭遇的障碍和挑战。

1. 地区安全挑战突出

复杂的地缘政治环境和地区形势是影响以色列投资环境的突出因素之一。以色列最重要的安全风险是恐怖主义威胁以及与国家、非国家行为体发生冲突的可能性。以色列长期与巴勒斯坦争端不休，国内右翼势力不断上升，对外态度强硬，在巴勒斯坦的强势扩张政策加剧了紧张局势。邻国叙利亚的内战没有完全停息，伊朗和黎巴嫩真主党与以色列依然势同水火，以色列北部边境的局势始终紧张。与以色列南部接壤的埃及西奈半岛地区形势紧张，很多恐怖组织将西奈作为新的大本营，极端组织和恐怖活动猖獗。而"伊斯兰国"极端组织西奈分支在2015年曾宣称将协同加沙分支对埃拉特港进行袭击。[1] 地中海沿岸站点城市阿什杜德、特拉维夫和海法也同样受到武装袭击的威胁。巴勒斯坦哈马斯火箭弹和迫击炮的射程已经有能力覆盖包括阿什凯隆、阿什杜德和特拉维夫在内的以色列重要沿海港口城市。[2] 在美国前总统特朗普明确偏袒以色列的情况下，以色列与哈马斯之间的冲突仍然有升温趋势，其面临的内外安全风险总体偏高。

然而，《"一带一路"沿线国家安全风险评估》显示，以色列总体安全风险被列为"低+"（蓝色），南部、耶路撒冷地区为"中"（黄色），主要安全风险源为巴以冲突、宗教极端主义和武装组织等，但很难构成较大安全威胁。[3] 因此，以色列的

---

① Byyasser Okbi, Maariv Hashavua, "Report: Isis-Linked Terrorists in Sinai Threaten to Strike Eilat Port," *The Jerusalem Post*, May 28, 2015. http://www.jpost.com/Middle-East/Report-ISIS-linked-Sinai-terrorists-threaten-to-strike-Eilat-port-404440.

② Yoram Golan, "Israel Ports — Development Despite Terror Threats," AIMU/MICA Global Network Conference, Atlantic City, June 29 - 30, 2009, http://static1.1.sqspcdn.com/static/f/1340097/17628107/1334209145167/YoramGolan.pdf?token=qckJX7WV7CDAzrPgdHkYHgiqpD4%3D.

③《"一带一路"沿线国家安全风险评估》编委会：《"一带一路"沿线国家安全风险评估》，中国发展出版社，2015，第189页。

基础设施建设项目相较中国在南亚、非洲等区域参建的基础设施项目而言,事实上安全风险并不算高。

2. 地缘政治因素不断上升

当前,中国在以色列参与的基础设施建设项目很少涉及他国利益,但计划建设的"红海—地中海"高铁项目因具有替代苏伊士运河的意义而遭到邻国埃及的反对和抵制;美国等外部大国对中国参与以色列港口建设也多有猜忌,多次从中阻挠。

历史上,埃及因安全原因曾利用地缘优势封锁以色列亚喀巴湾,尤其是对蒂朗海峡的控制使埃及占有绝对优势。目前,埃及对"红海—地中海"高铁项目的反对主要是源于担心该项目会影响苏伊士运河的经济收入并产生战略性冲击。由于苏伊士运河对埃及来说具有重要的战略、经济和政治象征意义,"红海—地中海"高铁项目在通过之初就引发了埃及的反对。对于中国来说,除了经济和战略因素之外,参与以色列的港口和铁路基础设施建设也必须考虑重要伙伴埃及的态度和关切。在此问题上,化解地缘政治因素障碍的关键在于加强区域协调合作,以及充分发挥中国"润滑剂"的作用。一方面,以色列在高铁建设问题上需要与埃及展开外交沟通和协商,而埃以双方近年来的经济和安全合作为两国提供了协商的可能性。另一方面,让邻国埃及和约旦等阿拉伯国家参与合作、共同受益也并非不可能。由于埃拉特港承载能力有限,如果能够把与埃拉特港相邻的约旦亚喀巴港、埃及塔巴港纳入该铁路的运输体系中,将能够大大提高其运输能力。约旦唯一的港口亚喀巴港距离埃拉特港仅 18.52 千米的距离,且其货运承载能力远大于埃拉特港。[①] 2014 年,亚喀巴港开设了一项通往埃拉特港的集装箱支线服务,两港之间通过 30 分钟航行开展货运。[②] 如果将亚喀巴港甚至埃及的塔巴港共同纳入"红海—地中海"线路之中,可在以色列与约旦、埃及的港口之间形成协作关系,推进三国港口的集群化发展,加强港航互联互通,开展港口物流投资合作,还可以促进三国经济甚至战略层面的区域合作,并进一步推动中

---

① N. Kliot, "The Grand Design for Peace: Planning Transborder Cooperation in the Red Sea," *Political Geography*, Vol. 16, No. 7 (1997): 581 – 603.

② "Eilat Port Operates Container Service via Jordan's Port of Aqaba," Port2Port, March 16, 2014, http://www.port2port.com/article/Sea-Transport/Ports/Eilat-Port-operates-container-service-via-Jordan-s-port-of-Aqaba/.

东地区的和平,真正实现"以发展促和平"。

美国是影响以色列与中国加强合作的关键因素,并正在港口建设项目方面发挥负面作用。美国对中国的海外港口建设充满战略疑虑,在海上丝路沿线各地对中国企业的商业活动进行干扰,不断施加舆论和战略压力。而以色列外交在一定程度上受制于美国,由于中美之间的竞争关系,以色列部分相关人士担心在科技领域或影响到地缘政治架构的基础设施领域,若与中国关系过密,或许会有损对以色列更为重要的美以关系。① 美国是以色列的关键盟友和最大外部支持者,以色列自然会顾忌美国对中国的政策态度,美国也有更为直接的手段对以色列施加影响。例如,海法港是美国第六舰队的经常停靠地,美国明确以安全问题为由施压以色列政府慎重决定将海法港交由中国企业运营。2018 年 12 月,美国海军曾表示,中国上港集团运营海法港将危及美国第六舰队的停靠安全,敦促以色列政府重新考虑这一决定。② 有美国海军高官直言,中国投资海法港是出于地缘政治的影响,"中国在海法港立足将影响美国与以色列的海军合作,包括美国舰队军舰访问海法港的决定"。③

3. 以色列国内政治因素及对中国的疑虑

与西方国家一样,以色列国内也存在反对与中国建立密切合作关系的声音。尽管以色列总理在大力推动以方与中国的友好及合作关系,但是很多以色列官员仍然对中国不甚了解,甚至对发展的中国充满了担忧。中国倡议筹建亚投行之初,连时任以色列驻华大使马腾对此都不甚了解,马腾大使最初认为亚投行只是一个亚洲地区银行,直到收到英国、德国、法国准备加入的消息后才认识到了其重要性,因此他直接打电话给正在忙于大选后组建新内阁的总理内塔尼亚胡。在马腾大使的一再坚持下,总理才批准以色列在截止期限前 20 分钟申请加入亚投行。④

---

① Meron Medzini, "The Chinese Are Coming: The Political Implications of the Growing Sino-Israel Economic Ties," *Economic and Political Studies*, Vol. 3, No. 1 (2015): 114 - 128.

② M. Wilner, "U.S. Navy May Stop Docking in Haifa after Chinese Take over Port," *The Jerusalem Post*, December 15, 2018, https://www.jpost.com/Israel-News/US-Navy-may-stop-docking-in-Haifa-after-Chinese-take-over-port-574414.

③《俄媒文章：中国租用以色列海法港引关注》,参考消息网,2018 年 9 月 27 日, http://m.cankaoxiaoxi.com/column/20180927/2332440.shtml。

④ 吕新莉:《以色列大使马腾将军谈话录》,江苏人民出版社,2017,第 184 - 185 页。

以色列国内反对与中国合作的人认为,中国在中东地区的政治和经济战略与以色列在该地区的利益和立场背道而驰。中国与伊朗、沙特阿拉伯和海湾国家在石油等领域存在着紧密联系,部分人甚至认为伊朗获得足以威胁以色列生存的核能力是受益于中国的帮助,而中国对阿拉伯国家的军售也对以色列造成了负面影响。此外,在以色列投资的大部分中国企业是国有企业或者处于国家管控之下的企业,如果未来发生阿以冲突,这可能会对以色列产生不良影响。尽管以色列国内存在着一些疑虑和反对的声音,但合作仍是大势所趋,主张以色列与中国合作的声音是两国关系的主流。

四、结语

从总体上来看,尽管中国与以色列在基础设施建设方面仍然存在风险和挑战,但这些挑战并非不可克服,中国的"一带一路"倡议与目前中以关系日益紧密的合作趋势为两国港口建设合作提供了广阔的前景。未来,中国应将港口建设作为与以色列加强务实合作的重要内容,通过不断扩大现实收益稳定双边伙伴关系;全力支持中国企业成功运营海法港,为"21世纪海上丝绸之路"在东地中海的建设提供更大助力;努力消除以色列国内的疑虑,密切防范美国因素带来的负面影响。

第四节　中国在土耳其的港口建设

作为地跨欧亚的海陆枢纽国家,土耳其拥有四通八达、多方辐射的独特区位优势,为中东和欧亚地区大国。土耳其是中东第一大经济体,经济增长速度较快,拥有较高的人均收入水平,城市化、现代化水平均较高,基础设施较为完备,并拥有丰富的人力资源、贸易与投资优势。土耳其区位优势明显,是连接欧亚大陆与周边多个地区的重要枢纽和商品集散地,为全球重要的新兴投资市场与消费市场,在全球海洋运输格局中也占有比较重要的地位。

一、土耳其港口及其开发优势

作为全球重要的新兴市场国家之一,土耳其基础设施市场具有较大的发展潜力，人口增长稳定，结构年轻，政府私有化运动持续推进，加上土耳其在亚欧之间过境枢纽的独特地理位置，对投资者形成了较大的吸引力，基础设施市场容量和前景都良好。

（一）土耳其的港口开发基础与潜力

土耳其三面环海，海岸线长达 7 200 千米，这使其海上运输颇具竞争优势。据统计，土耳其共拥有大小各类港口 55 个，分为地中海港口和黑海港口两大部分。其中，主要港口有伊斯坦布尔、伊兹密尔、梅尔辛、伊斯肯德伦、安塔利亚等。

伊斯坦布尔横跨欧亚两洲，控制了从地中海经马尔马拉海通往黑海的唯一通道，一直是中近东地区的关键地缘节点之一。伊斯坦布尔地处国际陆上和海上贸易路线的枢纽位置，是土耳其的经济和金融中心，也是其最大城市。伊斯坦布尔港是土耳其的最大港口，有两个主要组成部分：一个是位于伊斯坦布尔欧洲部分由昆波特等 6 个码头组成的阿姆巴利港；另一个是位于伊斯坦布尔亚洲部分的海达尔帕夏港。欧洲部分的阿姆巴利港及其昆波特码头最为重要，可停泊 25 万吨以上的大型油轮；亚洲部分的海达尔帕夏港使用较少。伊斯坦布尔、阿姆巴利和海达尔帕夏一般被认为是 3 个独立的港口。1989 年，伊斯坦布尔与中国上海结为友好城市，至上海、天津等中国港口有直达航线。

伊兹密尔是土耳其的第三大城市；伊兹密尔港为天然良港，是土耳其的第二大港。伊兹密尔港附近为土耳其重要的农业区，以出口农产品和丝织品为主；工业以轻工业以及机械、造船等相关产业为主。1991 年，伊兹密尔与中国天津结为友好城市，至上海、天津等中国港口也有直达航线。

梅尔辛地处土耳其南部、地中海沿岸。梅尔辛拥有不少轻工产业，以及大规模的炼油厂，是土耳其最主要的石化工业基地。梅尔辛港是土耳其南部最大港和土耳其第三大港，是最重要的商贸及出口商品集散中心之一，是土耳其东南部农矿产品的出口港。2002 年，梅尔辛与中国泉州结为友好城市。上海、深圳、宁波、天津、广州等港口都有开往梅尔辛港的货轮。

根据土耳其交通部的数据，2016 年土耳其港口的国际集装箱吞吐量达到880 万标准箱，与 2006 年的 390 万标准箱相比翻了一番多。另外，根据联合国贸发会议发布的《2016 年全球海运发展评述报告》，截至 2016 年年中，按照船舶载重吨位来看，土耳其是世界第 15 大船舶所有国，共注册有本国和外国船舶

1 540艘,合计超过2 795万载重吨,占世界总量的1.56%。在世界拥有最大船队的35个船籍登记地中,土耳其排名第26位。[①] 近年来英国劳氏公司发布的世界集装箱港口100强榜单中,土耳其的阿姆巴利港和梅尔辛港一直位列其中,其中2018年两个港口的集装箱吞吐量分别为319.41万标准箱和172.2万标准箱,分别排名全球第54位和第97位。[②]

除了贸易和运输的便利化程度、船舶运营成本之外,航运连通性和一国在全球航运网络中的位置都会对国际海运成本产生很大影响,连通性反映了航运可能性、港口基础设施能力和行业结构,而航运网络所起的作用及其结构涉及海运和港口行业之间以及国家和充当管理与监管机构的国际组织之间复杂的相互作用。根据联合国贸发会议发布的全球班轮航运连通性指数,土耳其的指数稳步上升,从2006年(2006年全球最大值为100)的30.58上升至2018年的56.31。[③] 虽然土耳其区位优势明显,也拥有一些大型港口,并计划到2023年建成至少一个全球排名前10的港口,着力提升海运物流处理能力,但由于缺乏具有独特优势的港口,在海上丝路沿线港口建设中并不具有不可替代的战略地位。

(二)土耳其港口开发的优势条件

土耳其为新兴大国,经济实力较强;相对于周边国家制度较为完善,国内局势比较稳定;沿海地区经济发达,具有成熟的配套设施和较大的经济纵深;与周边多个地区和国家经济联系紧密,这均为土耳其加快本国港口开发和吸引外资进入提供了有利条件。

第一,土耳其处于沟通欧亚地区的独特枢纽地位,区位优势明显。土耳其地跨欧亚两洲,土耳其海峡联通黑海与地中海,与巴尔干、中东、北非、里海、中亚等重要地区紧密相关,是连接欧亚大陆的战略要地,素有"亚欧桥梁"之称,既是保障欧洲战略安全的桥头堡,也是中东、中亚与里海地区能源输往欧洲的走廊,拥有无可替代的全球地缘战略地位。布热津斯基在《大棋局:美国的首要地位及其地缘战略》一书中将土耳其列为欧亚大陆这一全球大棋盘上的地缘政治支轴

① "Review of Maritime Transport 2016," UNCTAD, November, 2016, http://unctad.org/en/PublicationsLibrary/rmt2016_en.pdf.

② "One Hundred Ports 2019," Lloyd's List, July 29, 2019, https://lloydslist.maritimeintelligence.informa.com/one-hundred-container-ports-2019.

③ "Liner Shipping Connectivity Index, Quarterly," UNCTAD, https://unctadstat.unctad.org/wds/TableViewer/tableView.aspx?ReportId=92.

国家之一，所看重的就是土耳其独特的地缘优势。^① 处于地缘与文化交汇中心的土耳其是一个拥有多种身份、多重影响力的极其特殊而关键的地区大国，是东西方文明沟通的天然桥梁。

从经济方面来看，土耳其是中东、中亚、里海国家以及俄罗斯、欧盟的重要经济伙伴，对周边国家经贸、能源与安全的重要性与日俱增。特别是土耳其与欧盟签有关税同盟协定，与数十个国家签有自由贸易协定，是多个区域合作与优惠贸易安排的成员，成为世界投资与贸易往来的汇聚地。土耳其凭借与欧洲之间的密切经济关系成为外界通往欧洲的中转通道，与欧洲之间建立了密不可分的经济联系，已成为外部进入欧洲市场的跳板。此外，土耳其是中亚里海地区、中东乃至非洲地区的主要贸易对象国与投资来源国之一，具有较强的区域投资与开发实力和影响力。土耳其也是北约、经合组织以及二十国集团成员国，与西方之间建立的多元而深入的制度性联系和新兴国家的双重身份为土耳其在地区与全球经济中发挥沟通桥梁作用奠定了良好基础。

第二，土耳其拥有西亚、北非地区首屈一指的经济规模与实力，现代化程度较高，产业部门较为齐全，且经济开放度高，投资吸引力强。2002 年正发党执政以来，土耳其经济实现了持续高速增长的"奇迹"，成为中东地区经济增长最快、赶超势头最强劲的国家，发展成为世界第十八大经济体，多次被列入多种形式的新兴国家群体名单之中，被称为"安纳托利亚之虎"，"土耳其模式"也一度声名鹊起。2008 年全球金融危机以后，土耳其经济也以全球领先的高增长率率先摆脱了金融危机的影响，2010 年和 2011 年曾实现了 9.2％和 8.8％的高增长率。近年来土耳其经济增速下滑，经济发展遭受一定挫折。2017 年土耳其 GDP 为8 507 亿美元，人均 GDP 为 10 592 美元。^②

土耳其的经济实力在西亚与北非地区长期居于首位，土耳其实行自由化经济政策，经济开放度高，国内营商环境较好。正发党执政以来，通过私有化推动国内私有经济生产力的释放与竞争力的提高；着力打造欧亚非地区的中高端产品生产基地与中转枢纽；大力改善投资环境，吸引外国投资；同时通过规范金融

---

① 兹比格纽·布热津斯基：《大棋局：美国的首要地位及其地缘战略》，中国国际问题研究所译，上海人民出版社，2007，第 39 - 40 页。

② "Turkey," The World Bank，http://www.worldbank.org/en/country/turkey/overview.

业、加强财政纪律、控制通货膨胀等措施保障宏观经济环境的稳定,既极大地释放了经济增长的潜力,也促进了金融与经济系统的稳定,推动了土耳其经济的腾飞。土耳其没有外汇管制,资金进出自由,与发达国家市场联系紧密,经济开放度高,国内营商环境较好。世界经济论坛发布的《2018年全球竞争力报告》显示,土耳其的全球竞争力在140个国家和地区中列第61位。[①] 世界银行发布的《2018年营商环境报告》认为,土耳其营商环境在全球190个经济体中排第60位。[②]

土耳其致力于吸引外来投资,制定了一系列投资优惠措施。20世纪80年代开始实行经济自由化与开放化以来,土耳其经济对国际资本依赖度逐步提高,先后多次修改法律和颁布投资优惠措施,以期吸引更多外来投资。2006年土耳其将投资激励计划写进法律,鼓励制造业、能源业与服务业的投资与出口。2012年土耳其颁布了新的投资激励计划,对在指定的落后地区以及大型项目的投资给予更多的激励与优惠。土耳其吸引外资规模不断上升,外资来源地主要为欧盟国家。2018年土耳其吸引外资流量129.44亿美元,截至2018年末吸引外资存量1 345.24亿美元。[③]

第三,土耳其拥有良好的交通基础设施和优良的港口设施。土耳其基础设施较为优良,国内交通便捷。根据世界银行2016年公布的物流绩效指数报告,土耳其的国际物流绩效指数为3.42,在160个国家和地区中排名第34位。土耳其公路、航空和海运发达,公路总里程超过24万千米;铁路里程超过1.274万千米;土耳其是国际上重要的航空枢纽国家,拥有55个民用机场,其中23个为国际机场;土耳其海上运输优势明显,十分便利和发达。[④] 过去的10余年,土耳其交通建设项目投资超过850亿美元,国内交通基础设施大幅改善,近年来还制定和启动了大规模的基础设施建设计划。根据土耳其政府的"2023年发展愿景",

---

① "The Global Competitiveness Report 2018," WEF, October 16, 2018, https://www.weforum. org/reports/the-global-competitveness-report-2018.

② "Doing Business 2018," The World Bank, October 31, 2017, http://www.doingbusiness.org/en/ reports/global-reports/doing-business-2018.

③ "World Investment Report 2019," UNCTAD, June 12, 2019, https://worldinvestmentreport. unctad.org/world-investment-report-2019/.

④ 《对外投资合作国别(地区)指南:土耳其(2019年版)》,中华人民共和国商务部,http://www. mofcom.gov.cn/dl/gbdqzn/upload/tuerqi.pdf.

在交通方面,计划在 2023 年前建成 3.65 万千米双线车道,7 500 千米高速公路和 7 万千米沥青公路;2019 年在博斯普鲁斯海峡建成海底隧道和第三座大桥,在达达尼尔海峡架设一座大桥;在全国境内修建 1 万千米高速铁路,增修 4 000千米普通铁路,修建 8 000 千米电气化信号铁路,每年改造 500 千米铁路,推动土耳其与高加索、中东和北非的铁路项目建设,并将铁路连接到全国主要港口;将全国油气输送管道长度增加至 60 717 千米;在爱琴海、地中海、马尔马拉海和黑海建设转运港,到 2019 年建成至少一个世界排名前 10 的港口,提供 3 200 万标准集装箱的运输处理能力,5 亿吨固体和 3.5 亿吨液体的处理能力;在全国范围内建设 100 个码头,容量达到 5 万艘游艇。①

土耳其为全球第五大船舶制造国,拥有 77 座造船厂,造船产能 440 万载重吨,修船 1 900 万载重吨,具备建造 8 万吨级船舶的能力。② 此外,土耳其是世界重要的货物贸易国之一,这也是推动土耳其港口开发与航运业发展的重要支撑。作为新兴工业化国家和世界第十八大经济体,土耳其是全球大宗商品特别是钢铁的主要生产国和消费国之一,也是主要的油气进口国之一。2014 年,土耳其钢铁产量和消费量均占世界市场份额的 2%,分别排名世界第 8 和第 9 位。③

二、中国参与土耳其港口建设的机遇与现状

（一）中国参与土耳其港口建设的新机遇

土耳其是"一带一路"沿线的关键节点国家之一,拥有打造欧亚交通枢纽的宏大规划与抱负,并且十分希望与中国的"一带一路"倡议进行战略对接,这为中国参与土耳其港口等交通基础设施建设提供了新机遇。

1. 土耳其是"一带一路"海陆交汇地带的关键节点国家

土耳其拥有独特的地缘政治与地缘经济地位,是建设"丝绸之路经济带"和"21 世纪海上丝绸之路"的关键伙伴和重要参与方。土耳其经济实力较强,可以成为"一带一路"建设的重要参与力量,凭借其与欧洲之间的密切经济联系成为

①《土耳其经济与商业环境风险分析报告》,《国际融资》2017 年第 4 期。
②《对外投资合作国别(地区)指南:土耳其(2019 年版)》,中华人民共和国商务部,http://www.mofcom.gov.cn/dl/gbdqzn/upload/tuerqi.pdf。
③ "Review of Maritime Transport 2015," UNCTAD, October 14, 2015, http://unctad.org/en/PublicationsLibrary/rmt2015_en.pdf.

外界通往欧洲的中转通道,是实现"一带一路"远期发展前景的重要支撑。土耳其拥有西亚、北非地区首屈一指的经济规模与实力,现代化程度较高,产业部门较为齐全,综合经济实力很强。土耳其人口规模较大,人均 GDP 超 1 万美元,城市化水平达到 92% 以上,国内消费能力强,市场广阔。中国提出并加快推进的"一带一路"倡议契合中土两国的经济发展战略,为双方加强双边合作带来了新的发展机遇。中国重视土耳其在"一带一路"中的关键地位并积极与土耳其扩大基础设施建设及投资合作,未来中土在港口开发、集装箱运输、物流服务等方面的合作具有较大增长潜力。

2. 土耳其明确希望对接中国的"一带一路"倡议

中国"一带一路"倡议及其与土耳其发展战略的对接为加强双方港口开发合作带来了重大机遇。土耳其将中国的"一带一路"建设视为自身发展的重要机遇,并发起了旨在推动亚欧之间区域经济合作的"中间走廊"倡议,希望将两者对接起来,酝酿多项具体对接项目。2015 年 5 月,中国与土耳其签署了交通基础设施合作协议;2015 年 10 月,双方正式签署了"一带一路"倡议与"中间走廊"倡议相衔接的谅解备忘录;2017 年 5 月,土耳其总统埃尔多安在北京参加"一带一路"国际合作高峰论坛,再次表示将积极参与和对接"一带一路"建设。中土在"一带一路"框架下的合作具有良好的理念基础和现实基础,政治基础也处于较稳固的状态。①

土耳其认为,其在地理上、在真正意义上把亚洲与欧洲以及把西方与东方联系在了一起,理应在"一带一路"中占有特殊的位置。土耳其外交部在交通部、能源部、经济部以及海关等部门的协助下,成立了一个专门处理土耳其参与"一带一路"事务的跨部门工作组。而三面临海、坐拥众多港口的土耳其还可以在"21世纪海上丝绸之路"的建设中占据一席之地,土耳其国内正在改变重视陆上项目而忽视海上部分的状况,开始就是否应当以及如何才能成为海上丝路的组成部分展开辩论,极力强调本国在中国"21世纪海上丝绸之路"建设中的重要性与独特地位。在意识到中国更为重视邻国港口之后,土耳其希望本国港口可在希腊比雷埃夫斯等港口之外发挥补充作用,吸引中国重视和开发土耳其的伊斯坦布尔、梅尔辛、昌达尔勒等港口,并为此作出多方努力。

① 刘欣:《土耳其与"一带一路"倡议》,《国际研究参考》2018 年第 7 期。

3. 土耳其规模宏大的欧亚枢纽计划相对成熟而有吸引力

土耳其制定了宏大的经济发展规划与基础设施建设计划，在国内资金能力有限且遭遇资金外流压力的背景下特别期待中国投资。如上所述，土耳其制定的"2023 年发展愿景"包含高达数千亿美元的基础设施与能源投资项目，特别是在公路、铁路网络以及机场、跨海大桥、港口等交通基础设施方面的投资规划十分庞大。但在近年来经济疲弱的大背景下，土耳其 GDP 和外贸增速与之前相比均大幅下滑，国内储蓄率低和外资流入下降也削弱了其投资能力，土耳其的"2023 年发展愿景"与大规模基础设施投资目标变得很难实现。国内资金本就有限的土耳其更加无法拿出足够的资金来进行国内投资，因此对外部投资资金的需求就变得更为强烈，而已经崛起为全球投资大国的中国成为土耳其期待的重要投资来源地。土耳其一直希望通过争取更多的中国投资来平衡并增强双边经济关系，将本国推介为中国在欧洲和中东经商的大本营。此外，贸易失衡与摩擦一直是土耳其的重要关切点，中国扩大对土耳其的投资有利于解决双方之间的贸易不平衡问题，还有利于更好地发挥土耳其的欧亚市场桥梁作用。[1]

4. 中土有进行港口等基础设施建设的合作基础

土耳其是中国在中东地区的重要经济伙伴，双边经贸关系发展迅速。2018 年，中土贸易额为 215.5 亿美元，中国为土耳其第二大贸易伙伴；对土直接投资为 3.53 亿美元，年末投资存量为 17.34 亿美元；在土工程承包合同金额 11.56 亿美元，完成营业额 6.67 亿美元。[2] 中土贸易额在各自对外贸易总额中所占比重不大，但呈现出快速增长的趋势，已经成为中土关系的重要基石。2010 年中土两国宣布建立战略合作关系，双方在能源、交通和基础设施建设领域签署了多项协议，签订了货币互换协议并两次延长。鉴于中土两国的经济规模及发展势头、经济互补性及双方的全球重要地位，中土经贸关系未来发展潜力巨大，两国在资金、技术、市场等方面具有明显的互补优势，拥有扩大经贸合作的强烈意愿，在诸多领域都大有可为。中土双方各具优势，中国拥有资金与制造业、基础设施建设等优势，土耳其与中亚、中东等地联系更为紧密，在港口等基础设施领域的投资

---

① 参见邹志强：《"一带一路"背景下中国与土耳其的国际产能合作》，《西北民族大学学报（哲学社会科学版）》2017 年第 6 期。

② 《对外投资合作国别（地区）指南：土耳其（2019 年版）》，中华人民共和国商务部，http://www.mofcom.gov.cn/dl/gbdqzn/upload/tuerqi.pdf。

开发合作将大大增加贸易、投资的便利化与成功率，也有利于通过合作减少双方间的疑虑与竞争。

中土同为全球重要的基础设施建设大国，这为双方的港口等基础设施建设合作奠定了重要基础。土耳其的航运公司和港口经营企业具有较强实力，目前都在扩大规模和全球业务范围。土耳其最大的11家航运公司总共拥有近60亿美元的资产，且能够在欧洲与地中海地区提供高端的船运服务；土耳其港口经营企业也开始大规模开展海外收购，购买世界各地港口的股份。土耳其港口经营企业已成为全球29个港口的经营者或股东，大多数在欧洲，2016年后也扩展到孟加拉国、厄瓜多尔和布基纳法索等国。① 随着土耳其航运和港口经营企业规模的扩大和经验的增加，未来与中国港航企业更易于建立国际合作伙伴关系。

（二）中国参与土耳其港口建设的实践

中国与土耳其之间的贸易往来较为频繁，土耳其是中国商品进入欧洲地区的重要中转站，双方之间一直保持着畅通的海上贸易往来。上海、深圳、宁波、天津、广州、厦门、青岛、大连都有开往伊斯坦布尔、伊兹密尔、梅尔辛等土耳其港口的货轮。但相对于邻近地区的埃及、希腊和阿尔及利亚等国，中国企业参与土耳其港口建设起步较晚，项目也很少，能够找到的港口建设合作案例寥寥无几，最有代表性的是2015年招商局港口联合中远集团等中国企业间接收购土耳其阿姆巴利港昆波特码头股权的案例。②

2015年9月16日，招商局港口与中远太平洋、中投海外组成的合资公司与土耳其方面签署有关昆波特码头股权的收购协议。收购价格为9.4亿美元。此次收购完成后，中资联合体获得昆波特码头65％的股权。在三方联合体中，招商局港口、中远太平洋和中投海外所占股权分别为40％、40％和20％。③ 这是中国港航企业联合以股权投资模式参与海外港口投资运营的成功案例。收购完成后招商局港口和中远海运港口（继承中远太平洋股份）分别拥有该码头26％的股权，合计52％，共同派出人员进行码头的运营管理。

---

① Altay Alti, "Turkey Seeking its Place in the Maritime Silk Road," *Asia Times*, February 26, 2017, http://www.atimes.com/turkey-seeking-place-maritime-silk-road/.

② 邹志强:《中国参与土耳其港口开发的机遇和风险》,《当代世界》2018年第5期。

③《中国三家央企联合收购土耳其第三大码头 Kumport》,人民网,2016年11月11日,http://world.people.com.cn/n1/2017/0509/c1002-29264130.html。

昆波特码头是土耳其第三大集装箱码头，位于伊斯坦布尔欧洲部分的阿姆巴利港区内，紧邻博斯普鲁斯海峡，扼守马尔马拉海通往黑海地区的要冲。收购前昆波特码头的集装箱吞吐能力为 184 万标准箱，未来经过扩建可提升至 350 万标准箱。① 招商局港口董事会主席李建红表示，昆波特码头的集装箱物流服务需求具有较大增长潜力，此项收购也将有助于进一步完善招商局港口的全球港口网络布局，并与公司旗下其他码头形成协同效应。② 2021 年，土耳其政府开始修建新的伊斯坦布尔运河，昆波特码头也邻近计划中的运河南端入口，未来有望可以服务于博斯普鲁斯海峡和运河两条航道。

本次收购是中国企业首次获得土耳其码头经营权，创造了当时中国企业在土单个项目直接投资的最高纪录，也是截至目前中国企业参与土耳其港口建设的最大案例。由招商局港口、中远太平洋和中投海外所组成的三方联合体强强联手，加强战略合作，发挥各自优势，共同为成功运营该码头合作，昆波特码头、土耳其以及合作各方均将从中受益。本次收购也被土耳其视为参与"21 世纪海上丝绸之路"建设重要的第一步，开启了中国参与土耳其港口建设的新时期，有助于推进欧亚之间的贸易往来和"21 世纪海上丝绸之路"建设。当前，中远海运集团正在以昆波特码头为核心拓展在土耳其和黑海地区的港航业务，并将之与地中海地区的业务紧密结合起来，不断取得更大的发展。从 2017 年至 2019 年，昆波特码头的集装箱吞吐量从 106 万标准箱增长至 128 万标准箱，但散杂货吞吐量从 12 万吨下降为 10 万吨。③ 2018 年 11 月，昆波特码头获得欧洲质量管理基金会颁发的 2018 年全球卓越大奖，表彰码头在安全和环保领域的优异表现。

此外，土耳其认为其他两个东地中海港口拥有参与海上丝路建设的更大潜力，并通过各种渠道推荐和吸引中国对昌达尔勒港、梅尔辛港开发的关注。昌达尔勒港位于伊兹密尔北部的爱琴海边，与希腊的莱斯沃斯岛隔海相望，是距离比雷埃夫斯港最近的土耳其港口，利用其有利位置可以把集装箱货物从伊斯坦布尔和马尔马拉地区运到欧洲。该港虽然吞吐潜力巨大，但仍缺乏配套的铁路、公

---

① 《中国三家央企联合收购土耳其第三大码头 Kumport》，人民网，2016 年 11 月 11 日，http://world.people.com.cn/n1/2017/0509/c1002-29264130.html。

② 同上。

③ "演示资料"，招商局港口，http://www.cmport.com.hk/news/Demo.aspx?p=6。

路等多式联运基础设施,也缺乏透明而有竞争力的政策和制度规范。土耳其希望能够尽早新建和扩建昌达尔勒港,整合和带动土耳其西部经济发展,如能纳入中国的"21世纪海上丝绸之路"建设并吸引中国投资开发,将是解决目前问题的可能方案。位于土耳其南部地中海沿岸的梅尔辛港是土耳其距离中东最近的港口,有利于接受穿过苏伊士运河的集装箱船舶和提供通往欧洲、伊朗以及"一带一路"沿线陆地的便捷通道。土耳其希望中国能对梅尔辛港进行升级改造,或是沿梅尔辛—伊斯肯德伦一线修建一座新的海港,从而更为直接地纳入"21世纪海上丝绸之路"建设的框架之中。[①]

三、中国参与土耳其港口建设的风险与建议

总体来看,虽然土耳其区位优势明显,拥有一些大型港口,本国也着力提升海运物流处理能力,但缺乏具有独特优势的港口,在海上丝路沿线港口建设中并不具有不可替代的战略地位。土耳其的经济实力与投资吸引力都很强,但近年来土耳其国内政治动荡加剧,经济增长陷入失速状态,外交困局明显,已经严重影响到其投资吸引力与外资企业的安全。在参与土耳其港口开发领域,中国企业在土耳其同样面临着较高的融资、政策与经营性风险,此外,土耳其与周边国家存在区位重叠和竞争,因此中国企业还面临着政治、安全与文化差异及动荡带来的非经济风险。

(一)中国参与土耳其港口建设的影响因素与风险

第一,与邻国的区位重叠和相互竞争使土耳其港口的国际竞争优势不突出。在海上丝路沿线特别是东地中海地区,土耳其与邻近的希腊、埃及、以色列、塞浦路斯等国在港口开发建设上存在着直接的竞争关系。对于欧亚之间的海上贸易来说,埃及因拥有苏伊士沿河这一必经之地在港口开发领域具有独特的地缘经济优势;希腊因其是欧盟成员国及其近年来连接东南欧与中欧地区的快捷优势受到了中国的重视,地缘经济优势与港口地位大幅提升,在中国的大力参与下,希腊比雷埃夫斯港已经发展成为东地中海地区的最大集装箱港口,并成为中国产品进入欧洲市场的门户;以色列因其稳定的安全形势以及寻找替代形势不稳

---

① Altay Alti, "Turkey Seeking its Place in the Maritime Silk Road," *Asia Times*, February 26, 2017, http://www.atimes.com/turkey-seeking-place-maritime-silk-road/.

的苏伊士运河的战略考虑，以色列如阿什杜德港的港口地位也日益受到重视。土耳其并非欧亚海运航线必经之地，与上述各国港口相比，港口功能存在一定的重叠和竞争，港口开发上的吸引力相形见绌，并没有受到中国更大程度的重视。土耳其也已经认识到，中国"21世纪海上丝绸之路"建设的最大合作伙伴是邻国希腊，而不是土耳其。相对于希腊、埃及和以色列在海上丝路建设中的重要地位，土耳其的重要性更多地体现在与陆上交通基础设施相关方面，作为欧亚两洲之间的"陆上桥梁"，土耳其在通过铁路运输连接亚洲和欧洲方面是俄罗斯的替代选择。[①]

第二，港口配套基础设施建设滞后成为阻碍中国参与土耳其港口建设的重要因素。近年来土耳其的港口发展很快，吞吐量也逐年大幅增加，但受到配套基础设施建设滞后和政策环境两个方面的明显制约。一方面，土耳其港口本身的建设开发较为滞后，还缺乏更大规模、更为便捷的港口服务设施，同时有关投资、海关管理的政策、手续与办事效率等软环境建设也亟待加强，增加了港口运营成本和经营风险。例如，位于伊斯坦布尔的海达尔帕夏港，就被普遍认为存在海关手续烦琐和管理僵化，清关比较麻烦等问题。另一方面，土耳其港口的配套与延伸基础设施还跟不上，特别是需要重视修建公路、铁路等配套基础设施使港口适合多式联运，进一步发挥其海陆交通枢纽的优势。土耳其的伊斯坦布尔等港口可以联通欧亚地区，但目前还受到陆上基础设施不足、集装箱运输容量与能力较为落后、联通周边国家与世界主要港口的便捷性与国际性不甚理想等问题的影响。土耳其的伊兹密尔港以及位于其附近、土耳其方面极力推荐的昌达尔勒港也明显存在此类问题，未能充分发挥出其潜力，伊兹密尔作为土耳其第二大港口在集装箱运输容量与能力上还较为落后。此外，土耳其港口在联通周边国家与世界其他主要港口的便捷性与国际性方面不甚理想，未能发挥出其欧亚海陆枢纽的应有作用。

第三，土耳其国内宏观经济与经营和融资风险较为突出。从宏观经济风险来看，近年来土耳其国内经济遭遇增长瓶颈，增长速度下滑，通货膨胀与失业问题严重，金融风险加剧，汇率风险突出。2012—2016年，土耳其经济增长率一直

[①] Frans Paul van der Putten, "Infrastructure and Geopolitics: China's Emerging Presence in the Eastern Mediterranean," *Journal of Balkan and Near Eastern Studies*, Vol. 18, No. 4 (2016): 337 - 351.

徘徊在2%至4%之间的低速状态；通货膨胀率和失业率一直维持高位；土耳其货币里拉不断贬值，成为最容易受到冲击的新兴国家货币之一，2018年更爆发了严重的里拉危机，外债规模特别是短期外债水平持续攀升。在此背景下，土耳其国内经济信心指数不断下滑，国际评级机构穆迪、标普、惠誉也纷纷下调了土耳其的主权信用评级与未来展望。土耳其陷入经济增长危机，经济结构脆弱使经济增长缺乏后劲。① 从经营与融资风险来看，土耳其国内企业经营成本不断提高，融资难的问题较为突出。土耳其对外商投资设置了较高门槛，审批效率不高；国内物价水平偏高，加之通货膨胀率一直较高，水电天然气等资源价格普遍较贵；近年来土耳其连续提高最低工资水平，人力成本大幅上升；征收高额营业税，执行欧洲环保标准，因此综合投资成本较高。2016年土耳其工业、制造业和建筑业的劳动力成本相对于2010年已经增长了2.3～2.6倍。② 更为严重的是融资难题，土耳其经济对外资依赖度高，国内储蓄率很低，投资能力有限，由于向当地银行融资的成本较高，土耳其政府在进行基础设施项目招标时绝大多数要求投标商提供融资安排。例如，安伊高铁二期工程，项目总金额12.7亿美元，由中国进出口银行提供7.2亿美元贷款，欧洲开发银行提供5.5亿美元贷款。③

第四，国内政治安全形势恶化的影响不容忽视。2015年特别是2016年7月的未遂军事政变以来，土耳其国内政治格局经历重大变化而动荡加剧，日益增强的威权化倾向与严峻的安全形势使土耳其国内陷入持续的紧张状态，存在政局动荡隐患。一方面，国内各种矛盾和问题虽在未遂军事政变后受到了压制但并没有根本解决，政治变革可能引发新的不确定性和造成社会群体间裂痕的扩大，国内外对埃尔多安个人集权与土耳其威权主义前景的疑虑也进一步增强，土耳其政府维持国内政治稳定的压力空前增大，能否有效化解当前面临的诸多矛盾决定着土耳其国内外局势的演变。另一方面，土耳其国内安全形势日益严峻，恐怖袭击事件频繁发生。2015年末以来，土耳其国内的爆炸袭击事件急剧增加，暴力恐怖袭击呈现常态化趋势，安卡拉、伊斯坦布尔成为重灾区，土耳其民众的不安全感愈加强烈，土耳其的安全压力急剧增大。2014年8月，中国机械设备工程股份有限公司承建的位于土耳其舍尔纳克省的火电站的工地遭到武装分子

---

① 邹志强：《土耳其经济治理的危机与转型》，《阿拉伯世界研究》2018年第1期。
② See Turkish Statistical Institute, http://www.turkstat.gov.tr/.
③ 徐颖：《高铁海外"零突破"台前幕后》，《瞭望东方周刊》2014年第30期。

袭击,3 名中国工人失踪,当年 10 月才安全获救。华为等在土耳其的中国企业也曾遭到恐怖袭击的威胁,不得不撤离部分员工。此外,安全威胁还包括"东突"分子与土耳其排华事件的冲击,如受到土耳其境内"东突"势力及外媒误导等因素的影响,2015 年 7 月土耳其多地曾发生反华游行示威事件。

第五,法律、劳工、文化等其他非经济风险也应受到重视。包括不了解政策法律、市场调研不充分、就业与工作许可、未选择当地企业或合作伙伴选择不当、文化与语言问题等。土耳其是对中国实行反倾销、反补贴调查等贸易救济措施最多的国家之一,同时中国企业在与土耳其的合作中也多次出现被拖欠货款等情况。在劳动力政策方面,土耳其失业率较高,为保护和提高当地就业水平,对劳务输入控制很严,外企需要按 1∶5 的比例招收国际和本地雇员,且手续繁杂、办理周期较长。土耳其用工成本较高,但人员工作效率不高,且劳工保护政策与欧盟看齐,工会影响力较大。[①] 中国企业在办理工作签证和许可方面面临较大难度,为满足本地化的就业要求与引入国外必需人才,企业往往需要花费更多精力与财务成本。其他进口限制或海关管理措施也较多,如土耳其海关规定出口至土耳其的货物,到港 45 天如无人提货,货物将被土耳其海关没收并进行拍卖,不经进口商同意,海关无权将货物退回发货地,已有大量中国出口商因该规定遭受巨额损失。因此,土耳其的制度环境和技术标准成为影响中土合作的一大障碍。[②]

第六,外部大国因素的影响。土耳其与外部大国关系复杂,与西方之间既拥有多元深入的长期制度性联系,也存在日益扩大的嫌隙与矛盾;与俄罗斯之间既有长期的对抗性矛盾,也出现了日益密切的能源经贸联系与安全合作。传统上,欧盟及欧洲大国是土耳其的安全盟友,也是其最为主要的贸易伙伴和投资来源地。但近年来土耳其与西方主要大国的关系出现恶化或不稳定趋势,尤其是与最主要的经济伙伴——欧盟的关系不断恶化,土耳其漫漫入欧路 35 年仍未如愿,恐影响它未来的投资前景,削弱其竞争优势。近年来由于难民危机的持续,欧盟对土耳其的不信任甚至是厌恶不断增强,土耳其入盟进程更是严重受挫。[③]

---

① 姜明新:《土耳其的产业结构和"一带一路"框架下的中土经济合作》,《当代世界》2018 年第 3 期。

② 魏敏:《"一带一路"背景下中国—土耳其国际产能合作的风险及对策》,《国际经济合作》2017 年第 5 期。

③ 邹志强:《经济失速背景下的"土耳其模式"危机与土欧关系》,《欧洲研究》2017 年第 2 期。

土欧关系的持续紧张与恶化将不可避免地影响到双边经济关系及其投资环境，特别是对土耳其作为进入欧盟市场跳板的角色造成冲击。

（二）中国参与土耳其港口建设的对策建议

面对较高的融资、政策与经营性风险，与周边国家区位重叠和竞争问题，以及其他非经济风险，中国在参与土耳其等地中海地区国家的港口开发进程中，应通过多元化方式推进港口合作，有针对性地实现协调发展。

第一，从合作开展配套基础设施建设入手逐步加大对土耳其港口开发的参与力度，"以陆促海"。针对土耳其配套与延伸基础设施建设较为滞后的现状，中土双方陆上基础设施建设合作意愿和基础更为坚实，土耳其具有海陆交汇的地缘特点，中国应首先在参与土耳其公路、铁路基础设施建设的过程中，有意识地推动中心城市、商品主产地与主要港口伊斯坦布尔、伊兹密尔、梅尔辛的连接，参与港口的物流、联运等配套设施建设，为进一步提升港口潜力和未来参与开发奠定基础。这也是中国投资推动"一带一路"建设的优势所在和有力切入点。

第二，与周边国家港口建设的布局协调好，错位发展。土耳其所在的东地中海地区是海上丝路沿线的重要环节，是通过苏伊士运河之后联通欧洲与北非的必经之地，区域内国家与港口众多，做好整体线路布局、选好重点港口是关键。如上所述，土耳其与邻国之间存在区位重叠和相互竞争，且并不具有突出优势，当前处于次要和辅助地位。对土耳其港口建设的参与，中方应在联通欧洲市场主航线的核心目标下，配合周边希腊、埃及等国港口的建设，加强土耳其港口联通欧洲市场和沟通黑海沿岸国家的能力建设。当前应以中国企业已经参与投资的伊斯坦布尔阿姆巴利港为中心，提升其与欧洲市场的海陆联通能力，及其联通黑海沿岸国家的独特优势，与希腊比雷埃夫斯港错位发展、相互配合，之后再逐步提升对梅尔辛、昌达尔勒港建设的研究和参与力度。此外，土耳其南部梅尔辛、伊斯肯德伦等港口靠近叙利亚，也有望在中国参与叙利亚战后重建中发挥更大作用。

第三，重视和做好经济与非经济风险防范。土耳其所处的中东地区为风险高发地带，土耳其本国形势较为稳定，但各种风险依然不容忽视，面临融资困难、政策与经营性风险复杂、互信度低、安全风险高以及保障机制不健全等困境与压力。例如在基础设施建设领域，竞争力也比较强的土耳其希望中国提供融资但少参与具体项目，项目招标时往往先听取中方工程报价，再向欧洲和日韩企业施压是其惯用谈判策略。近年来，土耳其国内政治动荡加剧、经济发展陷入失速状态、外交困局明显,严重影响到其投资吸引力与外资企业安全,与主要经济伙伴的关系也遭受冲击,这给中国对土投资、工程承包与产能合作都带来潜在的风险。中国企业在对土耳其投资经营中面临着政治、经济、安全以及政策与经营等诸多风险,而在项目运营过程中更是面临着外汇、法务、税务、签证、劳资等合法合规的经营性问题。因此,投资企业应事先全面了解土耳其投资与商业政策法律,做好市场调研,及时办理工作与居留许可,充分考虑汇率风险,优先选择本地企业作为合作伙伴。①

第四,注意外部大国因素的影响。土耳其地缘位置重要,为北约成员国、经合组织成员国,与美欧国家存在传统而制度化的政治、经济与安全联系,也是俄罗斯十分关注的重要对象,与外域大国关系复杂、变动频繁,且相互博弈十分激烈,外交政策上的实用主义特征明显,大国关系带来的结构性制约因素也逐步加大。② 中国参与具有战略意义的当地港口开发,虽然主要局限于经济合作领域,但依然可能引起外部大国的关注和警惕,甚至带来意料之外的干扰或阻碍。这就要求中国企业在投资土耳其港口时应做好充分的调研和预判,稳步参与开发建设,高度重视外部大国因素的潜在影响。

四、结语

从"21 世纪海上丝绸之路"在中东与东地中海地区的走向与实践来看,土耳其港口的地位暂时无法与邻近的希腊等其他关键国家相提并论,土耳其所处的地位较为边缘,在地中海地区港口建设布局中更多是承担辅助角色。总体来看,中国并未大规模地参与土耳其的港口开发建设,对土耳其的重视程度不高,参与项目较为有限,但中企联合获得了一个拥有控股权和运营权的码头项目,为中土扩大港口基础设施建设合作奠定了良好基础。鉴于土耳其的角色地位及其国内经济与对外关系的不确定性,未来中国仍应致力于提升昆波特码头的吞吐能力和辐射能力,做好重点加强服务黑海地区沿岸国家的能力和与欧洲方向陆地联通的水平,包括充分做好利用伊斯坦布尔运河的方案,稳步参与土耳其其他港口建设项目,谨慎探索辐射叙利亚等周边国家的港口项目。

---

① 参见邹志强:《"一带一路"背景下中国与土耳其的国际产能合作》,《西北民族大学学报(哲学社会科学版)》2017 年第 6 期。

② 邹志强:《土耳其的外交政策走向及困境》,《中国社会科学报》2019 年 6 月 13 日,第 3 版。

第五节　中国在摩洛哥的港口建设

　　摩洛哥地处非洲西北端,既濒临地中海,又面向大西洋,北部隔直布罗陀海峡与欧洲相望,得天独厚的地理位置使摩洛哥可以辐射欧洲和非洲市场。自1956年独立以来,摩洛哥基本保持了国内政局稳定,1999年穆罕默德六世国王即位后,在政治、社会和经济领域推行了一系列改革措施,虽然摩洛哥国内政治环境曾受到阿拉伯剧变的波及,但并未对摩洛哥政局造成多大冲击,稳定的社会和政治局势为摩洛哥经济社会发展提供了良好的环境。近年来摩洛哥与东亚国家的联系也日益紧密,尤其在中国提出"一带一路"倡议后,摩洛哥正成为中国在西地中海地区的重要合作伙伴,也是新时期中国"21世纪海上丝绸之路"的重要连接点。

一、摩洛哥的港口发展基础与潜力

　　摩洛哥的区位优势可谓得天独厚,港口遍及地中海和大西洋沿岸。2008年之前摩洛哥的班轮航运连通性指数较低(2006年全球最大值为100),2009年为36.72,此后开始快速上升,至2018年该指数已升至65.04。[①]摩洛哥为非洲第一大海运国,具备每年处理1 200万标准箱的能力。[②]由于具有临海优势且港口数量众多,摩洛哥98%的进出口货物均是依靠海运实现的,2014年港口货运量为11 510万吨,丹吉尔地中海港是其最大的港口,集装箱货运量在300万标准箱以上,超过卡萨布兰卡港的200万标准箱。[③]2016年的评估显示,由于丹吉尔地中海港的吞吐量增长,2018年摩洛哥在世界航运业的排名上升至30位以内,与埃及塞得港和南非德班港成为非洲三大海港。[④]

---

　　① "Liner Shipping Connectivity Index, Quarterly," UNCTAD, https://unctadstat.unctad.org/wds/TableViewer/tableView.aspx?ReportId=92.

　　②《联合国贸发组织:摩洛哥为非洲第一海运大国》,中华人民共和国商务部,2017年11月1日,http://ma.mofcom.gov.cn/article/jmxw/201711/20171102666443.shtml。

　　③ "Terminal Throughout: Morocco," The World Bank, http://data.worldbank.org.cn/indicator/IS.SHP.GOOD.TU?locations=MA.

　　④ "Tanger Med to Transform into Biggest Container Port in Africa: Magazine," Morocco World News, December 13, 2016, https://www.moroccoworldnews.com/2016/12/203649/tanger-med-to-transform-into-biggest-container-port-in-africa-magazine/;胡英华:《摩洛哥丹吉尔港》,《港口经济》2009年第10期。

　　据摩洛哥装备、运输、物流与水利部官方网站介绍，摩洛哥现有各类港口共38个①，其中商业港13个（见表5-7）。摩洛哥的主要港口包括丹吉尔地中海港、卡萨布兰卡港、萨菲港和阿加迪尔港。2018年摩洛哥全国港口货物运输量为1.38亿吨，同比上升1.9%；其中，进口量、出口量、转运量和沿海贸易分别占比43%、27%、27%和3%。丹吉尔地中海港、朱尔夫莱斯费尔港和卡萨布兰卡港三大港口占总运量的83%。②自2019年6月丹吉尔地中海港二期投入使用后，摩洛哥13个对外贸易港口的年吞吐能力达到2.6亿吨，预计2030年将达到3亿吨。③

表5-7　摩洛哥各类港口一览表

功　能	港口中文名	港口英文名	港口代码
商业港	纳祖尔港	Nador	
	胡塞马港	Al Hoceima	
	拉巴特港	Rabat	
	丹吉尔地中海港	Tangier Mediterranee	TNG
	肯尼特拉港	Kenitra	
	默罕默迪耶港	Mohammedia	MAMOH
	卡萨布兰卡港	Casablanca	MACAS
	朱尔夫莱斯费尔港	Jorf Lasfar	MAJOL
	萨菲港	Safi	MASAF
	阿加迪尔港	Agadir	MAAGA
	坦坦港	Tantan	TTA

① 包括西撒哈拉地区的港口。

② 《对外投资合作国别（地区）指南：摩洛哥（2019年版）》，中华人民共和国商务部，http://www.mofcom.gov.cn/dl/gbdqzn/upload/moluoge.pdf。

③ 《摩洛哥港口年吞吐能力达到2.6亿吨》，中华人民共和国商务部，2019年7月4日，http://ma.mofcom.gov.cn/article/jmxw/201907/20190702878864.shtml。

续　表

功　能	港口中文名	港口英文名	港口代码
商业港	阿尤恩港（西撒哈拉）	Laayoune	EHLAA
	达赫拉港（西撒哈拉）	Dakhla	EHDAK
渔港（区域）	拉斯艾布达纳港	Ras Kebdana	
	杰卜亥港	El Jebha	
	玛蒂格港	M'diq	
	拉腊什港	Larache	MALAR
	莫汗迪亚港	Mehedia	
	贾迪达港	El Jadida	MAELJ
	索维拉港	Essaouira	MAESS
	西迪伊夫尼港	Sidi Ifni	
	塔尔法亚港	Tarfaya	MATFY
	布支杜尔港（西撒哈拉）	Boujdour	
渔港（地方）	卡拉伊里斯港	Cala Iris	
	西迪哈赛因港	Sidi Hassine	
	马拉港	Chmaala	
	福尼代格港	Fnideq	
	卡萨尔斯基赫港	Ksar Sghir	
	艾西拉港	Asilah	
	塞尔港	Sale	
	苏伊里亚迪马港	Souiria Kdima	
	伊默苏安港	Imesouane	

续　表

功　能	港口中文名	港口英文名	港口代码
游艇停泊港	赛迪亚港	Saidia	
	卡比拉港	Kabila	
	玛丽娜斯米尔港	Marina Smir	
	布赖格赖格港	Bouregreg	
	撒布勒道赫港	Sables d'or	
	玛丽娜阿加迪尔港	Marina Agadir	

丹吉尔港是摩洛哥最大港口。丹吉尔位于摩洛哥西北角直布罗陀海峡南岸，扼地中海进出大西洋的咽喉，与西班牙隔直布罗陀海峡遥遥相望，与欧洲大陆间最短距离只有 14 千米，可见其战略位置的便利性与重要性。17 世纪，丹吉尔港就被用来作为散货枢纽中心，19 世纪一度成为统治者的"外交防火墙"，但其港口业务因基础设施的落后而被邻近的得土安港超越。此后近 200 年里，丹吉尔港都未能成为摩洛哥的重点发展项目。1999 年穆罕默德六世国王登基之后，一改前任哈桑二世国王的经济策略，转而选择一种平衡自由主义和国家干涉主义的经济政策，其中最主要目的是应对现代化和经济全球化的挑战。具体到港口领域，丹吉尔新港——丹吉尔地中海港的启动就是这一时期最重要的经济发展举措之一。[①]

丹吉尔地中海港位于丹吉尔以东约 30 千米的丹吉尔湾。2002 年，摩洛哥投资 35 亿欧元启动港口建设，2007 年建成首个集装箱港口，新港建设有巨大的石油码头和集装箱码头。丹吉尔新港建成后，除了旧港业务转移至新港外，周边其他港口业务也逐步转移进来。为了继续扩大丹吉尔地中海港的运营能力，摩洛哥政府 2010 年又启动了丹吉尔地中海港二期工程，并于 2019 年 6 月正式投入使用，预计集装箱处理能力可提升至 900 万标准箱。2014 年，丹吉尔地中海港首次达到设计最大吞吐量 308 万标准箱。2005 年至今，丹吉尔地中海港业务

---

① César Ducruet, Fatima Zohra Mohamed-Chérif and Najib Cherfaoui, "Maghreb Port Cities in Transition: The Case of Tangier," *Portus Plus*, Vol. 1, No. 1 (2011): 1-14.

处于稳步增长态势,丹吉尔地中海港管理局数据显示,2016 年该港业务增长了
8.7％。① 在英国《集装箱管理》杂志发布的 2014 年度排名中,丹吉尔地中海港世
界排名提升 9 位,上升至全球第 46 位,并位居地中海地区港口第 5 位,发展成为
非洲最大集装箱港口。② 2019 年英国劳氏公司发布的世界集装箱港口排行榜
中,丹吉尔地中海港排名全球第 47 位,集装箱吞吐量达到 347.2 万标准箱。③

丹吉尔地中海港是摩洛哥北部大型集装箱中转港,中转比例约为 95％。从
丹吉尔出发,经直布罗陀海峡航渡欧洲只需 1 小时,摩洛哥与西非、东非各国也
有紧密的海运和航空联系,港口航线连接五大洲的 174 个港口和 74 个国家。丹
吉尔地中海港 2017 年总出口额为 880 亿迪拉姆,年货物吞吐量突破 5 000 万吨
大关,达到 5 133 万吨,同比增长 15％。④ 2018 年经摩洛哥丹吉尔地中海港出口
的产品达到 1 390 亿迪拉姆,占摩洛哥总出口额的 50％,全年货物吞吐量超过
5 224 万吨。丹吉尔地中海港已是非洲吞吐量最大的港口,2018 年总进出口额
达到 3 170 亿迪拉姆。⑤ 近年来摩洛哥投资 140 亿迪拉姆开始建设丹吉尔地中
海港二期工程,包括建设 4.6 千米的堤坝和 2.8 千米的码头。港口扩建项目将使
丹吉尔地中海港成为地中海地区吞吐量最大的港口,扩建项目完成后,该港口吞
吐量有望增加 600 万标准箱,从而超越西班牙阿尔赫西拉斯港和巴伦西亚港。
得益于港口二期的正式投入运行,2019 年丹吉尔地中海港集装箱处理量再创新
高,港口全年共处理集装箱 480.17 万标准箱,同比增长 38％;停靠轮船 14 305
艘,同比增长 7％。目前,丹吉尔地中海港全年可处理集装箱 900 万标准箱,有
近 900 家企业在丹吉尔地中海港区落户。⑥

---

① "Overall Activity of Tangier Med Port Grows 8.7％ in 2016," Morocco World News, January 12,
2017, https://www.moroccoworldnews.com/2017/01/205719/overall-activity-tangier-med-port-grows-8-
7-2016/.

②《英杂志排名:摩丹吉尔地中海港位居世界第 46 位》,中华人民共和国商务部,2015 年 7 月 30 日,
http://ma.mofcom.gov.cn/article/jmxw/201507/20150701066270.shtml。

③ "One Hundred Ports 2019," Lloyd's List, July 29, 2019, https://lloydslist.maritimeintelligence.
informa.com/one-hundred-container-ports-2019.

④《丹吉尔地中海港 2017 年运量创新高》,中华人民共和国商务部,2018 年 1 月 17 日,http://ma.
mofcom.gov.cn/article/jmxw/201801/20180102699698.shtml。

⑤《摩洛哥的港口将成为地中海最大的港口》,中外投资网,2019 年 7 月 4 日,http://fdi168.cn/
20190704/52323.aspx。

⑥《丹吉尔地中海港发布 2019 年年报》,中华人民共和国商务部,2020 年 2 月 4 日,http://ma.
mofcom.gov.cn/article/jmxw/202002/20200202933659.shtml。

除了发展港口贸易之外，摩洛哥还希望将丹吉尔建成以工业为基础的出口中心，在丹吉尔地中海港附近建立了总面积达 550 平方千米的自由贸易区、工业园区和物流中心，吸引外资进驻。目前，有超过 500 家外资企业入驻丹吉尔，其中不乏多家世界级船运公司，如马士基集团、法国达飞海运集团、商船三井株式会社和汉堡南美船务集团等。此外，法国汽车制造巨头雷诺公司于 2013 年与丹吉尔工业园区签署入驻协议，为摩洛哥直接或间接创造超过 36 000 个工作岗位。[①]

卡萨布兰卡港，又称达尔贝达港，位于摩洛哥西北沿海，东北距首都拉巴特约 88 千米，濒临大西洋，是摩洛哥面积最大的港口，也是世界上最大的人工港之一。作为摩洛哥的经济和文化中心，卡萨布兰卡在历史上一直担负着引领摩洛哥经济发展的角色，而港口的发展正是其缩影。卡萨布兰卡这一名称是由葡萄牙人命名的，在葡萄牙语中意为"白房子"，此前卡萨布兰卡地区被当地人称为安法。1515 年，葡萄牙人使用安法的废墟建造了一个军事要塞。到了 19 世纪，随着该地区人口的增长和贸易的增加，航运也开始发展起来。1906 年，法国殖民主义者进入卡萨布兰卡时，该地区已经是一个中等规模的港口城市，人口超过12 000 人，由摩洛哥最高统治者苏丹管理。卡萨布兰卡港口的建设也开始于1906 年，当时管理当局委托第三方机构进行建设，1938 年基本完工。[②] 1956 年摩洛哥独立后，随着卡萨布兰卡逐渐成为全国经济中心，王室开始大力扩建卡萨布兰卡港，到 20 世纪 90 年代，该港超过丹吉尔港成为摩洛哥第一大港口。

1996 年改造后的卡萨布兰卡港，由 4 个码头组成，港区主要码头泊位有 44 个，岸线长达 7 000 米，最大水深 12 米，为现代化集装箱港口，在 2009 年以前集装箱吞吐量占全国的 92%，集装箱货运量每年超过 200 万标准箱。摩洛哥港口管理局的数据表明，近年来卡萨布兰卡港承担了超过 70% 的海上贸易。[③] 2007 年，摩洛哥启动丹吉尔地中海港建设项目后，卡萨布兰卡港也在努力提高码头货运处理能力。但是由于诸多原因，卡萨布兰卡港表现出后劲不足的现象，港口承载量已不能满足日益增长的贸易量，该港存放的集装箱数量高达 1.6 万个，已接近正常储存容量的极限。然而，港口附近缺乏足够的土地用以扩建；同时还缺乏政府优惠政策和资金

---

① 胡英华：《摩洛哥丹吉尔港》，《港口经济》2009 年第 10 期。

② 参见摩洛哥港口管理局网站：http://www.anp.org.ma/En/Services/Casablancaport/Pages/Presentation.aspx；C.R. Pennel, *Morocco from Empire to Independence* (Oxford: Oneworld Publications, 2003), p. 121.

③ 甄峰等：《非洲港口经济与城市发展》，南京大学出版社，2014，第 8 页。

的支持,卡萨布兰卡港若要以回填造陆的方式获得营运场地,需要投入大量的资金。[①]

摩洛哥主要港口大多分布在西地中海区域和拉巴特—卡萨布兰卡一线,前者主要以丹吉尔地中海港为主,后者除了卡萨布兰卡港外,还有默罕默迪耶港、拉巴特港、朱尔夫莱斯费尔港以及萨菲港。西南地区虽也多以海滨城市为主,港口发展却远不及上述两个地区。阿加迪尔港在摩洛哥西南以及西撒哈拉地区中属于较大港口,是摩洛哥近年来重点发展的商业港之一。

阿加迪尔是摩洛哥西南部港口城市,阿加迪尔省首府,是摩洛哥重要的旅游中心,也是少有具有天然良港的城市。阿加迪尔港也濒临大西洋,是摩洛哥的主要矿石输出港。1960 年,曾遭受地震破坏,重建后现由城堡废墟及港口东部的新镇和新镇东南部的工业区组成。[②] 港口拥有 4 个码头,年货物吞吐能力约为360 万吨,集装箱码头年吞吐能力约为 19.7 万标准箱,出口货物主要为柑橘、时蔬、冷冻鱼类等。港口与城市之间通过主干公路连接,衔接较为紧密,且港口北部拥有较大的发展空间。[③] 近年来,阿加迪尔港经过政府和民间投资,已发展成一个多用途港口,业务涵盖商业、渔业和旅游。

二、摩洛哥港口在国家发展中的地位与作用

作为沿海国家,港口是摩洛哥经济发展的生命线。2011 年,摩洛哥发布了《2030 年国家港口发展战略》;2015 年,摩洛哥政府以法律的形式确定并强调了港口的重要性及其发展思路。

（一）摩洛哥的 2030 年港口发展战略和相关法律

2011 年,摩洛哥发布了《2030 年国家港口发展战略》。对摩洛哥来说,港口是其联通内外部关系的最佳工具,《2030 年国家港口发展战略》的发布也是摩洛哥经济发展区域化与全球化的表现。[④] 摩洛哥计划到 2030 年港口年货物运输量由 1.4 亿吨提高到 3.7 亿吨,并且发展多个中心港。[⑤]

---

① 李幼萌：《非洲西北部地区港口发展动态》,《集装箱化》2008 年第 12 期。

② 参见摩洛哥港口管理局网站：http://www.anp.org.ma/En/Services/agadirport/Pages/Presentation.aspx。

③ 《非洲所赴摩洛哥考察》,南京大学非洲研究所,http://hugeo.nju.edu.cn/africa/?p=267。

④ 张玉友：《中国参与摩洛哥港口建设的前景与风险》,《当代世界》2017 年第 6 期。

⑤ 《对外投资合作国别(地区)指南：摩洛哥(2019 年版)》,中华人民共和国商务部,http://www.mofcom.gov.cn/dl/gbdqzn/upload/moluoge.pdf。

《2030 年国家港口发展战略》主要包括以下三个方面的内容：第一，"三个行动"。一是扩建默罕默迪耶港、卡萨布兰卡港、朱尔夫莱斯费尔港和阿加迪尔港；二是整合若干港口与各自城区，包括盖尼特拉港、丹吉尔港、卡萨布兰卡港和萨菲港；三是计划建设盖尼特拉新大西洋港、纳祖尔西地中海港、朱尔夫莱斯费尔新液化天然气港和萨菲新港。第二，提升各个港口的交通便利性和效率，货物吞吐量计划从 2012 年最高的 9 200 万吨提升至 2.8 亿吨。第三，发展六大中心港，带动周边经济发展。6 个中心港分别为北方中心港、西北中心港、盖尼特拉—卡萨布兰卡中心港、阿卜达—杜卡拉中心港、苏斯—坦西夫特中心港和南方中心港（见表 5-8）。① 摩洛哥计划重点投资的港口项目包括纳祖尔港优化调整、纳祖尔能源港、丹吉尔城市客运改造、默罕默迪耶港扩建改造、卡萨布兰卡港内部改造和集装箱码头扩建、朱尔夫莱斯费尔港磷酸盐码头扩建、朱尔夫莱斯费尔港区新炼油厂和燃油装卸设施、阿加迪尔港和萨菲港优化、萨菲港散装货船码头建设等，计划总投资达 629.14 亿迪拉姆。②

表 5-8　摩洛哥《2030 年国家港口发展战略》中心港简介

中心港	包含港口	定位和功能
北方中心港	纳祖尔港、纳祖尔西地中海港	辐射欧洲、地中海尤其是马格里布地区；提供煤及集装箱转运、渡船以及邮轮和游艇
西北中心港	丹吉尔地中海港、丹吉尔港、拉腊什港	辐射直布罗陀海峡和丹吉尔区域；提供货物中转、渡船以及邮轮和游艇
盖尼特拉—卡萨布兰卡中心港	盖尼特拉港、默罕默迪耶港、卡萨布兰卡港	重新整合了城市群的 3 个港口；提供能源及集装箱运输、邮轮和游艇
阿卜达—杜卡拉中心港	朱尔夫莱斯费尔港、萨菲港	面向能源化工等重工业

① "2030 National Port Strategy-Morocco," Ministry of Equipment, Transport and Logistic, http://portfinanceinternational.com/downloads/presentations/2016pficasablanca/1%20Sanae%20El%20Amrani.pdf.

② 《对外投资合作国别（地区）指南：摩洛哥（2019 年版）》，中华人民共和国商务部，http://www.mofcom.gov.cn/dl/gbdqzn/upload/moluoge.pdf.

续　表

中心港	包含港口	定位和功能
苏斯—坦西夫特中心港	阿加迪尔港	服务阿加迪尔地区;提供集装箱运输、邮轮和游艇
南方中心港	坦坦港、阿尤恩港、布支杜尔港、达赫拉港	整合坦坦、阿尤恩和达赫拉三地的港口;对渔业、物流出口、领土进行管理,未来具备发展潜力

2015 年发布的摩洛哥第 15－2 号法律宣布,政府要为港口部门制定法律法规,形成完整的制度体系,鼓励港口经营者积极参与。[①] 摩洛哥据此在国家层面设置了国家港口局和港口开发公司,这两个机构主要具备三个方面的功能定位:第一,在王室层面,由摩洛哥设备与交通部领导统筹港口的整体规划,如扩建或建设新港口等,同时负责制定相关规则;第二,在港口管理层面,主要由摩洛哥国家港口局负责对全国港口的运营进行监督和管理;第三,在商业运营层面,委托给具体的航运公司进行操作。从中可以看出,港口在摩洛哥国家经济发展中具有重要地位,摩洛哥政府对港口发挥的作用高度期待。

2018 年 12 月,摩洛哥有关部门通过了名为"蓝色经济:摩洛哥新型发展模式"的报告,内容为可持续和包容性的蓝色经济国家战略。摩洛哥将根据区域需求和传统经济产业定制发展策略,围绕渔业、旅游业、港口经济等方面进行部署,发展一批具有高经济增长潜力的新产业部门,一个由首相领导的部级委员会将负责协调部门之间的政策。

(二)港口在摩洛哥内外政策中的战略意义

摩洛哥通过立法和制定中长期计划将港口综合开发作为国家发展战略的重要组成部分。摩洛哥一直面临着诸多内外挑战,反恐、经济以及领土问题是最紧迫的三个问题。港口发展战略可以成为解决上述三个问题的重要抓手之一。摩洛哥的外交对象主要分为四层,分别为美国、欧盟、海湾阿拉伯国家、非洲(尤以西非为主)以及远东地区(俄罗斯和中国)。外交政策是国内政治的延伸,也是为解决国内问题而服务

---

① "Loi 15－02 au maroc," December 15, 2005, http://www.etudier.com/dissertations/Loi-15-02-Au-Maroc/67099.html.

的。所以，将上述三大问题与四层国家和地区联系起来是摩洛哥政府的最重要任务。在此背景下，港口的战略价值体现在既可以指向国内发展，又能联通对外关系。①

1. 港口是摩洛哥国民经济发展的重要驱动力

摩洛哥经济的支柱产业主要是矿业、渔业和旅游业，新兴工业产业近几年也迅速发展起来，例如，2014 年和 2015 年汽车均是摩洛哥第一大出口产品。② 上述主要产业多以出口为导向，港口作为重要的物流始发点、中转站和集装箱储存地，为出口导向产业的发展提供了重要的保障。此外，摩洛哥海洋旅游资源丰富，拥有多个旅游港，港口开发与旅游业也密切相关。摩洛哥致力于吸引国际投资，港口是一个重要领域。2018 年摩洛哥吸引外资流量 36.4 亿美元，截至 2018 年末吸引外资存量 642.27 亿美元。③

2. 港口是摩洛哥构建与欧美国家良好关系的润滑剂

摩洛哥地处西地中海地区，与欧洲国家隔海相望且联系紧密，欧洲（以法国和西班牙为主）一直是摩洛哥第一大贸易伙伴，2000 年就签署了自由贸易协定，而且摩洛哥也是欧洲近年来反恐领域的重要合作伙伴。近年来，摩洛哥通过建立纳祖尔西地中海港和丹吉尔地中海港，增强了与欧盟国家的贸易联系，进一步提升了相互间的依赖关系。美国与摩洛哥也保持密切安全合作，两国间的自由贸易协定于 2006 年生效，两国港口之间的联系也十分紧密。

3. 港口是摩洛哥非洲战略的重要"战略资源"

作为非洲国家，摩洛哥一直将发展与非洲国家关系作为战略方向之一，通过推动非洲经济区域一体化进而惠及本国经济，为非洲内陆国家和地区提供出海口与海上贸易通道，同时在解决西撒哈拉问题上争取其他非洲国家的支持。此外，摩洛哥通过本国港口打通了西非和其他地区的联系，从西非国家出发，经过摩洛哥（以丹吉尔地中海港为主）可以到达欧洲和亚洲，从而增加其在西非国家的影响力。④

---

① 张玉友：《中国参与摩洛哥港口建设的前景与风险》，《当代世界》2017 年第 6 期。

② 《2015 年摩洛哥经济情况》，中华人民共和国商务部，2016 年 8 月 10 日，http://ma.mofcom.gov.cn/article/c/201608/20160801376881.shtml.

③ "World Investment Report 2019," UNCTAD, June 12, 2019, https://worldinvestmentreport.unctad.org/world-investment-report-2019/.

④ Habibulah Mohamed Lamin, "What's on Morocco's Agenda as It Rejoins African Union?" Al-Monitor, February 10, 2017, http://www.al-monitor.com/pulse/originals/2017/02/morocco-agenda-join-african-union.html#ixzz4YWWqOtQk.

4. 港口开发为摩洛哥发展与亚洲等地国家的关系提供了新机遇

近年来,俄罗斯与中国成为摩洛哥重要的外交对象,也是摩洛哥外交最后一环的重要组成部分。摩洛哥一直致力于外交关系多元化,为本国发展寻求更多的助力,而经济合作是主要领域,港口则成为重要的切入口。近年来,摩洛哥与亚洲国家的贸易额逐年增长,2017年贸易额超过1 056亿迪拉姆。①

三、中国参与摩洛哥港口建设的实践与风险

自1958年11月建交以来,中国与摩洛哥在政治、经济、文化、军事等各领域的关系得以持续健康发展。2016年5月,摩洛哥国王穆罕默德六世访问中国,两国签署了关于建立战略伙伴关系的联合声明,这份极具战略意义的联合声明进一步推动了两国关系的发展。② 同时,中摩两国还签署了基础设施领域合作谅解备忘录和货币互换协议。2018年中摩贸易额达到43.9亿美元;中国对摩洛哥直接投资达9 078万美元,年末投资余额为3.82亿美元;中国在摩承包工程新签合同金额2.16亿美元,完成营业额6.83亿美元,在摩劳务人员429人。③ 截至2018年底,在摩洛哥投资发展的中国企业共有48家,④主要包括以华为、中兴为代表的信息通信技术企业,以及主要从事高速公路和路桥港口等基础设施建设项目的工程建设企业。⑤

（一）中国参与摩洛哥港口建设的实践

受到多种因素的制约,当前中国在参与摩洛哥港口建设方面还处于较低水平。中国参与摩洛哥港口建设主要包括三种方式:一是中国企业参与港口基础设施建设项目承包及其周边交通设施建设,主要以大型国企为主,如中国电建集团和中国铁路工程集团有限公司等;⑥二是港口技术和设备贸易,摩洛哥不少港口的核心技

---

① 《摩洛哥与亚洲国家贸易往来情况》,中华人民共和国商务部,2018年9月13日,http://ma.mofcom.gov.cn/article/jmxw/201809/20180902786025.shtml。

② 《中国同摩洛哥关系》,中华人民共和国外交部,2007年4月,http://www.fmprc.gov.cn/web/gjhdq_676201/gj_676203/fz_677316/1206_678212/sbgx_678216/t359843.shtml。

③ 《对外投资合作国别(地区)指南:摩洛哥(2019年版)》,中华人民共和国商务部,http://www.mofcom.gov.cn/dl/gbdqzn/upload/moluoge.pdf。

④ 同上。

⑤ 郑怡、刘烁、冯耀祥:《中企在摩洛哥投资情况调研发现:营商环境友好 尚存五大投资障碍》,《中国对外贸易》2016年第4期。

⑥ 智宇琛:《我国央企参与非洲交通基础设施建设的现状及特点》,《亚非纵横》2014年第4期。

术和重要设备来自中国，如丹吉尔地中海港的运营方马士基集团曾向上海振华重工购买超巴拿马型集装箱装卸桥等设备；三是中国港口运营商直接参与摩洛哥港口和码头的运营业务，例如，招商局港口已将丹吉尔地中海港作为其海外重点投资项目之一。招商局港口通过股权收购等方式参与摩洛哥丹吉尔地中海港和卡萨布兰卡港的运营。其中，招商局港口对丹吉尔地中海港的投资运营介入更深。①

虽然目前中国在摩洛哥港口建设和运营方面参与水平较低，但摩洛哥独特的区位优势及其战略地位，对中国"21世纪海上丝绸之路"建设来说具有非常重要的意义。同时，摩洛哥的市场潜力和港口发展前景良好，近年来其为了吸引外资作出了很多努力。摩洛哥是连接欧盟、阿拉伯世界和非洲三大市场的枢纽，与欧洲32个城市、非洲34个城市和中东6个城市有直航。摩洛哥经济发展前景良好，发展规划目标明确，基础设施建设不断加强，经济开放程度较高，劳动人口素质相对较高，人力成本具有竞争力，投资环境不断改善，具有多重投资优势。在世界经济论坛发布的《2018年全球竞争力报告》中，摩洛哥排名全球第75位，在非洲地区排名第3位。② 安永会计师事务所发布的2018年《非洲吸引力报告》表示，在外国对非洲大陆直接投资排行中，摩洛哥与南非并列第二，投资流量为50亿美元，仅次于埃及。③ 联合国非洲经济委员会发布的报告指出，近年来摩洛哥成为北非地区最具活力的经济体之一，这主要归功于其在提高纺织和汽车等行业全球价值链中地位的能力，特别是侧重欧盟市场的价值链；此外，摩洛哥一直在推动贸易便利化，如成立国家简化外贸程序协调委员会、改善港口设施以增强全球竞争力、建立单一外贸窗口等。④ 在世界银行发布的《2019年营商环境报告》中，摩洛哥排名世界第69位，为北非地区表现最好的国家，在中东和北非地区排名第2位，在非洲国家排名第3位。⑤

---

① 《李建红调研摩洛哥丹吉尔码头》，招商局集团，2017年8月5日，http://www.cmhk.com/main/a/2017/h05/a34070_34168.shtml。

② "The Global Competitiveness Report 2018," WEF, October 16, 2018, https://www.weforum.org/reports/the-global-competitveness-report-2018.

③ 《2018年非洲吸引力报告：摩洛哥位列第二》，中华人民共和国商务部，2020年1月3日，http://ma.mofcom.gov.cn/article/tzzn/202001/20200102927885.shtml。

④ 《联合国非经委报告：摩洛哥为北非最具活力经济体之一》，中华人民共和国商务部，2019年11月28日，http://ma.mofcom.gov.cn/article/jmxw/201911/20191102917693.shtml。

⑤ "Doing Business 2019," The World Bank, October, 2019, https://www.doingbusiness.org/en/reports/global-reports/doing-business-2019.

2014 年，摩洛哥装备、运输、物流与水利部曾在卡萨布兰卡举办国际港口投资大会，旨在吸引全球投资商参与摩洛哥港口建设与运营。2015 年 12 月，摩洛哥国家港口局出台了港口投资计划，计划到 2019 年共投资 7.2 亿美元，主要用来扩建、翻新和新建港口。另外，摩洛哥装备、运输与物流大臣阿齐兹·拉巴赫（Aziz Rabbah）在参议院的讲话中透露，摩洛哥港口领域需要超过 60 亿美元的总投资。① 因此，巨大的港口需求为中国企业参与摩洛哥港口建设和运营提供了广阔的市场。②

近年来，摩洛哥正在积极争取成为中国通往非洲（尤其是西北非）的门户。③特别是 2016 年 5 月摩洛哥国王穆罕默德六世访华以来，两国不仅建立了战略伙伴关系，还决定建立中非投资基金，并计划在丹吉尔建设一座预计产值达 100 亿美元的工业园区。丹吉尔地中海港已经成为拥有汽车、航空、物流、纺织和贸易等领域的 750 多家企业的工业中心。"一带一路"倡议使摩洛哥成为中国热门投资目的地，在 2017 年 11 月于摩洛哥马拉喀什举行的第二届中非企业家峰会上，中国投资者承诺将在丹吉尔地中海港及工业园区投资数十亿迪拉姆，利用该港来处理地区 60% 的贸易，使之转变为一个航运枢纽。随着摩洛哥正式加入西非国家经济共同体，预计中国通过摩洛哥港口也可将贸易线路延伸到西非和中非。④

除了港口投资建设，摩洛哥临港产业园区以及自由贸易区也具备巨大的发展潜力，已有法国的雷诺、苏伊士环境集团、加拿大庞巴迪等多家欧美大企业入驻。摩洛哥已经在丹吉尔推出了保税区和深水港，加上工业园区将对中国在非洲的投资具有重大意义。港口加产业园区的综合发展模式也是中国企业所熟悉的，这有利于鼓励中国企业在摩洛哥港口附近的园区建立工厂和开展贸易业务，进而利用免税政策和距离优势辐射非洲和欧洲，形成协同发展。2017 年 3 月20 日，中国海特集团和摩洛哥方面签署开发建设丹吉尔穆罕默德六世科技城的

① 《摩洛哥国家港口局计划到 2019 年共投资 59 亿迪拉姆》，中华人民共和国商务部，2015 年 12 月23 日，http://ma.mofcom.gov.cn/article/jmxw/201512/20151201216544.shtml.

② 张玉友：《中国参与摩洛哥港口建设的前景与风险》，《当代世界》2017 年第 6 期。

③ Joseph Hammond, "Morocco: China's Gateway to Africa?" *The Diplomat*, March 1, 2017, https://thediplomat.com/2017/03/morocco-chinas-gateway-to-africa/.

④ George Omondi, "Lessons from Morocco in China-backed Mega Project Plans in Africa," *Business Daily*, December 26, 2017, https://www.businessdailyafrica.com/corporate/shipping/Lessons-from-Morocco-in-China-backed-mega-project/4003122-4241922-e0ov3s/index.html.

谅解备忘录,在丹吉尔附近为 200 家中国企业建造工业园区,这将是中国在北非马格里布地区的首个产业园区。华为 1999 年开始进入摩洛哥市场,已经成为摩洛哥通信业三大运营商的战略合作伙伴,2018 年华为表示有意在丹吉尔地中海港建立一个区域物流中心,以覆盖摩洛哥的邻国。

（二）中国参与摩洛哥港口建设的主要风险

虽然摩洛哥是中东和整个非洲大陆政局最稳定的国家之一,投资吸引力较强,但依然存在多种政治、安全和经济风险,也会影响到港口建设领域。

1. 国内投资环境风险

摩洛哥的总体投资环境在非洲地区名列前茅,投资吸引力较高。摩洛哥经济发展势头良好,近年来纺织业、汽车业发展很快,2018 年汽车业出口额达到 700 亿迪拉姆,占摩洛哥出口总额的 44.5%,超过磷酸盐和旅游业,成为摩洛哥第一大出口创汇产业。[①] 但摩洛哥经济对外依赖度高,存在很大的脆弱性,如对欧洲的投资和贸易依赖,对侨汇收入的依赖等。近年来摩洛哥经济表现不佳,2017 年和 2018 年经济增长率分别为 3.9% 和 2.9%。[②] 此外,摩洛哥腐败现象较为严重,办事效率较低,投资运营成本和经营风险较大。港口建设项目的资金周转期长,而摩洛哥的投资环境和资金方面存在不确定性,无疑加大了投资风险。摩洛哥自提出《2030 年国家港口发展战略》以来,进行了多个港口的扩建和新建工程,但由于本国资源缺乏,特别是原材料方面来源不畅,工期经常会延期,导致建设周期冗长,影响了建设效率和成本。[③] 此外,摩洛哥一直面临较高的社会动荡风险,国内罢工较为频繁,北部里夫地区的稳定一直是摩洛哥政府头疼的问题。

2. 周边地区安全风险

摩洛哥周边地区并不稳定,存在地区冲突、领土争端和恐怖主义等多重安全威胁。首先,利比亚等国仍处于战乱之中,而突尼斯和阿尔及利亚等国处于政治转型之际,政局具有极高的不稳定性,周边的萨赫勒地区也长期面临动荡局面。

---

① 《2018 年摩汽车行业出口额达到 700 亿迪拉姆》,中华人民共和国商务部,2019 年 2 月 22 日,http://ma.mofcom.gov.cn/article/jmxw/201902/20190202837241.shtml.

② 《2017 年摩洛哥经济增速为 3.9%》,中华人民共和国商务部,2018 年 5 月 14 日,http://ma.mofcom.gov.cn/article/ddgk/201805/20180502743387.shtml;《摩洛哥 2018 年经济增速为 2.9%》,中华人民共和国商务部,2019 年 5 月 7 日,http://ma.mofcom.gov.cn/article/jmxw/201905/20190502860573.shtml.

③ 张玉友:《中国参与摩洛哥港口建设的前景与风险》,《当代世界》2017 年第 6 期。

其次,马格里布地区是国际极端主义和恐怖主义分子的重要来源地,而摩洛哥也是西亚、北非恐怖主义势力向欧洲渗透的重要通道,一直面临着巨大的反恐压力和重大的安全风险,给外国投资带来不确定性。最后,如前所述,摩洛哥长期占领西撒哈拉地区大部,为此与阿尔及利亚及非盟存在外交争端和冲突。摩洛哥与阿尔及利亚历史上就存在领土纠纷,曾因边界问题发生武装冲突,双边关系一直冷淡。两国争端也夹杂着对马格里布地区主导权的争夺,这显著地影响到马格里布地区的稳定和一体化。上述因素在一定程度上影响了摩洛哥的安全环境和区位优势的发挥,也对中国参与摩阿两国港口合作造成掣肘,带来潜在的政治风险。

3. 大国博弈与地缘政治风险

以摩洛哥为中心的北非马格里布地区,历来都是欧美大国,尤其是法国和西班牙的"势力范围",对维护和提升其经济发展与国家安全都发挥着重要的作用。[1]1996年摩洛哥与欧盟签署联系国协议,后来双方建立联合委员会,2010年首届欧盟—摩洛哥峰会在西班牙举行,2019年双方进一步建立"欧盟—摩洛哥共同繁荣伙伴关系"。特别是摩洛哥与法国、西班牙具有传统关系,保持着密切的经贸、安全与反恐合作。法国是摩洛哥第一大投资来源国、最大债权国和第二大贸易伙伴,两国安全关系十分密切。西班牙是摩洛哥第一大贸易伙伴和主要援助国,在摩有大量投资,保持反恐情报合作。此外,美国与摩洛哥关系也十分密切,2012年两国建立和开始举行战略对话。美国每年向摩洛哥提供数千万美元的军事援助,并在摩洛哥建有战略油库为美国第六舰队提供补给。摩洛哥地处西地中海地区和欧洲重点关注地区,中国参与在摩洛哥的港口投资及运营招致欧美大国的警惕和舆论压力。如若中国投资力度过大,将引起法国和西班牙的高度关注,可能引发一定的地缘政治角力,港口面临的安全风险将上升。

四、结语

摩洛哥高度重视港口在国家内外政策中的作用,制定了国家层面的港口发展战略和有关法律,打造独具特色的中心港,具备联通欧洲、非洲市场的能力,在此基础上与国际港航企业开展了多项合作。总体上,中国参与摩洛哥港口建设

---

① 张玉友:《中国参与摩洛哥港口建设的前景与风险》,《当代世界》2017年第6期。

和开发的水平较低，仍停留于工程建设和有限的码头股权投资，参与项目少，更没有获得控股权或直接的运营权。鉴于摩洛哥关键的地理区位和发展潜力，中国应重视其在"21世纪海上丝绸之路"建设中的重要地位，扩大对丹吉尔地中海港等港口开发的参与力度，并将之与产业园区项目结合起来，提升区域辐射能力，为海上丝路建设在西地中海和大西洋地区的推进提供助力。

第六章
中国国际港口合作的绩效评估

  2021 年 6 月,习近平主席向"一带一路"亚太区域国际合作高级别会议发表致辞时表示,"一带一路"倡议提出 8 年来,中国与 140 个国家、32 个国际组织签署了共建"一带一路"合作协议,构建起全方位、复合型的互联互通伙伴关系,开创了共同发展的新前景。当前中国进入新发展阶段、贯彻新发展理念、构建新发展格局,为"一带一路"合作伙伴提供了更多市场机遇、投资机遇、增长机遇。[①]参与海上丝路沿线港口建设是"一带一路"建设的重要任务,"21 世纪海上丝绸之路"致力于共建通畅、安全、高效的运输大通道,连通东南亚、南亚、西亚、北非、欧洲等各大经济区域,通过互联互通形成更大的市场空间,为中国及沿线国家的发展提供更大动力。中国拥有强大的港口开发能力,同时投资海外港口的意愿日益强烈,"一带一路"倡议提出以来,中国在沿线地区的港口建设实践成果丰富。沿线港口特别是枢纽性、节点性港口成为中国推进"21 世纪海上丝绸之路"建设、维护和拓展海外利益的有力支点和重要抓手。当前,对海上丝路沿线国家港口投资与建设、相关配套服务建设及风险防范等议题的研究需求正日益迫切,更急需总结中国参与海上丝路沿线港口建设的实践创新之处,进一步明确未来港口建设的重点选择、努力方向、主要风险及应对之策。

---

  ① 和音:《建设更加紧密的一带一路伙伴关系》,《人民日报》2021 年 6 月 25 日,第 3 版。

第一节　民生治理：中国国际港口
合作的积极成效

进入 21 世纪以后,中国日益重视海洋强国、航运强国建设。"一带一路"倡议实施以来,中国参与海外港口建设投资的步伐不断加快,海上丝路沿线地区的港口建设成为重中之重,并集中体现了中国"21 世纪海上丝绸之路"建设的成效。中国的海外港口建设实践和国际港口合作正在产生多元化的积极效应与深远影响,对国内企业和港口发展、扩大对外开放、维护海外通道安全与海外利益均发挥了显著作用,也推动了海上丝路沿线国家的发展、稳定以及全球治理进程,体现出以"民生治理""发展优先"的鲜明特征。

一、中国国际港口合作的国内效应

随着中国港航企业加快"走出去"步伐和参与海外港口建设投资布局,国内港航企业迎来国际化发展的机遇,国家对外开放水平进一步提升,海外利益及维护能力得以拓展和增强。

第一,中国参与海上丝路沿线港口建设推动了中国港航行业与企业的快速发展,形成了港航企业和港口建设相互促进的局面。

首先,海上丝路沿线港口建设的实践直接促进了中国港航行业与企业的发展壮大。参与海上丝路沿线港口建设不仅可以转移国内港口工程建设优势产能,而且有利于促进中国港航企业加快改革与国际化步伐。通过对海上丝路沿线港口网络的投资和参与建设,中国港口运营商和航运企业逐步发展壮大,并跻身世界领导者行列。以中远海运集团、招商局港口等为代表的中国港航企业所投资运营的港口日益增多、份额不断扩大,承运海上货物的规模更为庞大,成长为世界知名的港口运营商和航运企业。有关统计数据表明,中国在全球大多数海域货运中的覆盖程度和主导能力均大幅上升。国际航运研究和咨询机构德鲁里的数据显示,中国的航运企业运送的集装箱数量超过了其他任何国家。2015 年,5 家中国大型运输企业合计控制了全球前 20 家企业处理的全部集装箱运输总量的 18%,全球最大的集装箱运输集团马士基集团的母国丹麦则排在第

2 位。德鲁里的数据显示,在全球排名前 10 的港口运营商中,中国企业处理的货运量占总货运量的 39%,几乎是排名第 2 位国家的 2 倍。① 近年来,一批地方港口企业和海上物流公司正在快速推进国际化运营,中国港航企业在全球码头投资和海上运输中的份额还在进一步上升。

其次,参与海上丝路沿线港口建设推动了中国国内港口建设和港口城市的发展。在 21 世纪以来国内经济发展崛起和对外贸易急剧扩大的基础上,中国国内港口也快速发展壮大,而积极"走出去"参与海外港口建设和国际竞争则进一步推动了国内港口吞吐量的扩大以及港口城市的发展,中国港口与港口城市的全球竞争力与影响力获得飞跃式提升。近年来,中国加快推进港口枢纽化、集约化、现代化发展,已经形成环渤海、长三角、东南沿海、珠三角和西南沿海 5 个现代化港口群,建成了综合性、立体式运输系统。② 中国早已成为顶级世界港口货物吞吐量大国,而集装箱货物吞吐量更是一直遥遥领先于世界其他国家。据统计,2018 年中国集装箱吞吐量达到 2.258 2 亿标准箱,占世界总吞吐量的 28.5%,是美国的 4 倍多、欧盟的 2 倍多。③ 近年来,中国在全球吞吐量排名前列的港口中占据的比重不断扩大,特别是集装箱港口发展更加迅速。根据 2019 年英国劳氏公司发布的排名,全球前 10 的集装箱港口中,有 7 个在中国;全球前 100 的集装箱港口中,中国有 25 个港口上榜,占 1/4。④ 招商局集团所在的香港和深圳、中远海运集团和上港集团所在的上海也得益于港城之间的良性互动与港航企业的国际化运营,获得了更大的发展机遇和助力。

最后,参与海上丝路沿线港口建设推进了中国港口建设产能和标准"走出去"的步伐。当前,世界各国的知名港口企业拥有并在其他国家经营码头是国际化发展的必然趋势,它们作为全球码头运营商由此获得了快速的国际化发展机遇,竞争力也大幅提升。例如,新加坡港务局在 15 个国家或地区经营码头,丹麦

① James Kynge et al., "Beijing's Global Power Play: How China Rules the Waves," Financial Times, January 12, 2017, https://ig.ft.com/sites/china-ports/.

② 《书写新世纪海上丝绸之路新篇章:习近平总书记关心港口发展纪实》,中国共产党新闻网,2017 年 7 月 6 日,http://cpc.people.com.cn/n1/2017/0706/c64094-29385979.html。

③ "Container Port Traffic," The World Bank, https://data. worldbank. org/indicator/IS. SHP. GOOD. TU.

④ "One Hundred Ports 2019," Lloyd's List, July 29, 2019, https://lloydslist.maritimeintelligence. informa.com/one-hundred-container-ports-2019.

马士基集团在 41 个国家或地区拥有 76 个港口,瑞士的地中海航运公司在 22 个国家或地区拥有 35 个码头,而迪拜环球港务集团在 40 个国家或地区经营有 77 个港口。为了建设海洋强国,确保主要供应链的安全,增强国际贸易能力,中国一直在购买从南亚到中东、非洲、欧洲甚至南美地区的一系列港口的开发经营权,创建了一个新的"全球航运帝国"。有媒体称,中国招商局港口在 15 个国家和地区运营了 29 个港口,中远海运集团在 13 个国家和地区运营了 47 个码头。[①] 中国地方港口也纷纷加入了全球化发展和竞争的行列,如上海港、宁波—舟山港、青岛港、北部湾港等,逐步在海外港口建设与运营中占据了一席之地。在集装箱港口方面,中国企业已经在全球竞争中逐步占据了主导地位。英国《金融时报》的研究显示,到 2015 年,全球前 50 名的港口中有近 2/3 拥有来自中国的一定比例投资,远高于 2010 年的 1/5。仅在 2016 年,中国就在海外港口领域投资了超过 200 亿美元。根据英国劳氏公司的数据,2015 年中国在全球投资的港口处理了全球集装箱货运总量的 67%,相对于 2010 年的 42% 出现了显著上升。[②] 当然,中国国内港口直接处理的集装箱货运量要比这一数据低得多。中国以港口为重点加强海上丝路沿线基础设施建设,形成港口—铁路、港口—工业园区等建设模式,带动了中国标准和设备出口,发挥了中国的产业优势。[③] 不断增长的港口收购丰富了中国日益增长的国际港口资产组合,这些遍布全球的港口与码头资产为中国产能和标准"走出去"提供了重大机遇,中国港口和码头建设施工标准、施工设备与产品的渗透和影响力正在上升,如上海振华重工的岸桥和起重机设备已经发展成为全球品牌。

以科伦坡港口城项目为例,2014 年 9 月 16 日,习近平主席访问斯里兰卡时促成该项目的正式启动,中国交建与斯里兰卡方面签署了科伦坡港口城特许经营协议,与中国国家开发银行签署了科伦坡港口城贷款条件协议。该项目采取 PPP 模式,斯里兰卡政府负责政策规划,中国国家开发银行提供了大部分商业贷款,由中国港湾实施具体开发运营。科伦坡港口城项目是"一带一路"合作倡

---

① Wade Shepard, "China's Seaport Shopping Spree: What China Is Winning by Buying up the World's Ports," *Forbes*, September 6, 2017, https://www.forbes.com/sites/wadeshepard/2017/09/06/chinas-seaport-shopping-spree-whats-happening-as-the-worlds-ports-keep-going-to-china/#56f81f3d4e9d.

② James Kynge et al., "Beijing's Global Power Play: How China Rules the Waves," Financial Times, January 12, 2017, https://ig.ft.com/sites/china-ports/.

③ 孙德刚:《中国港口外交的理论与实践》,《世界经济与政治》2018 年第 5 期。

议和中国企业"走出去"的代表性项目,将带动中国资金、技术和管理方式等中国标准走向世界,扩大全球性影响。①

第二,参与海上丝路沿线港口建设提高了新时期中国经济对外开放的水平,形成海外港口建设与对外贸易、国际化良性互动的局面。

一方面,海外港口建设是中国进一步扩大对外开放、提升国际化水平的重要领域和渠道。国内港口一直是中国对外开放的窗口和平台,海外港口建设正在成为中国进一步扩大对外开放的新跳板。港口建设以及临港产业园区、港口城市的综合投资开发是中国的重要经验和能力强项,这不仅为国内港航企业发展提供了机遇,更为国际经贸合作和大规模产业转移提供了新平台,从而使更多的国内企业和产业实现"借船出海"。港口综合园区建设已经成为中国海上丝路沿线港口建设的重要形式和优势,这在中国参与的斯里兰卡汉班托塔港、巴基斯坦瓜达尔港、阿联酋哈利法港、吉布提吉布提港等多个港口建设开发中都有鲜明体现。而缅甸皎漂港建设还推动了中国西南地区的对外开放,巴基斯坦瓜达尔港也推动了中国西北地区的对外开放。《中共中央关于制定国民经济和社会发展第十三个五年规划的建议》提出,积极推进"21世纪海上丝绸之路"战略支点建设,参与沿线重要港口建设与经营,推动共建临港产业集聚区,畅通海上贸易通道,这对于实现经济保持中高速增长、加快产能转移与国际产能合作、统筹国内国际两个大局发挥着重要作用。② 海上丝路沿线的港口建设对中国向西开放,加强与从印度洋到地中海沿岸国家的经贸关系与产能合作,促进发展战略对接发挥着积极作用。③ 海上丝路沿线港口建设与投资提升了以港口为节点的全球互联互通,加快了中国企业和产品"走出去"的步伐,推动国内企业进一步参与国际竞争,加强了与沿线众多地区国家的经贸合作,中国对外开放的力度和水平因而进一步提升。

另一方面,海外港口建设是推动新时期中国对外贸易与投资持续扩大的重要助力,有利于中国向世界贸易大国、投资大国继续迈进。海外港口建设投资密切了中外港口交流与合作,为中国与相关国家的贸易往来提供了更为便利的平

---

① 苑基荣:《填海造地,中企打造科伦坡港口新城》,《人民日报》2017年2月3日,第3版。
② 《中华人民共和国国民经济和社会发展第十三个五年规划纲要》,新华网,2016年3月17日,http://www.xinhuanet.com//politics/2016lh/2016-03/17/c_1118366322.htm。
③ 孙德刚:《中国港口外交的理论与实践》,《世界经济与政治》2018年第5期。

台和渠道,这往往带来中国与港口所在国及其辐射的周边国家间贸易的快速增长。研究发现,"一带一路"倡议实施之后,基础设施对出口的积极影响更大,物流绩效指数的改善给中国的出口带来了大约 2 倍的收益。[①] 特别是在中国与传统伙伴之间的贸易增长乏力、中美贸易战与竞争加剧的背景下,"一带一路"沿线的发展中国家成为中国对外贸易与投资的新增长点,海上丝路沿线国家的港口建设正是推动相互之间贸易投资便利化与快速增长的助推剂,中国与海上丝路沿线国家的经贸关系由此得以大幅增强。2013—2018 年,中国与"一带一路"沿线国家货物贸易进出口总额超过 6 万亿美元,中国企业对沿线国家直接投资超过 900 亿美元,在沿线国家完成对外承包工程营业额超过 4 000 亿美元。[②] 由此,中国与斯里兰卡、阿联酋、希腊等众多在海上丝路沿线国家的贸易和投资也因港口互联互通而获得更大增长动力。

第三,中国参与海上丝路沿线港口建设有助于维护海上能源与贸易通道安全,为维护日益扩大的海外利益提供更大保障。

世界 90% 的货物和 65% 的石油通过海洋航线连通生产国与消费国,中国 90% 的进出口贸易依赖海上运输,能源和货物贸易均高度依赖印度洋至地中海等地航线,因此海上航线和通道安全事关中国发展稳定与海外利益。中国严重依赖与海湾、非洲以及欧洲地区之间的能源与商品贸易,货物运输大多需要经过印度洋之后穿越马六甲海峡,而这一海上通道基本处于其他大国的控制之下。"经济扩张严重依赖海上交通线的安全性,这一直是中国的重大关切点。中国海军缺乏军力投送能力使中国成为由美国海军保护的远洋航线的尴尬和焦急的'搭便车者'。"[③]中国全球港口布局推动了中国参与经济全球化的进程,有利于为对外贸易海上通道畅通提供更大保障。如果说基础设施建设是"一带一路"的"血脉",港口自然成为注入国际新鲜血液的重要"血管"。[④] 东南亚—南太平

---

① Wang Meiling, Qiu Qian and Choi Changhwan, "How Will the Belt and Road Initiative Advance China's Exports?" *Asia Pacific Business Review*, Vol. 25, No. 1 (2019): 81 - 99.

② 《中国发表〈共建"一带一路"倡议: 进展、贡献与展望〉报告》,新华网,2019 年 4 月 22 日,http://www.xinhuanet.com/world/2019-04/22/c_1124399473.htm。

③ Xin Qiang, "Cooperation Opportunity or ConfrontationCatalyst? The Implication of China's Naval Development for China-US Relations," *Journal of Contemporary China*, Vol. 21, No. 76 (2012): 603 - 622.

④ 管清友等:《一带一路港口: 中国经济的"海上马车夫"》,《中国水运报》2015 年 5 月 11 日,第 6 版。

洋—印度洋—红海—地中海—大西洋航线对中国经济的稳定增长具有重要的战略意义,是"一带一路"建设的重点方向。[1] 承载我国外贸总值超过 5% 的水道有 8 条,分别是马六甲海峡、格雷特海峡、曼德海峡、巽他海峡、霍尔木兹海峡、八度海峡、巴士海峡,均可谓战略通道[2]。中国在沿线地区已有的重大基础设施和经贸合作区中,除吉布提港等少数项目外,在上述水道附近地区仍少有分布。[3] 2015 年《中国的军事战略》白皮书强调了建设海上战略通道安全的重要性,提出维护国家主权和海洋的权益,维护战略通道和海外利益的安全,参与海洋国际合作,为建设海洋强国提供战略支撑。[4]

近年来海上丝路沿线地区/国家存在海盗、恐怖主义、民族分离主义、国内局势动荡、国内冲突和内战等问题,均严重影响着海上能源与通道安全。中国参与海上丝路沿线港口建设对于维护马六甲海峡、霍尔木兹海峡、曼德海峡、土耳其海峡、苏伊士运河、直布罗陀海峡的石油和贸易通道安全具有重要意义。海上丝路沿线港口建设开发可以提升对国际航运的服务水平,并有助于维护海上运输安全保障能力。此外,海上丝路沿线商业化港口建设的实践也有利于扩大中国在海外的柔性军事存在,为日益增大的护航与维和需求提供新的支撑和选择,中国可以有效利用海上丝路沿线的港口设施提供便利化的后勤补给,以更好地保护海上通道安全。当前,海外柔性军事存在是一种不容回避的客观需求,这是不断增大的海外利益和国际责任的必然要求,虽然这并不是中国参与海外港口建设的主要目的,但海上丝路沿线港口建设的确为之提供了诸多便利。通过对海外港口的投资、建设与运营,中国已初步具备突破经济、政治和军事制约的能力,以争取正当的商业海权,助力中国和平崛起。[5] 2008 年以来,中国海军在印度洋等地区的存在日益常规化,包括反海盗、作战部署、多国军演、潜艇停靠、非战斗人员撤离等行动,在该地区很多国家的港口进行

① 刘宗义:《21 世纪海上丝绸之路建设与我国沿海城市和港口的发展》,《城市观察》2014 年第 6 期。

② 战略通道是对国家安全与发展具有重要战略影响的海上咽喉要道、海上航线和重要海域的总称,其包括三部分:一是特指一些重要的海峡、水道和运河;二是指海峡及海上交通线附近的一些重要的交通枢纽,如岛国和岛屿;三是指海上交通线所经过的有特定空间限制的海域。参见梁芳:《海上战略通道论》,时事出版社,2011,第 11 页。

③ 张大勇:《加强"21 世纪海上丝绸之路"战略支点建设研究》,《中国工程科学》2016 年第 2 期。

④《中国的军事战略》白皮书(全文),中华人民共和国国务院新闻办公室,2015 年 5 月 26 日,http://www.scio.gov.cn/zfbps/ndhf/2015/Document/1435161/1435161.htm。

⑤ 刘大成:《海外港口链助力中国和平崛起》,《经济参考报》2016 年 11 月 22 日,第 A6 版。

了停靠补给等。① 吉布提后勤保障基地的建设更为此提供了重要保障。

第四,海上丝路沿线港口建设的实践推动了中国特色国际港口合作理论的形成与发展,丰富了中国外交的"工具箱"。

中国参与海上丝路沿线港口建设的实践,推动形成了中国特色的国际港口合作。中国的国际港口合作使政府与企业、外交部与其他部委、中央与地方、中国与海上丝路沿线国家形成了"共生关系",推动建立合作共赢的新型国际关系。一方面,国际港口合作首先要求实现政府部门与港航企业之间的积极良性互动。中国政府鼓励港航企业积极参与海外港口建设,协调中国的国际港口合作和"21世纪海上丝绸之路"建设,港航企业成为中国国际港口合作的先锋与践行者。政府与企业互动日益频繁,港航企业成为落实中国与海上丝路沿线国家港口合作的重要主体,政府部门成为中国港航企业拓展海外利益、参与海外港口建设的"代言人"和保障者,打破了各部门之间的条块分割状态,避免割裂地看待东南亚、南亚、海湾、欧洲等各沿线地区,而是从系统性和全局性的角度审视海上丝路沿线港口建设。另一方面,中国参与海上丝路沿线港口建设的重点与对外贸易线路、国家整体外交布局相一致,反映了中国未来的外交走向。中国与海上丝路沿线国家正形成陆海联动、发达经济体与发展中经济体相互联通、安全议题与发展议题彼此交错的国际港口合作形式,极大地丰富了新时期中国外交的"工具箱"。② 中国海外港口建设发展的重要时间节点与国家重大发展战略的推出时间及内容高度吻合:2001年"走出去"上升为国家战略,海外港口投资开始稳步增长;2013年"一带一路"合作倡议的提出成为中国海外港口投资发展的重要节点,围绕海上丝路沿线地区开展大规模的港口投资,有力地配合了国家发展战略。③ 国际港口合作积极配合中国进一步扩大开放和"走出去"政策,积极推动"一带一路"建设实施,维护和拓展中国海外利益,成为中国特色大国外交的重要创新形式,服务于新时期的中国发展和外交战略,发挥出日益突出的多重积极效应。

---

① Gopal Suri, *China's Expanding Military Maritime Footprints in the Indian Ocean Region* (*IOR*): *India's Response* (New Delhi: Pentagon Press, 2017), pp. 87 - 92.

② 孙德刚:《中国港口外交的理论与实践》,《世界经济与政治》2018年第5期。

③ 陈沛然、王成金、刘卫东:《中国海外港口投资格局的空间演化及其机理》,《地理科学进展》2019年第7期。

第五,中国参与海外港口建设推动了"21世纪海上丝绸之路"建设,也提升了中国的全球治理话语权和影响力。

一方面,港口建设是"一带一路"特别是"21世纪海上丝绸之路"建设的重要载体和实体节点。正是沿线众多港口串联出一条"21世纪海上丝绸之路",使海上丝路真正成为一条连接中国与世界以及使商品和服务在沿线流动起来的重要通道,部分港口更成为连接陆海丝绸之路的关键节点和桥头堡。国内外港口建设的快速发展为"21世纪海上丝绸之路"建设提供了基础支撑和重要保障,中外港口之间的多元化联系日益增强。为促进"21世纪海上丝绸之路"建设,国家倡导与沿线相关国家建设主要港口和港口城市,与姊妹港口配对并建立港口联盟,以加强沿线国家之间的合作,促进港口基础设施建设以及共建国际和区域航运中心。中国国内港口已与世界200多个国家、600多个主要港口建立了航线联系,中国与"一带一路"沿线的36个国家及欧盟、东盟分别签订了双边海运协定,相互给予对方国家船舶在本国港口服务保障和税收方面的优惠。此外,中国—中东欧国家海运合作秘书处、中国—东盟海事磋商机制、中国—东盟港口发展与合作论坛、中国—马来西亚港口联盟等机制纷纷建立,国际海事组织亚洲技术合作中心也在华设立。[①] 例如,截至2017年,中国北部湾港已经与新加坡、马来西亚、泰国、越南等国开展航线或港口建设与运营的合作,港口合作网络项目建设进展顺利。[②] 中国港航企业的港口建设实践推动了海上基础设施互联互通,表明"多国多港"的"21世纪海上丝绸之路"网络已经基本形成。

另一方面,海外港口建设正在助力中国成长为全球强国,进一步提升了中国在全球治理中的话语权和影响力。中国企业参与海外港口建设成为中国参与全球经济治理和民生治理的重要手段,也提升了中国的全球治理能力和影响力。在亚洲、非洲、欧洲和拉丁美洲的多个国家,中国正在成为一系列港口开发项目相关的融资人、承建商、运营商,以及所有者和主要客户。港口建设的重大进展在很大程度上提升了中国在全球和沿线地区治理中的影响力,也有效缓解了中国对海洋线路高度依赖而海洋权力却十分脆弱的突出问题。

---

① 《书写新世纪海上丝绸之路新篇章:习近平总书记关心港口发展纪实》,中国共产党新闻网,2017年7月6日,http://cpc.people.com.cn/n1/2017/0706/c64094-29385979.html。

② 陈秀莲、张静雯:《中国—东盟港口互联互通建设存在问题与对策》,《对外经贸实务》2018年第2期。

二、中国国际港口合作的国际效应

在共建"一带一路"过程中,中国始终坚持共商共建共享原则,致力于高标准、惠民生、可持续的合作目标,愿与沿线国家建设更加紧密的互联互通伙伴关系,共同发展、共同繁荣,共同构建人类命运共同体。从正确义利观的角度来看,中国的国际港口合作注重与对象国发展战略对接,促进对象国的经济发展;注重民生改善、社会和谐与政局稳定;不断创新对外援建模式。① 随着中国的海外港口建设与投资项目日益增多,国际影响力不断增大,同时也推动了海上丝路沿线地区的发展和稳定,受到绝大部分沿线国家的欢迎,当然也面临一系列风险与挑战。从港口东道国来看,中国拥有强大的基础设施建设能力,中国企业在国际上享有良好声誉,并可以为双边合作提供资金支持,同时中国始终坚持互利共赢原则和不干涉内政的立场,不附带政治条件,而中国发展模式对沿线发展中国家也具有很大吸引力。因此,"一带一路"沿线发展中国家将中国视为重要合作伙伴,港口建设合作的国际影响力也日益上升。

第一,中国大规模参与港口建设与投资开发有力地推动了海上丝路沿线国家的经济发展。

从东亚经印度洋到非洲、欧洲的海上丝路沿线国家,大多属于经济欠发达的发展中国家,沿线国家有着巨大的经济发展和基础设施建设需求。近年来非洲的基础设施建设资金缺口巨大,每年至少需要 930 亿美元,因此吸引外部资本投资丝路沿线基础设施建设,对于这些国家的经济腾飞和社会稳定来说意义重大。② 从 2000 年到 2015 年,中国进出口银行向非洲提供了 630 亿美元的贷款,对 54 个非洲国家都有援助和投资,而同期美国银行仅向非洲提供了 17 亿美元贷款。在非洲国家的大量港口和公路基础设施建设意味着中国正在"赢得非洲"。③ 中国在整个非洲广泛投资修建铁路、桥梁和港口等设施,帮助非洲国家发展健全的基础设施,虽然西方也怀疑这样做并不完全是商业性的,其背后隐藏着政治目

---

① 黄真、阎新奇:《中国企业参与港口外交的"义""利"分析》,《当代世界》2019 年第 9 期。

② Vivien Foster and Cecilia Briceño-Garmendia (eds.), *Africa's Infrastructure: A Time for Transformation* (Washington D.C.: The World Bank, 2010), pp. 2 - 6.

③ David Pilling, "Ports and Roads Mean China Is 'Winning in Africa'," Financial Times, May 3, 2017, https://www.ft.com/content/65591ac0-2f49-11e7-9555-23ef563ecf9a.

的,但也不得不承认这的确有助于非洲国家快速发展和融入全球经济。例如,中国资助和建设的肯尼亚蒙内铁路项目,客运和货运量的表现都超出了预期,对肯尼亚成为东非最大经济体作出了重大贡献。[①] 实际上,很多沿线发达国家同样拥有升级改造基础设施的巨大需求,也面临着资金和技术等方面的能力制约。

在港口建设领域,中国的建设和投资首先及主要追求的是经济利益,遵循商业化原则,谋求通过互惠合作实现互利共赢、共同发展。中国投资建设的港口项目收益和溢出效应广泛,往往会对正在发展的地方和区域经济产生直接和间接的积极影响,成为推动所在国经济发展的新动力,因此受到港口所在国的普遍欢迎。有研究表明,港口发展对海上丝路沿线国家经济增长有显著的正向空间溢出效应,且港口发展带动周边国家经济增长的间接溢出效应大于对本国经济增长的直接溢出效应。一方面,中国投资建设的港口项目为当地港口和经济发展注入了活力,极大地提升了港口的吞吐能力和国际影响力,甚至使濒临破产或关闭的港口起死回生,重新焕发生机,直至风生水起。例如,2008 年全球金融危机之后希腊曾经深陷债务危机和破产境地,比雷埃夫斯港在中远海运集团出现之前几乎无法吸引到任何投资。2016 年自中远海运集团接管比雷埃夫斯港以来,除了港口本身的开发建设外,还确定了该地区的总体规划,包括建造酒店、邮轮码头以及物流中心,并将之打造为欧洲门户港口,成为中欧陆海通道的关键节点,显著地扩大了比雷埃夫斯港的经济纵深和发展潜力。这不仅意味着该港口能够吸引更多的中国货物进口,也能直接获得中远海运集团庞大的集装箱船队的直接支持。近年来,比雷埃夫斯港已发展成为世界上增长最快的港口和地中海地区主要枢纽港之一。在比利时,2016 年丹麦航运巨头马士基集团退出了比利时泽布吕赫港集装箱码头运营,外界普遍认为此举重创了该港口,甚至使之面临关闭处境,之后中远海运集团与泽布吕赫港签署了集装箱码头的特许经营协议,让该港重新获得发展动力,并有望在未来发展成为与鹿特丹和安特卫普并列的欧洲大港。

另一方面,中国的一个关键优势在于不仅仅参与单一的港口建设开发,还具有提供包括临港经济园区和配套基础设施甚至是海港城市发展的完整经济方案的规划和实践能力。中国港航企业在海上丝路沿线港口建设实践中,于条件成

---

① Panos Mourdoukoutas, "Why Is China Building Africa?" *Forbes*, September 21, 2019, https://www.forbes.com/sites/panosmourdoukoutas/2019/09/21/why-is-china-building-africa/#29316189502c.

熟的地方积极拓展"港口+"合作,建立经济产业园区、商业中心、发电厂,甚至是住宅区和港口城等,提供综合化的港口及临港区域开发支持。在中国港航企业的帮助下,港口所在国可以一步到位获得系列发展方案和发展能力。新建港口需要资金、设计方案、建造、运营和疏浚等多种服务,而中国企业可以提供上述所有商业服务。因此,中国的海外港口投资通常涉及多家中国企业,包括商业银行或开发银行、港口建设公司以及港口运营商。① 中国的港口投资为缺乏资金和建设能力的港口所在国提供了新的选择,并带来了系统而有吸引力的经济产业链,使当地形成以港口为中心的经济园区,有利于吸引更多的外国直接投资,为东道国经济发展提供了新的平台和动力,使当地多方受益,从而受到东道国的普遍欢迎。例如,中国企业投资的斯里兰卡汉班托塔港不仅被建设成为一个深水港口,而且协助当地建立了一个全新的经济生态系统,其中包括大规模的工业区、液化天然气厂、机场、会议中心和体育场馆,并通过填海造地建设了休闲旅游区等,极大地带动了斯里兰卡南部地区的发展,助力斯里兰卡的印度洋航运中心建设。此外,在巴基斯坦瓜达尔港、阿联酋哈利法港、吉布提吉布提港、摩洛哥丹吉尔地中海港等地也在一定程度上复制了这一开发模式。

第二,中国的大规模港口建设开发推动了海上丝路沿线国家之间的互联互通和"再全球化"进程,有助于打破不平等的全球分工格局。

"一带一路"是中国发起的全球性重大发展倡议,它有望打破数百年来西方主导的"中心—外围"结构和不平等的全球化格局,成为发展中国家推动的更为普惠公平的"再全球化"尝试,是世界经济发展到新阶段的产物。② "一带一路"是中国首次提出的重大经济发展倡议,是持续推动中国崛起的发展方略,也将成为 21 世纪发展中国家"再全球化"的推动力量。③"21 世纪海上丝绸之路"倡议的提出与实施,为中国从港口大国迈向港口强国提供了重要动力,更带动了沿线地区各国之间的互联互通和"再全球化",有助于形成非西方中心的、更为平等均衡的全球化新格局。在此格局下,通过铁路、公路、桥梁和港口等基础设施建设,欧

---

① Wade Shepard, "China's Seaport Shopping Spree: What China Is Winning by Buying up the World's Ports," *Forbes*, September 6, 2017, https://www.forbes.com/sites/wadeshepard/2017/09/06/chinas-seaport-shopping-spree-whats-happening-as-the-worlds-ports-keep-going-to-china/#56f81f3d4e9d.

② 孙德刚:《中国港口外交的理论与实践》,《世界经济与政治》2018 年第 5 期。

③ 赵洋:《中美制度竞争分析:以"一带一路"为例》,《当代亚太》2016 年第 2 期;冯并:《"一带一路":全球发展的中国逻辑》,中国民主法治出版社,2015,第 2 页。

亚大陆和非洲国家有望以发展为导向,建立密切的跨区域经济一体化,从而打破西方主张的陆权—海权的二元对立格局,建立陆海联动、发达经济体与发展中经济体密切联系、安全议题与发展议题相互促进的综合发展模式。参照中国自身的发展经验,中国在海上丝路沿线国家建设的临港产业园区,依托港口的区位优势和腹地经济,通过中国和所在国政府、园区、企业之间的配合,能够有效实现产业链分工协作,加快海上丝路沿线的国际产能合作。①

相对于西方国家对地缘政治和军事基地的偏爱,并借此控制发展中国家和推进民主化,中国更愿意在海上丝路沿线寻求地缘经济利益和建立商业化港口,通过商业化发展模式建立平等互利、合作共赢的依存格局。中国在海上丝路沿线的港口建设和运营即是地缘经济取向的鲜明体现。在商业化和地缘经济目标推动的港口建设实践中,中国以海上丝路沿线地区重要港口为支点,并结合互联互通、基础设施投资和拓展性开发规划,正在构建起一条"21世纪海上丝绸之路",在沿线国家之间建立一个利益共同体。一方面,港口建设带动了沿线国家内部和地区内的经济互联互通,推动了多个地区的经济协同发展和一体化进程。中国始终认为,沿线港口的投资开发对于增强东道国沿海地区和内陆地区的互联互通至关重要。正如中国沿海城市深圳的发展实践所证明的那样,港口建设将在沿海和内陆地区带来就业机会并促进经济繁荣。例如吉布提港和亚吉铁路建设联通了埃塞俄比亚这一东非大国,蒙巴萨港和蒙内铁路及其延伸线更是联通了肯尼亚内陆地区以及卢旺达等多个非洲国家,比雷埃夫斯港成为联通东南欧多国的欧洲门户,巴基斯坦瓜达尔港联通中国新疆甚至中亚国家……另一方面,主要以港口为节点串联起的"21世纪海上丝绸之路"创造了一个囊括沿线所有国家的新经济空间,一个更为扁平化、更为平等均衡的新经济格局,从东亚、东南亚到南亚、海湾、东非和地中海地区的国家在充分发挥自身优势、积极参与的前提下都迎来了"再全球化"机遇,通过融入全球分工链条和进程而更大程度地获益。

第三,中国参与海上丝路沿线港口建设促进了相关地区发展中国家的政治和社会稳定,体现了"以发展促和平"的理念。

海上丝路沿线国家绝大部分属于欠发达的亚非发展中国家,人口增长率高,

---

① 何帆、朱鹤、张骞:《21世纪海上丝绸之路建设:现状、机遇、问题与应对》,《国际经济评论》2017年第5期。

就业压力大,社会矛盾尖锐,政局不稳,甚至面临着国内和地区冲突等安全挑战,发展诉求十分强烈,却又缺乏发展的必要能力和有效路径。大部分海上丝路沿线国家拥有一个或两个主要港口,菲律宾、马来西亚、印度尼西亚、阿联酋等发展水平和开放程度相对高的国家港口的建设基础也更好,在区域内还辅以一定数量的一般港口等待开发。从中国南海到印度洋,从红海到地中海,大部分港口物流绩效较低,潜力尚未完全挖掘,例如东南亚的缅甸和柬埔寨,南亚的孟加拉国、巴基斯坦、斯里兰卡,海湾地区的沙特阿拉伯、伊朗、阿曼,而非洲港口的效率更是普遍偏低。[①] 虽然港口建设的滞后使之未能发挥出带动经济社会发展的功能,但同时也意味着上述诸国蕴含巨大的港口发展潜力。

中国参与发展中国家的港口建设,体现出"中医式治理"理念,即发展是解决发展中国家主要社会矛盾的总钥匙,民生是国家治理的关键,港口振兴是拉动内陆地区经济腾飞的引擎。[②] 2016 年 1 月,习近平主席在开罗阿盟总部发表演讲时,系统阐述了中国特色的"中医式治理"理念:"破解难题,关键要加快发展。中东动荡,根源出在发展,出路最终也要靠发展。发展事关人民生活和尊严。"[③] 在共建"一带一路"过程中,中国提出做中东和平的建设者、中东发展的推动者、中东工业化的助推者、中东稳定的支持者、中东民心交融的合作伙伴。[④] "一带一路"建设聚焦发展这个根本性问题,释放各国发展潜力,实现经济大融合、发展大联动、成果大共享。[⑤] 中国的海上丝路沿线港口建设体现了中国特色的全球治理观,注重基础设施建设和经济社会协调发展的"民生治理",与西方倡导的"民主治理"形成了鲜明对比,驳斥了西方对中国的"债务陷阱"和"新殖民主义"等不实指责。中国作为建设者通过基础设施项目带动当地就业和经济社会发展,缓解社会矛盾,彰显民生和发展优先,以发展促和平,避免沿线国家爆发大规模的社会动荡与冲突激化。以吉布提为例,该国人口少,失业率和人口贫困率很高,

---

① 谢文卿、赵楠:《"21 世纪海上丝绸之路"与港口发展系列之一:运输需求与通道分析》,《中国远洋航务》2015 年第 7 期。

② 孙德刚:《中国港口外交的理论与实践》,《世界经济与政治》2018 年第 5 期。

③ 《在追求对话和发展的道路上寻找希望》,《人民日报》2016 年 1 月 25 日,第 21 版。

④ 《共同开创中阿关系的美好未来:在阿拉伯国家联盟总部的演讲(二〇一六年一月二十一日,开罗)》,《人民日报》2016 年 1 月 22 日,第 3 版。

⑤ 《习近平在"一带一路"国际合作高峰论坛开幕式上的演讲》,新华网,2017 年 5 月 14 日,http://www.xinhuanet.com/world/2017-05/14/c_1120969677.htm。

中国近年来对吉布提港口和机场的大规模投资不仅改善了该国民生,而且带动了就业和经济增长,为非洲中小国家的发展树立了榜样。一方面,经济社会发展是沿线亚非国家更加紧迫的需要,中国参与的港口、路桥等建设项目有助于对象国的基础设施建设与民生改善,带动了就业和经济增长,也缓解了社会矛盾。另一方面,中国港口等基础设施投资的进入为地区小国提供了更多的发展选择,减少对大国的单一依赖,如斯里兰卡、孟加拉国、马尔代夫等南亚国家就利用中国的投资抵消印度在地区的强势主导地位。[①] 在中东等热点地区,注重解决民生发展问题能够有效降低地区冲突、政治对抗、街头政治、恐怖主义和极端主义、海盗等各类不稳定因素的发生概率。事实证明,中国参与海上丝路沿线港口建设的商业行为,也有助于当地国家的政治稳定与安全,体现了中国以自身的务实行动践行"以发展促和平"的理念。

第四,中国参与海上丝路沿线港口建设有助于提供国际公共产品,推进全球治理的民主化与扁平化。

国际中转港口服务和安全的国际海运航线均是重要的国际公共产品,对于使用航线的国家和沿线国家都十分重要。一方面,中国参与海上丝路沿线港口建设可以为全球海上运输提供数量更多、服务更好的国际化中转港口,为所有使用国际航线的国家和企业提供中转和补给服务。另一方面,这对于维护海上丝路沿线的石油和贸易通道安全具有重要意义,为全球海洋治理提供了更多的安全公共产品。[②] 中国建设的港口可为中外船舶提供补给和修理服务,助力中国维护海上运输安全和提高对关键性航道的保护能力,弥补美、俄及欧洲诸国等域外力量在安全公共产品领域的供给不足。[③] 在海外建设大型港口设施及其综合开发需要强大的物资、金融和技术能力支持,中国是少数具备这种综合能力的国家之一,因此,海上丝路沿线港口建设的成就突出展现了中国提供国际公共产品的能力。中国表示愿承担相应的国际义务,与海上丝路沿线各国加强海上搜救、海洋防灾、海上执法等领域合作,共同维护海上安全,特别是参与海上航行安全与

---

① Chung Chien-peng, "What Are the Strategic and Economic Implications for South Asia of China's Maritime Silk Road Initiative?" *The Pacific Review*, Vol. 31, No. 3 (2018): 315 – 332.

② 孙德刚:《中国港口外交的理论与实践》,《世界经济与政治》2018 年第 5 期。

③ 张洁:《海上通道安全与中国战略支点的构建:兼谈 21 世纪海上丝绸之路建设的安全考量》,《国际安全研究》2015 年第 2 期。

危机管控机制,共同打击海上犯罪,维护海上航行安全。[①]

例如,斯里兰卡位于印度洋航线主航道的必经之地和中心位置,中国参与的科伦坡港和汉班托塔港建设极大地提升了此地港口的接待服务能力和国际化水平,可以为所有往来船舶提供更好的中转和补给服务。来自中国的资本流入推动了斯里兰卡现有港口和公路、铁路基础设施的实质性改善,包括印度南部港口在内的周边国家港口都将斯里兰卡科伦坡等港口作为货物枢纽港,在促进区域国际贸易方面发挥着广泛的催化剂作用。[②]而作为扼守战略位置的便利交通枢纽,吉布提的商业港口和后勤保障基地既为埃塞俄比亚的对外贸易和国际往来船舶提供高标准服务,也可以支持中国在亚丁湾和索马里海域的反海盗与护航行动,以及在非洲的联合国维和行动;加上在巴基斯坦瓜达尔等附近港口的停靠便利,为可能的地区形势动荡和撤侨行动提供快速反应的基础,支持中国在非洲和中东的维持和平与安全行动,从而为中国提供更多的补给选择和更大的安全支持,形成良性互动态势。摩洛哥丹吉尔地中海港不仅是本国与欧洲之间货物往来的绝佳窗口,也日益成为西北非国家与欧洲之间货物进出的桥头堡,中国参与码头运营和临港产业园区建设进一步凸显了丹吉尔地中海港的角色。

第二节　优化组合:中国国际港口合作的重点选择

从中国参与海外港口建设的理论与实践来看,其首要驱动力在于港航企业的国际化发展需求及全球商业布局,始终遵循国际通行的商业化原则,追求经济利益;从国家层面来看,这源于中国扩大对外开放和进一步融入全球化的需要,首要目的是地缘经济利益,而非地缘政治利益,少部分港口的战略性也大多基于其地缘经济价值。中国参与海上丝路沿线港口建设的实践呈现全面铺开、重点突破的特征与格局,在沿线国家和港口众多的背景下也必然要求有所侧重,斯里

---

① 《两部门关于印发“一带一路”建设海上合作设想的通知》,中华人民共和国中央人民政府,2017年11月17日,http://www.gov.cn/xinwen/2017-11/17/content_5240325.htm。

② Xiao Ruan et al., "Impacts of the Belt and Road Initiative in the Indian Subcontinent under Future Port Development Scenarios," *Maritime Policy & Management*, Vol. 46, No. 8 (2019): 905 – 919.

兰卡、阿联酋、希腊等部分国家及其相关枢纽型港口成为重要对象;而缅甸、巴基斯坦、吉布提等国及其相关港口因为具备更为长远的地缘重要性也成为中国关注的重点。对于海上丝路沿线港口建设重点的选择,主要还是基于港口及其所在国的商业发展潜力和地缘经济价值,离开这一点,海外港口建设容易成为无源之水、无本之木。例如,招商局港口在实行海外投资并购中一直坚持以三大原则为战略导向:一是将海外港口投资融入国家海外战略;二是遵循行业规律,以港口腹地经济发展趋势为指引;三是坚持商业可行性,这是所有商业并购投资必须遵守的底线。① 这也道出了企业参与海外港口投资建设的核心基础与原则要求。

一、中国国际港口合作的影响因素

随着港口经济的发展,影响港口竞争力的因素不断增多,包括腹地环境、自然环境、区位条件、基础设施建设等,根据影响力的大小,依次是港口的网络地位、腹地环境、基础设施建设、服务水平、自然条件、政府廉洁度等因素。② 很多因素会导致港口之间的竞争力差异,包括地理位置、航线可及性、运输能力、税收和市场自由度等。③ 港口综合竞争力受到港口生产能力(吞吐量)、硬件设施、腹地经济、港口环境便利化等指标的影响。④ 从地缘经济的视角来看,中国参与海外港口建设的影响因素主要包括港口的开发潜力、港口及所在国的地理位置与区域辐射价值、所在国的经济环境、中国在港口所在国的海外利益和所在国对"一带一路"倡议的反应及参与情况等。从这几个方面来考察海上丝路沿线地区的港口建设,可以更为清晰地看出沿线地区港口的发展潜力和中国参与港口建设的重点方向。

（一）港口的开发潜力

港口的开发潜力主要包括物流处理能力、航运连通性和功能潜力等。一国

---

① 白景涛:《招商局港口:推进高质量的海外投资并购》,《董事会》2018 年第 11 期。

② 杨忍等:《"海上丝绸之路"沿线重要港口竞争力评价》,《地球信息科学学报》2018 年第 5 期。

③ Ren Jingzheng, Liang Dong and Sun Lu, "Competitiveness Prioritization of Container Ports in Asia under the Background of China's Belt and Road Initiative," *Transport Reviews*, Vol. 38, No. 4 (2018): 436 – 456.

④ 钟浩、郑诗宇、李炎升:《21 世纪海上丝绸之路沿线主要国家港口综合竞争力研究》,《当代经济》2020 年第 2 期。

港口的贸易和运输的便利化程度、物流处理能力、船舶运营成本对于港口开发潜力具有直接影响。港口航运连通性及其在全球航运网络中的位置对国际海运的成本影响很大,连通性反映了航运可能性、港口基础设施能力和行业结构,而航运网络所起的作用及其结构涉及海运和港口行业之间以及国家和充当管理、监管机构的国际组织之间复杂的相互作用。① 海运连通性和物流表现是双边贸易成本非常重要的决定因素,特别是集装箱,连接了物流供应链上的所有参与方,港口的发展竞争力主要表现为集装箱吞吐量和集装箱班轮连通性。② 受到船舶大型化、航运联盟化等因素的影响与推动,对于海上丝路沿线不同港口的功能定位应有更为清晰的认识和要求,超级枢纽港拥有明显区位优势,能够发挥衔接海上丝路沿线区域航运网络的功能,而支线港则主要以提供近洋运输和对区域枢纽港的喂给服务为主。③ 中国在海上丝路沿线地区参与建设的部分港口正在或有望扮演枢纽港或超级枢纽港的角色。如新加坡港、科伦坡港、汉班托塔港、迪拜港、比雷埃夫斯港、瓦伦西亚港等,而瓜达尔港、吉布提港、蒙巴萨港等大多数港口还不具备枢纽港的功能,仍是支线港。有学者使用模型评估海上丝路沿线51 个国家 99 个港口的竞争力后发现,港口在全球海运网络中的位置是所有竞争力指标中影响最大的;港口竞争力两极分化明显,竞争力强的港口,网络状态指数远高于其他港口。竞争力强的港口主要集中在地中海,新加坡港、马尔萨什洛克港和阿尔赫西拉斯港位居前三;竞争力较差的港口主要集中在东非,仰光、柏培拉、宋卡、姆特瓦拉和实兑等港口排名靠后。④ 海上丝路沿线国家港口的连通性差别显著,在海运网络中节点度较高的港口主要分布于东亚、东南亚和欧洲等丝路两端,中部除了阿联酋的迪拜港之外,其他港口的节点度普遍较低,影响了全线的连通性。⑤

近年来,海上丝路沿线地区的港口基础设施和服务水平均有了大幅提升,能

---

① "Liner Shipping Connectivity Index, Quarterly," UNCTAD, https://unctadstat.unctad.org/wds/TableViewer/tableView.aspx?ReportId=92.

② 徐剑华:《港口联通性指数与海上丝绸之路建设》,《中国远洋海运》2019 第 5 期。

③ 孙伟、谢文卿:《"21 世纪海上丝绸之路"与港口发展系列之二:沿线港口发展举措分析》,《中国远洋航务》2015 年第 10 期。

④ Peng Peng et al., "Modelling the Competitiveness of the Ports along the Maritime Silk Road with Big Data," *Transportation Research Part A: Policy and Practice*, Vol. 118 (2018): 852-867.

⑤ 于安琪、王诺:《"21世纪海上丝绸之路"集装箱海运网络连通性分析》,《上海海事大学学报》2019年第 4 期。

够满足过往船舶的维修、补给、中转、仓储等多种需求,港口服务水平和竞争力处于较高水平。与此同时,沿线各地区港口设施和服务水平也存在显著差异。例如,地中海和西欧地区的港口基础设施和服务能力普遍较好,东南亚和海湾地区的港口基础设施和服务水平居中,而印度洋沿岸的南亚、东非等地港口基础设施和服务水平较为落后,有待提升。即使同一地区或国家内部的不同港口发展水平和潜力也可能存在很大差异,当然其中也蕴含着一定的发展潜力,需要综合考察和平衡其现有发展水平及未来开发潜力。

（二）港口及所在国的地理位置与区域辐射价值

地理位置是影响港口竞争力的基本因素。港口区位优势是指根据其所处的地理位置、交通通达性、腹地经济等条件带来的港口发展基础,分析港口区位优势空间格局有助于更好地识别港口相对优势和港口功能定位,确定发展战略规划。[①] 海上丝路沿线绝大多数的港口自然条件优越,很多都是天然良港。深水港建设是世界港口发展的趋势,很多海上丝路沿线港口具备发展成为深水港的先天优势。[②] 港口及所在国的地理位置和区域辐射价值对于港口开发的潜力至关重要,对于"21世纪海上丝绸之路"的发展前景更具有重要意义。那些扼守重要水域和国际主航道必经之地的港口通达性强,辐射范围广,在国际海运网络中往往占据更为中心的地位,港口竞争力也较强,如新加坡港、迪拜港、塞得港、阿尔赫西拉斯港等。海上丝路沿线地区各国各有自身优势,部分国家和少数主要港口的地位更为凸显,例如马来西亚、缅甸、斯里兰卡、巴基斯坦、吉布提、埃及、希腊等国的优势更为突出。扼守马六甲海峡的新加坡港区位优势十分突出,从理论上来讲,马六甲海峡的其他港口也具备相似的潜力,如马来西亚皇京港。但港口开发潜力和竞争力的影响因素十分复杂,东南地区的港口饱和度比较高,港口之间竞争激烈,现实中皇京港的发展也处于新加坡这一超级枢纽港的"阴影"之下,同时又与附近的马来西亚第一大港巴生港存在竞争关系,想要利用区位优势获得类似的影响力面临很大困难。与此类似,吉布提港扼守曼德海峡和国际主航道,但受到经济腹地和投资能力等多种因素的影响,短期内很难发展成为枢纽型港口。

从东南亚到南亚、阿拉伯海、红海、地中海、大西洋,海上丝路沿线港口的重

---

① Mou Naixia et al., "Spatial Pattern of Location Advantages of Ports along the Maritime Silk Road," *Journal of Geographical Sciences*, Vol. 31, No. 1 (2021): 149 – 176.

② 杨忍等:《"海上丝绸之路"沿线重要港口竞争力评价》,《地球信息科学学报》2018年第5期。

要性不同,区位优势也差异甚大。有学者根据相关指标评估了海上丝路沿线重要港口的区位优势度,认为沿线主要港口的区位优势度区域化特征明显,印度洋东南沿岸港口区位优势度最高,其次为地中海北岸的欧洲地区,印度洋西岸沿线港口的区位优势度最低。[①] 在海上丝路沿线地区,不同的港口定位决定了港口建设的重点方向。定位为主枢纽港的港口应当加快港口基础设施建设,并重点加强集疏运体系建设,加快支线网络布局,提升港口综合竞争力;而定位为支线港的港口应当不断加快港口基础设施建设,创新港口之间的多元化合作模式,提升口岸服务水平和便利化程度。[②]

(三) 所在国的经济环境

所在国的经济环境主要包括经济实力、投资能力、市场容量等,也包括港口所能依托的邻国和周边腹地环境。港口开发与港口所在国的经济实力、投资能力、市场容量与潜力有着密切关系,经济实力雄厚、发展水平高、国内市场容量大的国家,国际贸易规模也相对较大,对国际贸易和海洋运输的需求更大,港口开发的投资能力和意愿也会较强,两者呈正相关关系。港口贸易和航运市场的兴衰与当地整体经济的发展共生共存,市场需求是影响港口发展的主导因素,而港口竞争的主要内容就是争夺内向腹地货源和外向市场。[③] 与此同时,港口所在地的税收、海关、检验检疫、物流、劳工等政策软环境也十分重要,并涉及国家主权、国内政治等复杂因素,这些环节的管理水平和效率会对港口的运营效率产生关键性的影响。[④] 从海上丝路沿线港口的腹地环境来看,区域化特征也很明显,各地区港口腹地环境差异较大。地中海和西欧沿岸的欧洲国家经济发达,经济实力和投资能力强,市场开放度和一体化程度高,对于沿岸港口发展来说拥有更为坚实的腹地环境;东南亚和海湾地区的部分国家经济和腹地环境也较好;而南亚、东非、北非地区经济较为落后,投资能力和市场环境较差,港口腹地条件最为薄弱。

从印度洋到地中海一线的海上丝路沿线港口建设实践来看,首先,希腊、意

---

① 牟乃夏等:《"海上丝绸之路"沿线重要港口区位优势度评估》,《地理信息科学学报》2018年第5期。

② 孙伟、谢文卿:《"21世纪海上丝绸之路"与港口发展系列之二:沿线港口发展举措分析》,《中国远洋航务》2015年第10期。

③ 王成、王茂军、杨勃:《港口航运关联与港城职能的耦合关系研判:以"21世纪海上丝绸之路"沿线主要港口城市为例》,《经济地理》2018年第11期。

④ 丁明豪:《资本冲动型的海外港口投资需要小心》,《中国企业报》2016年2月2日,第16版。

大利、阿联酋等国由于所在国经济发展水平较高,市场环境稳定而容量较大,港口发展潜力也较大。其次,很多港口所在国虽然自身经济发展水平和市场容量有限,但可以依托邻国和周边国家有效扩大自身的经济腹地和纵深,从而获得了更大的港口竞争力与发展潜力,如比雷埃夫斯港、吉布提港和蒙巴萨港等分别背靠东南欧、东非内陆国家,在很大程度上扩大了港口经济腹地。最后,临港经济和港口产业园区的建设可能性与开发潜力,在很大程度上对港口的竞争力和发展前景具有重大影响,对象国的发展规划及其与中国拓展"港口+"合作的政策意愿往往也成为决定港口开发成效的重要影响因素。如汉班托塔港、瓜达尔港、吉布提港等利用中国的资金和技术支持实施综合开发,获得了更大的发展机遇,也成为中国在海上丝路沿线地区港口建设的重点。

（四）中国在港口所在国的海外利益和所在国对"一带一路"倡议的反应及参与情况

中国参与海上丝路沿线港口建设必然需要考虑到与港口所在国的政治与经贸关系,在当地的投资、人员等海外利益情况,均与之呈现正相关关系。从本书选取的海上丝路沿线地区来看,中国的海外利益最为集中的地区是东南亚地区,然后依次是海湾地区、地中海地区、南亚地区和东非地区。据中国商务部统计,2018年中国与东南亚沿海9国、海湾地区9国、西地中海地区9国、南亚沿海5国、东地中海8国、东非沿海7国的贸易额分别为5 844亿美元、2 307亿美元、1 740亿美元、1 332亿美元、604.4亿美元和142亿美元;截至2018年末,中国在上述6个地区的直接投资存量分别为957亿美元、152亿美元、129亿美元、103亿美元、85.5亿美元和52亿美元。[①] 虽然仅以双边贸易额和当地投资存量来衡量海外利益存在偏颇,但在很大程度上也反映了沿线各个地区在中国海外利益格局中的基本排序。

海上丝路沿线国家大多具有重要的地缘战略地位,都是中国推进"一带一路"建设的合作伙伴和参与方,对"一带一路"倡议普遍反映积极,希望能够参与其中,获得更大的发展机遇。中国已经与140多个国家签署了共建"一带一路"协议,除极少数国家外,本书所考察的东南亚、南亚、海湾、东非、地中海地区国家

---

① 《对外投资合作国别(地区)指南(2019年版)》,中华人民共和国商务部,http://fec.mofcom.gov.cn/article/gbdqzn/index.shtml#。

几乎均已包括在内。① 但从现实来看,各国之间也存在不小的差异,斯里兰卡、巴基斯坦、阿联酋、吉布提、埃及、希腊、意大利等沿线关键国家对参与"一带一路"建设更为积极,并作出了切实努力。斯里兰卡、希腊等国已经在海上丝路建设中抢占了更为有利的地位,与中国的利益融合度日益提升;大部分沿线国家受到内外诸多因素制约,投资和港口开发进度较慢;还有极少数国家对中国的"21 世纪海上丝绸之路"倡议充满疑虑甚至敌意,没有表现出积极参与的意愿。

二、中国国际港口合作的重点方向

对海上丝路沿线港口进行整体布局规划,有利于集中资源、重点突破,提升"一带一路"倡议的实施效果。② 根据上述四个方面的因素和中国参与海上丝路沿线港口建设的实践情况,暂时撇开风险因素,可以为上述丝路沿线各个地区、代表性国家和港口作出一个比较笼统的定性评估,这为中国参与上述地区的港口建设提供了一定的参考价值(见表 6-1)。从表 6-1 中可以看出,沿线主要国家在上述几个方面的表现各有千秋,其中斯里兰卡、巴基斯坦、阿联酋、吉布提、希腊、埃及等国表现较为突出,其他国家在港口开发潜力上相对较为薄弱,但各国对中国"一带一路"倡议的态度均较为积极。

表 6-1　海上丝路沿线地区主要国家港口建设合作潜力分析

地区	主要国家	代表性港口/码头	港口开发潜力	港口与所在国区位优势	所在国经济腹地环境	中国海外利益及所在国态度
南亚	缅甸[1]	皎漂港	A	A	B	A
	斯里兰卡	汉班托塔港	A+	A+	B+	A+
	孟加拉国	吉大港	A	B	B	A
	巴基斯坦	瓜达尔港	A	A	B+	A+

①《已同中国签订共建"一带一路"合作文件的国家一览》,中国一带一路网,2022 年 2 月 7 日,https://www.yidaiyilu.gov.cn/xwzx/roll/77298.htm。

② 王小军等:《21 世纪海上丝绸之路港口需求与开发模式创新研究》,大连海事大学出版社,2019,第 145 页。

续　表

地区	主要国家	代表性港口/码头	港口开发潜力	港口与所在国区位优势	所在国经济腹地环境	中国海外利益及所在国态度
海湾	伊朗	格什姆岛石油码头	B	A	B+	A
	阿联酋	哈利法港	A+	A+	A+	A
	卡塔尔	多哈新港	B+	A+	B+	A
	沙特阿拉伯	吉达伊斯兰港	B+	A+	A+	A
东非	吉布提	吉布提港	A	A+	A	A+
	肯尼亚	蒙巴萨港	A	B+	A	A
	坦桑尼亚	巴加莫约港	A	B	B	A
	苏丹	苏丹港	B	B+	C	A+
东地中海	希腊	比雷埃夫斯港	A+	A+	A+	A+
	埃及	塞得港	A	A+	B+	A+
	土耳其	昆波特码头	A	A	A	A
	以色列	海法港	B+	B	B+	A
西地中海	阿尔及利亚	哈姆达尼耶港	B	B+	C+	A+
	摩洛哥	丹吉尔地中海港	A+	A+	A	A
	意大利	瓦多港	B+	A	A+	A
	西班牙	瓦伦西亚港	A+	A	A+	A

注：1. 此处所列海上丝路沿线国家范围为从印度洋到地中海沿岸国家，未评估东南亚大部分国家，暂将缅甸列入南亚地区。

　　2. 该表主要根据上述四个因素从定性角度将沿线有关港口的发展潜力分为 A+、A、B+、B、C+、C 六个等级。

从总体上来看，中国参与海上丝路沿线港口建设的重点地区是从南海、印度洋、红海、地中海到大西洋一线，沿线发展中地区是薄弱之处和潜力所在；从国别来看,在这一线上的缅甸、斯里兰卡、巴基斯坦、阿联酋、吉布提、肯尼亚、埃及、希腊、摩洛哥等国为重点国家;从具体港口来看,皎漂港、汉班托塔港、瓜达尔港、哈利法港、吉布提港、蒙巴萨港、塞得港、比雷埃夫斯港和丹吉尔地中海港的角色最为关键,发展潜力更大。

首先,南海—印度洋—红海—地中海—大西洋一线是中国参与海上丝路沿线港口建设的重点地区,同时沿线发展中国家和地区是开发的重点和关键着力点。根据《"一带一路"建设海上合作设想》,"21世纪海上丝绸之路"包括"西向""南向"和"北向"三条线路,其中从南海到印度洋、红海、地中海直达西欧的"西向"线路无疑是重中之重。无论从拓展中国与沿线国家的海上贸易、确保海上运输航线安全还是扩大沿线的经济、政治和军事存在来看,印度洋—红海—地中海—大西洋都是中国未来可以持续发展的新增长点。中国超过80％的石油、50％的天然气以及超过30％的其他商品进口都需要经过东南亚至印度洋一线。[①] 中国在印度洋没有出海口,却有重要利益,这些利益区以中南半岛—孟加拉湾—西印度洋—海湾地区—地中海沿线战略港口为基点。位于丝路东端的东南亚地区在海上丝路建设中的地位十分重要,但该地区港口开发程度较高,与中国距离近,经济融合度高,中国的辐射和影响力强,因此港口建设的紧迫度实际上并不高。位于西端的西欧地区是海上丝路建设和互联联通的主要目的地,经济发展水平和港口开发成熟度都很高,双方经济联系也十分密切,该地区国家在更大程度上有助于中国港航企业走向全球和提升竞争力,而港口建设的紧迫度也不高。因此,位于海上丝路中间地带的印度洋—红海—地中海—大西洋一线相对薄弱,港口建设的紧迫度和空间更大,在这一线上的南亚、海湾、东非、红海和地中海地区应是中国参与海上港口建设的重点区域。

其次,从中国参与海上丝路沿线港口建设的关键合作伙伴来看,缅甸、斯里兰卡、巴基斯坦、阿联酋、吉布提、肯尼亚、埃及、希腊、摩洛哥等国的地位受到更大重视。缅甸和巴基斯坦是中国的西南和西北邻国,"中缅经济走廊""中巴经济走廊"为中国西南、西北地区的对外开放和"一带一路"的海陆联通提供了战略通道,而港口建设是其中的关键组成部分,提供了重要的桥头堡和关键支撑。斯

---

① 赵江林:《21世纪海上丝绸之路:目标构想、实施基础与对策研究》,社会科学文献出版社,2015,第25-26页。

里兰卡位于亚欧之间印度洋国际主航线的必经之地和中心位置,在货物转运、船舶中转和补给等方面具有独特优势,是中国在印度洋港口建设和共建"21世纪海上丝绸之路"的关键合作伙伴。阿联酋扼守海湾进入印度洋的海上交通要冲——霍尔木兹海峡,是海湾和中东地区的交通、贸易和物流枢纽,拥有很强的经济竞争力和地区辐射力,是中国在海湾与中东地区最重要的经济合作伙伴。吉布提位于非洲之角和亚丁湾西岸,扼红海进出印度洋的要冲——曼德海峡,是"21世纪海上丝绸之路"沿线的重要节点国家,而亚吉铁路的联通也在很大程度上弥补了吉布提的经济腹地短板。苏伊士运河的不可替代性一直彰显着埃及的战略地位,而希腊成为东南欧门户和中欧陆海通道的节点国家,两国一南一北在东地中海地区的港口建设和海上运输中占据着关键地位。在西地中海地区,摩洛哥扼守地中海通向大西洋的唯一通道直布罗陀海峡,可以辐射欧洲和非洲市场。

最后,从中国参与海上丝路沿线港口建设的重点港口来看,皎漂港、汉班托塔港、瓜达尔港、哈利法港、吉布提港、蒙巴萨港、塞得港、比雷埃夫斯港和丹吉尔地中海港的角色更为关键。从实践来看,目前中国在海上丝路沿线投资的大多数港口的综合竞争力有待提升,但港口所处的地理区位条件优越,未来在海运网络中的影响力将不断提升。[①] 在东印度洋地区,中国需要继续打造汉班托塔港这一枢纽型港口,同时将皎漂港和瓜达尔港打造为服务于"中缅经济走廊""中巴经济走廊"建设的桥头堡。阿联酋港口在海湾和中东地区的枢纽性地位日益突出,迪拜港与哈利法港的协调发展将发挥出更大影响力。在东非,吉布提港和蒙巴萨港被中国打造为周边非洲国家的出海口,通过亚吉铁路和蒙内铁路统筹海陆综合开发,吉布提港更兼具商业性质和军事安全的独特功能。希腊比雷埃夫斯港的欧洲门户、物流中心的独特价值受到中国企业的高度重视,并逐步发展成为地区枢纽性港口;埃及塞得港、达米埃塔港等港口也拥有巨大的发展潜力。在北非马格里布地区,摩洛哥丹吉尔地中海港发展速度很快,区域辐射能力日益增强,有望成为地区性枢纽港口。

在上述海上丝路沿线的两大关键区域——印度洋和地中海地区,中国参与建设的港口密度持续上升,枢纽性和节点性港口日益增多,布局不断完善。在印

---

① 杨忍等:《"海上丝绸之路"沿线重要港口竞争力评价》,《地球信息科学学报》2018年第5期。

度洋地区,中国形成了"一横两纵"三条重要的国际交通线:"一横"即贯穿印度洋的东西主航道,中国参与了这条线上的马来西亚皇京港、斯里兰卡汉班托塔港、吉布提吉布提港等的建设与开发;"两纵"是指两条连接中国内陆和印度洋的经济走廊,即"中缅经济走廊"和"中巴经济走廊",中国建设的皎漂港和瓜达尔港分别是两条走廊的战略支点,服务于国际航运增长与能源经济安全。[1] 在地中海地区,中国以希腊比雷埃夫斯港为核心构建联通欧洲的海陆快线,将之打造为地中海地区的枢纽港,并积极参与埃及塞得港、摩洛哥丹吉尔地中海港等其他节点港口的建设开发。比雷埃夫斯港项目及围绕其展开的陆海快线和辐射三海港区的运输网络系统,无疑是"21 世纪海上丝绸之路"在地中海沿岸最成功的港口布局。[2] 未来,东南亚和南亚地区的港口有望成为海上丝路港口网络的核心节点,正在建设的皇京港、汉班托塔港和瓜达尔港将对网络结构产生重要影响。[3]

三、地缘经济视角下的国际港口合作路径

海上丝路沿线港口体系将在一段时间内维持较为分散的趋势,中国的主导作用正在上升。[4] 从实践来看,在海上丝路沿线各个地区,港口开发还存在主次不够分明、区位重叠和相互竞争、配套基础设施建设滞后、港口经济深度开发不足等诸多问题,在上述原则基础上,中国对于沿线地区关键国家和重点港口的选择有利于进一步明确方向和实现协调发展。

第一,针对港口区位重叠和无序竞争问题,中国应加强港口开发规划和协调,分清主次,错位发展。海上丝路沿线国家与港口众多,同一区域内的港口之间往往存在一定的竞争关系,做好整体线路布局、选好重点港口是关键。2008 年全球金融危机爆发后,全球航运业一度低迷,港口经济面临巨大挑战,增加了港口开发和运营成本。[5] 海外港口建设必须同时重视规模、效益和质量。2016 年,中

---

[1] 汪伟民等:《"一带一路"沿线海外港口建设调研报告》,上海社会科学院出版社,2019,第 22 - 23 页。

[2] 同上,第 55 页。

[3] Zhao Changping et al., "The Evolution of the Port Network along the Maritime Silk Road: from a Sustainable Development Perspective," *Marine Policy*, Vol. 126 (2021): 104426.

[4] 赵旭等:《海上丝绸之路沿线港口体系的空间布局演化》,《上海海事大学学报》2017 年第 4 期。

[5] Gustaaf De Monie, Jean-Paul Rodrigue and Theo Notteboom, "Economic Cycles in Maritime Shipping and Ports: The Path to the Crisis of 2008," in Peter Hall et al, eds., *Integrating Seaports and Trade Corridors* (Aldershot: Ashgate Publishing Ltd., 2011), pp. 13 - 30.

资企业购买海外资产的交易额高达2 254亿美元,是2015年交易额的2倍多,中国商务部对盲目、非理性的投资行为提出了严厉批评。① 无论在中国还是在丝路沿线国家,均存在一定的港口开发建设无序化、港口资源重复开发的现象,港口土地和岸线资源利用较为分散,大量货主码头占用了稀缺的深水岸线资源,码头利用效率和集约化程度不高,港口企业间难以建立起有序竞争的规则。②

　　海上丝路沿线港口间存在多种作用关系,主要包括港口互利共生、港口竞争共生以及港口捕食关系。同层次的港口间由于实力相当,在面对有限的货源和客户时通常表现为竞争关系,如枢纽港—枢纽港、支线港—支线港、喂给港—喂给港;相邻层级的港口间实力悬殊,在港口体系结构演化过程中若形成枢纽港—支线港—喂给港的稳定分层结构,则将表现为互利共生关系,若实力较弱的港口逐渐衰落,则为捕食关系。③ 协调好地区和国家港口建设的布局,实现错位发展应成为中国参与沿线地区港口建设的重要原则。根据上述原则对海上丝路沿线地区港口进行功能定位和角色细分显得尤为必要,全球和地区枢纽型港口、支线港以及战略节点港口的不同定位也应进一步明朗化。例如,斯里兰卡汉班托塔港、希腊比雷埃夫斯港已经逐步具备枢纽型港口的雏形,阿联酋的港口也在一定程度上发挥着地区枢纽型港口的作用,那么在同一地区的其他港口就不应再定位为枢纽型港口。虽然,巴基斯坦瓜达尔港、缅甸皎漂港具有较为突出的战略性作用,但并不是枢纽型港口,也不应以枢纽型港口为建设目标。

　　第二,港口配套基础设施建设滞后成为阻碍海上丝路沿线港口开发的重要因素,中国应积极参与港口配套基础设施和陆上通道建设,"以陆促海",并满足"一带一路"海陆连通交汇的需求。港口是水陆交通的集结点和枢纽,因而成为联系内陆腹地和海洋运输的天然界面。如果港口增长极拥有向内陆延伸的成本低廉的运输线,辐射能力就会随着运输线延伸,甚至深入内陆腹地。④ 海上丝路

　　①《中国对盲目海湾投资踩刹车》,《参考消息》2017年3月14日,第15版。
　　② 赵楠、真虹、谢文卿:《关于我国港口群资源整合中实现科学整合、防止经营垄断的建议》,载于《创新中的中国:战略、制度、文化(中国大学智库论坛2016年年会咨询报告集)》,中国大学智库论坛,2016,第286页。
　　③ 赵旭等:《21世纪海上丝绸之路沿线港口体系演化研究:基于Logistics、Lotka-Volterra模型》,《运筹与管理》2018年第8期。
　　④ 中国社会科学院数量经济与技术经济研究所:《"一带一路"战略:互联互通 共同发展——能源基础设施建设与亚太区域能源市场一体化》,《国际石油经济》2015年第8期。

沿线地区多为发展中国家,港口码头等基础设施普遍运营效率低、货物运输成本高,同时又面临着资金和技术能力不足的问题。对船舶进出港和堆场等港口运营效率的分析结果表明,海上丝路沿线地区港口运营效率差异巨大,相对效率较低的港口受到输入冗余和低效率输出的显著影响。[①] 近年来,海上丝路沿线地区国家的港口发展均很快,吞吐量也逐年大幅增加,但受到配套基础设施建设滞后和政策环境因素的明显制约,绝大多数港口缺乏更大规模、更为便捷的港口服务设施,很多港口的配套与延伸基础设施跟不上发展需要;此外,还特别需要重视修建公路、铁路等配套基础设施使港口适合多式联运,进一步发挥其海陆交通枢纽的优势。例如,巴基斯坦瓜达尔港背后是"中巴经济走廊",直通中国新疆;缅甸皎漂港背后是中缅油气管道和"中缅经济走廊",直通中国西南地区;吉布提吉布提港通过亚吉铁路联通埃塞俄比亚;蒙巴萨港背后也有联通东非内陆的铁路设施;希腊的比雷埃夫斯港可以联通巴尔干直至中欧等地。再如,招商局港口在港口投资选址中主要基于港口服务于航运的原则和港口腹地具有经济发展潜力的原则,一方面选择地缘性良好、海岸线自然条件优越的海岸新建港口,或对已投入运营的港口进行升级、改造;另一方面选择经济腹地强的地理位置进行投资。[②] 其中,集疏运体系是多种运输方式相互连接的平台和纽带,是实现一体化运输组织的关键环节。[③] 中国在所投资的港口项目中,需要注意完善港口的内陆集疏运体系,合理推进多式联运的发展,提升港口发展潜力与竞争力。《关于建设世界一流港口的指导意见》提出,要通过设点、连线、成网、布局,构建完善的海上互联互通网络,加强港口与中欧班列、西部陆海新通道、中欧陆海快线等衔接,加快建设便捷高效的国际贸易综合运输体系,推动形成陆海内外联动、东西双向互济的开放格局,更好服务"一带一路"建设。[④]

第三,对海上丝路沿线港口建设的重点选择还应充分考虑港口经济深度开

---

① Huang Tianci et al., "Efficiency Evaluation of Key Ports along the 21st-Century Maritime Silk Road Based on the DEA-SCOR Model," *Maritime Policy & Management*, Vol. 48, No. 3 (2021): 378 - 390.

② 林佳铭、章强:《招商局港口"前港—中区—后城"模式的海外拓展之旅》,《中国港口》2019 年第 3 期。

③ 王小军等:《21 世纪海上丝绸之路港口需求与开发模式创新研究》,大连海事大学出版社,2019,第 44 页。

④《九部门关于建设世界一流港口的指导意见》,中华人民共和国中央人民政府,2019 年 11 月 13 日,http://www.gov.cn/xinwen/2019-11/13/content_5451577.htm。

发的潜力。港口与城市经济之间存在密切互动效应,在参与海上丝路沿线港口建设的同时,提前规划和适时开发临港经济园区、港口城市及其他关联产业,实现港口与园区、港口与城市协调发展和相互促进。港口经济深度开发是中国的发展经验和重要优势之一,不仅可以为港口发展提供重要的支撑,更是拓展海外经济利益空间和中国企业"走出去"的重要平台。在此方面,中国在海上丝路沿线港口建设中已经取得不少成果,在海上丝路沿线地区的缅甸皎漂港、斯里兰卡科伦坡港和瓜达尔港、吉布提吉布提港、阿联酋哈利法港等地,中国将港口建设与港口城市发展或港口产业园区开发结合起来,"港口+"模式正在得到更大的拓展和实践,这应成为未来中国海上丝路重点港口选择的重要因素和趋势。想要实现这一目标就应加强配套基础设施的建设,形成港口—铁路、港口—工业园区等建设模式;必须注重港口的"软件"建设,发挥中国的产业优势,逐步建立相关产业链条,助力中国维护海上运输安全和对关键性航道的控制。①

第四,中国需要综合考虑海外经济利益分布与港口所在国对"一带一路"倡议的态度及参与情况。中国参与海上丝路沿线港口建设,一方面应充分考虑中国的海外利益分布情况,因为投资力度和规模大、海外利益存量更大的国家,既可以为港口开发提供良好的基础和需求,港口建设也有利于更好地维护该国的海外利益。另一方面应充分考虑港口所在国对"一带一路"倡议的态度,及其内外政策的独立性、稳定性等,这关系到双边关系的前景与经贸合作的潜力,也关系到包括港口开发内在的投资政策环境。有学者认为,中国在海上丝路沿线的合作对象选择主要受到两个变量的影响,即一个国家的地缘战略位置和国内政治稳定性。② 因此,在从印度洋到地中海的海上丝路沿线地区,中国应依托沿线大多数国家参与"一带一路"建设的积极愿望与诉求,营造更为有利的投资合作环境,加大与这些国家的战略对接及经济贸易合作,将之与港口建设紧密结合起来,将港口建设这个点与在这些国家设立的投资项目、园区的片和线连接起来,最大限度地发挥港口开发的经济效益和战略效益。

---

① 张洁:《海上通道安全与中国战略支点的构建:兼谈 21 世纪海上丝绸之路建设的安全考量》,《国际安全研究》2015 年第 2 期。

② David Styan, "China's Maritime Silk Road and Small States: Lessons from the Case of Djibouti," *Journal of Contemporary China*, Vol. 29, No. 122 (2020): 191 - 206.

第三节　提质增效：中国国际港口合作的对策建议

随着中国参与海上丝路沿线地区港口建设投资项目日益增多，港口布局日益明确完善，沿线地区的节点港口就像镶嵌在"21世纪海上丝绸之路"这条线上的明珠，并通过多条走廊与通道有效地串联和支撑起"一带一路"建设整体布局。然而，中国的海上丝路沿线港口项目在全面推进的同时迫切需要进一步提质增效，而且面临的各类风险也持续上升，加强对四类风险特别是政治等非经济风险的研究并构建系统的综合保障机制日益紧迫。2021年11月，习近平主席在第三次"一带一路"建设座谈会上的讲话指出，要全面强化风险防控，落实风险防控制度；探索建立境外项目风险的全天候预警评估综合服务平台，及时预警、定期评估；加强海外利益保护、国际反恐、安全保障等机制的协同协作。[①]

一、加强对国际港口合作四类风险的评估

港口属于重大基础设施工程，一般投资大，建设时间长，技术要求高，不确定性因素多，易于受对象国国内和国际上各种非经济因素的影响。如前所述，中国参与海外港口建设主要面临四类风险，即经济风险、法律风险、政治风险和安全风险。从国际港口合作视角来看，参与港口建设的主体和机构应分工合作，从风险评估、机制建设、技术共享、法律保障、政策支持等各领域以及在企业、政府、行业机构等不同层面建立有效的风险防范和应对机制。

经济风险涉及商业利益，关系到港口建设投资能否收回成本和盈利。导致经济风险的因素很多，世界经济大环境、所在国经济发展以及金融、技术、税收、港口竞争等因素都可能影响经济成本。企业是参与海外港口建设的主力，可持续的港口建设要求必须坚持商业化效益原则。法律风险涉及港口建设、经营和移交过程中的各种法律问题，包括商业、环境、社会等涉及法律介入的诸多问题，

---

① 《习近平出席第三次"一带一路"建设座谈会并发表重要讲话》，中华人民共和国中央人民政府，2021年11月19日，http://www.gov.cn/xinwen/2021-11/19/content_5652067.htm。

很多法律风险往往也夹杂着经济与政治因素。政治风险即对象国发生政府更迭或政权改变、国内外舆论变化和地缘政治因素等对港口建设的影响。① 安全风险涉及战争冲突、恐怖主义、社会骚乱等人为风险,以及自然灾害带来的安全问题,港口等大型基础设施也易于成为此类风险影响的目标。很多以经济、法律和安全形式表现出来的风险背后往往也源于政治因素。当经济项目在走出国门的时候,国际政治带来的风险远远大于项目本身的经济风险或者市场风险,大国对当地政府的影响是必须考虑的地缘政治因素。②

海上丝路沿线港口投资开发潜力很大,但投资建设环境十分复杂,各国情况千差万别,各种参与模式各有利弊,③各个环节均存在重大风险可能。港口建设的脆弱性和面临的诸多风险要求中国在开展海外港口投资之前必须做好实地考察,进行充分论证,不宜盲目上马项目,必要时采取"跳蚤"战略,即跳过投资风险高、收益低的港口,寻找条件成熟的港口作为突破口。同时需要加强港口群与港口网络的建设,应以港口群为发展对象,不能只考虑单一某个港口。④ 现实中,中国参与海上丝路沿线港口建设存在过于重视政策性因素、战略性考虑,而忽视商业性风险的问题,"政治推动型融资建设"模式存在很大局限性。

中国参与海上丝路沿线地区港口建设和积极开展国际港口合作主要追求地缘经济利益,在寻找商业化发展机会的同时,扩大对外开放和深度参与全球化进程,并解决国内基础设施建设产能过剩的问题。尽管印度洋到地中海沿线地区充满风险,但与美国、英国、法国和俄罗斯认为该地是"战场"不同,中国将其视为具有诱人经济利益的"市场",因此中国的重点是沿线商业港口的建设和发展。也不同于西方国家的民主治理优先理念,中国认为发展才是解决区域动荡冲突的根本途径,并积极扮演海上丝路沿线地区的建设者而不是破坏者。中国参与海上丝路沿线港口建设推动了沿线国家的发展、稳定和融入全球化进程,为全球

① 孙德刚:《中国港口外交的理论与实践》,《世界经济与政治》2018 年第 5 期。

② GAO Chao Alexander、朱锋:《海上丝绸之路:地缘政治影响》,《华东师范大学学报(自然科学版)》2020 年第 S1 期。

③ 参见刘大海等:《"21 世纪海上丝绸之路"海上战略支点港的主要建设模式及其政策风险》,《改革与战略》2017 年第 3 期;《"一带一路"中国海外港口项目战略分析报告》,国观智库政策研究中心,2019 年 4 月,http://www.grandviewcn.com/Uploads/file/20200304/1583310568527774.pdf。

④ 陈芙英、张建同、罗梅丰:《"21 世纪海上丝绸之路"沿线港口地位综合评价》,《运筹与管理》2020 年第 1 期。

治理注入了积极因素。与此同时,中国认为,商业性港口建设的进攻性色彩很弱,更易于与其他外部力量兼容,中国专注于追求贸易、投资和其他地缘经济利益,使自身权力和影响力保持低调与审慎,争取和外部所有大国利益兼容,避免成为有争议的大国。中国对地缘经济利益的预期与美国、俄罗斯和欧盟等国的地缘政治影响力追求不形成直接冲突,有助于减轻各种"中国威胁论"的影响。

当然,为了保护日益扩大的海外利益,维护海上丝路沿线的贸易安全、海洋安全以及满足人道主义救援等需求,沿线部分港口也为新时期中国军事力量"走出去"和实现海外柔性军事存在提供了便利。依托和建设国际港口,赋予其综合补给、舰船维修、情报监测、医疗救护、海上救援、海洋权益维护等功能,助力军地和海洋建设。[1]

未来,中国应加强对港口建设四类风险尤其是政治风险的评估,有必要将公共产品内涵嵌入海上丝路沿线港口建设过程中,积极主动地降低港口建设的政治敏感性与安全敏感性,展示并不断提高中国的国际公共产品提供能力,致力于消解政治风险。此外,中国也需要从推广"港口+"合作模式、提升政府部门间沟通协调、加强沿线小国研究和建设沿线港口数据库等方面加强港口建设的机制创新探索。

二、国际港口建设风险防范的基本对策

针对中国参与海外港口建设面临的经济风险、法律风险、政治风险和安全风险,政府应积极支持港航企业遵循市场化原则独立决策,同时发挥中国国际港口合作的独特优势,通过政府与企业、外交部与其他部委、中央与地方、中国与对象国相互配合缓解和规避有关风险。中国港航企业也需要增强内部风险防控制度建设,做好充分的投资调研和应对方案,积极探索混合所有制模式,重视安全保障能力,通过多元化方式分散投资风险。

第一,政府应合理引导参与海上丝路港口建设的中国企业,加强海外投资监管和风险外部约束机制。

高铁和港口已经成为新时期中国制造产品"走出去"的两大名片。在港口"走出去"方面,中远海运集团、招商局港口、上港集团、中国港湾、中国路桥等都

---

① 郑崇伟等:《经略21世纪海上丝路:重要航线、节点及港口特征》,《海洋开发与管理》2016年第1期。

是参与海上丝路沿线港口建设的重要企业。和记黄埔有限公司、招商局港口、中远海运港口已发展成为世界主要的码头运营商,助力中国成为真正的港口强国。中资港航企业在海上丝路沿线港口项目的开发,符合中国中长期外交和政治利益,同时须避免过度投资和重复建设,避免同业恶性竞争,防控重大投资风险。[①]最有效的风险防范在于事前预防,中国政府应完善海外投资保险法律制度,加强港航企业投资的外部制度约束,建立风险监测与预警体系,推动企业提升合规管理水平和有效规避海外投资风险。国家有关部门强调了对外投资管理机制中风险防范的重要性,在推进对外投资便利化的同时防范对外投资风险,促进对外投资健康有序发展。[②]当前,调整企业海外投资行为的法律法规主要是国家发展改革委和商务部等部门发布的相关文件。[③]未来,国家应当秉持"服务和保护"的指导思想,在规范企业海外投资行为的同时体现出对企业的服务和保护,同时充分考虑到企业在海外投资过程中可能会遭遇的风险,完善海外重大投资项目保险制度,强化企业海外投资法律风险管理体系建设,切实保护我国企业在海外投资过程中的权益。[④]此外,可参考日本等发达国家的经验,政府相关部门联合主要港口企业建立专业的海外港航行业协会,在风险评估咨询、协调援助等方面提供助力。

第二,中国港航企业需要提高应对复杂环境的能力,建立科学的内部风险控制制度,提高自主风险识别和防范能力。

码头集疏运条件、人力资源、即时反馈信息能力、创新合作能力等在港航企业竞争力形成中十分重要。[⑤]风险管理是企业海外投资业务实施的重要基础和保障。中国企业应当强化风险防控体系,在建设项目确立前期,做好充分的尽职调查,做好环境调研与可行性分析,了解对象国国情和港口所在地的实际情况,

① 孙德刚:《中国港口外交的理论与实践》,《世界经济与政治》2018 年第 5 期。

② 《发展改革委等四部门就当前对外投资形势下加强对外投资监管答记者问》,中华人民共和国中央人民政府,2016 年 12 月 6 日,http://www.gov.cn/xinwen/2016-12/06/content_5144186.htm。

③ 包括 2016 年 8 月国务院办公厅发布的《关于建立国有企业违规经营投资责任追究制度的意见》,2017 年 5 月中央全面深化改革领导小组第三十五次会议审议并通过的《关于规范企业海外经营行为的若干意见》,2018 年 7 月国资委发布的《中央企业违规经营投资责任追究实施办法(试行)》,2017 年 12 月国家发展改革委、商务部、中国人民银行、外交部、全国工商联五部门联合发布的《民营企业境外投资经营行为规范》,2018 年 3 月国家发展改革委发布的新的《企业境外投资管理办法》,2018 年 12 月国家发展改革委联合外交部、商务部、国资委等其他六部门发布的《企业境外经营合规管理指引》等。

④ 徐卫东、闫泓汀:《"一带一路"倡议下的海外投资法律风险对策》,《东北亚论坛》2018 年第 4 期。

⑤ 秦翡、曲林迟:《中国港口企业国际竞争力链式模型与政策启示》,《亚太经济》2021 年第 4 期。

根据政策、安全、法律、社会、宗教、收益问题等方面的风险评估结果制订风险防控机制。做好成本预算和风险防范措施,重视保险和程序问题,对于可能面临的经济、政治、法律和安全风险必须有科学充分的应对方案。现实中,不少中国企业未能全面了解东道国国情和投资环境,低估了市场环境与政策变化的复杂性,或者未曾考虑到政治、安全等非经济因素,照搬国内工程建设经验和方案,很容易导致投资风险放大甚至项目失败。也有一些企业负责人只重视政策和战略效应,而忽视市场规则和经济效益,"拍脑袋"盲目上马新建项目,最终遭遇重大风险导致项目失败。因此,海外港口投资不应单纯追求规模扩展,应将国际化项目持续稳定的盈利能力摆在首要位置,防控不良资产的产生,提高企业抗风险能力。[1] 科学完善的风险管理制度有利于投资项目的优化决策,有效控制成本、提高效益,确保安全建设运营和实现预期目标。成功的跨国企业及海外投资项目一般都高度重视项目建设的影响及风险,将风险管理有效嵌入项目规划、开发、建设及运营的各个阶段,并提前制订好各阶段的风险控制制度要求和应对方案。因此,参与海外港口建设的中国企业应做好对投资环境的调研分析,努力构建投资风险控制体系,并将之贯穿整个项目的建设运营流程,投资前的调研分析,投资过程中的风险识别和投资效益的风险评价,以及对争端解决和救济措施的利用等。希腊比雷埃夫斯港项目前期遭遇的波折,很大程度上也在于对风险的估计不足,中远集团 2008 年趁希腊经济不景气和出售该港股权的契机"抄底",没想到希腊民众对政府出售港口有很大抵触情绪,加之工会力量强大,以及沟通不畅和舆论误导,导致项目谈判延宕多年,直到 2016 年才最终完成谈判和交易。

第三,中国港航企业应探索混合所有制模式,通过多元化方式分散投资风险。

在参与海上丝路沿线港口建设过程中,中国应促使沿海各大枢纽港口加强自身能力建设,提升货运容纳能力和效率、港口运营管理能力,打造成为"海、陆、空、铁"多式联运枢纽门户,通达"一带一路"沿线国家。[2] 企业是海外港口建设的主力,应以资本为纽带,共同发展为原则,多角度、全方位丰富港口合作模式,包括以港口合作带动产业物流园区建设等。[3] 随着中国港航企业"走出去"步伐

---

① 张磊:《国内港航企业海外投资港口情况分析》,《港口经济》2014 年第 3 期。

② 梁海明:《"一带一路"下如何建设港口》,《人民周刊》2015 年第 7 期。

③ 赵旭、高苏红、王晓伟:《"21 世纪海上丝绸之路"倡议下的港口合作问题及对策》,《西安交通大学学报(社会科学版)》2017 年第 6 期。

和国际化进程的加快,目前各企业已从单一的港口承建模式走向投资、运营、园区建设等综合化发展,而与国际顶尖企业开展国际化竞争,保持自身优势和开放兼容精神均至关重要。中国企业参与海外港口建设,应积极采取本土化经营、合资合作等方式对风险进行防范和控制,在确保投资回报达标的情况下,可考虑适当让渡给东道国政府部分资源股,或者让渡项目部分股权给国际大型金融机构等财务投资人,以获得东道国对中国企业的政策支持和更多的外部支持。中国应邀请当地企业或跨国公司入股,联合承建和经营港口,邀请利益攸关方成为各种形式的合作伙伴,协同当地经济发展,分散投资风险,降低本地阻力和负面舆论影响。如招商局港口与法国达飞海运集团开展股权合作,与地中海航运公司合作经营多哥洛美港项目,借助资本纽带建立长期共赢的合作伙伴关系等做法值得推广。中国还应欢迎其他国家的港口企业投资中国的港口和码头项目,做到港口建设"走出去"和"请进来"相互促进,更有效地推进沿线国家间的互联互通和利益融合。例如,新加坡港务集团和阿联酋的迪拜环球港务集团在中国就投资了多个码头项目,提升了中国的国际港口合作水平。此外,鉴于港口建设面临的突出政治化风险,中国应充分考虑印度、美国等大国因素和各地区地缘政治因素的影响,以包容性多边主义方式提供国际公共产品,与港口所在国中央政府、地方政府、企业、第三方企业及国际机构等相关方实现兼容与融合。

第四,拓展"港口+"合作模式,突出海上丝路沿线港口的商业属性、多边属性以及公共产品属性,致力于港口建设的公共性。

中国参与海上丝路沿线地区港口建设主要是寻找商业化发展机会,扩大对外开放并深度参与全球化进程,促进国内基础设施建设产能"走出去",推动更为平等、普惠的全球化。中国将从印度洋到地中海的沿线地区视为具有潜在经济利益的"市场",因而中国的重点是沿线商业港口的建设和发展。

由于"海上丝绸之路"沿线港口建设遭遇突出的政治化挑战,传统的政治经济合作和双边外交模式面临越来越大的压力。在新形势下,化解政治风险需要从加强与东道国合作关系、重塑大国间战略互信、提升多方利益匹配度,以及改善企业和项目在当地社会和民众中的形象等不同层面来加以应对。未来,海上丝路沿线港口建设应严格遵循国际通行的市场化原则,拓展"港口+"合作,赋予一定的国际公共产品内涵,凸显其商业属性,提升多边合作理念,降低地缘政治风险(见表6-2)。

表6-2　港口政治风险的规避路径与对策建议

主要原则	基本路径	对　策　建　议
市场化	突出港口的商业属性	以中国企业为主力,尊重企业的国际化发展需求与规律
		服务于国家扩大对外开放和融入全球化的需要,推动更为平等、普惠的全球化
		以商业性港口为主追求商业利益和地缘经济利益,提升兼容性
多边化	拓展"港口+"合作模式	在业务拓展层面,推广"港产城一体化"和"港航货一体化"模式,拓展跨国产业链合作
		在战略投资层面,加强与世界知名港航企业、国际金融机构的深度合作,提升国际竞争力,分散投资风险
		在国家合作层面,邀请利益相关国特别是关键大国,共同参与沿线港口开发,提升与相关国家的利益匹配、利益共享与利益融合程度
公共产品化	降低地缘政治风险	凸显"21世纪海上丝绸之路"倡议的国际公共产品属性内涵
		避免受到"港口战略属性论"的主导和驱动
		秉持更为丰富的合作视野和开放性、分享性的合作模式

　　首先,在业务拓展层面,推广"港产城一体化"和"港航货一体化"模式。港航企业合作联盟化是现代港航物流发展的趋势之一,中国应加强航运企业与港口企业之间的纵向合作联盟,提供港航一体化服务,提高港航联盟竞争力,赋予港航企业新的内涵和活力。[①] 将港口开发与周边园区开发结合起来,这一直是中国港口建设运营领域的重要经验和优势。在建设港口的同时,投资毗连的临港

---

　　① 王小军等:《21世纪海上丝绸之路港口需求与开发模式创新研究》,大连海事大学出版社,2019,第56页。

产业园区、自由贸易区、经济特区或其他园区发展项目,中国可以为港口所在国提供一套系统完整的综合性发展规划。招商局港口"蛇口模式"就是典型的代表,在海外港口建设中得到更多的效仿。同时,探索"港航货一体化"模式,做全、做大产业链,掌握更大的获益空间和发展主动权。如山东港口烟台港集团有限公司联合山东魏桥创业集团有限公司、新加坡韦立国际集团、几内亚 UMS 公司成立了合资公司在几内亚建设博凯港码头,打造了一条从非洲至中国,从"原材料产地—航运—港口—终端用户"的铝矾土产业链条,"四方三国"的合作模式实现了多方共赢。① 这种产业链上下游一体化合作能够实现资源共享,稳定货物规模,降低运营成本和投资风险。

其次,在战略投资层面,加强与世界知名港口和航运企业的多层次深度合作,这既有利于分担风险,也有利于提升投资运营能力与水平。建设一支技术先进的专业化海运船队,关系到国家经济运行顺畅与安全的核心利益,提高海洋运输船队的竞争力。② 在全球排名前列的码头运营企业中,中国企业已经牢牢地占据数个席位,表明我国已发展成为世界港口强国。中国既需要建立现代化、专业化远洋运输船队和有竞争力的港口建设企业,也更需要提升港口、航线的综合化投资运营能力与水平,进一步提升在世界海上交通领域的地位和影响力。国内港口和港航企业应继续与海上丝路沿线国家的港口及国际港航企业构建不同形式的港口联盟,共享市场资源,实现优势互补、风险共担。③ 中国应探索建立多层次的国际港航物流合作交流新平台、新机制,包括海上丝路沿线国家港航物流联盟,举办沿线港航物流峰会,建立双边或多边的港航物流合作机制。④ 中国应继续采取与西方国家和当地企业联合承建、投资和运营港口的混合所有制模式,以提升竞争力、分散风险、减轻压力。通过强化联盟合作,充分利用国际化企业集团的资源优势,形成优势互补,结成利益共同体。⑤ 招商局港口通过收购法国达飞海运集团股份参与全球十余个港口、码头运营就是值得推广的做法。

最后,在国家合作层面,邀请利益相关国特别是关键大国,共同参与海上丝

---

① 丁莉:《以港口为战略支点 书写 21 世纪海上丝绸之路建设新篇章》,《中国港口》2018 年第 7 期。

② 孙光圻:《海洋强国的核心是航海强国》,《世界海运》2014 年第 1 期。

③ 参见王珍珍、甘雨娇:《中国与"一带一路"沿线国家港口联盟机制研究》,《东南学术》2018 年第 1 期。

④ 丁莉:《2017 年我国港口发展回顾及 2018 年展望》,《大陆桥视野》2018 年第 2 期。

⑤ 张磊:《国内港航企业海外投资港口情况分析》,《港口经济》2014 年第 3 期。

路沿线港口开发,提升与相关国家的利益匹配、利益共享与利益融合。针对美国、日本、印度和欧洲大国的战略疑虑,以及部分沿线中小国家在港口安全、债务负担等方面存在的担忧,中国需要以更为开放的心态提升与东道国、其他大国的利益匹配度和融合度,通过有针对性地联合开发、股权让渡和利益共享实现利益融合,逐步破解政治困境。利益共同体是命运共同体的基础,对于绝大多数的沿线国家和相关大国中方都可以通过利益融合的方式达到降低战略疑虑和恶性竞争的效果。近年来,希腊、意大利等国的对华战略信任度和政策友好度提升就是重要体现。对于印度、日本和欧洲大国来说,既要通过第三方合作减少恶性竞争并提升利益融合,也应将海外港口合作纳入双边战略对话范畴,通过直接、主动的机制化沟通增信释疑。而美国在太平洋、印度洋和地中海地区均具有全方位、战略性的影响,如何化解美国不利因素的影响是中国推进"21世纪海上丝绸之路"建设过程中需要深入思考的重大问题。特别是在当前美国对华打压力度加剧的背景下,中美能否重塑大国间战略信任至关重要,而国际港口建设既是容易引发中美战略竞争的重要领域,也可能成为塑造中美战略信任的重要平台。从中国在亚丁湾海域护航、中美军事设施在吉布提共存的现实来看,美国并不绝对反对中国在全球海洋治理中发挥作用。因此,中美之间也可以通过战略对话加强在港口建设领域的沟通,借鉴"伊拉克模式"在海上丝路沿线国家的重建与开发中取长补短,并合作提供更多海上公共产品,在此过程中不断提升双边利益融合与战略互信。

三、海上丝路沿线港口建设的保障机制探索

随着中国的崛起和对外关系的变化,国际竞争日益激烈,风险和挑战不断增多,中国的海外港口建设需要不断总结经验教训,探索更具竞争力和适应性的体制机制创新,港航企业尤其面临着平衡经济效益与国际化发展、创新机制模式、预防重大风险等多元化挑战。未来,中国特色国际港口合作的优势发挥也需要中央部委、地方政府和行业协会等多方主体的积极参与和协调配合,共同为海上丝路港口建设保驾护航。

第一,中国应奉行企业先行、外交保障、各部委统筹协调的原则,构建更为顺畅有效的内部协调保障机制。

中国企业参与海上丝路沿线港口建设,有利于拓展中国海外利益,符合中国外交的整体目标。中国应将参与海上丝路沿线港口建设作为国家战略的重要组成部

分,对内整合商务部、外交部和国防部等各部门、中央政府与地方政府力量,对外将商业利益与战略利益、双边外交与多边外交有机地结合起来,以商业行为推动中国国家长远战略的实施,通过外交、政治、法律和军事手段维护安全。在此过程中,由政府部门和企业合作,建立健全有效的风险预警、协调和应对机制是中国参与海外港口建设的必然要求,也是中国特色国际港口合作的应有之义。中国应将参与海上丝路沿线港口建设作为国家对外战略的重要组成部分,对内整合相关部门,对外有机结合企业与国家利益,通过外交、经济等综合手段为港航企业海外项目保驾护航。[①] 同时,中国仍需不断提升与海上丝路沿线国家的制度化合作水平,维持稳定友好的双边关系;建立全覆盖的双多边贸易投资协定网络;健全海外港口投资信息服务和援助制度,为降低中资港航企业海外风险提供更为安全的投资环境和更为丰富的风险救济渠道,提供切实的外交支持与保护。政策、规则和标准方面的"软联通"机制效应有助于提升港口效率、维护航道安全,并促进自贸区的制度创新,推动构建海洋命运共同体。[②] 未来需加强港口基础设施融资和标准联通合作,推动中国港口建设、物流合作、多式联运标准与外部的对接和完善。2016年12月,国家发展改革委、商务部等部门表示,坚持对外投资"企业主体、市场原则、国际惯例、政府引导"的原则不变,支持国内有能力、有条件的企业对外投资,参与"一带一路"建设和国际产能合作。[③] 在此基础上,建立健全国际港口合作的体制机制,推动中央部委、地方政府和行业协会等多方主体的积极参与和协调配合,对于四类风险特别是政治、安全等重大非经济风险做好评估和应对预案,为国内港航企业"走出去"、做大做强及参与海上丝路建设提供更大的支持与保障。

第二,国内需加强对海上丝路沿线各地区和中小国家的国别研究。

"一带一路"沿线经过的地区以发展中国家为主,大部分国家经济社会欠发达,政治制度和形式各异,国情千差万别;沿线地区国际关系复杂,热点问题众多,有不少国家还处于动荡战乱之中;很多国家具有较强的反西方、反外来力量干预的民族主义情绪和泛伊斯兰主义情结,对外部大国的涉入比较敏感甚至排

① 孙德刚:《中国参与海上丝绸之路沿线港口建设的思考》,载于郭业洲主编:《"一带一路"跨境通道建设研究报告:2016》,社会科学文献出版社,2016,第301 - 302页。

② 孙灿:《"软联通"机制:21世纪海上丝绸之路共建的逻辑与路径》,《中国海洋大学学报》2021年第6期。

③ 《发展改革委等四部门就当前对外投资形势下加强对外投资监管答记者问》,中华人民共和国中央人民政府,2016年12月6日,http://www.gov.cn/xinwen/2016-12/06/content_5144186.htm。

斥。历史证明,域外大国即使是美国在很多地区也面临各种危机,遭遇严重的反美主义挑战,不少军事基地被迫关闭,如在沙特阿拉伯、乌兹别克斯坦、巴基斯坦、吉尔吉斯斯坦和伊拉克的军事基地;相比之下,美国在科威特、卡塔尔、阿联酋、巴林和吉布提等小国的军事基地,迄今一直保持稳定。中国建设的海外港口大多位于发展中的弱国、小国,中方一直坚持商业化原则,注重地缘经济利益,推动自身与港口所在国共同发展和互利互惠。一方面,中国参与建设的港口很多都位于海上丝路沿线小国,且往往成为十分关键的港口建设项目,在海上丝路建设中发挥着关键作用,例如斯里兰卡、吉布提。另一方面,中国参与海上丝路沿线港口建设过程中往往缺乏对这些小国、弱国的充分了解和深入认识,遭遇难以预计的市场风险和政治风险,凸显了现有研究的不足。新时期,"21世纪海上丝绸之路"沿线港口建设的推进呼唤更为深入系统的区域国别研究。中国港航企业、专业化智库和高校相关机构在区域与国别研究中,应加强对类似于吉布提、斯里兰卡这样具有重要战略地位的小国的深入研究,为"一带一路"建设和海上丝路沿线港口建设提供更大的智力支持。

第三,国内智库和研究机构应尽快加强海上丝路沿线港口的数据库建设,推动构建国际港口合作论坛和联盟,参与构建海洋命运共同体。

国际港口合作既需要处理好沿线国家之间的关系,也需要处理好港口之间、企业之间以及各利益攸关方之间的关系,"21世纪海上丝绸之路"港口合作机制建设需要更加丰富和完善。[①] 未来国内制度也应在完善海上丝路沿线国际港口合作机制,建立沿线港口网络数据库等方面发挥智力支持和引领作用。新华社中国经济信息社、国家发展改革委综合运输研究所、上海国际航运研究中心、大连海事大学"海上丝绸之路与通航保障协同创新中心"等是近年来研究国际港口以及国际港口合作的重要智库,上海海事大学、上海海洋大学、中国海洋大学、大连海事大学等高校也在加强相关领域的智库建设,国观智库等一些新兴智库机构也在加大对"一带一路"及海外港口建设的研究。2015年4月,中共中央对外联络部牵头的"一带一路"智库合作联盟成立,[②]涉及与"一带一路"相关的研究

---

① 毛鉴明:《"一带一路"框架下的港口合作:进展、挑战与对策》,《江南社会学院学报》2021年第1期。

② 《"一带一路"国际智库合作联盟正式启动》,新华网,2016年2月23日,http://www.xinhuanet.com/world/2016-02/23/c_128744856.htm。

机构56家,近年来这一高端智库交流平台也不断向"一带一路"沿线国家和域外国家所有智库开放,该智库联盟已拥有国内成员单位和国外成员单位各100多家。2017年,该联盟与天津市政府联合主办"一带一路"国际港口城市研讨会,2020年与广东国际战略研究院等机构联合举办"21世纪海上丝绸之路"国际智库论坛等,在国内相关智库合作建设中发挥了引领和指导作用。在商务部推出的"联合国海陆丝绸之路城市联盟项目"下,《港口经济》杂志社拟会同国内外涉港单位发起建立"'一带一路'港口经济合作联盟"。① 2015年,亿赞普集团与招商局港口签署战略合作协议,成立丝路亿商信息技术有限公司,共同打造全球港口联盟平台。自2015年以来,海丝港口国际合作论坛已在浙江宁波连续举办多届,汇聚了来自海上丝路沿线40多个国家和大部分的全球航运中心、集装箱大港、货代公司、班轮公司和码头运营商代表。② 2019年11月,交通运输部等九部门联合发布的《关于建设世界一流港口的指导意见》提出,要完善国际港口合作机制,推动建设国际港口联盟,包括海丝港口国际合作论坛等合作机制建设。③

港口具有连接多种运输方式以及贯通国内、国际两个市场的作用,集中了各种相关参与方的物流信息,新一代港口即通过共同的码头运营商、管理机构,将位于不同区域的码头协同管理,形成码头的网络化服务,更好地服务城市和经贸发展。④ "21世纪海上丝绸之路"跨越多个国家和地区,各方利益不同,面临着复杂的区域协调和治理难题。港口系统的网络化代表了一种新的空间组织形式和新的发展理念,强调各个互联港口之间的专业化发展与合作,通过网络保持空间联系,从而为每个节点提供平等的发展机会,避免政府之间的高昂管理成本和缺乏协调的盲目竞争式发展。⑤ 对于海上丝路沿线国家战略港口的地理、人文、经济、社会、政治和安全状况,目前尚缺少深入的研究和完善的数据库。有关

---

① 《"一带一路"港口经济合作联盟助力港口经济发展》,《港口经济》2016年第4期。

② 魏一骏:《海丝港口国际合作论坛搭建"一带一路"交流合作平台》,新华网,2019年7月12日,http://www.xinhuanet.com/local/2019-07/12/c_1124746062.htm。

③ 《九部门关于建设世界一流港口的指导意见》,中华人民共和国中央人民政府,2019年11月13日,http://www.gov.cn/xinwen/2019-11/13/content_5451577.htm。

④ 贾大山:《海上丝绸之路战略与港口网络化发展》,《中国远洋海运》2017年第3期。

⑤ Wang Liehui et al., "From Hierarchy to Networking: The Evolution of the 'Twenty-First-Century Maritime Silk Road' Container Shipping System," *Transport Reviews*, Vol. 38, No. 4 (2018): 416–435.

部门应积极利用 5G、云计算、大数据和物联网等新技术推动现代绿色港口、智慧港口建设,并助力和引领"21 世纪海上丝绸之路"绿色智慧港口网络建设。建议东南亚、南亚、东非、西亚、北非和欧洲的区域国别研究学者加强资源整合,建立沿线港口的专业化数据库,为中国港航企业的海外投资建设、中国国际港口合作以及突发事件发生后组织撤侨、搜救、人道主义救援等奠定更好的研究与智力基础。

第四,中资港航企业需积极加强与新闻媒体、智库、咨询机构、安保公司等机构的第三方合作,致力于构建港口航线安全保障体系。

"珍珠链""债务帝国主义""新殖民主义"等海外舆论对中国海外港口建设造成了负面冲击,中国也应积极利用当地媒体和民间力量正面报道港口开发的积极意义,力争减轻负面因素的影响。面对多元化的海外风险和不利的国际舆论氛围,中资港航企业还要加强与国内外智库、咨询机构的合作,加强对长期风险的持续研究和预判,提升风险识别和防控能力,为海上丝路沿线港口建设的顺利开展保驾护航。中国应加强区域国别研究,储备海外战略人才,建立政府、金融机构和企业共同合作的保障机制与海外利益保护体系,加强对企业国际化风险的识别、防范以及应对能力。[①] 随着中国海外投资规模和海外利益的扩大,应拓展多元化的海外利益保护手段,包括安保手段,安保公司是海外安全保障的市场化形式,具有高灵活性和低政治敏感性的特征。受限于中国防御性外交原则,在参与联合国维和及海外护航行动的同时,向海外派出安保力量是中国领事保护的重要方式。当前,中国应加强对"一带一路"沿线国家的政治安全形势的常态化评估,致力于建设安全防范预警机制,提供科学有效的预警信息和应对方案,探讨私人安保人员"走出去"的可行路径,保护中国在海外的合法权益。[②] 这是国际上很多国家日益常见的做法,目前中国也面临更大的现实需求。聘请专业安保公司是确保海运安全的有效模式,不仅符合国际法,也为许多发达国家和地区法律所允许,在夯实中国海洋总体安全上具有战略意义。[③] 海外安保不仅提

---

① 郭周明、田云华、周燕萍:《逆全球化下企业海外投资风险防控的中国方案:基于"一带一路"视角》,《南开大学学报(哲学社会科学版)》2019 年第 6 期。

② 辛田:《中国海外利益保护私营化初探》,《国际展望》2016 年第 4 期。

③ 李卫海:《中国海上航运的安保模式及其法律保障:以应对 21 世纪海上丝路的海盗为例》,《中国社会科学》2015 年第 6 期。

供安全保护,也可以承担安全风险评估、识别、预防和应对等工作,包括海外安全情报收集和分析、海外安全评估调查、安全培训、危险营救等一系列服务。[①] 中国可以在安保压力较大、聘请安保公司阻力较小的海外港口园区先行先试,如巴基斯坦瓜达尔港;同时注意对安保公司走出国门、参与领事保护和确保人员与投资项目安全工作进行管理,避免安保公司"走出去"过程中的无序化和盲目性。[②]

综上所述,中国特色的国际港口合作格局构建依然任重而道远,面临的挑战和短板依然很多,要求政府各部门与一线企业形成更有效的良性互动机制,要求中国与对象国之间建立全方位合作与互信共赢关系,要求国内金融机构、研究机构、咨询机构、安保机构等探索与提供适应新形势要求的金融、人才、信息和安全保障产品,为新时期海上丝路沿线国际港口合作及维护、拓展中国海外利益而共同努力。

[①] Lauren Groth, "Transforming Accountability: A Proposal for Reconsidering How Human Rights Obligations Are Applied to Private Military Security Firms," *Hasting International and Comparative Law Review*, Vol. 35, No. 1 (2012): 29.

[②] 孙德刚:《中国港口外交的理论与实践》,《世界经济与政治》2018 年第 5 期。

第七章
结　论

　　近代以来,以西方国家为核心建立起来的全球"中心—外围"结构根深蒂固,直到 21 世纪以后,新兴国家群体的持续崛起在一定程度上逐步撬动了这一不平等、不合理的全球秩序。改革开放以后,中国才逐步转向高度依赖海洋的外向型经济,开始向海而兴、向海而强。"一带一路"倡议提出以来,中国与沿线国家在发展战略、基础设施、贸易、投资等各方面寻求政策对接,不断拓展合作领域与途径,基础设施的互联互通是重要内容和有力抓手。其中,港口建设成为推进"21世纪海上丝绸之路"建设的基本着力点和有效途径,并取得了一系列突出成效和积极影响,港口也与高铁一样成为中国外交研究的"新边疆"。

　　2019 年 4 月,国家主席习近平提出的"海洋命运共同体"理念成为进一步深化国际海上合作实践的行动指南,对"21 世纪海上丝绸之路"的建设发挥着指导引领作用。新时期为加快对外开放和"走出去"步伐、构建国内国际双循环格局,高质量推进"一带一路"特别是"21 世纪海上丝绸之路"建设,面对港口等基础设施互联互通建设面临的诸多风险与挑战,赋予了国际港口合作等外交研究以紧迫而重大的现实意义。而在海上丝路沿线港口建设遭遇突出的政治化、安全化挑战的背景下,中国需要探索保护海外利益、促进互利发展的对外政策新路径,对这一问题加强研究无疑具有重大的学术价值和现实意义。世界百年未有之大变局正加速演变,共建"一带一路"国际环境日趋复杂。

第一节　中国特色国际港口
合作的经验总结

近年来,中国参与海上丝路沿线港口建设的顶层设计不断完善,国内各部门与主体间关系不断理顺,中国与对象国之间的互利合作日益加强,国内与全球治理相互融合,展现出新时期国际港口合作范式的基本轮廓。

第一,中国积极参与海上丝路沿线港口建设和探索国际港口合作是经济转型发展与扩大开放、建设海洋强国、维护战略安全的必然要求,也是中国快速发展和崛起、探索新发展格局的必然结果。海外港口建设是"一带一路"特别是"21世纪海上丝绸之路"建设的重要内容和关键载体。21世纪初以来,中国从港口大国迈向港口强国,着力建设海洋强国,积极参与海上丝路沿线港口建设和探索国际港口合作成为维护自身经济利益与推动共同发展的需要,也是维护自身综合安全和配合外交全局的必然要求,更是新时期探索国内国际双循环新发展路径的需要。海外港口特别是枢纽型、节点性港口成为中国推进"21世纪海上丝绸之路"建设的有力支点和重要抓手。一方面,中国拥有强大的港口开发能力,同时投资海外港口的意愿日益强烈;另一方面,中国在海上丝路沿线港口建设能力方面占据优势,而海上丝路沿线国家有发展港口的天然优势。中国企业参与的海外港口建设与投资的项目既受到"走出去""一带一路"等国家发展战略的有力推动,也紧密服务于和融入了沿线国家的发展战略。在此背景下,新时期中国参与海外港口建设的实践日益丰富,以商业港口建设为依托,重点参与了"21世纪海上丝绸之路"沿线地区国家的港口建设,出现了一批有代表性的海外港口建设项目。

第二,中国参与海上丝路沿线港口建设的丰富实践推动了中国特色国际港口合作理论的兴起,也丰富了中国特色大国外交的理论。中国从自身改革开放和沿海港口的发展经验出发,在实践中探索中国特色的国际港口合作——以企业为主体、以市场为导向,以政府各部委、中央与地方统筹协调为保障,促进了海上丝路沿线国家和地区的"陆海联动",有助于各国基础设施的"互联互通"和建立平等互利的相互依存关系。中国特色的国际港口合作致力于政府与企业的良性互动、政府各部委之间的统筹协调、中央与地方的相互支撑以及中国与对象国的互利合作、国内治理与全球治理的融会贯通,体现了中国"民生治理"式的全球治理观,与西方倡导的"民主治理"形成了鲜明对比。与西方大国不同,中国通过海上丝路沿线港口建设追求地缘经济利益而非地缘政治利益;港口建设是以企业为主体的商业行为,不同于西方以国家为主体的军事行为;其追求的目标是包容性的互利共赢,而不是西方的势力范围;其目的是促进对象国的工业化和实现共同发展,而不是西方所追求的军事化;中国在海上丝路沿线参与商业港口建设,形成了商业港口网;而不是西方式的军事基地网。经过多年的探索和实践,中国对外合作实践中蕴含的"互联互通""民生治理""发展优先""中医式治理"理念已被越来越多的国家所认可。

新时期中国参与海上丝路沿线港口建设促进了外交体制与机制创新,国际港口合作有利于打破国内各部门以及国外各地区之间的条块分割状态,从更为系统性和全局性的角度审视"21世纪海上丝绸之路"建设,丰富了新时期中国"基建外交"的内涵和中国外交的"工具箱"。一方面,新时期中国的国际港口合作是内外统筹的大外交,以往将海上丝路沿线地区划分开来,分别由外交部、商务部各司局管理的藩篱正在逐步破除,国家相关部委在"一带一路"建设工作领导小组办公室的统筹下,中央与地方相互协调,政府与企业密切配合,中国与沿线国家港口企业以市场为导向、实现优势互补,共同致力于"21世纪海上丝绸之路"建设。此外,国防部也积极为建设"海洋强国"和"一带一路"保驾护航,降低海外港口建设与运营的风险。另一方面,国际港口合作属于经济外交的范畴,中国企业参与海上丝路沿线港口建设与中国外交的顶层设计保持一致,企业参与海上丝路沿线地区港口建设得到了中国政府的大力支持。中国政府各部门、中央与地方政府创造有利环境,通过政策、资金、政治支持等方式积极鼓励国内港航企业"走出去",在海外拓展业务,构建了良性互动的政企关系,夯实了中国与对象国互利合作的基础。

第三,从中国特色国际港口合作主体的角度来看,航港企业是中国海外港口建设与国际港口合作的开拓者和实施者。虽然中国政府更为积极主动和有规划地投资沿线国家的港口开发,但首先应尊重和发挥港航企业的主体作用,遵循商业化原则,重视项目建设的经济性与可持续性,突出经济效益。以央企为代表的中国港口企业与航运企业成为中国参与海上丝路沿线港口建设的主力军,招商局港口、中远海运集团、中国港湾等中国港航企业在码头、航运、物流及工程建设等方面均具备雄厚的实力与丰富的资源优势,地方国企和部分民营企业也逐步成为中国参与海外港口建设的重要力量,各类港航企业加强合作协调有利于优势互补和保证经济效益,推动投资项目的可持续发展。在海外港口建设实践中,中国港航企业综合运用了承建模式、投资运营模式、收购模式、租赁和特许经营模式、综合园区模式等多种方式。中国参与海上丝路沿线港口建设面临较高的经济、法律、政治和安全风险,特别须警惕政治风险的挑战。

第四,"一带一路"倡议提出 8 年来,中国在沿线地区的港口建设和国际港口合作实践已经取得了重大进展,正在产生多重积极效应与深远影响。中国参与海上丝路沿线港口建设推动了中国港航企业的快速成长与发展,提高了中国经济对外开放和参与全球化的水平,有助于维护海上通道安全和海外利益,推动了中国特色国际港口合作格局的形成与发展,也推进了"一带一路"特别是"21 世纪海上丝绸之路"的建设。新时期中国在海上丝路沿线的商业港口建设,既拓展了海外经济利益、扩大了经济存在,又为提供国际公共产品、参与国际维和与人道主义救援、开展军事外交及可能的撤侨等任务提供了基础和便利条件。与此同时,中国的大规模港口建设与投资开发为海上丝路沿线国家的经济发展提供了助力,推动了沿线国家间互联互通和参与全球经济的进程,促进了沿线发展中国家的政治和社会稳定,以及提供国际公共产品和推进全球治理。

"21 世纪海上丝绸之路"西向通道沿线是中国参与海外港口建设的重点地区,特别是南海—印度洋—红海—地中海—大西洋一线拥有众多的天然良港或拥有建设深水港的优越条件,是海上丝路建设的核心区,且中国在该地区拥有开展商业港口开发运营的经验和优势。从地缘经济角度及港口建设实践来看,南海—印度洋—红海—地中海—大西洋一线的沿线地区是中国参与港口建设和拓展海外利益的重中之重,涉及东南亚、南亚、海湾、东非、地中海等多个地区和次地区;其中,沿线地区的缅甸、斯里兰卡、巴基斯坦、阿联酋、吉布提、肯尼亚、埃及、希腊、摩洛哥等国为重点国家;皎漂港、汉班托塔港、瓜达尔港、哈利法港、吉布提港、蒙巴萨港、塞得港、比雷埃夫斯港和丹吉尔地中海港的角色最为关键,发展潜力更大。

对比"21 世纪海上丝绸之路"西向通道沿线的三大区域,受到港口发展条件、双边关系、海外利益、外部环境等因素的影响,中国在沿线三大区域的港口建设实践体现出差异化特征,所面临的港口建设风险既有差异性,更有相似性。中国在东南亚—南亚地区的港口建设表现出全面参与特征,在海湾—东非地区体现出以点带面特征,在地中海地区表现出南北呼应特征;在东南亚等地更多是面临经济、法律风险,在中东北非地区面临着突出的安全风险,但在几乎所有地区都面临着突出的政治和地缘政治风险。

第五,对于中国参与海上丝路沿线港口建设,国外学者既有称赞的声音,也有批评、猜疑和炒作的杂音。指责和炒作多是从西方国家自身的经验和实践出发进行的臆测,毫无根据,但却传播甚广,影响很大,并时常成为西方媒体在海上丝路沿线炒作各种版本负面言论的来源和依据,也与沿线部分国家的国内政治纷争相交织,给中国参与沿线国家港口建设带来严重的政治化、安全化风险。在相似的地缘政治考量之下,美、日、印等国也联合起来,通过炒作"中国军事基地论""中国债务陷阱论"等,并采取政治施压、安全威慑、恶性竞争等多种方式对中国在印度洋、地中海的港口建设计划进行对冲和阻挠。

通过研究可以发现,中国企业参与海上丝路沿线港口建设是基于遵守国际商业规则的市场化行为,并不是追求地缘政治利益的军事战略行动;国际港口合作或港口外交属于经济外交范畴,中国政府的政策、资金和外交支持主要是帮助企业获取经济利益,而且具有开放性、共享性和互利性,中国追求具有包容性的地缘经济利益,而非排他性的地缘政治利益。因此,国际上针对中国港口建设的所谓负面观点属于典型的误读或为遏制中国发展寻找的借口,根本站不住脚。从现实来看,实际上西方大国多以军事基地的形式占据海外港口,并借此推进"民主治理",它们才是港口政治化、港口安全化的实践者和推动者。西方大国在其他国家港口建设海外军事基地,用以追求地缘政治利益,倾向于使用军事手段实现霸权野心,寻求排他性势力范围,在海上丝路沿线部署军事基地网,带来军事化、安全化的对抗性国际关系。而中国通过在海上丝路沿线的港口建设构建互联互通的商业港口网,蕴含着"民生治理"、发展优先、开放包容、互利共赢的全球治理理念,与西方的军事基地网、"民主治理"和地缘政治理念形成鲜明对比。

中国参与海上丝路沿线地区港口建设和积极推进国际港口合作主要追求地缘经济利益,在寻找商业化发展机会和拓展发展空间的同时,扩大对外开放和深度参与全球化进程,并解决国内基础设施建设产能过剩的问题,维护自身日益扩大的海外利益。从总体上来看,港口建设是中国推动海上丝路建设以及保护和扩大自身地缘经济利益的重要内容及有效途径,其军事安全功能较弱。但中国在海上丝路沿线地区的港口建设一直受到西方大国和部分沿线国家的疑虑甚至阻挠,也面临部分国家国内政治变动的冲击,遭遇严重的政治化、安全化风险,在此背景下,决策者需要致力于构建风险防范机制,通过多元化途径致力于港口建设"去政治化"。

第二节　中国特色国际港口
合作的前景展望

当前,对海上丝路沿线国家港口投资与建设、相关配套设施和服务建设及风险防范等议题的研究需求正日益迫切,更急需总结中国参与海上丝路沿线港口建设的理论与实践,进一步明确未来港口建设的重点选择、努力方向、主要风险及应对之策。

第一,中国应奉行企业先行、外交保障、各部委统筹协调的原则,建立国际港口合作保障机制,推动中国特色国际港口合作不断走向成熟。国际港口合作首先要求实现政府部门与港航企业之间的积极良性互动。企业是中国参与海外港口建设的主体和践行者,国有企业特别是央企是海外港口建设的主力,民营企业也正在成为海外港口建设的重要力量。政府部门应加强协调沟通,成为中国港航企业参与海外港口建设、拓展海外利益的"代言人"和保障者,也需要合理引导参与海上丝路沿线港口建设的中国企业,加强海外投资监管和风险外部约束机制。未来,中国特色的国际港口合作应继续推动政府与企业、外交部与其他部委、中央与地方形成良性互动机制,推动中国与海上丝路沿线国家通过港口合作形成"共生关系"和发展共同体,推动建立平等互利、合作共赢的新型国际关系,积极参与和引领全球治理。

第二,中国应加大海上丝路沿线港口建设实践的成效总结,提升国际影响力和接受度,进一步对海上丝路沿线港口建设布局进行优化组合、提质增效。从实践来看,在海上丝路沿线各地区,港口开发还存在主次不够分明、区位重叠和相互竞争、配套基础设施建设滞后、港口经济深度开发不足等诸多问题,中国对于沿线地区关键国家和重点港口的选择有利于进一步明确建设方向和协调发展。未来,针对海上丝路沿线各地区港口区位重叠和无序竞争问题,中国应加强港口开发规划和协调管理,分清主次,错位发展;参与港口配套基础设施和陆上通道建设,以陆促海,并满足"一带一路"海陆联通交汇的需求;对海上丝路沿线港口建设的重点选择还应充分考虑港口经济深度开发的潜力;综合考虑中国海外经济利益分布与港口所在国对"一带一路"倡议的态度及参与程度。

第三,中国应加强对海上丝路沿线港口建设四类风险的评估与防范,尤其是重点探索港口建设"去政治化"的有效路径。中国需要始终遵循市场化原则,构建海上丝路沿线商业港口网络,突出所参与建设港口的商业属性和多边属性,继续探索"港口+"合作,推广"港产城一体化"模式和"港航货一体化"模式,将公共产品内涵嵌入海上丝路沿线港口建设过程中,积极主动地降低港口建设的政治敏感性与安全敏感性,展示并不断提高中国国际公共产品的供给能力,多途径推进港口"去政治化"进程。"一带一路"倡议本身就是开放性的,具有国际公共产品属性,赋予海上丝路沿线港口国际公共产品属性有利于降低其地缘政治敏感性;以提供国际公共产品为切入点,进一步丰富港口经济合作模式和国际港口合作的内涵,淡化地缘政治色彩;公共产品外交可将海上丝路沿线港口建设纳入全球海洋经济秩序与非传统安全治理框架;海上丝路沿线港口建设也可以成为展现和提升中国国际公共产品提供能力的绝佳平台。

第四,中国应继续加强海外港口建设的机制创新探索。未来在参与海上丝路沿线港口建设进程中,中国港航企业需要进一步提高应对复杂环境的能力,建立科学的内部风险控制制度,提高自主风险识别和防范能力;应探索混合所有制模式,加强与世界知名港航企业的深度合作,通过多元化方式分散风险;面对多层次的海外风险和不利的国际舆论氛围,中资港航企业应积极加强与新闻媒体、智库、咨询机构、安保公司等的第三方合作,致力于构建港口航线安全保障体系;加强对海上丝路沿线发展中地区和中小国家的研究,推动国内智库建设海上丝路沿线港口数据库,推动构建国际港口合作论坛和联盟等,致力于构建海洋命运共同体,为新时期国际港口合作提供全方位支持。中国参与海上丝路沿线港口建设的理论与实践总结如图7-1所示。

展望未来,中国的国际港口合作仍面临着"成长中的烦恼",其中包括发展定位重叠和港口产能过剩、陆上关联基础设施欠发达、融资和运营成本高以及大国

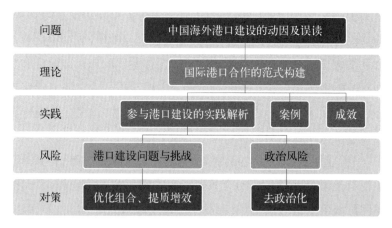

图 7 - 1　中国参与海上丝路沿线港口建设的理论与实践总结

地缘博弈带来的政治和安全风险。随着中国综合实力的上升和"一带一路"倡议的实施,中方参与海上丝路沿线港口建设形成的商业存在与西方大国的军事存在势必将产生更加紧密和复杂的互动关系。未来中国在海上丝路沿线地区扩大影响力的过程中,如何打消西方和国际社会对中国的战略疑虑,主动创造条件运用多元化手段保护中国日益增大的海外利益,是中国海上丝路建设和中国外交面临的重大挑战。特别是在当前中美竞争加剧、美国对华全面打压的背景下,可以预见的是,中国推进"一带一路"倡议面临来自西方国家的更大压力,海外港口建设进程中的政治化风险也将更加突出。当前,受到世界秩序转型、中国经济发展的"新常态"和构建国内国际双循环发展格局以及全球新冠肺炎疫情的影响,中国特色的国际港口合作仍处于艰难前行和持续塑造之中,沿线港口项目在推动"21 世纪海上丝绸之路"建设、提升中国国际影响力、推动世界"再全球化"与构建国际新格局等方面发挥的作用将日益凸显,面临的风险与挑战无疑也将更多。

　　2021 年 11 月,国家主席习近平在第三次"一带一路"建设座谈会上的讲话指出,要深化互联互通,完善陆、海、天、网"四位一体"互联互通布局,优化海上布局,推动"一带一路"高质量发展,为畅通国内国际双循环提供有力支撑。[1] 在前期丰富的海上丝路沿线港口建设实践的基础上,中国特色国际港口合作的框架

---

　　① 《习近平出席第三次"一带一路"建设座谈会并发表重要讲话》,中华人民共和国中央人民政府,2021 年 11 月 19 日,http://www.gov.cn/xinwen/2021-11/19/content_5652067.htm。

与内涵日臻完善,对"一带一路"倡议和国家外交政策的支撑作用也日益显著。当前,中国与沿线国家进入高质量共建"一带一路"的新时期,相信海上丝路沿线港口建设将持续取得新的更大成就,在地区和全球层面产生的效应与影响也将更大,同时面临的问题与挑战也会更加复杂,需要持续加强对这一主题的深入系统研究。

参考文献

一、中文文献

（一）中文著作

《"一带一路"沿线国家安全风险评估》编委会：《"一带一路"沿线国家安全风险评估》，中国发展出版社，2015。

阿尔弗雷德·马汉：《海权论》，一兵译，同心出版社，2012。

曹卫东主编：《中国"一带一路"投资安全报告：2015—2016》，社会科学文献出版社，2016。

曾庆成：《21世纪海上丝绸之路港口发展报告》，大连海事大学出版社，2015。

陈利君主编：《2012—2013南亚报告》，云南大学出版社，2013。

法律出版社法规中心：《中华人民共和国港口法（2015修正版）》，法律出版社，2015。

法斯赫·乌丁、M. 阿克拉姆·斯瓦蒂：《巴基斯坦经济发展历程：需要新的范式》，陈继东、宴世经等译，巴蜀书社，2010。

冯并：《"一带一路"：全球发展的中国逻辑》，中国民主法治出版社，2015。

复旦国务智库编：《经世之道：探索中国大国特色经济外交》，载于《国务智库战略报告》第6辑，2016。

高晋元：《肯尼亚》，社会科学文献出版社，2004。

顾章义、付吉军、周海泓：《索马里 吉布提》，社会科学文献出版社，2006。

郭业洲主编：《"一带一路"跨境通道建设研究报告：2016》，社会科学文献出版社，2016。

国家发展改革委、外交部、商务部：《推动共建丝绸之路经济带和 21 世纪海上丝绸之路的愿景与行动》，人民出版社，2015。

国家发展和改革委员会综合运输研究所：《中国港口建设发展报告》，人民交通出版社，2008。

胡娟：《印度的印度洋战略研究》，中国社会科学出版社，2015。

胡永举、邱欣等：《非洲交通基础设施建设及中国参与策略》，浙江人民出版社，2014。

罗伯特·D.卡普兰：《季风：印度洋与美国权力的未来》，吴兆礼、毛悦译，社会科学文献出版社，2013。

莱昂内尔·弗里德费尔德、马飞聂：《以色列与中国：从丝绸之路到创新高速》，彭德智译，人民出版社，2016。

雷嘉·莫汉：《中印海洋大战略》，朱宪超、张玉梅译，中国民主法制出版社，2014。

李玮：《以色列与"一带一路"：角色与前景》，时事出版社，2018。

梁芳：《海上战略通道论》，时事出版社，2011。

刘从德主编：《地缘政治学导论》，中国人民大学出版社，2010。

刘新华：《中国发展海权战略研究》，人民出版社，2015。

吕新莉：《以色列大使马腾将军谈话录》，江苏人民出版社，2017。

石源华、祁怀高主编：《中国周边国家概览》，世界知识出版社，2017。

孙德刚等：《冷战后中国参与中东地区治理的理论与案例研究》，社会科学文献出版社，2018。

孙德刚：《冷战后欧美大国在中东的军事基地研究》，世界知识出版社，2015。

孙德刚：《美国在大中东地区军事基地的战略部署与调整趋势研究》，时事出版社，2018。

汪戎主编：《印度洋地区发展报告（2015）：21 世纪海上丝绸之路》，社会科学文献出版社,2015。

汪伟民等:《"一带一路"沿线海外港口建设调研报告》,上海社会科学院出版社,2019。

王德华:《新丝路、新梦想与能源大通道研究》,上海交通大学出版社,2015。

王威:《一带一路建设背景下我国港口履约方法律制度研究》,东南大学出版社,2016。

王小军等:《21世纪海上丝绸之路港口需求与开发模式创新研究》,大连海事大学出版社,2019。

杨光主编:《中东发展报告(2015—2016):"一带一路"建设与中东》,社会科学文献出版社,2016。

杨言洪主编:《"一带一路"黄皮书 2014》,宁夏人民出版社,2015。

约瑟夫·奈:《美国世纪结束了吗?》,邵杜罔译,北京联合出版公司,2016。

张宏明主编:《非洲发展报告 No.17 (2014—2015)——中国在非洲的软实力建设:成效、问题与出路》,社会科学文献出版社,2015。

张京:《在印度洋上的思考:国防大学教授亚丁湾护航亲历记》,国防大学出版社,2013。

张倩红主编:《以色列发展报告(2016)》,社会科学文献出版社,2016。

张诗雨、张勇:《海上新丝路:21世纪海上丝绸之路发展思路与构想》,中国发展出版社,2014。

张文木:《论中国海权》,海洋出版社,2010。

张文木:《印度与印度洋:基于中国地缘政治视角》,中国社会科学出版社,2015。

张颖华:《港航产业成长与上海国际航运中心建设》,西南交通大学出版社,2012。

赵江林:《21世纪海上丝绸之路:目标构想、实施基础与对策研究》,社会科学文献出版社,2015。

赵亚鹏:《国际港口功能演变与国际强港建设研究》,经济科学出版社,2013。

真虹主编:《"一带一路"倡议与中国航运互动发展》,上海浦江教育出版社,2016。

甄峰等：《非洲港口经济与城市发展》，南京大学出版社，2014。

郑秉文、李文、刘铭赜：《"一带一路"建设中的港口与港口城市》，中国社会科学出版社，2016。

钟飞腾等：《对外投资新空间："一带一路"国别投资价值排行榜》，社会科学文献出版社，2015。

周敏：《世界港口交通地图集》，中国地图出版社，2017。

周倩：《当代肯尼亚国家发展进程》，世界知识出版社，2012。

朱翠萍：《印度洋与中国》，社会科学文献出版社，2014。

兹比格涅夫·布热津斯基：《战略远见：美国与全球权力危机》，洪漫等译，新华出版社，2012。

赵楠、真虹、谢文卿：《关于我国港口群资源整合中实现科学整合、防止经营垄断的建议》，载于《创新中的中国：战略、制度、文化（中国大学智库论坛 2016 年年会咨询报告集）》，中国大学智库论坛，2016。

（二）中文论文

《"21 世纪海上丝绸之路"沿线港口报告》，《中国远洋航务》2016 年第 9 期。

《"一带一路"港口经济合作联盟助力港口经济发展》，《港口经济》2016 年第 4 期。

《"一路一带"战略将推动中外新型港口合作》，《中国港口》2014 年第 11 期。

《2018 年中国原油进口来源及数量》，《当代石油石化》2019 年第 4 期。

《布局海外港口，中国在下一盘大棋》，《南风窗》2017 年第 10 期。

《海湾国家巨资建设港口 10 年后集装箱吞吐量翻倍》，《港口经济》2012 年第 7 期。

Riaz Ahmad、米红、任珂瑶：《中巴经济走廊的安全威胁及其对俾路支省的影响：从发展的视角看瓜达尔港口的角色》，《南亚研究季刊》2018 年第 3 期。

包雄关：《智慧港口的内涵及系统结构》，《中国航海》2013 年第 2 期。

毕森等：《21 世纪海上丝绸之路沿线港口及港城关系变化分析》，《中国科学院大学学报》2020 年第 1 期。

蔡晨宇：《瓜达尔港的开发任重道远》，《中国港口》2017 年第 1 期。

蔡蕊：《海上丝绸之路沿线港口发展现状及效率分析》，《时代经贸》2018 年第 19 期。

曹文振、毕龙翔：《中国海洋强国战略视域下的印度洋海上通道安全》，《南亚研究季刊》2016 年第 2 期。

曹重：《打造智慧港口经济 提升区域产业结构》，《港口经济》2013 年第 11 期。

陈芙英、张建同、罗梅丰：《"21 世纪海上丝绸之路"沿线港口地位综合评价》，《运筹与管理》2020 年第 1 期。

陈航、栾维新、王跃伟：《我国港口功能与城市功能关系的定量分析》，《地理研究》2009 年第 2 期。

陈龙：《"中巴铁路走廊"加速"西出"战略》，《大陆桥视野》2010 年第 14 期。

陈沛然、王成金、刘卫东：《中国海外港口投资格局的空间演化及其机理》，《地理科学进展》2019 年第 7 期。

陈腾瀚：《中国主要海上能源通道风险刍议》，《油气储运》2019 年第 11 期。

陈秀莲、张静雯：《中国—东盟港口互联互通建设存在问题与对策》，《对外经贸实务》2018 年第 2 期。

成金华、童生：《中国石油企业跨国经营的政治风险分析》，《中国软科学》2006 年第 4 期。

丁莉：《2017 年我国港口发展回顾及 2018 年展望》，《大陆桥视野》2018 年第 2 期。

丁莉：《以港口为战略支点 书写 21 世纪海上丝绸之路建设新篇章》，《中国港口》2018 年第 7 期。

丁隆：《阿联酋：搅动海湾的"小斯巴达"》，《世界知识》2017 年第 16 期。

杜传志：《发挥港口综合优势打造 21 世纪海上丝绸之路战略支点》，《大陆桥视野》2014 年第 13 期。

杜德斌等：《中国海上通道安全及保障思路研究》，《世界地理研究》2015 年第 2 期。

杜德斌、马亚华：《"一带一路"：中华民族复兴的地缘大战略》，《地理研究》2015 年第 6 期。

冯传禄：《"海上丝路"视野下的印度洋地区地缘环境与地缘风险》，《印度洋经济体研究》2019 年第 2 期。

甘均先：《"一带一路"：龙象独行抑或共舞》，《国际问题研究》2015 年第

4 期。

高尚涛:《阿拉伯利益相关者与中国"一带一路"建设》,《国际关系研究》2016 年第 6 期。

郭周明、田云华、周燕萍:《逆全球化下企业海外投资风险防控的中国方案:基于"一带一路"视角》,《南开大学学报(哲学社会科学版)》2019 年第 6 期。

哈桑纳·拉贝希:《阿尔及利亚:一带一路开拓阿中合作新未来》,《中国投资》2016 年第 1 期。

何帆、朱鹤、张骞:《21 世纪海上丝绸之路建设:现状、机遇、问题与应对》,《国际经济评论》2017 年第 5 期。

胡键:《天缘政治与北斗外交》,《社会科学》2015 年第 7 期。

胡欣:《安达曼群岛:印度版的"珍珠港"?》,《世界知识》2015 年第 17 期。

胡欣:《"一带一路"倡议与肯尼亚港口建设的对接》,《当代世界》2018 年第 4 期。

黄河:《公共产品视角下的"一带一路"》,《世界经济与政治》2015 年第 6 期。

黄河:《中国企业海外投资的政治风险及其管控:以"一带一路"沿线国家为例》,《深圳大学学报(人文社会科学版)》2016 年第 1 期。

黄河、许雪莹、陈慈钰:《中国企业在巴基斯坦投资的政治风险及管控:以中巴经济走廊为例》,《国际展望》2017 年第 2 期。

黄梅波、卢冬艳:《中国对非洲基础设施的投资及评价》,《国际经济合作》2012 年第 12 期。

黄庆波、林晗龙、刘思琦:《21 世纪海上丝绸之路港口建设投资风险研究》,《大连海事大学学报(社会科学版)》2017 年第 6 期。

黄雁飞、袁金虎、杨林虎:《"一带一路"战略下中埃港口建设项目产能合作模式探索》,《珠江水运》2017 年第 8 期。

贾大山:《海上丝绸之路战略与港口网络化发展》,《中国远洋海运》2017 年第 3 期。

江天骄:《"一带一路"上的政治风险:缅甸密松水电站项目和斯里兰卡科伦坡港口城项目的比较研究》,《中国周边外交学刊》2016 年第 1 期。

姜明新:《土耳其的产业结构和"一带一路"框架下的中土经济合作》,《当代世界》2018 年第 3 期。

李兵:《国际战略通道研究》,博士学位论文,中共中央党校,2005。

李崇蓉:《"一带一路"背景下北部湾港集装箱运输发展策略》,《广西民族大学学报(哲学社会科学版)》2015年第6期。

李祐梅等:《中国在海外建设的港口项目数据分析》,《全球变化数据学报》2019年第3期。

李家成、姜宏毅:《解析瓜达尔港建设的巴基斯坦国内阻力》,《区域与全球发展》2018年第5期。

李建丽、真虹、徐凯:《港口供应链中港口的核心地位及平台效应研究》,《港口经济》2009年第11期。

李军、刘明强:《海外港口建设项目成本风险因素分析》,《港口经济》2014年第5期。

李丽、苏鑫:《巴基斯坦安全形势对中巴经济走廊建设的影响》,《国际经济合作》2015年第5期。

李丽、苏鑫:《巴基斯坦俾路支省恐怖主义及其影响》,《南亚研究季刊》2015年第3期。

李宁:《"丝绸之路经济带"的物流业基础与建设》,《理论月刊》2014年第5期。

李青燕:《"强印度"下的中国南亚外交》,《世界知识》2016年第1期。

李胜良:《在"一带一路"支点国建立"桥头堡"》,《西部学刊》2015年第8期。

李卫海:《中国海上航运的安保模式及其法律保障:以应对21世纪海上丝路的海盗为例》,《中国社会科学》2015年第6期。

李晓、李俊久:《"一带一路"与中国地缘政治经济战略的重构》,《世界经济与政治》2015年第10期。

李秀石:《试析日本在太平洋和印度洋的战略扩张:从"反海盗"到"保卫"两洋海上通道》,《国际政治》2014年第5期。

李幼萌:《非洲西北部地区港口发展动态》,《集装箱化》2008年第12期。

李幼萌:《秣马厉兵中的中东地区港口》,《港口经济》2014年第5期。

梁海明:《"一带一路"下如何建设港口》,《人民周刊》2015年第7期。

林民旺:《印度对"一带一路"的认知及中国的政策选择》,《世界经济与政治》2015年第5期。

刘长俭：《2018 年我国海外港口建设回顾及展望》，《中国港口》2019 年第 3 期。

刘赐贵：《发展海洋合作伙伴关系 推进 21 世纪海上丝绸之路建设的若干思考》，《国际问题研究》2014 年第 4 期。

刘大海等：《"21 世纪海上丝绸之路"海上战略支点港的主要建设模式及其政策风险》，《改革与战略》2017 年第 3 期。

刘慧、叶尔肯·吾扎提、王成龙：《"一带一路"战略对中国国土开发空间格局的影响》，《地理科学进展》2015 年第 5 期。

刘磊、贺鉴：《"一带一路"倡议下的中非海上安全合作》，《国际安全研究》2017 年第 1 期。

刘庆：《"珍珠链战略"之说辨析》，《现代国际关系》2010 年第 3 期。

刘思伟、杨文武：《印度洋议题的安全化与中印两国的参与》，《南亚研究》2015 年第 3 期。

刘伟华、张雅莉、胡振宇：《国际航运中心发展经验及对深圳的启示》，《海洋开发与管理》2020 年第 3 期。

刘欣：《土耳其与"一带一路"倡议》，《国际研究参考》2018 年第 7 期。

刘新华：《地理距离、距离衰减规律与海外军事基地》，《中国军事科学》2013 年第 3 期。

刘新华：《力量场效应、瓜达尔港与中国的西印度洋利益》，《世界经济与政治论坛》2013 年第 5 期。

刘中民：《在中东推进"一带一路"建设的政治和安全风险及应对》，《国际观察》2018 年第 2 期。

刘作奎：《警惕"一带一路"的投资风险：希腊政局变化对"一带一路"在欧洲布局的影响》，《当代世界》2015 年第 4 期。

刘宗义：《21 世纪海上丝绸之路建设与我国沿海城市和港口的发展》，《城市观察》2014 年第 6 期。

刘宗义：《中巴经济走廊建设：进展与挑战》，《国际问题研究》2016 年第 3 期。

楼春豪：《21 世纪海上丝绸之路的风险与挑战》，《印度洋经济体研究》2014 年第 5 期。

卢光盛、马天放：《"一带一路"建设中的"99 年租期"风险：由来、影响及应对》，《亚太经济》2020 年第 1 期。

陆海鹏：《中资企业"一带一路"港口投资分析及银行策略初探》，《国际金融》2016 年第 3 期。

罗圣荣、赵祺：《美国"印太战略"对中国—东盟共建"21 世纪海上丝绸之路"的挑战与应对》，《和平与发展》2021 年第 3 期。

罗佐县：《警惕美国打"俾路支"牌》，《中国石化》2013 年第 9 期。

马博：《打造"21 世纪海上丝绸之路"交汇点：中国—斯里兰卡关系发展的机遇与挑战》，《世界经济与政治论坛》2016 年第 1 期。

马平：《国家利益与军事安全》，《中国军事科学》2005 年第 6 期。

马霞、宋彩岑：《中国埃及苏伊士经贸合作区："一带一路"上的新绿洲》，《西亚非洲》2016 年第 2 期。

毛鉴明：《"一带一路"框架下的港口合作：进展、挑战与对策》，《江南社会学院学报》2021 年第 1 期。

梅冠群：《世界港口发展模式、演进方向与经验借鉴》，《中国流通经济》2012 年第 12 期。

孟晓梅、丁以中、陆俊强：《国外港口管理模式分析与启示》，《集装箱化》2000 年第 2 期。

牟乃夏等：《"海上丝绸之路"沿线重要港口区位优势度评估》，《地球信息科学学报》2018 年第 5 期。

潘玥：《中国海外高铁"政治化"问题研究：以印尼雅万高铁为例》，《当代亚太》2017 年第 5 期。

庞瑞芝、李占平：《港口绩效评价与分析探讨》，《港口经济》2005 年第 5 期。

彭飞、富宁宁：《"海上丝绸之路"沿线国家地缘脆弱性时空演变及影响因素分析》，《海洋经济》2020 年第 5 期。

彭念：《"一带一路"倡议下中国投资海外港口的风险分析及政策建议》，《南亚研究》2019 年第 3 期。

戚文闯：《海上丝绸之路研究综述》，《福建省社会主义学院学报》2016 年第 2 期。

钱佳：《现代港航物流的发展趋势：港航企业合作联盟化》，《水运管理》

2014 年第 7 期。

　　钱克虎、肖勤涛：《海外港口建设项目的环保法律风险及管控措施》,《中国水运》2018 年第 1 期。

　　秦翡、曲林迟：《中国港口企业国际竞争力链式模型与政策启示》,《亚太经济》2021 年第 4 期。

　　秦天：《开发恰巴哈尔港的背后：印度向西,伊朗向东》,《世界知识》2016 年第 13 期。

　　桑小川：《中国对欧港口投资的缺失与风险：以比雷埃夫斯港为例》,《国际论坛》2019 年第 3 期。

　　邵雪婷、荣正通：《21 世纪海上丝绸之路中东海域的安全机制建设研究》,《中国海洋大学学报(社会科学版)》2015 年第 4 期。

　　司增绰：《港口基础设施与港口城市经济互动发展》,《管理评论》2015 年第 11 期。

　　史春林：《1949—2019：中国港口建设与布局变迁 70 年(上)》,《中国海事》2019 年第 10 期。

　　史春林：《1949—2019：中国港口建设与布局变迁 70 年(下)》,《中国海事》2019 年第 11 期。

　　史春林：《"21 世纪海上丝绸之路"建设的安全保障：海上通道非传统安全治理合作法理依据及完善》,《亚太安全与海洋研究》2021 年第 2 期。

　　宋涛、李玏、胡志丁：《地缘合作的理论框架探讨：以东南亚为例》,《世界地理研究》2016 第 1 期。

　　苏长和：《从关系到共生：中国大国外交理论的文化和制度阐释》,《世界经济与政治》2016 年第 1 期。

　　孙灿：《"软联通"机制：21 世纪海上丝绸之路共建的逻辑与路径》,《中国海洋大学学报》2021 年第 6 期。

　　孙德刚、白鑫沂：《中国参与吉布提港口建设的现状与前景》,《当代世界》2018 年第 4 期。

　　孙德刚、邹志强：《域外国家对东非加强军事介入：态势及影响》,《现代国际关系》2018 年第 12 期。

　　孙德刚：《超越法语区：法国在阿联酋的军事基地研究》,《西亚非洲》

2014 年第 4 期。

孙德刚：《大国海外军事部署的条件分析》，《世界经济与政治》2015 年第 7 期。

孙德刚：《法国在吉布提军事基地的绩效分析》，《阿拉伯世界研究》2011 年第 5 期。

孙德刚：《论新时期中国在中东的柔性军事存在》，《世界经济与政治》2014 年第 8 期。

孙德刚：《中国北斗卫星导航系统落户阿拉伯世界的机遇与风险》，《社会科学》2015 年第 7 期。

孙德刚：《中国参与中东地区冲突治理的理论与实践》，《西亚非洲》2015 年第 4 期。

孙德刚：《中国港口外交的理论与实践》，《世界经济与政治》2018 年第 5 期。

孙德刚、张丹丹：《以发展促和平：中国参与中东安全事务的理念创新与路径选择》，《国际展望》2019 年第 6 期。

孙光圻：《海洋强国的核心是航海强国》，《世界海运》2014 年第 1 期。

孙海泳：《中国参与印度洋港口项目的形势与风险分析》，《现代国际关系》2017 年第 7 期。

孙家庆等：《21 世纪海上丝绸之路沿线国家港口投资风险评价》，《大连海事大学学报》2021 年第 2 期。

孙伟、谢文卿：《"21 世纪海上丝绸之路"与港口发展系列之二：沿线港口发展举措分析》，《中国远洋航务》2015 年第 10 期。

唐鹏琪：《实施"一带一路"战略的政治与经济风险：以中国在斯里兰卡的投资为例》，《南亚研究季刊》2015 年第 2 期。

唐鹏琪：《斯里兰卡新政府执政以来的经济改革框架》，《南亚研究季刊》2016 年第 4 期。

蒂姆·尼布洛克、舒梦(译)：《政权不安全感与海湾地区冲突的根源析论》，《阿拉伯世界研究》2019 年第 1 期。

田润良等：《瓜达尔港到国内的原油运输：成本效益、安全风险及战略意义比较分析》，《国防交通工程与技术》2014 年第 2 期。

万军杰：《海外港口建设项目风险预警管理系统研究》，博士学位论文，武汉理工大学,2008。

汪海:《从北部湾到中南半岛和印度洋:构建中国联系东盟和避开"马六甲困局"的战略通道》,《世界经济与政治》2007年第9期。

汪长江:《世界典型港口物流发展模式分析与启示》,《经济社会体制比较》2012年第1期。

王成、王茂军、杨勃:《港口航运关联与港城职能的耦合关系研判:以"21世纪海上丝绸之路"沿线主要港口城市为例》,《经济地理》2018年第11期。

王成金:《现代港口地理学的研究进展及展望》,《地球科学进展》2008年第3期。

王金岩:《中国与阿联酋共建"一带一路"的条件、问题与前景》,《当代世界》2017年第6期。

王磊:《吉布提:弹丸之地何以如此显要》,《世界知识》2015年第12期。

王历荣:《印度洋与中国海上通道安全战略》,《南亚研究》2009年第3期。

王炜霞:《港口建设投融资模式分析》,《中国水运》2011年第2期。

王晓文:《中印在印度洋上的战略冲突与合作潜质:基于中美印"战略三角"格局的视角》,《世界经济与政治论坛》2017年第1期。

王颖:《印度"印太"认知及其对"21世纪海上丝绸之路"的影响》,《南亚研究季刊》2021年第3期。

王勇辉:《"21世纪海上丝绸之路"东南亚战略支点国家的构建》,《世界经济与政治论坛》2016年第3期。

王勇健、周惊慧、李俊星:《瓜达尔港发展的SWOT分析与对策》,《中国港湾建设》2015年第4期。

韦宗友:《美国在印太地区的战略调整及其地缘战略影响》,《世界经济与政治》2013年第10期。

魏敏:《"一带一路"背景下中国—土耳其国际产能合作的风险及对策》,《国际经济合作》2017年第5期。

文富德:《印度加速港口建设的政策措施与成效》,《南亚研究季刊》2016年第1期。

文少彪:《新时期中国参与斯里兰卡港口建设探析》,《当代世界》2018年第5期。

吴泽林：《"一带一路"倡议的功能性逻辑：基于地缘经济学视角的阐释》，《世界经济与政治》2018 年第 9 期。

吴征宇：《海权与陆海复合型强国》，《世界经济与政治》2012 年第 2 期。

武芳、肖雨濛：《中国与阿联酋经贸合作的现状与前景》，《中国远洋海运》2019 年第 10 期。

席芳、汪超、李俊星：《"一带一路"战略下的巴基斯坦瓜达尔港 SWOT 分析及发展策略》，《交通企业管理》2017 年第 2 期。

夏莉萍：《中国领事保护需求与外交投入的矛盾及解决方式》，《国际政治研究》2016 年第 4 期。

肖宪：《"一带一路"视角下的中国与以色列关系》，《西亚非洲》2016 年第 2 期。

谢博、岳蓉：《地缘政治视角下的 21 世纪海上丝绸之路通道安全》，《东南亚纵横》2015 年第 5 期。

谢文卿、赵楠：《"21 世纪海上丝绸之路"与港口发展系列之一：运输需求与通道分析》，《中国远洋航务》2015 年第 7 期。

谢文卿：《"21 世纪海上丝绸之路"与港口发展系列之三：海外投资风险警示》，《中国远洋航务》2015 年第 11 期。

辛田：《中国海外利益保护私营化初探》，《国际展望》2016 年第 4 期。

胥苗苗：《伊朗恰巴哈尔港成投资"新宠"》，《中国船检》2016 年第 6 期。

徐卫东、闫泓汀：《"一带一路"倡议下的海外投资法律风险对策》，《东北亚论坛》2018 年第 4 期。

薛珊：《中国与阿联酋经贸合作的现状及前景》，《国际研究参考》2017 年第 12 期。

阎新兴、刘国亭、蔡嘉熙：《巴基斯坦瓜达尔港泥沙来源及海岸稳定性分析》，《水道港口》2002 年第 3 期。

杨程玲：《东盟海上互联互通及其与中国的合作：以 21 世纪海上丝绸之路为背景》，《太平洋学报》2016 年第 4 期。

杨翠香、宗康、胡志华：《中国与海上丝绸之路的连通性分析》，《上海大学学报（自然科学版）》2018 年第 3 期。

杨航：《试析瓜达尔港开发对"一带一路"战略的影响》，《新疆社科论坛》

2015 年第 5 期。

杨俊敏：《论"一带一路"战略下海外港口投资风险及法律应对机制》，《湖南科技学院学报》2017 年第 7 期。

杨莉、祝捷：《"海上丝绸之路"沿线港口资源整合规划研究》，《赤峰学院学报（自然科学版）》2017 年第 13 期。

杨忍等：《"海上丝绸之路"沿线重要港口竞争力评价》，《地球信息科学学报》2018 年第 5 期。

杨淑霞、李键：《"一带一路"背景下企业海外投资风险评估模型研究》，《宁夏社会科学》2017 年第 4 期。

杨习铭、高志刚：《中巴经济走廊自由贸易港（瓜达尔港）建设构想》，《宏观经济管理》2019 年第 9 期。

杨震、董健：《海权视阈下的当代印度海军战略与海外军事基地》，《南亚研究季刊》2016 年第 2 期。

姚芸：《中巴经济走廊面临的风险分析》，《南亚研究》2015 年第 2 期。

殷缶、梅深：《中国和阿联酋联合承接埃及港口建设开发》，《水道港口》2015 年第 2 期。

于安琪、王诺：《"21 世纪海上丝绸之路"集装箱海运网络连通性分析》，《上海海事大学学报》2019 年第 4 期。

于津平、顾威：《"一带一路"建设的利益、风险与策略》，《南开大学学报（哲学社会科学版）》2016 年第 1 期。

于开明：《"西进战略"与中国在巴基斯坦俾路支省的利益诉求》，《国际关系研究》2013 年第 3 期。

余思勤、孙佳会：《长三角港口群与城市群协调发展分析》，《同济大学学报（自然科学版）》2021 年第 9 期。

曾庆成、吴凯、滕藤：《海上丝绸之路港口的空间分布特征研究》，《大连理工大学学报（社会科学版）》2016 年第 1 期。

曾祥裕：《巴基斯坦"俾路支问题"的发展及其前景》，《南亚研究季刊》2009 年第 1 期。

曾祥裕：《巴基斯坦瓜达尔港对国际安全态势的影响》，《南亚研究季刊》2009 年第 2 期。

曾向红：《"一带一路"的地缘政治想象与地区合作》，《世界经济与政治》2016 年第 1 期。

张超哲：《中巴经济走廊建设：机遇与挑战》，《南亚研究季刊》2014 年第 2 期。

张春：《国际"公共产品"的供应竞争及其出路：亚太地区二元格局与中美新型大国关系建构》，《当代亚太》2014 年第 6 期。

张大勇：《加强"21 世纪海上丝绸之路"战略支点建设研究》，《中国工程科学》2016 年第 2 期。

张颢瀚：《中非命运共同体与中非资源开发利用合作》，《世界经济与政治论坛》2016 年第 3 期。

张虎：《论 21 世纪海上丝绸之路构建中航运的先导作用》，《中国海商法研究》2015 年第 1 期。

张江河：《对现代海上丝路建设的地缘安全认知》，《东南亚研究》2017 年第 6 期。

张洁：《海上通道安全与中国战略支点的构建：兼谈 21 世纪海上丝绸之路建设的安全考量》，《国际安全研究》2015 年第 2 期。

张磊：《国内港航企业海外投资港口情况分析》，《港口经济》2014 年第 3 期。

张力：《从"海丝路"互动透视中印海上安全关系》，《南亚研究季刊》2016 年第 4 期。

张爽、耿国婷：《海外舆情风险与"中国投资"品牌形象塑造》，《中国发展观察》2019 年第 8 期。

张威、祁欣：《吉布提投资环境与重点领域：中国企业的决策选择》，《国际经济合作》2014 年第 7 期。

张文君、任荣明：《中国企业海外投资的政治风险及应对策略》，《现代管理科学》2014 年第 12 期。

张文木：《全球化视野中的中国国家安全问题》，《世界经济与政治》2002 年第 3 期。

张勇：《略论 21 世纪海上丝绸之路的国家发展战略意义》，《中国海洋大学学报（社会科学版）》2014 年第 5 期。

张勇安、刘海丽：《国际非政府组织与美国对缅外交：以美国国家民主基金会为中心》,《美国研究》2014 年第 2 期。

张玉友:《中国参与摩洛哥港口建设的前景与风险》,《当代世界》2017 年第 6 期。

赵干城:《南亚国际格局的塑造与中国的抉择》,《南亚研究》2010 年第 1 期。

赵慧杰:《西撒哈拉问题与马格里布一体化》,《西亚非洲》2010 年第 8 期。

赵军:《中国参与埃及港口建设:机遇、风险及政策建议》,《当代世界》2018 年第 7 期。

赵山花:《21 世纪海上丝绸之路背景下的港口建设》,《中国港口》2016 年第 2 期。

赵旭、高苏红、王晓伟:《"21 世纪海上丝绸之路"倡议下的港口合作问题及对策》,《西安交通大学学报(社会科学版)》2017 年第 6 期。

赵旭等:《海上丝绸之路沿线港口体系的空间布局演化》,《上海海事大学学报》2017 年第 4 期。

赵旭等:《21 世纪海上丝绸之路沿线港口体系演化研究:基于 Logistics、Lotka-Volterra 模型》,《运筹与管理》2018 年第 8 期。

赵洋:《中美制度竞争分析:以"一带一路"为例》,《当代亚太》2016 年第 2 期。

真虹:《第四代港口的概念及其推行方式》,《交通运输工程学报》2005 年第 4 期。

郑崇伟等:《经略 21 世纪海上丝路:重要航线、节点及港口特征》,《海洋开发与管理》2016 年第 1 期。

郑刚:《中巴经济走廊的风险挑战、大战略思考及其对策建议》,《太平洋学报》2016 年第 4 期。

郑怡、刘烁、冯耀祥:《中企在摩洛哥投资情况调研发现:营商环境友好 尚存五大投资障碍》,《中国对外贸易》2016 年第 4 期。

智宇琛:《我国央企参与非洲交通基础设施建设的现状及特点》,《亚非纵横》2014 年第 4 期。

中国社会科学院数量经济与技术经济研究所:《"一带一路"战略:互联互通共同发展——能源基础设施建设与亚太区域能源市场一体化》,《国际石油经济》2015 年第 8 期。

钟浩、郑诗宇、李炎升：《21 世纪海上丝绸之路沿线主要国家港口综合竞争力研究》,《当代经济》2020 年第 2 期。

周华军：《充分发挥港口在城市经济发展中的作用》,《水运管理》2007 年第 7 期。

周惊慧、席芳、李宇：《瓜达尔港发展及布局研究》,《水运工程》2019 年第 9 期。

周密：《瓜达尔,能否成为"一带一路"的支点》,《世界知识》2015 年第 7 期。

朱翠萍：《中国的印度洋战略：动因、挑战与应对》,《南亚研究》2012 年第 3 期。

朱雄关：《"一带一路"战略契机中的国家能源安全问题》,《云南社会科学》2015 年第 2 期。

邹志强：《经济失速背景下的"土耳其模式"危机与土欧关系》,《欧洲研究》2017 年第 2 期。

邹志强：《土耳其经济治理的危机与转型》,《阿拉伯世界研究》2018 年第 1 期。

邹志强：《中国参与土耳其港口开发的机遇与风险》,《当代世界》2018 年第 5 期。

邹志强、孙德刚：《港口政治化：中国参与"21 世纪海上丝绸之路"沿线港口建设的政治风险探析》,《太平洋学报》2020 年第 10 期。

（三）中文媒体与网络资源

中华人民共和国人民政府网站：http://www.gov.cn/。

中华人民共和国商务部网站：http://www.mofcom.gov.cn/。

中华人民共和国国家发展和改革委员会网站：https://www.ndrc.gov.cn/。

中华人民共和国外交部网站：https://www.fmprc.gov.cn/web/。

中华人民共和国交通运输部网站：http://www.mot.gov.cn/。

新华网：http://www.xinhuanet.com/。

人民网：http://www.people.com.cn/。

招商局港口控股有限公司网站：http://www.cmport.hk/。

中国远洋海运集团有限公司网站：http://www.coscoshipping.com/。

中远海运港口有限公司网站：https://ports.coscoshipping.com/。

中国港湾网站：http://www.chec.bj.cn/。

中国交建网站：http://www.ccccltd.cn/。

上港集团网站：https://www.portshanghai.com.cn/。

上海国际航运研究中心网站：http://sisi-smu.org/。

《推动共建丝绸之路经济带和 21 世纪海上丝绸之路的愿景与行动》，中华人民共和国商务部，2015 年 3 月 30 日，http://www.mofcom.gov.cn/article/i/jyjl/l/201504/20150400933572.shtml。

《"一带一路"建设海上合作设想》，新华网，2017 年 6 月 20 日，http://www.xinhuanet.com/politics/2017－06/20/c_1121176798.htm。

《中共中央 国务院印发〈交通强国建设纲要〉》，中华人民共和国中央人民政府，2019 年 9 月 19 日，http://www.gov.cn/zhengce/2019－09/19/content_5431432.htm。

《九部门关于建设世界一流港口的指导意见》，中华人民共和国中央人民政府，2019 年 11 月 13 日，http://www.gov.cn/xinwen/2019－11/13/content_5451577.htm。

《商务部等部门联合发布〈2018 年度中国对外直接投资统计公报〉》，中华人民共和国商务部，2019 年 10 月 28 日，http://fec.mofcom.gov.cn/article/tjsj/tjgb/201910/20191002907954.shtml。

《中国对外投资合作国别（地区）指南（2019 年版）》，中华人民共和国商务部，http://fec.mofcom.gov.cn/article/gbdqzn/index.shtml＃。

《新华·波罗的海国际航运中心发展指数报告（2018）》，中国金融信息网，2018 年 7 月 12 日，http://index.xinhua08.com/a/20180712/1728561.shtml。

《"一带一路"中国海外港口项目战略分析报告》，国观智库政策研究中心，2019 年 4 月，http://www.grandviewcn.com/Uploads/file/20200304/1583310568527774.pdf。

二、外文文献

（一）英文专著

Andrew Scobell and Alireza Nader, *China in the Middle East: The Wary Dragon* (Santa Monica：RAND Corporation, 2016).

Andrew Small, *Regional Dynamics and Strategic Concerns in South Asia: China's Role* (Washington D.C.: Centre for Strategic and International Studies, 2014).

B. S. Hoyle, *Seaports and Development: The Experience of Kenya and Tanzania* (London: Routledge, 2011).

Carola Hein, *Port Cities: Dynamic Landscape and Global Networks* (London: Routledge, 2011).

César Ducruet et al. (eds.), *Ports in Proximity: Competition and Coordination among Adjacent Seaports* (London: Routledge, 2009).

David Brewster, *India's Ocean: the Story of India's Bid for Regional Leadership* (London: Routledge, 2014).

Emrys Chew, *Arming the Periphery: The Arms Trade in the Indian Ocean during the Age of Global Empire* (London: Palgrave Macmillan, 2012).

Geoffrey Till, *Asia's Naval Expansion: An Arms Race in the Making?* (London: Routledge, 2012).

Geoffrey Till, *Seapower: A Guide for the Twenty-first Century* (London: Routledge, 2013).

Gerald Chan, *China's Maritime Silk Road: Advancing Global Development?* (Cheltenham: Edward Elgar Publishing, 2020).

Gopal Suri, *China's Expanding Military Maritime Footprints in the Indian Ocean Region (IOR): India's Response* (New Delhi: Pentagon Press, 2017).

HIS Global Limited, *Fairplay Ports Guide 2017/18* (Bracknell: HIS Global Limited, 2018).

Ibrahim Elbadawi and Samir Makdisi (eds.), *Democracy in the Arab World: Explaining the Deficit* (London: Routledge, 2010).

Jacques J. Charlier, "Ports and Hinterland Connections," in Antony J. Dolman and Jan Van Ettinger, eds., *Ports as Nodal Points in a Global Transport System* (Oxford: Pergamon Press, 1992).

James Wang et al. (eds.), *Ports, Cities and Global Supply Chains*

(Florence: Routledge, 2007).

Kim Hin David Ho, *The Seaport Economy: A Study of the Singapores Experience* (Singapore: Singapore University Press, 1996).

Martin Christopher, *Logistics and Supply Chain Management* (London: Prentice Hall, 2005).

M. C. Ircha, *US and Canadian Ports: Financial Comparisons* (Montreal: Canadian Transportation Act Review Committee, 2001).

M. Mundy and A. Penfold, *Beyond the Bottlenecks: Ports in Sub-Saharan Africa* (Washington D.C.: Africa Infrastructure Country Diagnostic, 2009).

Norman Friedman, *Seapower as Strategy: Navies and National Interests* (Annapolis: Naval Institute Press, 2001).

Peter Hall et al. (eds.), *Integrating Seaports and Trade Corridors* (Aldershot: Ashgate Publishing Ltd., 2011).

Peter Woodward, *US Foreign Policy and the Horn of Africa* (Aldershot and Burlington: Ashgate, 2006).

Ravi Vohra and Devbrat Chakraborty (eds.), *Maritime Dimensions of A New World Order* (New Delhi: National Maritime Foundation, 2007).

Richard T.Griffiths, *The Maritime Silk Road: China's Belt and Road at Sea* (Leiden: International Institute for Asian Studies, 2020).

Robert Hanks, *American Sea Power and Global Strategy* (Washington D.C.: Pergamon-Brassey's, 1985).

Robert Patridge, *Transport in Ancient Egypt* (Oxford: The Rubicon Press, 1996).

Robert Rotberg (ed.), *Battling Terrorism in the Horn of Africa* (Washington D.C.: Brookings Institution and World Peace Foundation, 2005).

Robyn Meredith, *The Elephant and the Dragon: The Rise of India and China and What it Means for All of Us* (New York: W. W. Norton & Company, 2007).

Ronald H. Ballou, *Business Logistics Management* (London: Prentice Hall International, 1992).

Sven Conventz et al. (eds.), *Hub Cities in the Knowledge Economy: Seaports, Airports, Brainports* (London: Routledge, 2014).

Thomas L. Friedman, *The World Is Flat: A Brief History of the Twenty-first Century* (New York: Farrar, Strauss and Giroux, 2005).

T. Notteboom (ed.), *Ports Are More than Piers* (Antwerp: De Lloyd, 2006).

Vivien Foster and Cecilia Briceño-Garmendia (eds.), *Africa's Infrastructure: A Time for Transformation* (Washington D.C.: The World Bank, 2010).

William Arkin, *Code Names: Deciphering U.S. Military Plans, Programs and Operations in the 9/11 World* (Hanover: Steerforth Press, 2005).

Zhao Ran and Zhao Jianglin, *21st-Century Maritime Silk Road Initiative: Aims and Objectives, Implementation Strategies and Policy Recommendations* (Singapore: World Scientific Publishing, 2020).

（二）英文论文、报纸和大众杂志中的文章

Abdul Rab, Amir Jan & Niamatullah, "China's 21st Century Maritime Silk Road and Indian Anxiety: An Analysis," *Journal of Humanities and Social Sciences Studies*, Vol. 2, No. 4 (2020): 66 - 67.

Antoine Fremont, "Shipping Lines and Logistics," *Transport Reviews*, Vol. 29, No. 4 (2009): 537 - 554.

Anwar Zahid, "Gwadar Deep Sea Port's Emergence as Regional Trade and Transportation Hub: Prospects and Problems," *Journal of Political Studies*, Vol. 17, No. 2 (2010): 97 - 112.

Athanasios A. Pallis and Theodore Syriopoulos, "Port Governance Models: Financial Evaluation of Greek Port Restructuring," *Transport Policy*, Vol. 14, No. 3 (2007): 232 - 246.

Chen Dongxu and Yang Zhongzhen, "Systematic Optimization of Port Clusters along the Maritime Silk Road in the Context of Industry Transfer and Production Capacity Constraints," *Transportation Research Part E: Logistics and Transportation Review*, Vol. 109 (2018): 174 - 189.

Chen Huiping, "China's 'One Belt, One Road' Initiative and Its Implications for Sino-African Investment Relations," *Transnational Corporations Review*, Vol. 8, No. 3 (2016): 178 – 182.

Chen Jihong et al., "Overseas Port Investment Policy for China's Central and Local Governments in the Belt and Road Initiative," *Journal of Contemporary China*, Vol. 28, No. 116 (2019): 196 – 215.

Christina Lin, "China's Strategic Shift toward the Region of the Four Seas: The Middle Kingdom Arrives in the Middle East," *Middle East Review of International Affairs*, Vol. 17, No. 1 (2013): 32 – 55.

Christopher Len, "China's 21st Century Maritime Silk Road Initiative, Energy Security and SLOC Access," *Maritime Affairs: Journal of the National Maritime Foundation of India*, Vol. 11, No. 1 (2015): 1 – 18.

Cong Long-ze et al., "The Role of Ports in the Economic Development of Port Cities: Panel Evidence from China," *Transport Policy*, Vol. 90 (2020): 13 – 21.

Courage Mlambo, Audrey Kushamba and More Blessing Simawu, "China-Africa Relations: What Lies Beneath?" *The Chinese Economy*, Vol. 49, No. 4 (2016): 257 – 276.

César Ducruet, Fatima Zohra Mohamed-Chérif and Najib Cherfaoui, "Maghreb Port Cities in Transition: the Case of Tangier," *Portus Plus*, Vol. 1, No. 1 (2011): 1 – 14.

David Brewster, "An Indian Ocean Dilemma: Sino-Indian Rivalry and China's Strategic Vulnerability in the Indian Ocean," *Journal of the Indian Ocean Region*, Vol. 11, No. 1 (2015): 48 – 59.

David Brewster, "Beyond the 'String of Pearls': Is There Really a Sino-Indian Security Dilemma in the Indian Ocean?" *Journal of the Indian Ocean Region*, Vol. 10, No. 2 (2014): 133 – 149.

David Styan, "China's Maritime Silk Road and Small States: Lessons from the Case of Djibouti," *Journal of Contemporary China*, Vol. 29, No. 122 (2020): 191 – 206.

David Styan, "Djibouti: Small State Strategy at a Crossroads," *Third*

World Thematics: A TWQ Journal, Vol. 1, No. 1 (2016): 79 – 91.

Eleonora Ardemagni, "Gulf Powers: Maritime Rivalry in the Western Indian Ocean," Italian Institute for International Political Studies, Analysis No. 321 (2018): 1 – 15.

Frans Paul van der Putten, "Infrastructure and Geopolitics: China's Emerging Presence in the Eastern Mediterranean," *Journal of Balkan and Near Eastern Studies*, Vol. 18, No. 4 (2016): 337 – 351.

Frédéric Volpi, "Algeria Versus the Arab Spring," *Journal of Democracy*, Vol. 24, No. 3 (2013): 104 – 115.

Geetha Kuntoji and Subba Rao, "A Review on Development of Minor Ports to Improve the Economy of Developing Country," *Aquatic Procedia*, Vol. 4, No. C (2015): 256 – 263.

George Joffé, "Sovereignty and the Western Sahara," *The Journal of North African Studies*, Vol. 15, No. 3 (2010): 375 – 384.

Gory N. Cassaway, "A Diamond in the String of Pearls: The Strategic Importance of Sri Lanka for Indian Ocean Regional Stability," (U. S. Naval War College, May 2011).

G. S. Dwarakish and Salima Akhil Muhammad, "Review on the Role of Ports in the Development of a Nation," *Aquatic Procedia*, Vol. 1, No. C (2015): 295 – 301.

Guido Steinberg and Isabelle Werenfels, "Between the 'Near' and the 'Far' Enemy: Al-Qaeda in the Islamic Maghreb," *Mediterranean Politics*, Vol. 12, No. 3 (2007): 407 – 413.

Guo Yongqin, "A Study on the Impact of Environmental Regulation of Countries along the Maritime Silk Road on China's OFDI," *Journal of Coastal Research*, Vol. 111, Special Issue (2020): 306 – 309.

Gurpreet S. Khurana, "China as an Indian Ocean Power: Trends and Implications," *Maritime Affairs: Journal of the National Maritime Foundation of India*, Vol. 12, No. 1 (2016): 13 – 24.

Gurpreet S. Khurana, "China, India and 'Maritime Silk Road': Seeking a

Confluence," *Maritime Affairs: Journal of the National Maritime Foundation of India*, Vol. 11, No. 1 (2015): 19 – 29.

Huang Tianci et al., "Efficiency Evaluation of Key Ports along the 21st-Century Maritime Silk Road Based on the DEA-SCOR Model," *Maritime Policy & Management*, Vol. 48, No. 3 (2021): 378 – 390.

Hyuk Soo Cho, Jung Sun Lee and Hee Cheol Moon, "Maritime Risk in Seaport Operation: A Cross-Country Empirical Analysis with Theoretical Foundations," *Asian Journal of Shipping and Logistics*, Vol. 34, No. 3 (2018): 240 – 248.

James R. Holmes and Toshi Yoshihara, "The Influence of Mahan upon China's Maritime Strategy," *Comparative Strategy*, Vol. 24, No. 1 (2005): 23 – 51.

Jayanna Krupakar, "China's Naval Base(s) in the Indian Ocean—Signs of a Maritime Grand Strategy?" *Strategic Analysis*, Vol. 41, No. 3 (2017): 207 – 222.

Jean-Marc F. Blanchard and Colin Flint, "The Geopolitics of China's Maritime Silk Road Initiative," *Geopolitics*, Vol. 22, No. 2 (2017): 223 – 245.

Jean-Marc F. Blanchard, "Problematic Prognostications about China's Maritime Silk Road Initiative (MSRI): Lessons from Africa and the Middle East," *Journal of Contemporary China*, Vol. 29, No. 122 (2020): 159 – 174.

Jian Junbo and Frasheri Donata, "Neo-colonialism or De-colonialism? China's Economic Engagement in Africa and the Implications for World Order," *African Journal of Political Science and International Relations*, Vol. 8, No. 7 (2014): 185 – 201.

Jin Liangxiang, "China's Role in the Middle East: Current Debates and Future Trends," *China Quarterly of International Strategic Studies*, Vol. 3, No. 1 (2017): 39 – 55.

John Calabrese, "China's Role in Post-Hegemonic Middle East," Middle East-Asia Project (MAP) – American University/Middle East Institute (May 2017).

John Calabrese, "The China-Pakistan Economic Corridor (CPEC): Underway and Under Threat," Middle East-Asia Project (MAP) (Dec. 2016).

John F. Bradford, "The Maritime Strategy of the United States: Implications for Indo-Pacific Sea Lanes," *Contemporary Southeast Asia*, Vol. 33, No. 2 (2011): 183 – 208.

Jo Jakobsen, "Old Problems Remain, New Ones Crop up: Political Risk in the 21ˢᵗ Century," *Business Horizons*, Vol. 53, No. 5 (2010): 481 – 490.

Jonathan Fulton, "Domestic Politics as Fuel for China's Maritime Silk Road Initiative: The Case of the Gulf Monarchies," *Journal of Contemporary China*, Vol. 29, No. 122 (2020): 175 – 190.

Jonathan Holslag, "The Reluctant Pretender: China's Evolving Presence in the Indian Ocean," *Journal of the Indian Ocean Region*, Vol. 9, No. 1 (2013): 42 – 52.

Joseph Onjala, "The Impact of China-Africa Trade Relations: The Case of Kenya," *Policy Brief*, No. 5 (2010), https://www. africaportal. org/publications/the-impact-of-china-africa-trade-relations-the-case-of-kenya/.

J. R. Holmes and Toshi Yoshihara, "China's Naval Ambitions in the Indian Ocean," *Journal of Strategic Studies*, Vol. 31, No. 3 (2008): 367 – 394.

Khadija Mohsen-Finan, "The Western Sahara Dispute and UN Pressure," *Mediterranean Politics*, Vol. 7, No. 2 (2002): 1 – 12.

Lauren Groth, "Transforming Accountability: A Proposal for Reconsidering How Human Rights Obligations Are Applied to Private Military Security Firms," *Hasting International and Comparative Law Review*, Vol. 35, No. 1 (2012): 29.

Lee Jae-hyung, "China's Expanding Maritime Ambitions in the Western Pacific and the Indian Ocean," *Contemporary Southeast Asia*, Vol. 24, No. 3 (2002): 549 – 568.

Liu Peng and Priyanka Pandit, "Building Ports with China's Assistance: Perspectives from Littoral Countries," *Maritime Affairs: Journal of the*

National Maritime Foundation of India, Vol. 14, No. 1 (2018): 99 – 107.

Mashiro Ishii et al., "A Game Theoretical Analysis of Port Competition," *Transportation Research Part E*, *Logistics and Transportation Review*, Vol. 49, No. 1 (2013): 92 – 106.

Meron Medzini, "The Chinese Are Coming: The Political Implications of the Growing Sino-Israel Economic Ties," *Economic and Political Studies*, Vol. 3, No. 1 (2015): 114 – 128.

Mou Naixia et al., "Spatial Pattern of Location Advantages of Ports along the Maritime Silk Road," *Journal of Geographical Sciences*, Vol. 31, No. 1 (2021): 149 – 176.

Ms Portia B. Conrad, "China's Access to Gwadar Port: Strategic Implications and Options for India," *Maritime Affairs: Journal of the National Maritime Foundation of India*, Vol. 13, No. 1 (2017): 55 – 62.

Musarrat Jabeen, Rubeena Batool and Adnan Dogar, "Challenges to International Economic Development of China and Balochistan," OIDA *International Journal of Sustainable Development*, Vol. 4, No. 11 (2012): 119 – 126.

Nasrin Asgari, Farahani Reza Zanjirani and Goh Mark, "Network Design Approach for Hub Ports-Shipping Companies Competition and Cooperation," *Transportation Research*, No. 48, (2013): 1 – 18.

Natasha White, "Conflict Stalemate in Morocco and Western Sahara: Natural Resources, Legitimacy and Political Recognition," *British Journal of Middle Eastern Studies*, Vol. 42, No. 3 (2015): 339 – 357.

Nilanthi Samaranayake, "Are Sri Lanka's Relations with China Deepening? An Analysis of Economic, Military, and Diplomatic Data," *Asian Security*, Vol. 7, No. 2 (2011): 119 – 146.

N. Kliot, "The Grand Design for Peace: Planning Transborder Cooperation in the Red Sea," *Political Geography*, Vol. 16, No. 7 (1997): 581 – 603.

Oded Eran, "China Has Laid Anchor in Israel's Port," *Strategic Assessment*, Vol. 19, No. 1 (Apr. 2016): 51 – 59.

Okamoto Hikaru, "Chinese Maritime Power in the 21st Century:

Strategic Planning, Policy and Predictions," *Comparative Strategy*, Vol. 39, No. 6 (2020): 592 – 595.

Peng Peng et al., "Modelling the Competitiveness of the Ports along the Maritime Silk Road with Big Data," *Transportation Research Part A: Policy and Practice*, Vol. 118 (2018): 852 – 867.

Rajan Menon and S. Enders Wimbush, "New Players in the Mediterranean," *Mediterranean Paper Series* (2010): 1 – 36.

Ra Mason, "Djibouti and Beyond: Japan's First Post-War Overseas Base and the Recalibration of Risk in Securing Enhanced Military Capabilities," *Asian Security*, Vol. 14, No. 3 (2018): 339 – 357.

Ren Jingzheng, Dong Liang and Sun Lu, "Competitiveness Prioritization of Container Ports in Asia under the Background of China's Belt and Road Initiative," *Transport Reviews*, Vol. 38, No. 4 (2018): 436 – 456.

Ricardo Reneé Lareémont, "Al Qaeda in the Islamic Maghreb: Terrorism and Counterterrorism in the Sahel," *African Security*, Vol. 4, No. 4 (2011): 242 – 268.

Rorry Daniels, "Strategic Competition in South Asia: Gwadar, Chabahar, and the Risks of Infrastructure Development," *American Foreign Policy Interests*, Vol. 35, No. 2 (2013): 93 – 100.

Ross Anthony, "Infrastructure and Influence: China's Presence on the Coast of East Africa," *Journal of the Indian Ocean Region*, Vol. 9, No. 2 (2013): 134 – 149.

Ruan Xiao et al., "Impacts of the Belt and Road Initiative in the Indian Subcontinent under Future Port Development Scenarios," *Maritime Policy & Management*, Vol. 46, No. 8 (2019): 905 – 919.

Rumi Aoyama, "'One Belt, One Road': China's New Global Strategy," *Journal of Contemporary East Asia Studies*, Vol. 5, No. 2 (2016): 3 – 22.

Saeidat Muhamad Eumar, "Albahth ean Alnufudh: Dilalat Tasaeud Altanafus Al'iiqlimii waAlduwalii fi Shrq' Afriqia," *Trending Events*, No. 8 (2015): 41.

Salem Y. Lakhal and Souad H'Mida, "The Red-Med Railway Project a Serious Competitor to the Suez Canal for Cargo Containers?" *Independent Journal of Management & Production*, Vol. 8, No. 3 (2017): 898 – 917.

Sankalp Gurjar, "Geopolitics of Western Indian Ocean: Unravelling China's Multi-dimensional Presence," *Strategic Analysis*, Vol. 43, No. 5 (2019): 385 – 401.

Sergei Boeke, "Al Qaeda in the Islamic Maghreb: Terrorism, Insurgency, or Organized Crime?" *Small Wars & Insurgencies*, Vol. 27, No. 5 (2016): 914 – 936.

Shishir Upadhyaya, "Expansion of Chinese Maritime Power in the Indian Ocean: Implications for India,"*Defence Studies*, Vol. 17, No. 1(2017): 63 – 83.

S. J. Pettit and A. K. C. Beresford, "Port Development: From Gateways to Logistics Hubs," *Maritime Policy and Management*, Vol. 36, No. 3 (2009): 253 – 267.

Song Lili and Mi Jianing, "Port Infrastructure and Regional Economic Growth in China: A Granger Causality Analysis," *Maritime Policy & Management*, Vol. 43, No. 4 (2016): 456 – 468.

S. Samuel C. Rajiv, "Israel-China Ties at 25: The Limited Partnership," *Strategic Analysis*, Vol. 41, No. 4 (2017): 413 – 431.

Sumie Yoshikawa, "China's Maritime Silk Road Initiative and Local Government," *Journal of Contemporary East Asia Studies*, Vol. 5, No. 2 (2016): 79 – 89.

Sun Degang and Zoubir Yahia, "Development First: China's Investment in Seaport Constructions and Operations along the Maritime Silk Road," *Asian Journal of Middle Eastern and Islamic Studies*, Vol. 11, No. 3 (2017): 35 – 47.

Sun Degang and Zoubir Yahia H, "China's Economic Diplomacy towards the Arab Countries: Challenges ahead?" *Journal of Contemporary China*, Vol. 24, No. 95 (2015): 903 – 921.

Thilini Kahandawaarachchi, "Politics of Ports: China's Investments in

Pakistan, Sri Lanka & Bangladesh," (University of Washington, 2015).

Tian Jiajun, Liu Youjin and Yin Zhida, "Relationship between Foreign Direct Investment and China's Industrial Upgrading in the Background of the Belt and Road Initiative: An Empirical Study of the Marine Silk Route Enterprises," *Journal of Coastal Research*, Vol. 104, No. S1 (2020): 695 – 699.

Tousif Ali Yousaf, "Is Gwadar Port an Economic Haven for Balochistan and Pakistan?" (Master's Thesis, Lund University, 2012).

Vernie Liebl, "Military Policy Options to Revise the French Military Presence in the Horn of Africa," *Comparative Strategy*, Vol. 27, No. 1 (2008): 79 – 87.

Virginia Marantidou, "Revisiting China's 'String of Pearls' Strategy: Places 'with Chinese Characteristics' and their Security Implications," *Issues & Insights*, Vol. 14, No. 7 (2014): 1 – 39.

Wang Chuanxu, Hercules Haralambides and Zhang Le, "Sustainable Port Development: The Role of Chinese Seaports in the 21st Century Maritime Silk Road," *International Journal of Shipping and Transport Logistics*, Vol. 13, No. 1/2 (2021): 205 – 232.

Wang Liehui et al., "From Hierarchy to Networking: The Evolution of the 'Twenty-First-Century Maritime Silk Road' Container Shipping System," *Transport Reviews*, Vol. 38, No. 4 (2018): 416 – 435.

Wang Meiling, Qiu Qian and Choi Changhwan, "How Will the Belt and Road Initiative Advance China's Exports?" *Asia Pacific Business Review*, Vol. 25, No. 1 (2019): 81 – 99.

Xin Qiang, "Cooperation Opportunity or Confrontation Catalyst? The Implication of China's Naval Development for China-US Relations," *Journal of Contemporary China*, Vol. 21, No. 76 (2012): 603 – 622.

Yahia Zoubir, "Western Sahara: War, Nationalism and Conflict Irresolution," *Mediterranean Politics*, Vol. 17, No. 2 (2012): 255 – 257.

Zahid Ali Khan, "China's Gwadar and India's Chahbahar: An Analysis of Sino-India Geo-strategic and Economic Competition," *Strategic Studies*,

Vol. 32/33 (2012): 79 – 101.

Zhao Changping et al., "The Evolution of the Port Network along the Maritime Silk Road: from a Sustainable Development Perspective," *Marine Policy*, Vol. 126 (2021): 104426.

Ziad Haider, "Baluchis, Beijing and Pakistan's Gwadar Port," *Georgetown Journal of International Affairs*, Vol. 6, No. 1 (2005): 95 – 103.

（三）主要外文媒体与网络资源

Akhilesh Pillalamarri, "'Project Mausam' — India's Answer to China's 'Maritime Silk Road'," *The Diplomat*, September 16, 2014, https://thediplomat.com/2014/09/project-mausam-indias-answer-to-chinas-maritime-silk-road/.

Andrea Ghiselli, "China's Mediterranean Interests and Challenges," *The Diplomat*, May 1, 2017, http://thediplomat.com/2017/05/chinas-mediterranean-interests-and-challenges/.

Andrew E.Kramer, "Russian Warships Said to Be Going to Naval Base in Syria," New York Times, June 18, 2012.

Ankit Panda, "China's Sri Lanka Port Ambitions Persist," *The Diplomat*, July 27, 2015, http://thediplomat.com/2015/07/chinas-sri-lanka-port-ambitions-persist/.

Ankit Panda, "Confirmed: Construction Begins on China's First Overseas Military Base in Djibouti," *The Diplomat*, February 29, 2016, http://thediplomat.com/2016/02/confirmed-construction-begins-on-chinas-first-overseas-military-base-in-djibouti/.

Anthony Kleven, "Belt and Road: Colonialism with Chinese Characteristics," The Lowy Institute, May 6, 2019, https://www.lowyinstitute.org/the-interpreter/belt-and-road-colonialism-chinese-characteristics.

Brahma Chellaney, "China's Creditor Imperialism," Japan Times, December 20, 2017.

"China and Japan Set to Reshape Shipping in Myanmar," Nikkei Asian Review, November 9, 2018, https://asia.nikkei.com/Business/Business-deals/China-and-Japan-set-to-reshape-shipping-in-Myanmar.

"China Builds up Strategic Sea Lanes," Washington Times, January 17, 2005.

"China's Ambitions for Indian Ocean Ports," Ports Strategy, January 20, 2020, https://www.portstrategy.com/news101/world/asia/chinese-ambitions-for-indian-ocean-ports.

"China's 'Belt and Road' Offers Middle East Opportunities Galore," AMEinfo, June 19, 2017. http://ameinfo.com/money/economy/chinas-belt-road-offers-middle-east-opportunities-galore/.

"China's Debt Traps around the World Are a Trademark of Its Imperialist Ambitions," Washington Post, August 27, 2017, https://www.washingtonpost.com/news/global-opinions/wp/2018/08/27/chinas-debt-traps-around-the-world-are-a-trademark-of-its-imperialist-ambitions/.

"China's Expanding Investment in Global Ports," The Economist Intelligence Unit, October 11, 2017, http://country.eiu.com/article.aspx? articleid=1005980484&Country=Lithuania&topic=Economy&subtopic= Regional+developments&subsubtopic=Investment.

"China's Growing Presence in Indian Ocean: A Challenge for India: Navy Chief Lanba," The Economic Times, March 14, 2019, https://economictimes. indiatimes.com/news/defence/chinas-growing-presence-in-indian-ocean-a-challenge-for-india-navy-chief-lanba/articleshow/68409545.cms.

"China's Loans to Other Countries Are Causing 'Hidden' Debt. That May Be a Problem," CNBC, June 11, 2019, https://www.cnbc.com/2019/06/12/chinas-loans-causing-hidden-debt-risk-to-economies.html.

"China's Maritime Silk Road: Strategic and Economic Implications for the Indo-Pacific Region," CSIS, April 4, 2018, https://amti.csis.org/CHINAS-MARITIME-SILK-ROAD-IMPLICATIONS/.

"China to Take 70 Percent Stake in Strategic Port in Myanmar-Official," Reuters, October 17, 2017, https://www.reuters.com/article/china-silkroad-myanmar-port/china-to-take-70-percent-stake-in-strategic-port-in-myanmar-officialidUSL4N1MS3UB.

Christopher J. Pehrson, "String of Pearls: Meeting the Challenge of China's Rising Power across the Asian Littoral," Carlisle Papers in Security Strategy, U.S. Army Strategic Studies Institute, July, 2006.

David Brewster, "China's New Network of Indian Ocean Bases," The Lowy Institute, January 30, 2018, https://www. lowyinstitute. org/the-interpreter/chinas-new-network-indian-ocean-bases.

David Styan, "Djibouti: Changing Influence in the Horn's Strategic Hub," Chatham House, April, 2013.

David Styan, "The Politics of Ports in the Horn: War, Peace and Red Sea Rivalries," African Arguments, July 18, 2018, https://africanarguments.org/2018/07/18/politics-ports-horn-war-peace-red-sea-rivalries/.

Deng Junfang, "Three Years On: Port Construction in Full Swing along Belt and Road," CGTN, January 12, 2017, http://news. cgtn. com/news/3d45544e7767544d/share_p.html.

Djibouti Ports & Free Zones Authority, http://dpfza.gov. dj/?q=facilities/pdsa.

"Doing Business 2019," World Bank, October, 2019, https://www. doingbusiness.org/en/reports/global-reports/doing-business-2019.

François de Soyres et al., "How Much Will the Belt and Road Initiative Reduce Trade Costs?" World Bank, October 15, 2018, http://documents. worldbank. org/curated/en/592771539630482582/How-Much-Will-the-Belt-and-Road-InitiativeReduce-Trade-Costs.

Frida Ghitis, "World Citizen: 'Red-to-Med' Deal Highlights Growing Israel-China Ties," *World Politics Review*, July 12, 2012, https://www. worldpoliticsreview. com/articles/12153/world-citizen-red-to-med-deal-highlights-growing-israel-china-ties.

Gauri Bhatia, "China, India Tussle for Influence as Sri Lanka Seeks Investment," CNBC, April 24, 2016, https://www. cnbc. com/2016/04/24/global-opportunities-china-india-tussle-for-influence-as-sri-lanka-develops. html.

"Gwadar Port Declared Tax-free Zone for 20 Years," *Dawn*, November 30, 2008.

Harsha de Silva, "Sri Lanka's Role in the Indian Ocean & the Changing Global Dynamic," Colombo Telegraph, May 3, 2017, https://www.colombotelegraph.com/index.php/sri-lankas-role-in-the-indian-ocean-the-changing-global-dynamic.

Harsh V. Pant, "Even with a Change of Regime in Colombo, China's Sway Will Continue to Grow in Sri Lanka," *Japan Times*, January 18, 2015, https://www.japantimes.co.jp/opinion/2015/01/18/commentary/world-commentary/even-with-a-change-of-regime-in-colombo-chinas-sway-will-continue-to-grow-in-sri-lanka/#.WaUyG_ns73Q.

"Is Chittagong one of China's the String of Pearls?" BBC News, May 17, 2010.

James Jeffrey, "China is Building Its First Overseas Military Base in Djibouti – Right Next to a Key US One," Global Post, May 3, 2016.

James Kynge et al., "Beijing's Global Power Play: How China Rules the Waves," Financial Times, January 12, 2017, https://ig.ft.com/sites/china-ports/.

James Rogers and Luis Simon, "The Status and Location of the Military Installations of the Member States of the European Union and Their Potential Role for the European Security and Defence Policy," Policy Department External Policies, February, 2009.

James S. Holmes, "Gwadar and the 'String of Pearls'," *The Diplomat*, February 9, 2013, http://thediplomat.com/the-naval-diplomat/2013/02/09/gwadar-and-the-string-of-pearls/.

Jeff M. Smith, "China's Investments in Sri Lanka," *Foreign Affairs*, May 23, 2016, https://www.foreignaffairs.com/articles/china/2016 – 05 – 23/chinas-investments-sri-lanka.

Joanna Kakissis, "Chinese Firms Now Hold Stakes in over a Dozen European Ports," NPR, October 9, 2018, https://www.npr.org/2018/10/09/

642587456/chinese-firms-now-hold-stakes-in-over-a-dozen-european-ports.

Jon B. Alterman, "The Other Side of the World: China, the United States, and the Struggle for Middle East Security," CSIS, March 14, 2017, https://www.csis.org/analysis/other-side-world-china-united-states-and-struggle-middle-east-security.

Joseph S. Nye, "Xi Jinping's Marco Polo Strategy," *Project Syndicate*, June 12, 2017.

Joseph V. Micallef, "China's Indian Ocean Ambitions," Millitary.com, July 24, 2017, https://www.military.com/daily-news/2017/07/24/chinas-indian-ocean-ambitions.html.

Kanupriya Kapoor, "Exclusive: Myanmar Scales Back Chinese-backed Port Project Due to Debt Fears-Official," Reuters, August 2, 2018, https://www.reuters.com/article/us-myanmar-china-port-exclusive-idUSKBN1KN106.

Karen Gilchrist, "China's COSCO and Abu Dhabi Ports Develop Khalifa to Support Belt and Road Initiative," CNBC, December 9, 2018, https://www.cnbc.com/2018/12/10/belt-and-road-abu-dhabi-ports-sees-huge-trade-boost-from-cosco-deal.html.

"Kenya Vision 2030," http://vision2030.go.ke/.

"Liner Shipping Connectivity Index, Quarterly," UNCTAD, https://unctadstat.unctad.org/wds/TableViewer/tableView.aspx?ReportId=92.

M. Cole, "China's Navy in the Mediterranean?" *The Diplomat*, July 30, 2012, http://thediplomat.com/2012/07/whys-chinas-navy-in-the-mediterranen/.

Michael J. Green, "China's Maritime Silk Road: Strategic and Economic Implications for the Indo-Pacifica Region," CSIS, April 2, 2018, https://www.csis.org/analysis/chinas-maritime-silk-road.

Michael Tanchum, "China's One Belt, One Road reshapes Mideast," *The Jerusalem Post*, January 24, 2017.

"Modern Imperialism: The Chinese Debt Trap," The New Rationalist, September 17, 2018, https://newrationalist.com/modern-imperialism-the-chinese-debt-trap/.

Namrata Goswami, "China's Second Coast: Implications for Northeast India," Institute of Defense Studies and Analyses, June 19, 2014, https://idsa.in/idsacomments/ChinaSecondCoast_ngoswami_190614.

Nasir Aijaz, "Revival of Ancient Silk Routes: China-Pakistan Economic Corridor Project Kicked off," The Asian, June 23, 2015, http://www.theasian.asia/archives/91406.

"One Hundred Ports 2019," Lloyd's List, July 29, 2019, https://lloydslist.maritimeintelligence.informa.com/one-hundred-container-ports-2019.

Panos Mourdoukoutas, "What's China Doing in the Indian Ocean," Forbes, April 1, 2018, https://www.forbes.com/sites/panosmourdoukoutas/2018/04/01/whats-china-doing-in-the-indian-ocean/#52914e383633.

Philippe Le Corre, "China's Expanding Influence in Europe and Eurasia," U.S. House of Representatives, Committee on Foreign Affairs, May 9, 2019, https://foreignaffairs.house.gov/2019/5/china-s-expanding-influence-in-europe-and-eurasia.

Rajat Pandit, "India Suspicious as Chinese Submarines Dock in Sri Lanka," Times of India, September 29, 2014, http://timesofindia.indiatimes.com / india / India-suspicious-as-Chinese-submarine-docks-in-Sri-Lanka/articleshow / 43672064.cms.

Rajeev Ranjan Chaturvedy, "Interpreting China's Grand Strategy at Gwadar," Institute of Peace and Conflict Studies, February 14, 2006, http://www.ipcs.org/article/china/interpreting-chinas-grand-strategy-at-gwadar-1939.html.

"Review of Maritime Transport 2016," UNCTAD, November, 2016, http://unctad.org/en/PublicationsLibrary/rmt2016_en.pdf.

Sameer Lalwan, "Stirred but Not Shaken: Sri Lanka's Rebalancing Act," CSIS, June 18, 2015, https://amti.csis.org/stirred-but-not-shaken-sri-lankas-rebalancing-act/.

Simon Allison, "Djibouti's Greatest Threat May Come from Within," Mail & Guardian, March 2, 2018.

"Sino-Japanese Competition Heats Up Over Myanmar's SEZs," East Asia Forum, April 5, 2016, http://www.eastasiaforum.org/2016/04/05/sino-japanese-competition-heats-up-over-myanmars-sezs/.

"Sri Lanka Will Keep Ports Unavailable for Military Activity," Reuters, April 12, 2017, http://www.reuters.com/article/uk-japan-sri-lanka/sri-lanka-will-keep-ports-unavailable-for-military-activity-pm-says-idUKKBN17E1ZI.

Statistical Review of World Energy 2019, BP, July, 2019, https://www.bp.com/en/global/corporate/energy-economics/statistical-review-of-world-energy.html.

"Sustainable Development Strategy: Egypt's Vision 2030," SDS in Egypt, September 1, 2017, http://sdsegypt2030.com/category/reports-en/?lang=en.

"The Global Competitiveness Report 2019," WEF, October 8, 2019, https://www.weforum.org/reports/how-to-end-a-decade-of-lost-productivity-growth.

"The New Masters and Commanders: China's Growing Empire of Ports Abroad Is Mainly about Trade, Not Aggression," The Economist, June 8, 2013, http://www.economist.com/news/international/21579039-chinas-growing-empire-ports-abroad-mainly-about-trade-not-aggression-new-masters.

"The Trouble with India's Projects in Myanmar," The Diplomat, September 21, 2016, http://thediplomat.com/2016/09/the-trouble-with-indias-projects-in-myanmar/.

"The World Factboook," Central Intelligence Agency, https://www.cia.gov/library/publications/the-world-factbook/.

"The World's Leading Container Ship Operators Based on Number of Owned and Chartered Ships," Statista, May 4, 2020, https://www.statista.com/statistics/197643/total-number-of-ships-of-worldwide-leading-container-ship-operators-in-2011/.

"Top 10 Box Port Operators 2017," Lloyd's List, December 6, 2017, https://lloydslist.maritimeintelligence.informa.com/LL1120215/Top-10-box-port-operators-2017.

"Top 10 Box Port Operators 2018," Lloyd's List, December 12, 2018, https://lloydslist. maritimeintelligence. informa. com/LL1125032/Top-10-box-port-operators-2018.

"Top 10 Box Port Operators 2019," Lloyd's List, December 1, 2019, https://lloydslist. maritimeintelligence. informa. com/LL1130163/Top-10-box-port-operators-2019.

"Top 30 International Shipping Companies," MoverFocus, September 27, 2019, https://moverfocus.com/shipping-companies/.

Tridivesh Singh Maini and Sandeep Sachdeva, "China Faces Increasing Competition in Myanmar," The Diplomat, November 13, 2017, https://thediplomat.com/2017/11/china-faces-increasing-competition-in-myanmar/.

"Visiting Beijing, Myanmar's Aung San Suu Kyi Seeks to Mend Relations," New York Times, August 17, 2016. https://www.nytimes.com/2016/08/18/world/asia/visiting-beijing-myanmars-aung-san-suu-kyi-seeks-to-mend-relations.html.

Vivian Yang, "Is China's String of Pearls Real?" Foreign Policy In Focus, July 18, 2011, http://fpif.org/is_chinas_string_of_pearls_real/.

Wade Shepard, "China's Seaport Shopping Spree: What China Is Winning by Buying up the World's Ports," Forbes, September 6, 2017, https://www.forbes. com/sites/wadeshepard/2017/09/06/chinas-seaport-shopping-spree-whats-happening-as-the-worlds-ports-keep-going-to-china/#56f81f3d4e9d.

Wade Shepard, "India to Sri Lanka: Forget China, We Want Your Empty Airport," Forbes, August 14, 2017, https://www.forbes.com/sites/wadeshepard/2017/08/14/india-to-sri-lanka-forget-china-we-want-your-empty-airport/#4f1563 d81ece.

Wajahat S. Khan, "Gwadar Port Project Reveals China's Regional Power Play," NBC News, May 2, 2016, https://www. nbcnews. com/news/world/gwadar-port-project-reveals-chinas-regional-power-play-n558236.

"World Investment Report 2019," UNCTAD, June 12, 2019, https://worldinvestmentreport.unctad.org/world-investment-report-2019/.

World Seaports Catalogue, Marine and Seaports Marketplace, http://

ports.com/.

Yang Siyu, "The Pearl Harbors: China's Port Diplomacy," The Huffington Post, June 23, 2015.

致　谢

　　随着"一带一路"倡议的提出和落实，中国参与海外港口建设成为一个日益热门但仍然比较新颖的学术研究领域。作为一个跨学科研究课题，中国在海上丝路沿线地区的港口建设研究中涉及众多国家和地区，并牵涉到大量的技术、经济、法律、政治、外交和安全等问题，相关资料和数据繁多，研究难度较大。在我的研究背景和前期研究成果的基础上，本书主要是从国际政治角度研究中国参与海上丝路沿线国家的港口建设情况，在风险分析上主要侧重于分析政治与安全风险，在案例研究上主要选取了部分沿线发展中国家，重点研究了中国参与海上丝路沿线港口建设的内涵、主体、模式、风险、影响因素、成效和重点方向，并据此提出一些对策建议。

　　本书最初缘起于我的同事孙德刚研究员的设想，感谢他的初步设计及开展的有关港口外交理论的前期研究；同时，在多位学界同仁的共同参与之下，逐步形成了早期研究框架和部分章节内容。后来在此基础上经过修改和补充相关研究内容成功申请到国家社科基金后期资助一般项目，又经过较长时间的大幅度修改、撰写与完善，才最终有了这部著作。因此，这部著作是集体智慧的结晶，是团队研究的成果。

　　除了本书两位主要作者合作撰写的内容之外，多位学界同仁参与了本书部分章节的前期初稿撰写工作。按照书中章节先后顺序，复旦大学博士生唐嘉华撰写了第三章第二节；上海外国语大学助理研究员文少彪博士撰写了第三章第三节;广西电力职业技术学院的韦巧芳老师撰写了第三章第四节;广汽集团的白鑫沂参与撰写了第四章第三节;中国人民解放军国际关系学院胡欣副教授撰写了第四章第四节;上海外国语大学赵军副教授撰写了第五章第二节的初稿;复旦大学博士生张璇撰写了第五章第三节;西北大学副教授张玉友撰写了第五章第五节。以上各位同仁为本书的顺利完成作出了不可或缺的重要贡献,在此对他们表示衷心感谢!

感谢全国哲学社会科学规划办公室提供的课题立项资助;感谢上海外国语大学中东研究所、复旦大学国际问题研究院提供的平台,再次感谢我的导师汪波教授在我求学和工作过程中的悉心指导,感谢各位同事对我的无私帮助和支持;感谢《世界经济与政治》《太平洋学报》《当代世界》《西亚非洲》和《阿拉伯世界研究》等学术期刊为本书作者们提供了前期成果发布平台,这为本书的完成提供了重要基础。

最后,感谢上海交通大学出版社为课题申请及成果出版提供的支持和资助,以及出版社的编辑老师为本书出版付出的辛勤劳动和全程支持。此外,感谢来自中远海运集团、招商局集团、上海国际航运研究中心等企业、研究机构的同仁朋友提供的有益帮助。其中,上海国际航运研究中心秘书长助理、港口发展研究所所长赵楠研究员参与了本书内容的有关研讨,在此对其表示感谢。我也曾经有幸造访中远海运港口有限公司、中远海运能源运输股份有限公司、中远海运集装箱运输有限公司,以及由中远海运集团和招商局集团联合投资的昆波特码头等地,受益颇多,感谢各位朋友提供的指导和帮助。

本书所涉主题庞杂,研究难度较大,限于研究水平,尚存在不少缺憾和需要加强研究的内容,必然也有不少疏漏之处,敬请各位专家、学者和广大读者批评指正。

邹志强

2021 年 12 月